KB137651

리더십 철학

과제와 실천방법론 서설

이 연구는 서울과학기술대학교 교내학술연구비 지원으로 수행되었습니다.

21세기 통일한국 지도자 육성을 위한

리더십 철학
과제와 실천방법론 서설

THE PHILOSOPHY OF LEADERSHIP
for The Harmonious Security and Unification of Korean Peninsula

강진석 지음

도서출판 동인

| 시작하는 글

　　요즈음 한국사회는 리더십이라는 용어가 홍수를 이루고 있다. 하루 동안 리더십이란 용어를 수십 번도 넘게 목격하고 부딪히며 산다. 한국사회에서 '리더'라는 의미는 '성공한 사람'과 동의어이다. 그러다보니 너도나도 성공을 위해서, 자녀들을 성공시키기 위해서 리더십 배양은 필수적인 것으로 인식되고 있다. 리더십이란 무엇이고 어떻게 리더십을 배양해야 할 것인가 하는 것은 현대인들의 과제가 되었고 리더십 및 역량 배양을 위한 강좌들이 홍수를 이루고 자기계발서들이 출판계에서 베스트셀러 경쟁을 하고 있다.

　　그러나 안타깝게도 리더십의 범위는 대단히 광범하고 관련 서적들은 단편적이며 종합적 시각을 제시하지 못하고 있다. 또한 리더십 이론은 대단히 어렵고 혼란스러우며 모든 리더십 현상들을 만족스럽게 설명하지 못한다.

　　이러한 문제의 근본적인 원인은 리더십 철학이 결여되어 있기 때문이다. 그동안 리더십은 과학적, 실증주의적 이론 중심으로 발전한 결과 성과 극대화를 위한 조직의 효과성에 초점이 맞추어져 경영·심리학적 측면에서 발전되었고 이것이 주류를 이루다보니 목적가치와 윤리성의 결여로 방향을 상실하여 현대는 '리더십 위기의 시대'로까지 불리고 있다.

　　따라서 본서는 이러한 문제점을 해결하고자 해법으로 거시적인 차원과 미시적 차원 그리고 실천적 차원의 융합을 위해서 리더십 철학에 의한 인식론적 접근을 시도하였다. 리더십 철학의 핵심을 가치에 둔 가치 패러다임 접근을 통해 개인과 대인관계, 기업과 국가차원의 모든 리더십 현상 및 문제점에 대한 해법과 리더십 역량개발 방법론을 모색함으로써 리더십 이론과 실천 간의 간극을 극복하고 종합적인 이해와 접근이 가능하도록 하였다.

이와 더불어 번영과 통일의 대업을 이끌어갈 대통령에게 요구되는 역량statecraft을 식별해냄으로써 국민들의 바람직한 선택기준을 검토하여 보았다.

또한 대학생과 사회에 첫발을 내딛는 신입사원들에게 셀프 리더십 개발 방법론을 제시함으로써 불확실한 미래를 보다 효과적으로 극복하고 미래의 주인공으로 성장할 수 있는 비전의 수립과 역량개발에 도움이 될 수 있도록 하였다.

본서 저술의 동기는 클라우제비츠Karl von Clausewitz 연구로부터 시작되었다. 이 책은 앞서 발간된 저자의 두 저술, 『클라우제비츠와 한반도 평화와 전쟁』, 『현대 전쟁의 논리와 철학』에 이은 세 번째 주제이다. 클라우제비츠가 이상과 현실의 모순을 극복하는 지도자 유형으로 제시한 천재의 현대적 모형으로서 국가영도역량statecraft 탐구를 위한 이론적 기초를 검토한 것으로서 세 권이 한 雙을 이룬다. 이 책을 미래 대한민국의 통일과 번영을 이끌어갈 후진들에게 바친다.

이 거대한 주제를 탐구하기 위해서 많은 기존 연구들을 종합, 분석, 인용하였다. 주제 자체가 워낙 논란의 여지가 큰 것이어서 두려움이 앞선다. 다만 문제를 제기하는 차원에서 누군가가 해야 할 일을 먼저 시도해 본 것으로 이해해주셨으면 한다. 천학비재한 저자의 무모함에 대한 강호 제현의 호질을 구하는 바이다.

이 책이 나올 수 있도록 격려와 지도편달을 아끼지 않으신 은사·선배, 그리고 동료 및 후배님들께 감사드린다. 또한 손녀 강리아의 무사출산을 기원하며 내조해준 가족들에게 사랑의 마음을 전한다.

2014년 봄
서울과학기술대학교 연구실에서
저자 강진석

CONTENTS

리더십철학리더십철학리더십철학리더십철학리더십철학리더십철학리더십철학

제1부 리더와 리더십 개관

제2부 리더십 철학: 과제와 실천

제4부 **셀프 리더십 계발**

대한민국의 과제와 리더십 철학

|

21세기 지식 정보화시대는 과학기술의 발달로 인간생활의 편리함과 수명의 연장 등 문명의 혜택과 향유를 누릴 수 있는 긍정적 측면이 있는 동시에 경쟁과 변화, 혼돈과 불확실성의 소용돌이 속에서 위기와 도전적 상황이 끊임없이 제기되고 있다. 오늘날 우리사회의 정치, 경제, 교육 등 각 분야에서 21세기 지식정보화시대에 부응한 개혁과 혁신, 경쟁력의 확보와 같은 시대적 과제와 나라 안팎의 도전적 상황은 합리적 제도와 시스템의 확보와 함께 국민의식과 문화를 선도해나갈 리더십을 요청하고 있다. 리더십은 집단과 조직과 사회를 이끄는 비전과 목표의 설정, 추진 동력이 되고 있을 뿐만 아니라 과거 산업사회는 관리가 중시되던 사회라고 한다면 지식 정보화시대는 조직구조의 유연성, 구성원의 자율성과 창의성이 강조되기 때문에 관리보다는 리더십이 날로 강조되고 있는 추세이다.

이미 선진국에서 기업체를 비롯한 각종 조직의 교육과정에 있어 리더십 프로그램이 핵심과정으로 운영되고 있으며, 지식 정보화시대·글로벌시대에 부합한 새로운 리더십 모델의 정립과 리더십의 핵심역량을 기초로 한 교육프로그램의 개발과 보급에 엄청난 노력과 교육비를 투입하고 있음은 상식이 되다시피 하였다.

한국적 리더십 모델의 개발은 학계의 오랜 숙제이다. 정치·경제·사회·문화적으로 한국이 고도의 성장을 이루어오면서 대두된 문제는 압축 성장과 발전에서 오는 철학적 빈곤이다. 물질적으로는 풍요로워지는데 이에 따른 정신적 성장은 지체되어 있고 일부 분야에서는 퇴행을 하고 있는 것이 현실이다. 특히 개인주의와 물질만능주의 사조가 만연하고 첨단 IT 시대 전개에 따른 편의주의는 리더십 환경을 열악하게 한다.

현대 리더십 연구는 심리학과 경영전략적 이론에 편중되어 있다. 그러다보니 리더십 철학 분야가 상대적으로 정체되어 있다. 그 핵심적인 이유는 현대에 들어서 리더십 연구가 실증 과학주의에 경도되어 발전된 측면이 크다. 특히 한국에서의 성공의 지표가 물질적 성공에 경도되면서 리더십의 본질적 측면이 경시되었는데 그것은 바로 윤리와 정의이다.[1] 최근 윤리적, 오센틱authentic 리더십 이론이 대두된 배경도 이런 이유이다.

리더십의 본질이 윤리와 정의라는 사실은 오늘날에 와서 정립된 것이 아니다. 정치학의 오랜 주제가 윤리와 정의였고 제왕학의 고전이라 할 수 있는 동양의 『정관정요』나 『사서삼경』 그리고 서양의 고전들, 특히 플라톤과 아리스토텔레스Aristoteles의 저술들은 모두 이것에 기초하고 있으며 철학적 영역이다.

핫지킨슨은 과학적 리더십 연구가 리더십으로부터 철학을 제거해버렸다고 하면서 리더십 철학의 정립 필요성을 강조하였는데 그는 철학을 상실한 리더십은 위기에 선 리더십이며, 리더십의 위기는 우리의 삶을 송두리째 위태롭게 만든다고 말하고 있다.[2] 마치 양식 없는 사람의 손에 날선

---

1) 김광웅. 『창조! 리더십』. 서울: 생각의나무, 2009.
2) 크리스토퍼 핫지킨슨. 『리더십 철학』. 안성호 역. 서울: 대영문화사, 1990. p. 3.

칼이 들렸을 경우에 우리의 생명이 위태롭듯이 철학적 성찰을 결여한 지도자에게 막강한 권력이 주어졌을 경우에 우리의 운명은 몹시 위태로워진다. 요즈음 우리가 당면하고 있는 근본적 원인이 리더십 철학의 부재에 있음을 통감한다.

핫지킨슨이 제시하고 있는 리더십 철학의 특징은 첫째, 행정철학과 동일시하고 리더십을 조직목적 달성을 위해 구성원들의 노력을 이끌어내고 조직화하는 지도자 또는 행정가의 조직활동으로 파악한다. 그가 말하는 행정은 공공행정을 넘어서 사기업까지를 포함하는 모든 조직의 운영을 의미하는 조직현상으로 간주한다. 둘째, 핫지킨슨은 행정을 관리와 구분한다. 그는 행정을 가치평가적·사유적·질적·인간적·전략적·행동적·양적·물질적·기술적 국면의 조직적 생활을 지칭한다. 셋째, 그는 행정을 행위철학으로 정의한다. 그는 행정을 일종의 가치활동으로 보고, 철학은 이 가치활동을 올바르게 인도하기 위한 사유과정으로 간주한다. 그는 진정한 리더십은 무반성적·충동적·기계적 행동이 아니라 철학적 사유를 인도받아 수행되는 아리스토텔레스가 말하는 실천Aristotelian praxis이 되어야 한다고 주장한다. 따라서 명예로운 지도자가 되기 위해서는 철학적 사유를 방해하는 감정을 적절히 통제해야 하며 행정현실에서 제기되는 여러 가치들을 철저히 분석, 검토(가치감사value audit)해야 한다. 넷째, 핫지킨슨은 인간이 바람직하다고 여기는 것, 즉 가치가 타락의 가능성을 지니고 있다고 지적한다. 가치중립적 행동과학을 지향하는 종래의 리더십 연구자들은 관료제의 병리현상에 대해 연구하는 것 이외에 리더십의 부정적 측면을 거의 외면해왔다. 핫지킨슨은 이 부정적 측면에 초점을 맞추고 있다. 그는 국민의 삶의 질을 향상시키려 힘쓰는 지도자는 행정의 부정적 속성과 타락가능성을 염두에 두지 않으면 안 된다. 다섯째, 핫지킨슨의 리더십 철학의 가장 큰 특징은 그가 설정한 '가치 패러다임'value paradigm에 있다.

그것은 현실에서 제기되는 가치평가의 근거들로서 원칙-결과-합의-선호도를 들고 있다.[3] 의지와 신념에 기초한 원칙, 일의 결과, 구성원들의 합의 그리고 감정과 정서에 따른 선호 등 4가지는 우리 한국 지도자의 리더십을 평가하는 데 좋은 시금석이 될 수 있다.

한국적 리더십의 위기는 리더십 철학의 문제로서 '한국적 가치'의 부재에 있다. 한나라의 국가가치는 그 나라의 역사와 문화, 전통, 이데올로기에 의하여 결정된다. 한국의 국가가치는 아직 정립된 것이 없다 그 이유를 살펴보면 한국의 역사는 두 가지로 나누어져 합일되지 않고 있으며(식민사관 vs 민족사관), 문화와 전통은 첨단과학기술의 발전과 다문화사회 진입으로 정체성이 혼란되고 있고, 세계유일의 이념적 분단국가로서 통일의 과정에서 '자유민주주의'와 '민주주의'(사회민주주의 포함)가 대결하고 있기 때문이다. 따라서 통일을 지향하는 한국의 미래지도자에게 요구되는 핵심적인 역량은 바로 건전한 가치관으로서 이러한 리더십 철학이 정립된 지도자여야 할 것이다.

따라서 한국적 리더십 정립을 위해서는 국가의 핵심가치를 토대로 개인-사회-기업-국가차원의 주요가치를 식별하고 이의 실현을 위해 요구되는 리더십 요소들이 무엇인지를 규명하는 작업이 요구된다. 바로 이러한 문제 인식과 접근은 철학적 차원이며 리더십 철학의 연구가 필요한 이유이다.

한국적 리더십 가치 패러다임 모델은 바로 이러한 리더십 철학을 기초로 하며 다섯 단계 가치 패러다임으로 구성된다.(그림)

---

3) 핫지킨슨. 앞의 책. pp. 4-7.

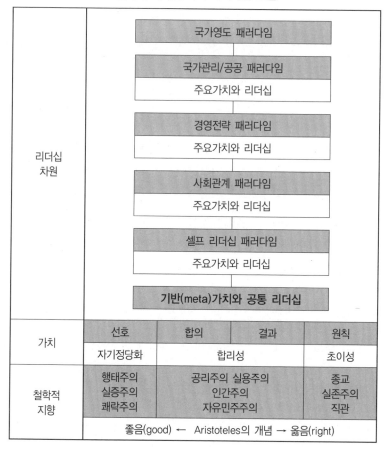

한국적 리더십 가치 패러다임 모델

리더십 차원	국가영도 패러다임			
	국가관리/공공 패러다임			
	주요가치와 리더십			
	경영전략 패러다임			
	주요가치와 리더십			
	사회관계 패러다임			
	주요가치와 리더십			
	셀프 리더십 패러다임			
	주요가치와 리더십			
	기반(meta)가치와 공통 리더십			
가치	선호	합의	결과	원칙
	자기정당화	합리성		초이성
철학적 지향	행태주의 실증주의 쾌락주의	공리주의 실용주의 인간주의 자유민주주의		종교 실존주의 직관
	좋음(good) ← Aristoteles의 개념 → 옳음(right)			

첫째 단계는 셀프 리더십 패러다임이다. 셀프 리더는 자기성찰을 통한 개인의 완성철학이다. 리더십의 접근은 가장 기본적으로 두 가지 접근으로 이루어진다. 하나는 위로부터의 접근법top down과 아래로부터의 접근법 bottom up이다. top down 방식은 고전적인 방식으로서 훌륭한 리더로부터 배우고 익히는 것이다. 모든 조직원은 윗사람에게 팔로어이면서 아랫사람에게는 리더이다. 현대 리더십 이론 중에서 슈퍼 리더란 팔로어를 셀프

리더로 육성하는 리더를 말한다. 이 리더-팔로어 체인 중에서 가장 마지막 남는 것은 나 자신이다. 나는 나 자신에 대한 리더이며 팔로어가 된다. 나는 나 자신에 대한 슈퍼 리더로서 팔로어인 나 자신을 셀프 리더로 육성해야 한다. 이와 반대로 스티븐 코비는 나 자신으로부터 출발한다. 『성공하는 사람들의 7가지 습관』에서 나 자신을 변화시켜 자신의 신뢰성을 기르는 습관과 상대방에 대한 신뢰를 얻는 습관, 그리고 본인의 체력건강 유지, 내면화를 통하여 의존성, 독립성, 상호의존성으로 자신을 완성해 나간다. 이 두 종류의 접근법의 한가운데에는 나 자신의 완성이 위치해있다. 나 자신이 완성되고 성공하는 것, 그것이 셀프 리더십이 지향하는 목표다.

둘째 단계는 사회관계 패러다임이다. 사회관계에 있어서 인간중심과 원칙중심의 철학이 요구된다. 인간중심 패러다임은 과학이 아닌 철학적 차원으로서 인사담장자의 업무로서 자료관리 차원을 넘어선 인간관계를 기본으로 하여 조직효과성을 도출하는 패러다임이다. 사람은 기본적으로 본인도 모르게 사회적 조직에 속해있다. 기본적으로는 가정으로부터, 직장, 교회, 동창회, 동호인 및 친목 단체, 사회 문화 단체 등 수 많은 조직 속에서 살고 있다. 모든 조직은 목적과 목표가 있으며 이를 추진해나가는 리더가 있고 팔로어가 존재한다. 여기에 인간이 중심이 되어야 조직의 목표나 이념이 이것을 넘어서서는 안 된다.

스티븐 코비는 『원칙중심의 리더십』에서 나 자신의 신뢰성과 상대방에 대한 신뢰를 기초로 관리차원의 권한위임empowerment과 조직차원의 비전을 향한 일방향 정렬alignment을 통해 리더십을 확대해나간다. 원칙중심은 개인과 사회관계 그리고 기업운영이나 국가경영에 있어 원칙이 존재한다. 그것은 신뢰를 바탕으로 한 도덕과 윤리이다.

셋째 단계는 기업의 건전한 기업정신과 경영철학의 전략적 리더십 패러다임이다. 기업은 사적인 영역이지만 공공재이기도 하다. 핵심가치인식을 통한 윤리적 도덕적 경영철학과 상생의 기업정신이 요구된다. 현대 경영전략의 핵심은 기업의 핵심가치와 이의 실현을 위한 비전체계를 구축하는 것이다. 대부분의 기업이나 조직들이 이를 적용하고 있으며 최고경영자의 과제라 할 수 있다. 이 목표-가치 접근은 기업뿐만이 아니라 국가 및 국가기관, 종교, 사회, 문화, 교육 분야에 이르기까지 전 분야에 걸쳐 적용되고 있는 리더십 기법이다. 전략적 리더십은 변혁적 리더십을 통해 발전되었으며 현대 경영조직은 비전적 접근을 기본으로 하고 있다. 이것의 목표는 기업의 생존과 발전이며 상생의 추구이다.

넷째 단계는 국가관리/공공 리더십 패러다임이다. 공공 리더십은 국가행정 구성원으로서의 국민 및 행정 차원의 리더십 패러다임으로서 핫지킨슨이 확대한 전 분야를 망라한 행정행위(철학) 차원이 아닌 하위개념의 공공 리더십을 말한다. 정치와 행정은 정치가 이상의 실현을 위한 제도화(입법)에 있다면 행정은 제도 내에서 이를 집행하는 실천적 영역이다. 따라서 공공 리더십이란 이상 실현의 실천적 영역 내에서 요구되는 정의의 실현과 윤리 도덕적인 것을 내용으로 한다.

다섯째 단계는 국가영도statecraft 패러다임이다. 국가영도역량은 앞의 네 단계의 기본역량을 기초로 공공(국제/국내) 역량, 정치적 역량 그리고 통일안보 역량을 요구한다. 여기서 말하는 공공역량이란 핫지킨슨이 말하는 전 분야를 망라한 상위차원의 행정철학을 말한다.

그동안 국내에서 대통령 리더십 또는 대통령의 자격 등으로 연구된 저술들은 대부분 시대상황을 중심으로 제도적·권력적 접근방식에 의존하거나, 심리학적 접근방식(J. Baeber) 이론에 편중되어 있고 독창성이 부족하다. 또 시중의 리더십 관련서적들은 흥미위주의 대통령 신변잡기나 비화 수준에 머물러 있고, 역대 대통령들로부터 공통적으로 발견할 수 있는 리더십의 원리나 흐름trend, 패턴pattern 등의 제시가 부족하다. 국내에서 유일하게 최진은 그의 『대통령 리더십 총론』에서 이러한 문제점을 지적하고 행정학을 중심으로 정치학적, 심리학적 접근을 통해 대통령 리더십을 분석하고 있다.[4]

그러나 최진의 연구에서 문제점은 실증적·과학적 연구에 초점을 둔 대통령학 연구로서 철학적 관점을 소홀히 했다는 점이다. 대통령 리더십의 규범적·본질적 측면, 즉 한국적 현실에서 어떠한 리더십 가치와 역량이 요구되는가에 대한 검토가 없다.

대통령 리더십은 국가지도자의 위치와 역할, 그리고 요구되는 역량 등을 규범적 접근을 통해 검토해보아야 한다. 따라서 본서에서는 한국적 현실에서 안전하고 평화로운 통일을 이루고 통일 이후 국제사회에서 평화창출자 및 유지자로 역할을 할 수 있는 국제적 리더로서의 역할을 수행해낼 수 있는 자격과 요건은 무엇인가 하는 철학적 검토에 초점을 맞추었다. 소위 statecraft라고 부르는 이것은 아리스토텔레스가 말한 실천지實踐智, prudence로서 프루던스를 말하고, 이것은 현대 정치·행정 철학의 핵심적 개념이라 할 수 있다. 국가리더십 개념과 연계시켜 한국적 리더십 모델을 정의正義, 윤리와 도덕, 그리고 실천지로서 체계화하였다.

이에 따라 한국적 리더십 모델의 가치체계는 기반가치와 각 분야의 차원별 주요가치로 구성된다. 기반가치는 국가정체성, 생존 및 안전보장, 국가이념, 전통과 문화 및 윤리로 식별할 수 있다. 각 분야의 차원별 주요가치로는 첫째, 국가차원에서 선진일류국가, 평화통일과 번영, 국민통합, 복지국가 건설. 둘째, 기업차원에서는 기업발전(초일류기업), 세계화 그리고 상생. 셋째, 사회차원에서는 신뢰사회, 소통·인간관계, 사회관계망. 넷째, 개인차원에서는 자기자신에 대한 신뢰성, 비젼과 열정 그리고 자기

---

4) 최진. 『대통령 리더십 총론』. 서울: 박영사, 2007. 서문 및 pp. 21-23.

완성 등이다.

기반가치와 각 차원별 주요가치 실현을 위해 공통적으로 적용되는 리더십은 ①가치/비전 리더십, ②변혁적 리더십, ③글로벌 리더십, ④윤리적 리더십, ⑤서번트 리더십, ⑥오센틱 리더십, ⑦창조 리더십을 들 수 있다.

각 차원별로 요구되는 리더십으로서는 첫째, 국가차원에서는 공직윤리와 공공 리더십, 정치적 리더십, 안보통일 리더십이 요구된다. 둘째, 기업차원에서는 경영전략적 리더십, 기업가정신과 창조경제 리더십을 들 수 있고 셋째, 사회관계 차원에서는 인간중심 리더십, 원칙중심 리더십 그리고 소셜 리더십을 등을 들 수 있으며 넷째, 개인적인 차원에서는 셀프 리더십이 요구된다.

이 같이 각 차원별 주요 가치와 리더십은 각 차원별로 요구되는 대표적인 가치와 리더십 유형을 식별한 것이지 엄격하게 거기에만 적용된다는 것은 아니다. 또한 일부 가치와 리더십 유형은 중복된다. 그리고 일부 리더십 접근법들은 본고에서 다루지 않았다. 최근 대두되고 있는 '여성 및 감성 리더십'과 '문화적 접근법'이 바로 그것이다. 여성 리더십은 성$_{gender}$적 접근으로서 본고에서는 이러한 성적 구분 없이 접근하였고, 감성 리더십은 공감과 소통을 강조하는 것으로서 변혁 및 비전전략의 기본이기 때문에 별도로 다루지 않았다. 문화적 접근은 글로벌 리더십과 전략적 리더십에 고려 요소로 포함되어 있다.

II

대학에서 학생들에게 리더십을 가르치면서 가장 큰 고민은 어떻게 학생들에게 리더십을 이해시키고 역량을 개발할 수 있는 효과적인 방법은 무엇인가 하는 것이었다. 솔직히 리더십 이론을 공부한다고 리더십이 생기는 것도 아니다. 또한 이론과 실제를 어떻게 연결시켜야 하는지에 대해서도 막연하기만 하다. 수많은 상황과 조건에 따라 다르기 때문에 어떤 것이 정답이라고도 할 수도 없는 것이다. 수많은 학술적 이론들은 리더십 학자들을 위한 것이지 일반 대중들하고는 거리가 멀다. 오직하면 고시공부 하는 것보다 어렵다는 말까지 있다. 그저 망망한 리더십의 바다 위에서 표류하고 있는 것이 현실이다.

대학생과 이제 사회에 막 진입한 신입사원들에게 고차원적인 리더십을 이야기 한다는 것은 너무 거리가 먼 이야기이다. 이들에게 필요한 것은 기본적인 리더십 개념과 미래를 향해 도전을 할 수 있는 비전의 설정, 그리고 그것의 실현에 필요한 역량을 개발하는 방법을 습득하는 것이 무엇보다 중요하다. 따라서 이들에게는 생애계획을 수립하는 일, 자기 인생의 목표와 방향을 설정하는 일, 자기 인생의 가치와 사명을 인식하고 비전체계를 구축하여 이에 요구되는 핵심역량을 파악해내고 체계적으로 실천계획을 수립하는 것이 바로 실천적 리더십을 배양하는 빠른 길이다. 한 강좌 강의나 한 시간의 특강 또는 자기계발 서적이나 리더십 관련 에세이를 읽어 해결될 일이 아닌 것이다.

따라서 이론의 습득과 이를 실제에 적용할 수 있는 가치·비전 접근법을 학습하고 셀프 리더십에 접근하도록 하였다. 가치 패러다임 리더십 이론의 기본적 토대위에 조직의 비전체계를 학습함으로써 조직에서 리더가 어떤 목표와 가치를 가지고 비전을 제시하고 목표를 설정하며 실행방안을 강구하는지를 실제로 자기 학교의 비전체계를 연구 분석해보는 것은 가장 이해가 빠르고 효과적이었다. 그리고 자기개발계획서를 작성하게 하였다.

자신의 생애계획인 이것의 작성은 학교에 설치된 진로 및 취업지도 제도와도 연계되어 MBTI, 에니어그램, 직업적성검사 등 각종 진단검사를 통한 자기 분석을 기초로 생애설계를 하고 자신의 비전체계를 구축하며 성공에 필요한 역량을 식별해내 단계적으로 추진계획을 수립하여 봄으로써 실제적으로 리더십을 이해하고 자신의 리더십 역량을 배양할 수 있는 가장 효과적인 방법이다.

III

따라서 본서는 4부로 구성되어 있다. 제1부에서는 리더십이란 무엇인가 하는 이해의 파트로서 기본적인 리더십 관련 사항들을 정리하고 이론을 소개하였다. 리더십 이론은 어떻게 발전되어왔으며 어떤 갈래들로 이루어져 있는가를 살펴보고 리더십이란 무엇인가, 학문적으로 어떤 위치에 있는가, 이와 유사한 다른 개념들과는 어떤 차이가 있는가, 한국적 리더십 개발을 위한 연구 현황은 어떤가 하는 것들을 개관하여 보고 패러다임 접근법을 소개하였다. 이 패러다임 접근법은 이전의 전통적 이론소개의 복잡함과 혼선을 극복하고 이론과 실천 간의 구별을 명확히 할 수 있다.

제2부에서는 리더십 철학과 실천문제를 다루었다. 왜 리더십 철학이 필요한가? 하는 기본적인 질문으로부터 이 시대가 리더십의 위기라고 일컬어지는 이유를 규명하고 이에 대한 대안으로 한국적 리더십 개발을 위한 철학적 기초로서 개인, 사회, 기업, 국가차원에서 요구되는 리더십 철학의 요소들을 검토하여 보았다.

제3부에서는 국가영도역량 즉 statecraft를 다루었다. 대통령의 리더십은 CEO 리더십과 다르다. CEO 리더십의 목표와 범위를 넘어서고 접근방법과 그 결과가 다르다. 한국의 과제는 안전하고 평화로운 통일과 번영이다. 미래 선진국대열에서 평화창출 및 유지자로서 역할과 본분을 다해나가야 한다. 이러한 역사적 대업을 맡아 실현해나갈 수 있는 지도자의

자격은 무엇인가? 통상 정치가로서의 자질을 논하는 데 일반적인 정치가의 자질로만은 부족하다.

제4부에서는 실천적인 셀프 리더십 계획서 작성법을 다루었다. 앞에서 배운 리더십 이론을 기초로 구체적으로 생애계획과 셀프 리더십 계발 계획을 수립하여 봄으로써 리더로서 성공할 수 있는 자기 비전을 설정하고, 이에 요구되는 근본적이고 처방적인 자기계발방법을 습득하여 힘차게 미래를 향해 나아갈 수 있도록 하였다.

제1부

리더와 리더십 개관

리더십에 대한 이해

제1절

리더십 개요

1. 인류의 역사와 리더십

리더십의 문제는 현대 우리의 생활에서 정치, 경제, 사회, 문화, 종교 등 곳곳에서 부딪히고 있는 문제이며 누구나 관심을 갖고 있는 문제이다. 이것은 집단이 존재하는 곳이라면 어디든지 사람의 관심을 끄는 주제일 뿐 아니라 바로 이것 자체가 한 사람의 삶에 있어서 성공과 실패의 핵심적 역할을 하는 중요 요소로 인식되고 있다.

오랜 옛날부터 군사지휘관은 물론 정치, 종교, 사회 지도자, 학자, 그리고 일반인들에게 리더십 문제는 가장 중요한 관심대상이었다. 서양에서 보면 플라톤의 『국가론』이나, 마키아벨리Niccolò Machiavelli의 『군주론』과, 특히 약 1,900년 전에 쓰인 『플루타크 영웅전』은 50명이나 되는 당대의 영웅 (리더)들을 두 명 짝을 이루어 비교하며 행적을 기록한 리더십 교과서라 할 수 있다. 한편 동양에서는 고대 중국의 병서인 육도삼략六韜三略과 법가法家의 사상서인 『한비자』韓非子, 그리고 공자孔子의 『사서삼경』과 『삼국지』 등 역사서와 거기서 활약하고 있는 영웅호걸들의 교훈적 활동상들은 바로 위민치국爲民治國의 군주의 도道와 백성들을 이끄는 바람직한 리더의 덕목들과 인간상象을 제시하고 있다.

그러나 이러한 위인전이나 역사 기록들은 문학이나 역사서일 뿐 과학적 일반화generalization 및 엄격성(인과관계 규명)이 결여되어 있다. 따라서 이것들은 금언집 및 교양서로 유용할 뿐이며 학문적으로 수용하기에는 한계가 있다고 할 수 있다. 그렇다면 리더십 연구가 학문적으로 가치가 있는 연구가 되려면 어떤 조건을 갖추어야 할 것인가?

2. 리더십의 개념

가. 리더십 개념화의 방법

과거 60여 년 동안 리더십의 차원들을 정의하기 위하여 개발된 분류 시스템의 수가 65개에 이른다.[5] 이들을 종합하여 분류한 배스Bass에 의하면 첫째, 리더십을 집단과정에 초점을 두는 개념이다. 이 같은 시각에 의하면 리더가 집단 변화와 집단 활동의 중심에 위치하게 되고 집단의 의지를 통합하는 지위에 서게 된다.

둘째, 리더십을 성격personality perspective의 시각에서 개념화하는 정의이다. 이에 의하면 리더십이란 다른 사람들로 하여금 과업을 완성하려는 노력(행동)을 유발하는 성격 특성이나 그 밖의 특성들의 조합이라고 정의된다. 이 같은 관점에서 또 다른 리더십 정의들은 리더십을 행위 혹은 행동, 즉 집단 내의 변화를 도모하기 위해 리더가 취하는 행동이라고 정의하고 있다.

셋째, 리더십을 리더와 팔로어 간의 권력관계로 파악하는 정의이다. 이 같은 관점에서 보면 리더는 권력(영향력)을 가지고 그것을 사용하여

---

5) Fleisman, E. A., Mumford, M. D., Zaccaro, S. J., Levin, K. Y., Korotkin, A. L. & Hein, M. B. "Taxonomic effort in the description of L bebavior: A synthesis and functional interpretation". *Leadership Quarterly* 2(4), 1991. pp. 245-287.

다른 사람들의 행동변화에 영향을 미치는 사람이다.

네 번째, 리더십을 집단목표 달성의 수단으로 보는 관점이다. 리더는 집단 성원들을 도와 그들의 목표와 욕구를 성취·충족시키는 사람이다. 이 같은 리더십 개념은 비전 설정, 역할 모델, 개별적인 배려를 통해 추종자(성원)들을 변화시키는 과정을 포괄하는 개념이다.

다섯 번째, 리더의 역량_confidence에 초점을 둔 정의이다. 이 같은 시각은, 리더십을 가능케 하는 것은 리더의 역량(지식과 능력)이라는 것을 강조하고 이의 규명에 초점을 둔 관점이다.[6]

나. 리더십 정의와 구성요소

이와 같이 리더십을 개념화하는 다양한 정의에도 불구하고 리더십 현상의 중심이 되는 몇 가지 요소들을 구별해낼 수 있다. 즉 ①리더십은 과정이다. ②리더십 과정은 영향을 미치는 과정이다. ③리더십은 집단상황에서 일어나는 현상이다. ④리더십은 목표달성을 위한 과정이다.

이 같은 리더십의 구성요소들을 기초로 하여 본서에서는 다음과 같이 리더십을 정의하기로 한다.

리더십이란 공동목표를 달성하기 위하여 한 개인이 집단의 성원들에게 영향을 미치는 과정이다.[7]

과정으로서의 리더십 정의가 의미하는 것은 리더가 가지고 있는 성격이나 특성이 아니라 리더와 그의 추종자들 간에 일어나는 하나의 거래라는 의미이다. 과정이란 리더가 다른 사람에게 영향을 미치기도 하고 그들

---

6) Bass, B. M. *Bass and Stogdill's Handbook of Leadership* 1st(ed). London: The Free Press, Colier Mcmilan Publisher, 1990. pp. 11-20.
7) Peter G. Northhouse. 『리더십: 이론과 실제』. 김남현 역. 서울: 경문사, 2011. p. 5.

에 의해 영향을 받기도 한다는 것을 의미하기 때문이다. 그리고 또 리더십이란 선형적이거나 일방적인 것이 상호작용적이라는 것을 강조한다. 리더십이 이 같이 정의될 경우 리더십은 모든 사람에게 통용되는 개념이고 집단에서 공식적으로 임명된 리더에게만 적용되는 개념이 아닌 것으로서 포괄성을 갖게 된다.

영향을 미치는 과정으로서의 리더십 정의는 리더가 추종자들에게 어떻게 영향을 미칠 것인가와 관련된 것이다. 영향을 미치는 것은 리더십의 필수요건이다. 영향을 미치지 않는다면 리더십은 존재하지 않는다.

리더십이 집단상황에서 일어나는 현상이라는 정의에서 집단은 리더십이 일어나고 있는 현장이다. 그래서 리더십은 성원들로 구성된 집단, 즉 공동목적을 가지고 있는 집단에 영향을 미치는 과정인 것이다. 이 경우 집단은 소집단일 수도 있고 공동체 집단일 수도 있다. 그리고 집단 전체를 포괄하는 대규모 조직일 수도 있다.

리더십이 공동목표달성의 과정이라는 정의는 리더십이 성원들로 구성된 집단을 지휘하여 어떤 과업이나 목표를 달성하는 것과 관련된 현상이라는 것을 의미한다. 이때 리더는 무엇인가를 함께 성취하려고 노력하는 사람들을 대상으로 자신의 영향력을 발휘하게 된다. 그래서 리더십은 성원들과 함께 목표를 지향하고 있는 상황에서 영향을 미치고 있는 현상인 것이다. 여기서 주목할 것은 공동목표라는 말이다. 공동목표란 리더와 성원들이 공동적인 노력을 통해 함께 달성해야 할 상호적인 목표인 것이다. 그리고 공동목표란 말은 리더십 개념에 '윤리적 함의'ethical overtone를 제공한다. 목표달성을 일방적인 영향에 의해서가 아니라 성원들과 함께 노력해야 할 필요성을 강조하고 있기 때문이다.

이 같이 상호성을 강조하고 있는 것은 리더가 강제적이고 비윤리적인 방식으로 성원들에게 작용하게 될 가능성을 줄여주고, 리더와 성원들이

공동선(공동목표)을 위해 함께 노력하게 될 가능성을 증대시킨다.[8]

　본서의 전체에 걸쳐 이 같은 리더십을 발휘하고 있는 사람들을 리더라 하고 리더십 발휘의 대상이 되고 있는 사람들을 추종자followers라고 부르기로 한다(그러나 문맥에 따라 '추종자' 대신 '부하', '하위자', '종업원', '성원' 이란 용어를 사용하기로 한다). 리더십 과정에는 리더와 추종자가 모두 참여하게 된다.

다. 리더십의 본질[9]

1) 리더십 특성론과 리더십 과정론

　"그는 타고난 리더이다" 그리고 "그녀는 천부적으로 리더십 재능을 가지고 태어났다"란 말을 우리는 흔히 듣는다. 이 같은 말들은 리더십에 대한 특성론적 관점을 가진 사람들이 일반적으로 하는 말이다. 특성론적 시각에 의하면 어떤 사람들은 리더가 될 수 있는 특별한 천부적 특성이나 자질을 가지고 태어난다는 시각이다.

　리더와 비 리더의 차이는 이 같은 천부적 특성이나 자질의 차이로 설명될 수 있다는 것이다. 그 사람이 지도자가 될 수 있는지의 여부를 확인하기 위해 사용되는 개인적 특성에는 다음과 같은 것들이 있다. 즉, 특유한 신체적 특성(예: 신장), 성격 특성(예: 내향성 및 외향성), 능력 특성(예: 언어의 유창성)이다.

　리더십을 특성론으로 설명하는 것과 과정론으로 설명하는 것은 큰 차이가 있다. 리더십의 특성적 관점은 '상이한 사람들이 상이한 정도로 소유하고 있는 특성이나 속성'으로 개념화하고 있다. 그리고 그 같은 리더십

---

8) Rost. C. Joseph. *Leadership for the twenty-first century*. New York: Preager, 1991.
9) Peter G. Northhouse. 『리더십: 이론과 실제』. 김남현 역. 서울: 경문사, 2011. pp. 7-18. 참조.

자질이나 특성은 특정한 사람에게서 찾아볼 수 있고, 따라서 리더십은 특별히 리더십 재능을 타고난 사람들에게만 제한될 수밖에 없다고 주장한다.

그러나 리더십의 과정론적 시각에는 리더십은 상황 속에 존재하는 현상이고, 리더십 발휘는 누구나 가능하다고 주장한다. 그리고 과정으로서 리더십은 리더 행동에서 관찰될 수 있는 현상이다. 그리고 리더십은 후천적으로 학습에 의해 습득될 수 있는 것이다. 리더십의 과정론적 정의는 앞에서 제시한 리더십 정의와 그 맥락을 같이하고 있다.

2) 임명된 리더십과 자생적 리더십

어떤 사람은 조직 내의 공식적 직위 때문에 리더가 되는가 하면, 조직의 공식적 직위는 없지만 집단성원들이 그에게 반응하는 방식 때문에 리더가 되는 경우도 있다. 리더십의 이 같은 두 가지 일반적 형태를 임명된 리더십과 자생적 리더십이라 부른다. 다시 말해서 조직 내의 어떤 직위를 근거로 한 리더십이다. 팀 리더, 공장관리자, 부서장, 감독자, 행정가 등은 모두 임명된 리더십의 예이다. 그러나 어떤 사람이 리더십 직위에 임명을 받았다고 해도 어떤 상황에서는 반드시 진정한 리더가 아닌 경우가 있다.

조직의 어느 한 성원이 다른 성원들에 의해 가장 영향력이 있는 사람으로 지각되고 있을 때 그는 그의 직책의 명칭과 상관없이 리더십을 발휘하고 있는 것이다. 이 같은 리더십을 자생적 리더십이라고 한다. 이 경우 그 사람은 그의 행동을 수용하고 지지해주는 다른 집단성원들을 통하여 그 같은 자생적 리더십을 획득하는 것이다. 이 같은 리더십의 유형은 어떤 직위에 임명되지는 않았지만 일정기간에 걸친 의사소통이나 상호작용을 통하여 자생적으로 부상하게 된다.

자생적 리더의 성공적인 부상을 가능하게 하는 정적인 의사소통행동에는 다음과 같은 것들이 있다. 즉, 서로 간에 말을 주고받는 것, 정보를 알려주는 것, 다른 사람의 의견을 묻는 것, 새로운 아이디어를 창출하는 것, 굳은 신념을 보이지만 경직되지 않는 것 등이 그것이다. 이 같은 의사소통행동 이외에도, 성격이 자생적인 리더십의 출현에 중요한 역할을 한다는 연구결과도 있다. 이 같은 연구결과가 여성 리더의 경우에도 적용될 수 있을지 여부는 확실치 않지만 스미스 등은 이 같은 세 가지 성격 특성을 활용하여 자생적 리더를 확인해낼 수 있다고 주장한다.[10] 자생적 리더십은 성편견의 지각에 의해 영향 받을 수 있다.

자생적 리더십에 관한 또 하나의 특이한 시각은 사회적 정체성 이론에 의해 제시되고 있다. 이 시각에 의하면 자생적 리더십은 어떤 사람이 전체로서의 그 집단의 정체성과 합치되고 있는 정도를 나타내는 것이라고 한다. 집단이 시간의 경과와 함께 발전해가면서 집단의 원형도 역시 발전된다. 그 개인이 집단의 원형과 가장 닮아있을 때 (집단의 본보기가 될 때) 리더로 부상한다. 집단의 원형을 닮는다는 것은 그로 하여금 집단을 매력적이게 하고, 그것이 집단에 대한 영향력으로 이어진다는 것이다.

3) 리더십과 권력(영향력)

권력의 개념은 리더십과 관련된 개념이다. 권력이란 영향력을 행사하는 과정의 일부분이기 때문이다. 권력은 영향을 미칠 수 있는 능력이나 잠재능력이다. 그가 다른 사람들의 신념, 태도 및 행동방식에 영향을 미칠 수 있는 능력을 가지고 있을 때 그 사람은 권력을 가지고 있다고 말할 수 있다. 목사, 의사, 코치 및 교사들은 우리에게 영향을 미치는 잠재력을 가진 사람들의 표본이다. 그들은 영향을 미치는 잠재력을 가진 사람들의

---

10) Smith, J. A. & R. J. Fori. "A pattern approach to the study of leader emergency", *Leadership Quartewly* 9(2), 1998. pp. 147-160.

표본이다. 그들은 영향을 미치려고 할 때 그들이 가지고 있는 권력(영향력)을 사용한다. 그리고 우리들에게 어떤 변화를 일으키려고 할 때 그 같은 권력과 관련된 자원을 활용한다.

가장 널리 인용되고 있는 '권력에 대한 연구'는 프렌치와 라벤French & Raven의 연구이다. 그들은 연구에서, 영향을 미치고 영향을 받는 '쌍방과의 관계'의 틀을 기초로 권력을 개념화하였다. 이들이 확인한 일반적이고 중요한 다섯 가지 권력 유형은 다음과 같다. ①보상적 권력 ②강제적 권력 ③합법적 권력 ④전문적 권력 ⑤준거적 권력 등이 그것이다.[11]

이 같은 각각의 권력유형은 다른 사람의 태도, 가치관 및 행동에 영향을 미치는 리더의 영향력을 증대시킨다. 조직 내에는 두 가지 종류의 주요한 권력이 있다. 지위권력과 개인권력이 그것이다. 지위권력이란 한 개인이 공식 조직 시스템 내의 어떤 직책이나 직위에 앉게 되어 거기에서 얻게 되는 권력을 가리키는 말이다. 그것은 리더가 일반종업원들보다 더 높은 지위신분 때문에 얻게 되는 영향력이다. 부사장이나 부서의장은 조직 내의 그의 직위 때문에 인사담당 스태프보다 더 많은 권력을 갖게 된다.

개인 권력이란 동료직원들이 그에게 호감을 느끼고, 그가 정통하고 박식한 사람으로 인식할 때 동료직원들로부터 얻게 되는 권력을 가리키는 말이다. 리더가 '동료직원들이 옳다고 생각하고 중요하다고 생각하는 방식으로 행동할 때' 그것이 곧 리더에게 권력(영향력)을 가져다준다. 예를 들어, 어떤 관리자는 영향력을 가지고 있다. 그의 부하(하위자)들이 그를 훌륭한 역할 모델이라고 생각하기 때문이다. 또 다른 관리자도 역시 영향력을 가지고 있다. 그의 부하들이 그를 매우 유능하고 동정심이 많은 사람으로 이해하고 있기 때문이다.

---

11) French, R. P. Jr. & Raven, B. The Bases of social power, In D. cartwright(ed), Studies in social power, Ann Arbor, MI: Institute for Social Research, 1959.

〈표1-1〉 권력의 유형과 기반

지위권력	개인권력
합법적 권력	준거적 권력
보상적 권력	전문적 권력
강제적 권력	

이 두 가지 경우 이들 관리자들의 권력은 다른 사람들과의 관계에서 그 다른 사람들이 그들을 어떻게 보는가에 근거하고 있다. 개인 권력에는 전문적 권력이나 준거적 권력이 포함되어 있다. (표1-1)

리더십 논의에서 리더를 권력을 휘두르는 사람이라거나 다른 사람들을 지배하는 사람으로 묘사하는 경우를 흔하게 볼 수 있다. 이 같은 경우의 권력은 리더가 자기 자신의 목적을 달성하기 위해 사용하는 수단으로 개념화된다.

이 같은 권력개념과는 반대로 번스_{Burns}는 권력을 상호간의 관계라는 관점에서 보고 그것을 강조하였다. 그에 의하면 권력이란 리더가 자기 자신의 사적 목적을 달성하기 위해 다른 사람에 대하여 행사하는 영향력의 실체가 아니라는 것이다. 오히려 권력은 상호관계 속에서 파악하여야 하고, 권력은 집단적인 목표 달성에 유익한 것이 되도록 활용되어야 한다는 것이다.[12]

4) 리더십과 강제

강제는 리더가 활용 가능한 권력의 구체적 측면들 중의 하나이다. 강제의 과정에서는 어떤 변화를 위해 강제적인 힘을 사용하게 된다. 다시 말해서 그것은 '작업 상황에서 처벌이나 보상을 교묘히 활용하여 다른 사

---

12) Burns, J. M. *Leadership*. New York: Harper & Low, 1978.

람들로 하여금 리더가 원하는 것을 하도록 하는 것'을 의미한다.

강제의 과정에서 활용되는 처벌이나 보상에는 위협, 벌주지, 그리고 부적 보상방법 등이 포함된다. 강제와 리더십을 구분하는 것은 매우 중요하다. 그렇게 함으로써 히틀러Hitler, 존스Jones, 그리고 코레쉬Koresch의 행동들을 올바른 리더십 행동의 예에서 분리시킬 수 있게 되기 때문이다.

리더십은 집단성원들이 공동목표를 지향하도록 영향을 미치는 사람들에게 적합한 말이다. 강제력을 즐겨 쓰는 리더들은 자기들 자신의 목표달성에 관심이 있고, 하위자(부하)들의 요구나 원하는 것에는 거의 관심이 없는 사람들이다. 강제력을 사용하는 것은 공동목표를 달성하기 위해 동료 직원들이나 부하들과 더불어 일해가는 것과 어긋나는 일이다.

5) 리더십과 관리

리더십 과정은 여러 면에서 관리과정과 비슷한 과정이다. 리더십 과정이 영향력을 포함하고 있는 것처럼 관리과정에서도 영향력이 행사된다. 리더십이 다른 사람들과 더불어 일해가는 것을 요구하고 있는 것 같이 관리의 경우도 마찬가지이다. 그리고 리더십이 효과적인 목표달성과 관련된 것인 것처럼 관리도 효과적인 목표달성을 지향한다. 그러나 리더십은 관리와 다르다. 리더십 연구의 시초라 아리스토텔레스Aristotle까지 거슬러 올라가는 반면에 관리는 20세기 초두에 산업사회의 출현과 더불어 새로이 부상된 개념이다. 당시 조직 내의 혼란 상태를 해소시키기 위한 방법으로 관리가 처음 등장하게 되었고, 조직을 보다 더 효과적이고 능률적으로 운영하기 위한 방법으로 관리기능의 개념이 창안되었다.

Fayoi에 의해 처음으로 확인된 기본적인 관리 기능은 계획, 조직화, 충원, 통제 등이었다. 이 같은 기능들은 오늘날까지도 관리 분야의 대표적인 기능들이다. 관리의 기능들과 리더십의 기능들을 비교한 책에서 코터

Kotter는 이들 두 가지 기능들은 아주 상이하다고 주장한다.13) (표1-2)

〈표1-2〉 관리와 리더십의 기능 비교

관리 질서와 일관성(안정)추구	리더십 변화와 발전추구
계획 · 예산	**방향설정**
▸ 행동지침의 설정	▸ 비전 설정
▸ 계획표(시간표) 작성	▸ 전체적인 상황의 확인
▸ 자원의 배분	▸ 전략설정
조직화 · 충원	**목표를 위한 제휴 · 협력**
▸ 조직구조의 설계	▸ 목표에 대한 의사소통
▸ 직무배치	▸ 헌신과 몰입의 추구
▸ 규칙과 절차의 개발	▸ 팀과 연합체의 구축
통제 · 문제해결	**동기유발 및 의욕(영감)의 고취**
▸ 인센티브제도의 수립	▸ 의욕(영감)과 활기의 고취
▸ 창의적인 해결책	▸ 부하에게 자율권 부여
▸ 수정조치	▸ 미충족된 욕구의 충족

자료: Adapted from John P. Kotter. *A force for change: How Leadership Differs From Management.* New York: Free Press, 1990. pp. 3-8.

관리의 주된 기능은 조직에 질서와 일관성(안정성)을 추구하는 것인 반면, 리더십의 일차적인 기능은 변화와 발전을 가져오게 하는 것이다. 다시 말해서 관리는 질서와 안정을 추구하고 리더십은 변화에 대한 적응과 건설적인 변화 및 발전을 추구한다. 관리의 주된 활동들은 리더십의 주된 활동들과는 다르게 수행된다. 계획과 예산에서 관리는 자세한 일정을 강조하고 몇 개월부터 몇 년에 이르는 시간표를 강조하며 조직목표의

---

13) John P. Kotter. *A force for change: How Leadership Differs From Management.* New York: Free Press. 1990. pp. 3-8.

달성을 위해 필요한 자원의 배분을 강조한다.

이와는 대조적으로 리더십은 방향설정, 방향 윤곽의 명료화, 장기적인 비전의 설정, 필요한 조직변화를 위한 전략수립 등을 강조한다. 조직화나 충원에 있어서도 관리는 개인들의 작업을 구조화하고 조직 내에서 그들 간의 관계에 초점을 맞추고 또 작업의 물리적 환경에도 관심을 기울인다. 여기에서는 적재적소의 원칙이 강조되고 작업수행을 위한 규칙이나 절차를 개발한다. 그러나 리더십의 경우, 조직화와 충원의 과정에서 비전에 관해 성원들과 의사소통하고, 그들의 헌신을 유도하며, 팀을 구축하여 협동적으로 일하고 또 조직사명의 실현에 유익한 연합체를 형성하는 것 등을 강조한다.

통제와 문제해결활동에서 관리의 초점은 성원의 동기유발을 위한 유인 시스템의 개발, 문제의 해결, 업적목표를 향한 진행상태의 점검, 업적이 궤도를 벗어났을 때 수정조치를 취하는 것 등에 있다. 이와는 대조적으로 리더십은 성원들의 고무 및 동기유발, 성원들의 자율성을 강조하고 성원들에게 활력을 불어넣고 그들의 욕구충족을 강조한다. 코터Kotter, 1990의 주장에 따르면 조직이 번창하기 위해서는 관리와 리더십 모두가 필수적이라고 한다.

베니스Bennis와 나누스Nanus는 흔히 인용되고 있는 다음과 같은 말로써 이 두 개념을 명확하게 구분하고 있다. "관리자는 일을 올바르게 하는 사람이고, 리더는 올바른 일을 하는 사람이다.14)

이처럼 리더십과 관리, 그리고 리더와 관리자 간에 명백한 차이가 있기는 하지만, 역시 상당부분 겹치는 부분이 있다. 관리자가 집단의 목표를

---

14) Bennis & Nanus, B. Leaders. "Managers are people who do things right and leaders are people who do the right things." *The Strategies for taking charge.* New York: Harper & Low, 1990. p. 221.

달성하기 위해 집단성원들에게 영향을 미치고 있을 때 그는 리더십을 발휘하고 있는 것이다. 그리고 리더가 계획, 조직화, 충원 및 통제활동에 개입하고 있을 때 그는 관리를 하고 있는 것이다. 따라서 리더십 과정이나 관리과정 모두가 목표달성을 위해 집단성원들에게 영향을 미치는 일들을 포함하고 있다.

제2절

리더십 연구방법과 주요 성과

1. 과학적 리더십 연구 역사

과학으로서의 리더십은 특정한 리더십 관련 사상이나 주장들이 참인지, 거짓인지 논증하는 엄격한 체제를 갖는다. 과학적 접근에 있어 가장 중요한 것은 변수와 변수 간의 관계로서 뉴턴의 학문적 전통에 따르면 복잡한 현상들을 한꺼번에 다 다룰 수 없기 때문에 관심 있는 변수들 두 세 개만 골라 이들을 관찰함으로써 변수들과의 관계를 밝히고 있다. 리더십에 대한 과학적 연구는 오랜 기간에 걸쳐 이루어져 왔지만, 아직 통합적인 이론이나 일반적인 정의에 대한 합의를 보고 있지 못하고 있다고 할 수 있다.

지난 100여 년 동안 리더십은 정치학, 사회심리학, 경영학 등 사회과학의 여러 분야에서 다각적으로 연구되어왔다. 행정학에서의 리더십 연구는 1930년대에 인간관계론의 등장과 함께 시작되었고, 행정행태론이 등장하면서 리더십에 대한 경험적 연구들이 시작되었다. 그러다가 1960년대 발전행정론이 대두되면서 결정적인 발전의 계기를 맞게 되었는데, 그 이유는 국가가 발전하려면 무엇보다도 인간적인 요소human factor가 중요하며, 국가지도자(특히 신생독립국)의 가치관이나 역할이 해당국가의 발전 속도와 방향 그리고 내용까지 결정한다는 전제를 갖고 있었기 때문이다.

또한 1970년대 조직발전론_{organization development}이 유행하면서 "리더는 조직성공을 위한 하나의 필수적인 자원이다"라는 인식과 함께 그 조직의 존재와 흥망의 여부는 상당부분 리더에게 달려 있다고 믿게 되었다.[15]

이와 같이 리더십에 대한 연구는 오랜 기간의 연구와 조사가 수행되어 다양한 이론과 모형이 제시되었지만, 일반적으로 적용될 수 있는 리더십 이론이나 모형으로 발전되지는 못하고 있다. 지금까지 발표된 주요 이론들을 정리하면 특성론, 행위론, 상황부합론, 규범적결정론, 인식론, 대체론, 변혁론, 비전론, 교환관계론, 육성론, 추종자중심론, 전략론 그리고 이슈론 등으로 요약될 수 있다. 물론 각 이론 안에는 또 여러 개의 관련 이론들이 포함된다.

2. 리더십 연구의 주요 이론 / 방법론

리더십에 대한 조직이론의 전개는 다양한 관점을 통해 논의되고 있는데, 대체로 특성론·행태론·상황론 세 가지 측면을 중심으로 분류해볼 수 있다.

가. 특성연구(treat apporach)

특성연구는 20세기 전반에 걸쳐 학자들의 관심 대상이 되었던 리더십 연구에 대한 최초의 체계적인 시도였다. 1990년대 초에 무엇이 사람들로 하여금 위대한 리더가 되게 만드는가를 알아보기 위하여 리더십 특성을 연구하기 시작하였다. 이때 개발되었던 이론이 소위 '위인이론'_{great man theory}이다. 위인이론은, 성공적인 리더는 어떤 공통된 특성을 가지고 있다

15) 김호섭 외. 『새 조직행동론』. 서울: 대영문화사, 1999. p. 238.

는 전제하에 이를 개념화한 이론으로서 1930~1940년대에 주로 이루어졌고 신체적 특성·지능·성격·감정 등의 리더 특성규명에 초점이 맞춰졌으나 리더의 특성이 다양하여 어떤 특정한 리더 특성으로 규명하는 데 한계가 있었다.

20세기에 들어서면서 심리학의 발달과 더불어, 특히 태도attitude나 성격personality, 지능 등을 측정하는 기법이 발달하게 되면서부터 과학적 연구가 본격화되기 시작하였다. 따라서 19세기에 등장한 위인론偉人論은 심리측정 기법의 발달과 결합되어 '특성론'이라는 이론적 접근으로 발전하게 된다. 이것은 리더가 보유하고 있는 정신능력이나 심리적 특성이 보통사람들과 어떻게 다른가를 각종 심리검사나 태도의 척도를 사용하여 알아보려는 방법이다. 이 특성론이 최초의 과학적인 이론적 접근이라 할 수 있다.

그러나 약 반세기 동안 활기를 띠었던 특성연구는 그다지 고무적인 연구 결과를 내놓지 못했는데, 그것은 성공적인 리더가 되기 위해서는 어떤 심리적 능력이나 특성을 갖추어야 되는가에 대한 일관성 있는 결론이 모아지지 않았기 때문이다. 그래서 대두된 것이 상황이론과 행태론적 접근법이다.

그러나 최근에 이르러 특성연구는 다시 부활하게 되었는데 그것은 연구자들이 리더의 특성에만 초점을 맞추는 대신, 리더와 리더십 상황 간에 일어나는 상호작용과 연계하여 연구한 결과이다. 이 결과로 많은 특성들이 리더십에 공헌한다는 사실이 밝혀졌고, 확인된 중요한 리더십 특성들은 지능intelligence, 성실성integrity, 사교성sociability 등이다. 또한 '외향성'은 리더십과 가장 강력한 관계를 갖는 성격 특성이고, 이어서 성실성·개방성·동조성 및 신경증적 성질도 리더십과 관련이 있다는 것이 밝혀졌으며 또한 정서지능도 중요한 요소로 밝혀졌다.16) 특히 리더의 카리스마는 변혁적 리더십의 중요한 요소로 규명되었다.

---

16) Peter G. Northous, 『리더십 이론과 실제』. 김남현 역. 서울: 경문사, 2011. pp. 49-50.

나. 리더십 행동유형 연구

1950년대에 특성이론의 문제점에 따른 비판으로 행동과학자이 발전하면서 효과적인 리더가 행동하는 데에 어떠한 방법이 있는가 하는 점에 연구가 진행되었고 행태론적 접근이 대두되었다.

행동과학자들은 "어떤 특성을 가진 리더가 효과적인가" 하는 리더의 특성연구에 두었던 초점을 "리더는 어떻게 행동하는가, 어떻게 행동하는 것이 효과적인가"에 초점을 맞추어 연구하였다.

리더십 행동유형연구는 리더십의 효율성을 리더가 집단에서 무엇을 어떻게 행동하느냐에 따라서 결정된다는 전제하에 리더의 실제행동유형을 연구하는 것이다.

이 시기의 학문적 사조는 객관적 계량화가 유행하였다. 따라서 과학적 측정이 어려운 리더 개인의 내적특성을 규명하려고 하기보다는, 객관적 관찰과 측정이 용이한 외적행동을 연구하는 것이 바람직하다는 견해가 우세해지면서 리더의 행동에 대한 연구가 활성화 되었다.

또 한 측면은 리더십 과정론적 측면, 즉 리더십은 후천적으로 개발될 수 있다는 리더육성을 위한 훈련측면에서 행태적 접근이 더 효과적이란 점을 인식하게 되었다는 점이다. 리더의 내적특성은 발견하기도 어렵지만 장기간을 통해 형성된 것이기 때문에 변화시키기도 어려울 뿐만이 아니라 그것의 평가 또한 어렵다. 반면, 외적인 행동은 리더훈련에서의 목표설정과 그 훈련의 효과성을 평가하기가 상대적으로 훨씬 더 용이한 대상이다. 따라서 1950년대 이후 약 20여 년 간은 리더 행태론적 연구가 성황을 이루었다.

리더십 행동유형에 대한 연구는 많은 성과를 이룩하였는데 그 첫 번째 연구는 1940년대 말 오하이오 주립대학교The Ohio State University에서 실시되었다. 이 연구에서는 리더십 과정에서 리더의 특성보다 리더의 배려행동(관계성행동)의 중요성을 지적하였다. 이와 비슷한 시기에 미국의 미시간 대학교University of Michigan에서 일단의 연구자들이 리더십이 소집단에서 어떻게 기능하는가를 탐색하는 연구를 실시하였다. 그 결과는 오하이오 대학의 연구결과와 같은 두 가지 독립된 리더십 지향, 즉 과업(생산)지향과 종업원 지향으로 개념화 되었다. 세 번째 연구는 1960년대 초 블레이크와 모턴Blake & Mouton에 의해 수행되었다. '리더십 그리드'leadership grid[17]라고 잘 알려진 이 연구에서는 조직상황에서 관리자들이 과업행동과 관계성 행동을 어떻게 조합하여 행동하는가를 탐구하였다. 이것은 '리더십 지향성'으로서 '생산을 위한 관심'과 '사람을 위한 관심과 배려'의 두 요인은 리더가 어떻게 하면 조직목표를 달성할 것인가를 설명하는 데 유용하다. 이 모델은 조직의 관리자 훈련이나 리더십 개발 분야에서 광범하게 활용되어오고 있다.[18]

다. 상황중심 이론

1960년대 후반에 들면서 특성론과 행동론에 중요한 비판이 가해졌다. 즉 과학적 연구의 핵심인 이러한 것들에 대한 일반화generalization가 어렵다는 것이다. 모든 상황에서 적용 가능한 리더의 특성이나 행동은 리더십 발휘 환경의 상황적 요인으로 인하여 상황의 변화에 따라 동일한 특성이나 행동이 달라지며 이에 따라 리더십의 효과가 달라진다는 사실이 발견되었으며 이로서 대두된 것이 '상황적합이론' '상황부합론' 그리고 '목표-경로이론'이다.

1) 상황적합이론(contingency theory)

상황적합이론이라 불리는 리더십 접근법들이 몇 가지 있지만 가장 널

---

17) 리더십 그리드는 성과에 대한 관심과 사람에 대한 관심을 각각 9개의 격자로 나누어 분류하고 다섯 가지 주된 리더십 유형을 제시한다. 순응형(9,1), 컨트리클럽형(1,9), 방관형(1,1), 중도형(5,5), 팀형(9,9).

18) Peter G. Northous. 『리더십 이론과 실제』. 김남현 역. 서울: 경문사, 2011. p. 99.

리 인정받고 있는 것이 휘들러Fidler의 상황적합이론이다. 이것은 '리더-적합이론'leader-match theory이라고도 하는데, 그것은 리더가 그의 리더십을 적절한 상황에 접합시켜야 한다는 것을 의미한다. 그리고 이 이론이 상황적합이라고 불리는 이유가 리더십의 효과성은 리더의 행동유형이 상황과 어느 정도 잘 적합 되느냐에 달려있기 때문이다. 리더십 효과성을 이해하기 위해서는 리더가 리더십을 발휘하고 있는 상황에 대한 이해가 필수적이다.

휘들러는 상이한 상황에서-특히 군대조직에서-일하는 상이한 리더들의 행동유형에 대한 연구를 통해서 상황적합이론을 개발하였다. 상황적합이론은 리더십 행동유형이 리더십 상황과 어떻게 적합 되고 있는가에 관한 이론이다. 이 이론은 리더십 유형과 상황변인들을 효과적으로 조합(조화)시키는 틀framework을 제시하고 있다. 이 틀에 의하면 리더십 유형은 과업지향과 관계성 지향으로 설명되며 리더유형을 측정하기 위하여 LPC척도least preferred co-worker scale를 개발하였다. 관계 지향적 리더십과 과업지향적 리더십으로 구분하고 상황요소로 '리더-성원관계,' '과업구조' 그리고 리더의 '직위권력'의 세 가지를 들고 강한권력과 약한 권력에 따라 8가지의 리더십 상황을 설정하였다. 이 척도에서 높은 점수를 받은 사람은 관계지향성이고 낮은 점수를 받은 사람은 과업지향적인 사람이다.

이 이론은 여러 가지 비판에도 불구하고 리더십 과정에 대한 이해에 지대한 공헌을 하고 있다.

2) 상황적 접근법

리더십 상황적 접근법the situational approach to leadership은 널리 활용되고 있는 리더십의 처방적 접근법으로서 과업이 다양하고 상이한 유형의 조직상황에서 리더가 어떻게 효과적일 수 있는가를 제시하고 있다. 따라서 이 접근법은 모델을 제시하고 있는데 리더가 특정한 상황에서 어떻게 행동하여야 하는가를 처방하고 있다. 이 이론의 대전제는 "상이한 상황은 상이한 유형의 리더십을 요구한다"라는 것이다.

이 접근법은 허시와 블랜차드Hersey & Blanchard가 블레이크와 모턴Blake & Mouton의 '관리격자grid 모형'과 레딘Reddin의 3-D 관리유형이론3-D management style theory 그리고 아지리스Argyris의 '성숙-미성숙이론'을 바탕으로 하여 개발되었다. 처음 발표된 이후 여러 차례 개정을 하였고 최종적으로 '상황적 리더십 이론 II'에서 리더십 행동을 지시적 차원과 지원적 차원으로 분류하고 각각에 대응하는 리더십 유형을 '지시형,' '코칭형,' '지원형,' 그리고 '위임형'으로 명명하였다. 또한 팔로어의 발달 수준에 따라 '열성적 초보자,' '좌절한 학습자,' '능력은 있지만 조심스런 업무수행자,' '자기주도적 성취자' 네 가지 유형으로 구분하였다.

상황적 리더십 이론의 핵심은 리더는 그의 행동유형을 팔로의 유능성과 헌신성의 정도에 적합 시켜야 한다는 것이다. 따라서 유능한 리더는 팔로어들에게 요구되는 것이 무엇인가를 파악하고 이에 적합한 리더십을 발휘해야 한다.

상황적 리더십 이론은 어떤 유형의 조직이나, 어떤 계층에나 그리고 모든 유형의 과업에 응용될 수 있기 때문에 광범위하게 활용되는 포괄적인 모델이다. 따라서 리더십 컨설팅 기관 등에서 널리 활용되고 있으며, 많은 조직에서 리더십 훈련 및 개발에 광범위하게 사용되고 있다.19)

3) 경로-목표이론

경로-목표 이론path-goal theory은 리더가 팔로어들을 어떻게 동기 유발시켜서 설정된 목표를 달성할 것인가에 관한 이론이다. 기대이론expectancy theory20)에 기초하여 개발된 것으로서 에반스Evance, 1970의 연구를 기초로 하

---

19) 앞의 책. p. 122, 136.

우스_{House, 1971} 등에 의해서 발전되었다.

이 이론이 표방하고 있는 목표는 팔로어들의 동기유발에 초점을 두어 팔로어의 업적과 팔로어의 만족을 증진시키기 위한 데 있다. 상황에 따라 적합한 리더십을 발휘해야 한다는 휘들러_{Fiedler, 1967}의 상황적합이론_{contingency theory}과 팔로어의 성숙도에 따라 리더십 행동을 달리해야 한다는 허쉬와 블랜차드_{Hersey & Blanchard, 1982}의 상황적접근이론_{situational approach to leadership}과는 달리 리더의 리더십 행동유형과 팔로어의 특성 및 상황과의 관계를 강조한다.

간단히 말해서 경로-목표이론은 리더가 어떻게 하면 팔로어의 요구와 그들의 작업 상황에 가장 적합한 리더행동을 선택함으로써 그들이 목표달성의 경로를 잘 가도록 도울 수 있는가를 설명하기 위해 설계된 이론이다. 적절한 리더십 유형을 선택함으로써 팔로어들의 '성공적인 과업수행과 만족'의 수준을 증진시킬 수 있게 된다는 것이다.

경로-목표 이론에서는 리더십 행동유형을 지시적 리더십, 지원적 리더십, 참여적 리더십, 성취지향적 리더십의 네 가지로 분류한다.²¹⁾ 또한 리더십 행동유형을 선택하는 데 영향을 미치는 과업특성으로는 과업의 구조, 공식적인 권한관계, 1차적 과업집단 등이 있고 이러한 과업의 특징들이 복합적으로 리더십에 영향을 미치게 된다. 또한 팔로어의 특성도 영향을 미치는데 그것들은 통제위치_{locus of control}, 친화욕구, 과업수행 능력에 대한 자기인식 등이다.

이와 같이 경로-목표이론에서는 리더의 바람직한 역할이 팔로어들이 목표를 달성하는 과정에서 당면하는 과업의 불명확성, 역할 모호성, 결속

---

20) 기대이론에 의하면 팔로어들은 다음의 세 가지가 충족되면 동기 유발된다고 본다. ①그들이 유능감을 갖게 되고 ②그들의 노력이 보상을 받게 될 것이라고 생각하며 ③작업을 대가로 얻게 될 보상이 가치 있는 것으로 생각하는 것 등이다.

21) 최근에 하우스(1996)는 이에 더하여 추가로 네 가지 지도자유형을 추가하였다. 과업의 촉진활동, 집단적의사결정 행동, 집단대표 및 네트워킹 행동, 가치 중심의 리더십 행동을 추가하여 여덟 가지 유형의 리더십 행동이 포함된 수정된 경로-목표 이론을 발표하였다.

력이 약한 집단규범 등과 같은 장애물들을 제거하거나 극복할 수 있도록
도와주는 것이다.

경로-목표이론은 일련의 처방을 제시해준다. 지시적 리더십은 모호한
과업의 상황에서 효과적이고, 지원적 리더십은 반복적인 과업의 상황에서
효과적이며, 참가적 리더십은 과업이 불확실하고 팔로어들의 자율성이 요
구되는 과업에서 효과적이다. 그리고 성취지향적 리더십은 도전적인 과업
의 상황에서 효과적이다. 다시 말해서 목표달성의 경로에서 지도하고 안
내하고 코치해줌으로써 팔로어들을 도와 공동의 목표에 도달하게 하는 것
이 리더의 책임이다.

이러한 연구(특성, 행동, 상황)와는 별도로 진행되어온 것이 리더가 사
용하는 권력유형 및 상대적 효과 연구가 1960년대 이후 지속되어왔다. 리
더십의 핵심요소중의 하나는 팔로어에게 영향력을 행사한다는 것이다. 권
력-영향력 연구는 이러한 영향력이 어디에서 나오는 것이며 어떤 영향력
형태를 어떠한 방식으로 행사하는 것이 집단임무 달성과 구성원의 만족도
를 높이는 데 효과적인가 하는 것을 밝히는 것이다.[22]

1970년대 후반에 들면서 리더십 연구는 심리학을 포함하는 사회과학
전반에 걸쳐 인지주의[23]적 관점cognitive approach과 인본주의적 관점humanistic

---

22) 유클(Yukl, 1994)은 그간의 리더십 연구를 크게 특성이론(trait approach), 행위이론
(behavior approach), 권력-영향력이론(power-influence approach), 상황이론(situation
approach)의 4가지 접근법으로 분류하고 이중 2가지 이상 접근법이 교차되고 있는 예외
적인 접근법으로 참여적 리더십(paticipative approach), 카리스마적 리더십(charismatic
approach), 의사결정그룹 리더십(leadership in decision group)의 3가지가 있다고 분류
하였다. 권력-영향력 이론은 리더와 팔로어 간의 영향 과정에 관한 연구로 특성론이나
행위이론과 마찬가지로 리더와 팔로어 간의 쌍방적 관계보다는 일방적 관계를 가정하고,
리더에 초점을 맞추는 연구이다.
23) 인지주의는 인간을 사고하는 존재로 전제하여 인간의 내부에서 일어나는 능동적인 사고
과정과 인간 내부의 인지 구조를 중시하는 것이다. 따라서 인지주의는 결과보다는 과정

approach이 확장되고 국제적으로 기업들의 경쟁이 치열해지면서 기업의 생존전략 모색이 핵심적인 문제로 대두됨에 따라 조직문화organization culture 및 패러다임 변화문제가 주요 관심사로 대두되면서 새로운 방향으로 연구가 진행되어 많은 성과를 이루었으며 조직영역 확대 조정 및 주요 핵심 변인의 등장으로 각 이슈별로 성공적인 리더십 실천이론들이 제기되고 있다.

이와 같은 연구 이외에도 불확실성, 복잡성, 그리고 변화의 급속성 등으로 특성지어지는 최근의 조직 환경의 변화에 따라 시대적 환경이 요구하는 적합한 리더십이 무엇인지에 대한 논의가 계속되었다.

〈표1-3〉 주요연구 및 접근법

변천 과정	특성이론 1910~50년대	행동이론 1940~50년대	상황이론 1960년대 이후	복합적 적용 1980년대 이후
연구 방향	효과적 리더의 특성연구 (단일차원접근)	지도자의 행동모델 연구 (2차원적 접근)	지도자유형과 상황 간 의 상관성 연구	지도자의 특성, 행동, 상황 등 다양한 요소에 근거한 접근 (단일/다 차원적, 복합적 접근)
가정/ 전제	리더십은 리더 개인의 자질 (특성)에 달려 있다.	리더 행동의 어떤 유형 혹은 복합된 유형이 모 든 상황에서 언제나 효 과적이다.	리더십 결정요인은 리 더 개인의 특성이 아니 라 리더가 처해있는 조 직적 상황이다.	리더의 개인적 자질과 경영/관리 역량에 초점.
대표 연구 & 모델	경험적 연구: 리더의 특 성 규명(신체적/정신 적/사회적 카리스마)	오하이오 대학 연구: 주도성/배려성 미시간 대학 연구: 종업원 지향/ 생산성지향 Blake & Mouton의 경영 격자 모델	Fiedler의 상황적합모 델 Hersey & Blanchard 상황적 리더십 목표-경로이론 Path Goal Normative	변혁적 리더십(Tichy) /대립가치모델(R. E. Quinn) 원칙중심 리더십(S. Covey) 슈퍼 리더십/셀프 리 더십(C. C. Manz & H. P. Sims)

을 중시하며 정보의 발견이나 단순한 기억보다는 정보의 구성을 강조한다. 인지주의적 입장에서 학습은 동화와 조절로 학습자의 인지 구조를 변화시키는 것이다. 인지주의의 이론에는 정보처리 이론과 스키마 이론이 있다.

3. 최근의 연구추세 및 접근 현황[24)]

   1980년대 1, 2차 오일 쇼크로 인한 국제적인 경제위기를 겪으면서 리더
십 연구는 새로운 전기를 맞게 된다. 역경을 극복해내는 기업인들과, 정치
적으로 후진국 지도자들의 성공과 실패 사례들이 관심의 핵심으로 떠오르
며 이후는 변혁론(Bass)과 카리스마적 리더십(비전론: Conger & Kanungo)
연구의 전성시대가 열리게 된다. 물론 그 중간에 '대체론'이나 '교환론' 같
은 다른 이론들이 없었던 것은 아니었다. 그러나 최근에 이르기까지 학자
들과 실무자들에게 관심이 계속되고 있는 주제는 '변혁'과 '비전'임을 부인
할 수 없다. 20세기 초, 특성론을 거부하면서 본격적으로 시작된 리더십
연구는 한 세기가 지난 지금 우리도 모르는 사이에 다시 '특성론'(예: 카리
스마 등)으로 되돌아와 있음을 발견하게 된다.

   한국과 미국의 경영학계에서 진행되어온 리더십 연구의 흐름을 분석
한 연구에 의하면 미국의 연구추세는 ①변혁적·카리스마적 리더십에 관
한 연구 집중 ②공유 리더십shared leadership theory ③리더십 연구에 있어서
리더의 성별gender에 관한 연구 활성화 ④분석수준level of analysis의 중요성 대
두 ⑤전략적 리더십에 대한 관심 고조 ⑥이문화cross-culture 리더십의 광범위
한 연구 등으로 요약하고 있다.[25)]

   서구에서의 이러한 리더십 연구는 한국에도 직, 간접적으로 많은 영향
을 미쳤다. 백기복 등은 국내에서 리더십 논문이 발표된 1967년부터 1997
년에 이르기까지 30년 동안, 한국의 경영학계에 발표된 논문(46편)들을
분석하였는데 여기서 "한국의 리더십 연구는 최근 실증적 연구가 지배하
게 되었으며, 외국 이론의 단순 소개단계를 넘어서 나름대로 문화적 특성

---

24) 백기복. 『리더십 리뷰』. 서울: 창민사, 2009. p. 72.
25) 백기복, 정동일. 「한국에서의 리더십 연구 흐름」. 『리더십 연구』 창간호, 대한리더십
   학회, 2010.

을 고려한 새로운 이론의 모색이 활발히 진행되고 있다"라고 긍정적으로 평가하고 개선해야 할 사항들을 지적하고 있다. 이에 의하면 서구에서는 많은 연구가 이루어졌지만, 한국에서는 아직 연구가 미진한 이론이나 주제들이 비교적 많은 것으로 지적되고 있다. 그 대표적인 것으로 '리더십 대체론', '전략적 리더십 이론', '추종자론', '육성론', '리더십 실패', '특성론의 상당부분' 등 많은 주제와 이론들이 연구를 기다리고 있다.

<표1-4> 리더십 이론 분류표[26]

유형	초점	성격	이론 명	주요 저자/연도
제Ⅰ유형	리더 자신	특성론 행위론	특성론 미시간 연구 OSU연구 관리격자론 PM이론	Stogdill('48) B & M('64) Misumi('66)
제Ⅱ유형	상황요인	상황적합론 대체론	Fiedler 상황론 House 목표경로 성숙도 이론 리더십 대체이론	Fiedler('63) House('71) H & B('69) K & J('78)
제Ⅲ유형	비전 변화	변혁론 비전론 인식론 전략론	변혁적 리더십론 카리스마적 리더십론 리더십 귀인이론 전략적 리더십	Bass('85) C & K('87) Calder('77) H & M('84)
제Ⅳ유형	추종자 추종자와의 관계	추종자중심론 교환론 육성론	팔로우십 이론 LMX 이론 슈퍼 리더십	Kelly('88) Dansereau 등('75) Manz & Sims('89)
제Ⅴ유형	리더십 매체	규범적결정론, 이슈 중심론	Vroom/Jago 이슈 중심이론	Vroom/Jago('88) 백기복('95)

백기복과 김정훈은 2013년 연구에서 최근 한국 리더십 학계에서 진행되고 있는 리더십 연구들을 고찰하여 다음과 같은 특징적인 네 가지 추세를 밝히고 있다.[27] ①'관계중심의 리더십 개발'이 강조된다. 관계인식과

---

26) 백기복, 앞의 책. p. 76.

관계기술 등이 필요로 하는 사회적 관계향상에 초점을 맞추고 있다. ②'횡단적 관점보다 종단적 관점에 초점'이 맞춰지고 있다. 횡단적 또는 단기적 기법보다는 성장발달 차원에서 오랜 성장과정을 두고 리더십 개발을 교려해야 한다는 관점이 대두되고 있다. ③'리더십 정체성'leadership identity에 개발의 초점이 맞추어지고 있다. 리더십 정체성은 리더의 행동에 영향을 준다. 리더에게 적절한 자아를 심어주는 것이 중요하다. ④'개인, 팀, 조직차원의 리더십 개발' 등 전체론적 관점holistic perspective에 초점을 둔다.

　이러한 연구 경향이 의미하는 것은 바로 서구적 이론의 한국적 적용이 문제가 있다는 것이다. 특히 리더십 정체성에 관한 문제는 리더의 자아의식에 관한 것으로서 리더십 철학에 관한 문제이다.

　아직도 한국인에게 적합한 토종 한국적 리더십 모형 개발은 아직 요원하다. 기업실무자들과의 거리는 한없이 멀다. 그들은 오히려 유명하다는 외국 컨설턴트나 학자들의 지식을 곧바로 수입해 적용하는 것을 선호한다. 외국 학자들을 초청하여 세미나를 열면 성황을 이룬다. 그것이 우리의 환경과 문화에 적합한지 아닌지를 묻지 않는다.28) 본서가 리더십에 대한 철학적 접근을 하는 이유이다.

---

27) 백기복, 김정훈. 「리더십개발 연구: 현황과 과제」. 『대한경영학회지』 제26권 제7호(통권 105호), 2013년 7월. pp. 129-146.
28) 백기복. 앞의 책.

제3절

패러다임 접근법

1. 패러다임 접근법 개요

리더십 연구는 최근 많은 변화를 가져왔다. 그 대표적인 것이 리더십 패러다임의 변화이다. 리더십 패러다임은 "리더십에 대해 생각하고, 인식하고, 연구하고, 그리고 이해하는 공유된 사고방식mind set"이다. 그 흐름을 살펴보면 리더가 중요하다고 생각하고 리더십의 시작과 끝을 리더에게 두었던 리더 중심 패러다임 그리고 너무 리더에게만 치중된 연구에 불만을 품고 팔로어 및 관계도 중요하다고 강조하였던 팔로어 및 관계중심 패러다임, 이에 반하여 상황이 중요하며 상황을 고려하지 않은 리더 중심 팔로어 중심연구는 한계가 있다고 강조하는 상황중심 패러다임, 그리고 가장 최근에 대두된 것으로서 기존의 이론으로 설명이 불가능하였던 것들을 설명이 가능케 한 조직중심 패러다임이 있다. 조직중심 패러다임은 앞서 설명한 기존의 이론들이 조직을 그냥 주어진given 상태로 보고 조직의 효과성에 접근하였던 반면 이것은 조직을 열린 조직으로서 살아있는 유기체로 보고 시스템적 접근을 하며 목표와 가치를 부여하여 접근하는 방법이다.

2. 패러다임 유형

이러한 리더십 패러다임 유형별로 대표적인 리더십 이론들을 분류하여보자면 우선 리더의 특성과 역량 또는 행동에 초점을 맞추는 리더 중심 패러다임으로 접근한 이론들은 특성이론, 행동이론, 리더십 역량모형, 전 범위 리더십, 오센틱 리더십 등을 들 수 있다.

다음으로 팔로어의 인식이나 역할에 초점을 맞추는 팔로어 중심 패러다임으로 접근한 이론들은 켈리Kelley의 팔로십 모형, 리더십 귀인이론, 암묵적 리더십 이론, 서번트 리더십 등을 들 수 있고, 리더와 팔로어의 관계에 초점을 맞추는 관계중심 패러다임으로 접근한 리더십 이론으로는 리더-멤버 교환이론LMX: leader-members exchange theory이 있다.

그리고 리더십 효과성에 영향을 미치는 상황변수에 초점을 맞추는 상황 중심 패러다임으로 접근한 이론들은 휘들러Fidler의 상황적합 이론, 허시와 블랜차드Hersey & Blanchard의 상황적 리더십 이론, 경로-목표 이론, 리더십 대체이론 등을 들 수 있다.

마지막으로 조직 패러다임은 시스템 패러다임, 복잡계 패러다임, 그리고 볼맨과 딜Balman & Deal의 조직 패러다임이 있다.

3. 본서의 접근: 가치 패러다임

본서는 가치 패러다임 접근을 시도하고 있다. 가치 패러다임이란 리더십의 요소 중에서 가장 기본을 이루고 있는 리더십의 본질 즉 리더십은 무엇이 되어야만 하는 것이냐what leadership ought to be 하는 규범적, 철학적 측면에서 접근하는 것을 말한다. 그동안 리더십 연구는 효과성에 초점을 맞춘 실증적 연구에 초점이 맞추어져 왔고 많은 성과가 있었던 것이 사실이다. 그러나 이것은 한계에 부딪혔고 이에 따른 반성과 함께 새로운 가능성을 모색하는 가운데 그동안 소홀히 해왔던 가치에서 그 해답을 찾아내었고 윤리경영과 가치혁신전략[29]을 통한 새 활로를 모색하고 있다.

개인과 조직의 가치는 내재적인 신념체계를 형성한다. 인생의 중요한 결정 순간이나 회사 경영에서 선택과 집중은 그 사람이 가지고 있는 주요 가치에 의해 좌우된다.

본서는 리더십의 가치 영역을 네 가지 차원으로 구분하여 접근한다. 개인차원, 사회차원, 기업차원, 국가차원이다. 각 차원별로 행동결정에 영향을 주는 기반가치(메타 가치)와 주요가치[30]들을 식별하고 이에 적합한 리더십 유형을 검토하였다.

이러한 가치 패러다임에 의한 접근은 각기 단절되어 있는 리더십 연구의 각 차원을 연결시켜주는 고리역할을 한다. 또한 각 차원별로 가지고 있던 제한사항과 한계성을 초월할 수 있게 해준다. 예를 들어 공공 리더십의 차원을 하위차원과 상위차원으로 나누어 접근함으로써 행정관리의 차원과 국가관리 차원으로 확대할 수 있고 국가가치영역으로까지 범위를 넓힐 수 있었다.

리더십 이론을 학습 및 교육을 하다보면 리더십 이론이 너무 복잡하여 혼란스러움을 느낀다. 그래서 생각을 바꾸어 이해하면 효과적이다. 패러다임 접근법은 이러한 측면에서 대단히 효과적이라 할 수 있다. 다음 장에서 구체적으로 패러다임 리더십 이론을 살펴보기로 한다. 본서 집필 목적상 리더십의 기본요소인 리더, 팔로어 그리고 상황중심 패러다임의 이론

---

29) 가치혁신론은 경쟁과 무관한 전략수립에서 출발한다는 점에서 지난 반세기 동안 소개된 경영전략론과 확실히 구별된다. 기존 경영론은 한마디로 경쟁에서 이기는 법에 주목했다. 가치혁신은 가치창조나 기술혁신과도 의미가 다르다.

30) '주요가치'란 핵심가치(core value)를 말하는 것으로써 기업의 경영전략에서 '핵심가치'라는 용어를 사용하고 있기 때문에 이와 구분을 위하여 '주요가치'라는 용어를 사용하기로 한다.

은 생략하고 조직중심 패러다임을 살펴보기로 한다.[31] 왜냐하면 리더, 팔로어, 상황중심 이론들은 기존의 리더십 책에서 기본적으로 다루고 있는 내용들로서 제1장에서 개괄적으로 살펴보았고 일부는 후술되는 내용들과 겹치기 때문이다.

---

31) 리더십 이론의 패러다임 접근은 최병순 교수가 그의 저서 『군 리더십』에서 처음 제시하였다. 그는 여기서 나우리 리더십 패러다임을 제시, 한국적 리더십 패러다임을 제시하고 있다. 최병순. 『군 리더십: 이론과 사례를 중심으로』. 서울: 북코리아, 2010. 여기서는 그의 접근법을 소개하기로 한다.

조직중심 패러다임 접근이론

개요

대부분의 리더십 책에서 다루고 있는 리더십 이론들은 조직 내에서 리더와 팔로어 그리고 상황에 초점을 맞춘 이론들이 대부분이다. 그러나 이러한 이론들만 가지고는 리더십 현상을 모두 설명할 수 없다. 이에 따라 대두된 것이 조직 패러다임이다. 기존의 이론들이 조직이라는 바탕을 주어진 것으로 보고 조직 내에서 이루어지고 있는 리더, 팔로어, 상황과 관계된 이론에 초점을 맞추었던 것에 반하여 새로운 시각이 대두되게 되었다. 그것은 조직이 주어진 고정된 것이 아니라 살아있는 유기체로서 조직 자체가 어떤 영향을 발휘하고 가치를 창출하며 이에 따라 리더십 형태가 달라진다는 것이다.

그동안 많은 학자들이 조직을 보는 다양한 패러다임을 제시하여 조직에서 발생하는 문제의 본질을 여러 가지 시각에서 이해할 수 있도록 해주었다. 그러나 조직에 대한 패러다임들은 조직이 갖고 있는 한쪽 측면은 잘 볼 수 있도록 해주지만 또 다른 중요한 측면들을 간과하게 만드는 경향이 있다. 즉 조직 패러다임은 조직에 대한 통찰력을 제공해주기도 하지만 다른 한편으로는 조직에 대한 왜곡된 이미지를 제공해주기도 한다. 왜냐하면 특정한 패러다임으로 조직을 본다는 것은 결국 다른 방식으로 조직을 보지 못하게 만든다는 것을 의미하기 때문이다.[32]

그렇지만 우리가 이러한 사실을 깨닫고, 다양한 조직 패러다임들이 갖고 있는 강점과 약점을 이해하여 잘 활용한다면 조직의 리더로서 직면하는 문제를 좀 더 정확하게 진단하고, 그 문제에 대한 적절한 해결책을 찾을 수 있을 것이다.

따라서 본서에서는 카스트와 로젠스윅Kast & Rosenzweig의 시스템 패러다임[33]과 볼맨과 딜Bolman & Deal의 네 가지 조직 패러다임[34]을 소개하고, 각 패러다임의 관점에서 리더십을 설명한다.

---

32) Morgan, G. *Images of Organizations* 2nd ed. Sage Pub, 1997. p. 20.
33) Kast, F. E. & Rosenzweig, J.E. *Organization and Management: A System and Contingency Approach* 3rd ed. Mcgrow-Hill, 1979.
34) Bolman, L. G. & Deal, T. E. *Reframing Organization*. Jossey-Bass Pub. 2003.

제1절

시스템 패러다임

우리는 일상생활 속에서 교통시스템, 무기 시스템, 자동온도조절 시스템, 오디오 시스템, 정보처리 시스템, 교육 시스템 등 시스템이란 용어를 무수히 접하고 있다. 그런데 이러한 시스템이라는 용어는 독일의 생물학자인 루드윅 버탈랜피Ludwig Von Bertalanffy가 생물학, 물리학, 화학 등 자연과학은 물론 사회과학을 포함한 다양한 학문분야를 통합할 수 있는 공통적인 사고와 연구 틀을 찾으려는 노력 끝에 시스템의 속성과 법칙을 묶어 일반 시스템 이론general system theory을 제시한 데서 비롯되었다. 그 후에 카스트와 로젠스윅Kast & Rosenzweig이 시스템 이론을 경영학 분야에 적용하면서 조직을 열린 시스템 관점open system view으로 접근하기 시작했다.

1. 시스템의 개념과 특성

가. 시스템의 개념

시스템은 외부환경과 상호작용 정도에 따라 열린 시스템open system과 닫힌 시스템closed system으로 구분된다. 외부환경과 상호작용을 많이 할 경우 열린 시스템이라고 하고, 외부환경과 상호작용을 적게 할 경우에는 닫힌 시스템이라고 한다. 즉 열린 시스템과 닫힌 시스템의 구분은 절대적인 개념이라기보다는 상대적인 개념이다.

이러한 기준에서 본다면 모든 조직은 정도의 차이일 뿐 외부환경으로부터 인적·물적 자원을 획득하여 투입하고, 이를 조직에서 변환transformation시켜 산출물을 외부로 내보내기 때문에 모두 열린 시스템이라고 할 수 있다.

나. 열린 시스템의 특성

모든 조직은 기본적으로 열린 시스템이기 때문에 다음과 같은 열린 시스템의 특성을 잘 이해한다면 조직을 효과적으로 관리하는 데 도움이 된다.

첫째, 열린 시스템은 시스템과 환경을 구분해주는 경계boundary가 있고, 이를 통하여 외부환경과 상호작용을 한다.

둘째, 열린 시스템은 상호 연관성을 갖는 시스템 및 하위 시스템으로 구성되어 있다. 모든 시스템은 보다 큰 상위 시스템suprasystem을 갖고 있고, 시스템을 구성하는 두 개 이상의 부분 또는 구성요소, 즉 하위 시스템subsystem으로 구성되어 있다.[35] 그리고 시스템과 상위 시스템, 상위 시스템과 하위 시스템, 또는 하위 시스템들 상호 간에 유기적인 관계를 맺고 있다.

셋째, 열린 시스템은 전체성wholism or synergism을 갖고 있다. 시스템은 하위 시스템들 간의 상호 의존성 또는 상호 연관성으로 인하여 단순한 부분의 합이 아니라 그 이상의 전체성을 갖고 있는 하나의 완전한 집합체unitary whole이다. 따라서 시스템은 부분적으로 분리해서 보면 제대로 이해할 수 없기 때문에 전체적인 관점에서 접근을 해야만 한다.

넷째, 열린 시스템은 순환적 특성을 갖고 있다. 모든 시스템은 외부환경으로부터 투입물(인력, 물자, 돈, 정보, 에너지 등)을 받아들이고, 이를

---

35) 군 전체를 하나의 시스템이라고 간주하면 군의 상위 시스템은 국가 시스템이고, 하위 시스템은 국방부 및 육·해·공군 시스템이라고 할 수 있다.

변환시켜 산출물로 외부로 내보낸다. 그리고 산출물에 대한정보(평판 등)가 피드백feedback 되어 투입요소로 재투입됨으로써 변환과정에 반영되는 순환과정이 이루어진다.

다섯째, 열린 시스템은 조직의 소멸을 방지한다. 즉 엔트로피entropy를 감소시킨다. 엔트로피란 모든 인간이 결국은 죽게 되는 것처럼 어떤 형태의 시스템이든지 붕괴되거나 소멸하는 경향을 갖고 있다는 것을 의미하는 용어이다. 그런데 닫힌 시스템은 투입과 산출이 이루어지지 않기 때문에 엔트로피가 증가하여 결국은 소멸되고 만다.

여섯째, 열린 시스템은 성장과 확장의 경향이 있다. 열린 시스템은 존속을 보장하기 위해 현재의 상태에 만족하지 않고 배출한 산출물을 만드는 데 소비된 것 이상으로 투입물을 확보하려는 경향이 있다.

일곱째, 열린 시스템은 다양한 수단과 방법을 활용하여 동일한 결과를 창출할 수 있다.36) 닫힌 시스템은 기계처럼 최초에 부여한 조건에 따라서 결과를 산출한다. 그러나 열린 시스템은 목표를 달성하기 위해 다양한 투입과 변환 방법을 선택할 수 있다. 이러한 시스템의 특성은 조직에서 목표를 달성하거나 문제를 해결할 때 다양한 해결책이 사용될 수 있음을 시사하고 있다.

다. 시스템 패러다임의 시사점

시스템 패러다임system paradigm은 리더들에게 조직을 상호의존적인 부분

---

36) 경영학 용어로 이것을 이인동과성(異因同果性, equifinality)이라 한다. 이인동과성 법칙이란 시스템의 최종목표는 동일하지만 이 목표를 달성하기 위한 수단과 방법은 각기 다를 수 있다는 뜻이다. 이것은 조직 시스템이 목표를 달성하기 위해 투입과 변환과정을 다양하게 활용할 수 있다는 것과 같다. 즉 어떤 문제점을 해결하기 위해 하나의 경직된 최적안의 추구보다는 다양한 해결책을 모색할 수 있다는 것이다. 이러한 현상은 개방형 시스템에서 두드러지게 나타나고 있다. 손은일. 『산업경영의 이해』. 서울: 학문사, 2001. p. 25.

들로 구성된 전체, 즉 여러 하위 시스템으로 구성된 하나의 시스템으로 보는 개념적인 틀을 제시해준다. 조직은 사람 또는 부서(부분)들의 단순한 집합체가 아니라 상호작용하는 부분(구성요소)들의 집합체라는 것이다.

이러한 시스템 패러다임은 앞에서 설명한 '열린 시스템'open system의 특성과 같이 리더들에게 시사한 바는 다음과 같다.

첫째, 조직에 영향을 미치는 환경에 대해 많은 관심을 가져야 한다. 오늘날에는 너무나 당연한 것으로 여겨지지만 과거에는 환경에 대한 관심이 상대적으로 적었다. 즉 조직을 닫힌 시스템으로 인식하고, 조직 내부의 합리성과 효율성을 높이는 데만 관심을 가졌다. 그러나 시스템 패러다임 조직은 열린 시스템이기 때문에 모든 조직에 폭넓게 영향을 미치는 일반 환경과 함께 경쟁자, 정부기관, 고객 등 조직에 직접적인 영향을 미치는 과업환경 과의 관계에 많은 관심을 가질 것을 요구한다.

둘째, 모든 문제는 한 가지 원인만이 아니라 복합적인 원인에 의해 발생한다는 것을 인식해야 한다. 따라서 문제를 단순한 선형적 인과관계로 보지 말고, 상호의존적인 복합적 인과관계로 보아야 한다. 현재는 과거의 산물이고, 모든 것은 다른 것들과 연결되어 있기 때문에 역사적 맥락과 함께 다양한 시각에서 문제에 접근해야 할 필요가 있다.

셋째, 리더는 조직 전체적인 관점에서 리더십을 발휘해야 한다. 시스템은 상위 시스템과 하위 시스템들 상호 간에 유기적인 관계를 맺고 있다. 리더의 결정이나 행동은 자기가 소속된 조직이나 부서에만 영향을 미치는 것이 뿐만 아니라 다른 관련 조직이나 부서, 나아가 전체 조직에도 영향을 미친다. 따라서 리더는 자신이 하는 일이나 의사결정이 자신의 조직이나 부서만이 아니라 다른 조직이나 부서, 그리고 전체 조직에 어떠한 영향을 미치는가를 고려하는 전체적 관점에서 리더십을 발휘해야 한다.

2. 열린 시스템으로서 조직

카스트와 로젠스윅_{Kast & Rosenzweig, 1979}은 조직을 외부환경 시스템과 지속적으로 상호작용하면서 상호간에 유기적인 관계를 맺고 있는 다섯 개의 하위 시스템으로 구성되어 있는 것으로 본다. (그림1-1)

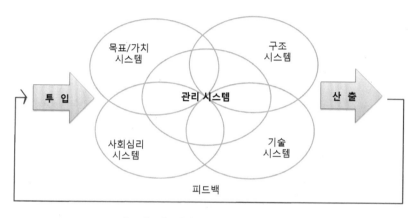

〈그림1-1〉 열린 시스템으로서의 조직

출처: Kast & Rosenzweig(1979: 107-111)

첫째, 환경상위 시스템: 이것은 조직의 경계 밖에서 조직에 영향을 미치는 모든 요소를 말한다. 이러한 환경상위 시스템은 사회에 있는 모든 조직에 영향을 미치는 일반 환경과 개별 조직에 더 직접적으로 영향을 미치는 과업 또는 특수 환경_{task or specific environment}으로 구분할 수 있다. 일반 환경으로는 문화적 환경, 기술 환경, 교육환경, 정치적 환경, 법적 환경, 사회적 환경, 경제적 환경 등을 들 수 있다. 그리고 과업환경으로는 기업의 경우 고객, 공급자, 경쟁자, 해당 산업의 기술변화 및 정부규제 등이 해당된다.

환경은 여러 가지 유형으로 분류할 수 있는데 외부환경 유형에 따라 조직 시스템, 특히 구조시스템에 영향을 미친다.[37] 대표적으로 번스와 스탈커Burns & Stalker, 1961의 연구에 따르면 환경 변화가 단순하고 안정적인 환경에서는 기계적 조직구조를 형성하고, 컴퓨터 산업처럼 환경이 급격하게 변화되는 동태적 환경 속에 있는 조직에서는 유기적 조직구조를 갖고 있는 것으로 나타났다.

둘째, 목표-가치 하위 시스템: 조직의 가장 중요한 하위 시스템의 하나로 조직은 핵심이념core ideology과 사명mission, 그리고 이를 구현하기 위한 조직목표를 갖고 있다.

또한 조직원들의 사고와 행동을 조직의 목표를 달성하는 방향으로 정렬시켜주는 조직의 핵심가치core value를 선정하여 전 구성원들 공유하도록 하고 있다. 예컨대, 삼성의 경우에는 '인재 제일, 최고 지향, 변화 선도, 정도 경영, 상생 추구'를 핵심가치로 선정하여 전 삼성인들의 사고와 행동에 체화되도록 하고 있다. 그리고 육군의 경우에는 '충성, 용기, 존중, 창의, 책임', 그리고 공군은 '도전, 헌신, 전문성, 팀워크'를 핵심가치로 선정하여 이를 공유하도록 하고 있다.

셋째, 기술하위 시스템: 여기에서 기술technology은 "조직의 과업수행을 위해 필요한 투입물을 산출물로 변환시키는 과정 또는 방법"을 말하며 지식, 설비 및 작업방법 등을 모두 포함하는 개념이다.[38] 이러한 기술하위 시스템은 조직의 목표와 과업이 무엇인가에 따라 다르다. 예컨대 기업은 무엇을 생산하는가에 따라 서로 다른 형태의 기계와 장비, 생산기술 등을 갖고 있다. 그리고 교육기관은 교과 과정과 교수법, 교육시설 등이 투입을

---

37) 외부 환경의 분류는 환경의 변화 정도에 따라 '안정적-동태적', 환경 변화의 예측가능성 정도에 따라 '확실성-불확실성', 또는 환경의 동질성 정도에 따라 '동질적-이질적' 등으로 분류할 수 있다. 그리고 이러한 분류기준의 조합에 의해 여러 가지 유형으로 환경을 분류할 수 있다.

38) Kast & Rozensweig. 앞의 책.

산출로 변환시키는 기술 하위 시스템의 구성요소라고 할 수 있다. 이러한 기술 시스템은 조직구도 시스템과 구성원의 사회심리 시스템에 영향을 미친다.

이러한 기술 시스템은 조직의 구조시스템과 구성원의 사회심리 시스템에 영향을 미친다. 예컨대 기술이 복잡할수록 관리자와 관리계층이 많아지고, 사무직과 관리직의 비율이 더 높은 경향이 있다.[39] 또한 조직의 기술하위 시스템은 요구되는 과업과 전 문화의 정도, 과업집단의 규모와 구성방법, 성원 상호간의 접촉의 범위, 그리고 조직 성원의 역할과 지위에 영향을 미치게 되고, 나아가 동기부여, 직무 만족 등의 사회심리 시스템에도 영향을 미침으로써 결국은 리더십에 영향을 미치게 된다. 생산기술만이 아니라 경영정보시스템$_{MIS}$과 같은 정보기술도 조직의 구조와 구성원들의 사회심리에 영향을 미친다. 즉 조직의 리더에게 종합적인 경영정보가 제공되므로 기능별 또는 지역별로 분화된 조직구조의 통폐합 등이 이루어지고, 의사결정 기능이 최고위층에서 이루어지므로 중간 관리층이 감소하는 등 집권화·공식화 경향이 높아지는 경향이 있다. 또한 컴퓨터를 통해 대부분의 업무가 처리되기 때문에 조직구성원들 간의 내면적 상호작용이 감소되어 구성원들 간의 친밀감이나 집단의식이 약화되는 등 사회심리 시스템에도 영향을 미치게 된다.

넷째, 구조하위 시스템$_{structural\ subsystem}$: 조직의 목표를 달성하는 데 관련된 과업과 권한의 분화와 통합, 그리고 의사소통, 과업의 흐름 등과 관련된 것이다. 이것은 조직표, 직무기술서$_{job\ description}$, 규정 및 절차 등으로 표시되며, 기술하위 시스템과 사회심리 하위 시스템 간의 관계를 공식화시켜준다. 이러한 조직구조는 앞에서 언급한 것처럼 조직의 외부환경, 목

---

39) Woodward, J. *Management and Technology*. London: her Majesty's Stationary Office, 1958.

표·가치하위 시스템, 기술하위 시스템, 그리고 구성원들의 사회심리 하위 시스템에 의해 결정되고, 또한 조직이 어떠한 구조를 갖고 있는가에 따라 사회심리 하위 시스템에 영향을 미친다. 예컨대 복잡성, 공식화, 집권화 정도가 높은 정부나 군 조직 같은 관료제 조직구조에서는 구성원의 자율성과 다양성이 좁아지고, 그리고 창의성 계발이 제한되는 등의 역기능이 발생한다.

다섯째, 사회심리 하위 시스템psycho-social subsystem은 개인의 태도, 행동 및 동기부여, 신분 및 규범, 역할관계, 그리고 구성원들 간의 집단역학group dynamics 등으로 구성된다. 그리고 앞에서 언급한 것처럼 조직 내부의 기술, 구조, 과업 등에 의해서뿐만 아니라 외부환경에 의해서도 영향을 받는다. 예컨대 군대처럼 기계적 구조를 갖고 있는 조직에서는 구성원들의 사고나 행동, 상하관계가 보다 경직되고 형식적인 경향이 있다. 그리고 군에서 수송부처럼 조금이라도 방심할 경우 사고가 발생할 위험이 큰 기술을 사용하는 조직은 구성원들의 상하관계가 보다 더 엄격 화되는 경향이 있다.

마지막으로 관리 하위 시스템managerial subsystem은 조직을 환경 상위 시스템과 연결시킬 뿐만 아니라 하위 시스템들 간의 조정·통합 역할을 한다. 그리고 목표를 정하고 이를 달성하기 위해 필요한 활동 등을 계획, 조직화, 통제하고, 리더십을 발휘하는 기능들과 주로 관련이 있다.

이러한 맥락에서 본다면, 테일러F. Taylor의 '과학적 관리', 막스 베버M. Weber의 '관료제' 등은 구조 하위 시스템이나 관리 하위 시스템에 초점을 맞춘 관리이론이고, 인간 관계론이나 행동과학은 사회심리 하위 시스템에 초점을 맞추었다고 할 수가 있다. 그러나 시스템 패러다임은 이러한 관리이론들의 편협한 관점에서 벗어나 조직을 전체적인 관점에서 인식하도록 도와주는 통합적 패러다임이라고 할 수 있다.

제2절

복잡계 패러다임

1. 복잡계의 정의와 특징

최근에 복잡계complex systems 패러다임이 학계에서 주목을 받고 있다. 그런데 복잡계 패러다임은 앞에서 설명한 시스템 이론에서 출발하여 1950~1960년대에 유행한 사이버네틱스cybernetics,[40] 1970년대에 유행한 파국이론catastrophe theory,[41] 그리고 1980년대에 유행한 혼돈이론chaos theory[42]을 거쳐 정립된 패러다임이다.

---

[40] 사이버네틱스(cybernetics)는 타수(舵手: 키잡이)라는 뜻의 그리스어에서 유래된 말로 1948년 미국의 수학자 위너(1894~1964)가 처음 쓴 말이다. 이 말은 끊임없이 키(舵)의 위치를 감시해 제어(制御)하는 타수의 역할에 자동제어장치를 비유한 것으로, 일반적으로 "생명체, 기계, 조직과 이들의 조합들에서 조절 기능으로서 피드백을 수반하는 통신과 제어에 대한 연구"를 말한다.

[41] 파국이론(catastrophe theory)은 혼돈이론의 한 부분으로 1960년대 후반에 발전되었고 1970년대에 E. C. Zeeman에 의해 실용적인 수준으로 더 발전되었다. 피드백 과정을 통해 시스템 내부에 스트레스가 축적되면 안정된 상태가 깨어지는데, 이때 다른 안정된 상태를 향하여 시스템 전체가 붕괴되거나 커다란 변화가 일어나는 현상을 설명하는 이론이다. 경기부양을 위해 선택되었던 인플레이션 정책이 공황으로 추락하는 과정을 잘 설명해준다.

[42] 1961년 미국의 기상학자 E. N. Lorenz가 기상 모델을 연구하면서 이론적 발판을 마련하였으며, 겉으로 보기에는 한없이 무질서하고 불규칙해 보이면서도 나름대로 어떤 질서와 규칙성을 가지고 있는 여러 현상을 설명하려는 이론이다. (네이버 백과사전)

복잡계의 개념과 이론은 자연과학과 사회과학의 다양한 분야에서 발전되어왔다. 그런데 창발$_{emergence}$43)이 일어나기 위해 시스템이 갖추어야 하는 특징과 그것을 표현하는 방식의 차이 때문에 표1-5와 같이 서로 다른 정의를 하고 있다.

〈표1-5〉 복잡계에 대한 다양한 정의

구 분	내 용
Gell-Mann (1955)	그 특징이 구성요소들을 이해하는 것만으로는 완벽하게 설명되지 않고, 상호작용을 하며 얽혀 있는 많은 부분, 개체, 행위자들로 구성되어 있는 시스템이다.
Simon (1955)	많은 구성요소들이 그들 사이에 비교적 많은 연관관계를 가져서 각 구성요소의 행동이 다른 요소의 행동에 좌우되는 시스템이다.
Singer (1955)	상호작용하는 수많은 행위자를 가지고 있어 그들의 행동을 종합적으로 이해해야만 하는 시스템이다. 이러한 종합적인 행동은 비선형적이어서 개별요소들의 행동을 단순히 합해서는 유도해낼 수 없다.

출처: 윤영수, 채승병(2005:58)에서 발췌.

이와 같은 다양한 복잡계에 대한 정의들을 종합하여 복잡계를 간단하게 정의하면 "창발$_{創發}$ 현상을 보이는 시스템"이라고 할 수 있다. 다시 말해서 "수많은 구성요소들이 비선형 상호작용을 통해 구성요소 하나하나의 특성과는 사뭇 다른 새로운 현상과 질서가 나타나는 시스템"이라고 할 수 있다.

이러한 견해들을 종합하여 복잡계의 특징을 정리하면 다음 다섯 가지로 요약할 수 있다.44)

---

43) 창발(創發)은 "구성요소들을 따로따로 놓고 봤을 때의 특성과 전혀 다른 거시적인 새로운 현상과 질서가 나타난 것"을 의미한다. 창발적 현상의 특성은 현상이 '1+1=2'라는 단순한 산수적 결과가 아닌 전혀 차원이 다른 것으로 나타나는 데 있다. 예컨대, 개미를 한 마리씩 집어서 일정한 자리에 옮겨 보면 처음에는 시들시들하면서 의미 있는 행동을 하지 않는다. 그러나 이들 개미의 수가 일정한 수에 도달하면 개미 특유의 사회적 행동을 나타내기 시작하는 것이다. 개미사회가 창발된 것이다.

첫째, 복잡계는 상호작용하는 많은 구성요소들을 갖고 있고, 구성요소 간에 상호작용을 한다는 것이다. 창발현상은 상호작용하는 많은 구성요소를 필요로 한다. 인체가 오장육부로 구성되어 있고, 군이 장교, 부사관, 병으로 구성되어 있는 것처럼 복잡계는 다양한 구성요소로 구성되어 있고, 구성요소 간에 상호작용을 한다는 것이다. 따라서 복잡계 전체를 이해하기 위해서는 구성요소들뿐만 아니라 그들 사이의 연관관계와 상호작용을 이해하는 것이 중요하다.

둘째, 복잡계 구성요소 간의 상호작용은 통상 비선형적이다. 상호작용의 비선형성은 혼돈과 관계된 놀라운 변화를 일으킨다. 극히 작은 변화도 구성요소들 사이를 전파해가면서 증폭되어 커다란 영향을 미칠 수 있다.

셋째, 복잡계 구성요소들의 상호작용은 흔히 피드백 고리feedback loop를 형성한다. 상호작용은 한 방향으로만 이루어지지 않고 다양한 경로를 통해 되돌아오는 경우가 많다. 피드백은 변화를 진정(음의 피드백)시키기도 하지만, 거꾸로 변화를 증폭(양의 피드백)시키기도 한다.

넷째, 복잡계는 열린 시스템open system이며, 그 경계가 불분명하다. 외부 환경과 차단되어 있지 않고 끊임없이 영향을 주고받는다는 것이다. 그 영향은 눈에 보이지 않는 에너지와 정보, 무형자산 같은 것일 수도 있고, 가시적인 인적 또는 물적 자원일 수도 있다. 때문에 복잡계는 그 경계가 종종 불명확하고, 자연적으로 결정되는 것이 아니라 관찰자의 의도에 따라 달라진다.

다섯째, 복잡계의 구성요소는 또 다른 복잡계이며, 종종 끊임없이 적응해나간다. 부대를 구성하는 참모부서와 예하 부대, 부서나 예하 부대를 구성하는 인간, 인간을 구성하는 세포는 모두 하나의 복잡계이다. 이들은 서로 다양한 영향을 주는 데 그치지 않고 스스로 환경을 변화시키며 끊임

---

44) 윤영수, 채승병. 『복잡계 개론』. 서울: 삼성경제연구소, 2005. pp. 58-61.

없이 적응해나간다. 이와 같이 적응하는 구성요소들로 이루어진 복잡계를
복잡적응계complex adaptive system45)라고 한다.

2. 복잡계 이론의 핵심개념과 시사점

가. 복잡계 이론의 핵심개념

　복잡계에서 말하는 '복잡'의 의미는 두 가지로 해석될 수 있다. 먼저
시스템의 구성요소는 단순하지만 거기에서 비롯된 현상이 복잡한 경우다.
카오스 현상이 여기에 해당한다. 반면 겉으로 드러난 현상은 단순하고 규
칙적인데 이를 만들어 낸 구성요소들이 복잡한 경우도 있다. 최근 복잡계
연구자들은 후자에 많은 관심을 기울이고 있다. 인간 사회처럼 수많은 구
성요소들이 복잡한 관계를 맺고 상호작용하면서도 놀라운 질서를 나타내
는 현상에 대한 이해가 연구 목표가 되고 있는 것이다.

　복잡계 이론의 핵심개념은 표1-6과 같이 창발emergence, 혼돈의 가장자리
edge of chaos, 피드백, 자기조직화self-organization, 프랙털fractal,46) 공진화共進化,
co-evoltion47) 등이다. 이러한 복잡계의 핵심개념은 2002년의 붉은 악마 신드
롬을 다음과 같이 사례로 들어 설명하면 좀 더 쉽게 이해할 수가 있다.48)

---

45) 복잡적응계는 서로 병렬적으로 행동하는 많은 행위자들로 구성된 동적인 그물망이다.
　　각 행위자들은 자율성을 갖고 상호작용하고 학습하고 진화함으로써 특정한 구조와 규칙
　　을 만들어 갈 뿐만 아니라 외부환경이나 다른 복잡계와 상호작용을 하며 진화해가는
　　시스템을 의미한다.
46) 프랙털(fractal)은 일부 작은 조각이 전체와 비슷한 기하학적 형태를 말한다. 이런 특징을
　　자기유사성이라고 하며 폴란드 태생 미국의 수학자 브누아 망델브르(B. Mandelbrot)가
　　처음 사용하였다. 어원은 조각났다는 뜻의 라틴 형용사 fractus이다.
47) 공진화(共進化)는 한 생물 집단이 진화하면 이와 관련된 생물 집단도 진화하는 현상을
　　가리키는 진화생물학의 개념이다.
48) 윤영수, 채승병. 앞의 책. pp. 175-195.

구 분	개 념
창 발 (emergence)	수많은 독립적인 존재 또는 부분들이 상호작용을 통해 전혀 새로운 거시적 특성이나 질서를 보이는 현상이다. 예컨대, 개미나 꿀벌의 집단이 보여주는 사회적 질서(개미집이나 벌집)는 한 마리씩 별도로 관찰해서는 알 수가 없다.
혼돈의 가장자리 (edge of chaos)	시스템이 혼돈으로 와해되어버리지 않을 정도의 안정성을 유지하며, 새로운 구조로 적응할 수 있는 가능성을 포함하는 지점으로 질서와 혼돈의 경계이다.
피드백 (feedback)	동역학의 비선형적인 특징 중 하나이다. 어떤 압력으로부터 나온 출력이 다시 입력으로 들어가는 것을 의미한다. 시스템의 변화와 같은 방향으로 영향을 미치는 양의 피드백(positive feedback)과 시스템의 변화 방향과 반대 방향으로 영향을 미치는 음의 피드백(negative feedback)이 있다.
자기조직화 (self-organization)	외부의 의도적인 간섭이 없어 시스템이 스스로 구조를 갖추고 새로운 질서를 만들어내는 것을 의미한다. 자기조직화는 양의 피드백과 음의 피드백이 적절한 균형을 이루면서 발생한다.
프랙털 (fractal)	확대된 부분과 전체가 똑같은 모양을 하고 있는 자기유사성을 갖는 기하학적 구조를 말한다. 나뭇가지 모양, 창문에 성에 긴 모습, 산맥의 모습 등이 프랙털 구조를 갖고 있다.
공진화 (co-evolution)	복합적응계에서 상위 시스템(super-system)과 하위 시스템(sub-system)이 같은 방향으로 진화하는 것을 말한다.

2002년 월드컵 때 미국과 경기를 할 때는 서울광장에 20만 명이 모였고, 전국적으로는 200만 명이 거리 응원을 했다. 이탈리아와의 16강전과 스페인과의 8강전에는 전 국민의 20%나 되는 800만 명의 인파가 거리로 나왔다. 바로 소규모 조직이었던 붉은 악마가 창발emergence하여 800만 명의 인파를 동원한 것이다.

2002년 월드컵 당시 우리나라를 하나의 시스템으로 본다면 구성요소는 대한민국 국민이었으며, 축구를 사랑하는 사람이면 누구나 붉은 악마가 될 수 있었다. 회원으로 가입하지 않더라도 경기장에 붉은 옷을 입고 들어서는 순간 붉은 악마가 되었다. 대한민국이라는 복잡적응계에서 국민들의 상호작용으로 자기 조직화된 질서가 붉은 악마였던 것이다.

2002년 6월 당시 국민들은 구조조정으로 인한 경기 침체, 정치권 부패 스캔들, 입시와 취업에 압박감을 느끼는 학생, 권위주의, 관료주의 등 다양한 사회적 억압 요인에 짓눌려 있는 상태였다. 또한 월드컵 첫 승리와 16강에 대한 기대 역시 국내에서 대회가 열린 까닭에 최고조에 이르렀다. 이로 인해 혼돈 속에서 국민들이 새로운 질서를 갈망하는 혼돈의 가장자리edge of chaos[49])에 있었다. 이런 터에 외부로부터 월드컵이라는 큰 에너지가 유입됐고, 원조 붉은 악마의 강렬한 응원 열기는 여기에 불을 붙인 격이 됐다. 한번 발화한 응원 불꽃은 월드컵 1승 이후 인터넷과 언론보도가 더해지면서 양陽의 피드백positive feedback을 통해 응원 열기가 전국적으로 확산되었고, 자기 유사성을 가지는 프랙털fractal을 형성하였다.

나비의 날갯짓처럼 미미하게 출발했던 붉은 악마 운영진 및 홈페이지가 무한 자기복제의 구심점으로 작용했다.[50]) 또한 경기에서 승리를 거듭할수록 붉은 악마와 국민들은 응원열기를 더해가면서 공진화co-evolution했다.

나. 복잡계 패러다임의 시사점

이상과 같이 복잡계 패러다임이 리더에게 중요한 이유는 설계된 기능대로 일정한 동작을 반복하는 기계와 같은 단순계simple system 이외에는 실

---

49) 혼돈의 가장자리(edge of chaos)란 거시적으로 안정된 구조를 소산구조(dissipative structure)라 하는데 이 구조는 완전한 무질서와 혼돈이 아니며 보통의 질서 있는 구조도 아니기 때문에 이를 혼돈과 질서의 중간점 또는 혼돈의 가장자리라 부른다. 이것은 어떤 집단이 전체적으로 새롭게 변화하기에 즉 창발하기에 가장 좋은 자리이다. 또 이러한 구조는 집단 내부에서 정보를 가장 효율적으로 전달 할 수 있는 구조이다. 이를테면 정권의 임기 말 선거 때와 같은 것이다. 김광웅. 『창조 리더십』. 앞의 책. p. 60.

50) 이것을 나비효과(butterfly effect)라고 하는데 "작은 변화가 예측할 수 없는 엄청난 결과를 낳는 것"을 말한다. 예컨대, 북경에서의 나비의 작은 날갯짓에 의해 생긴 극히 사소한 공기 흐름의 변화가 심지어 멕시코 만의 기상 패턴에까지 큰 영향을 미칠 수 있다는 것이다.

제로 인체에서부터 생태계, 기상현상, 교통망, 인터넷, 금융시장, 조직, 국가 등 거의 모든 것이 복잡계라는 것이다.

조직사회는 인간의 집합체인 복잡계이기 때문에 효과적으로 리더십을 발휘하기 위해서는 복잡계의 원리를 잘 이해하고 활용할 필요가 있다. 특히 복잡계 패러다임은 조직은 물론 조직이 환경과 가지는 관계성 모두가 하나의 끌개 패턴의 일부분이라는 사실을 깨닫게 해주고 있다. 하지만 이러한 기본적인 끌개 패턴도 혼돈의 가장자리 상황에서는 작지만 중요한 변화만 있어도 큰 변화를 촉발시켜 새로운 형태로 급속히 전환될 수 있다 Morgan, 1997: 413.

따라서 리더의 역할은 커다란 효과를 가져올 수 있는 작은 변화의 시도를 통하여 시스템이 바람직한 변화 궤적을 따라 변화해갈 수 있도록 적절히 자극하는 것이라고 할 수 있다. 비록 리더가 갖고 있는 힘이 전반적인 시스템에 비추어볼 때에는 단지 '나비'butterfly에 불과할 정도로 작은 것이라고 할지라도 적절하게 변화에 개입한다면 엄청난 나비효과butterfly effect를 창출할 수 있다.

이러한 나비효과의 개념이 리더가 조직을 관리하는 데 시사하는 바는 다음과 같다.51) 첫째, 합리적인 분석에 기초한 사전계획의 한계를 인식하고, 우연적인 요소를 많이 개입시킬 필요가 있다. 둘째, 비록 비전과 목표는 원대하더라도 실천적인 측면에서는 작은 변화와 시도를 중시해야 한다. 셋째, 이러한 작은 변화와 시도들이 많이 발생하도록 유도하고, 잘 되는 것에 집중하는 전략이 필요하다. 따라서 조직의 보유 자원과 권력이 우수한 아이디어나 제안에 자연적으로 모이도록 내부 시스템, 특히 보상 및 인센티브 시스템을 설계할 필요가 있다.

복잡계 이론이 시사하는 바는 아무리 훌륭한 리더라도 이러한 변화과

---

51) 최창현. 『복잡계로 본 조직관리』. 서울: 삼성경제연구소, 2005. pp. 102-103.

정을 완전히 장악하고 통제해갈 수 없다는 것이다. 즉 새로운 정보의 유입, 조직구조의 변화, 새로운 인사제도와 평가 시스템 도입 등을 통하여 상황적 맥락의 핵심요소들이 더욱 더 잘 형성되도록 육성해나가는 것은 가능하지만 새롭게 출현하는 '끌개'는 리더에 의해서가 아니라 결국은 스스로 자신의 형태를 발현해 간다는 것이다. 따라서 리더의 역할은 변화와 혁신을 주도하기보다는 새로운 상황적 맥락이 잘 발현될 수 있는 조건을 창출해주는 것이다.[52]

---

52) Morgan, G. *Image of Organization*. Sage Pub, 1997. p. 416.

볼맨과 딜(Bolman & Deal)의 조직 패러다임

볼맨과 딜_{Bolman & Deal}은 사회학, 심리학, 정치학, 인류학 등의 이론적 연구와 조직에서의 실무경험을 토대로 표1-7과 같이 조직을 기계 · 공장, 가정, 정글 · 경기장, 연극무대 · 극장으로 보는 네 가지 조직 패러다임을 식별하였다.[53] 여기서는 각 조직 패러다임의 핵심내용, 이론적 배경 및 기본 전제 등을 살펴본다.

〈표1-7〉 네 가지 조직 패러다임의 핵심내용

패러다임	학문적 배경	중심 개념	리더십의 주요 과제	조직 은유
구조적 패러다임	사회학	목표, 규칙, 역할, 정책, 권한	환경, 과업, 기술과 구조와의 적합관계 형성	기계 공장
인적자원 패러다임	사회심리학 조직심리학	개인욕구, 능력, 상호관계	조직목표와 개인욕구의 조화	가정
정치적 패러다임	정치학	권력, 갈등, 경쟁, 조직정치	거래와 협상, 의제와 권력 기반 구축	정글 경기장
상징적 패러다임	문화인류학	상징, 문화, 영웅, 의례 · 의식, 일화	비전 창출과 확산, 의미와 상징의 창출	연극무대 극장

출처: Bolman & Deal(2003: 20) 수정.

---

53) 볼맨과 딜은 인식틀(frame)이라는 용어를 사용하였지만, 본서에서의 패러다임과 같은 개념이기 때문에 여기서는 '패러다임'이라는 용어를 사용하였다.

1. 구조적 패러다임

구조적 패러다임structural paradigm은 조직을 기계와 같은 속성을 가진 것으로 본다. 따라서 기계가 제 기능을 잘 발휘하려면 설계자가 기계를 잘 설계해야 하는 것처럼 조직을 효과적으로 운영하기 위해서는 리더가 조직구조organizational structure54)를 잘 설계하는 것이 가장 중요하다고 본다. 그리고 조직에 문제가 발생하면 조직구조의 부적합성으로 발생한 것으로 보고, 조직구조를 재설계하는 데 초점을 맞춘다.

가. 이론적 배경

1) 테일러의 과학적 관리이론

조직관리의 방법에 대해서는 고대로부터 많은 문헌들이 있다. 제왕학帝王學은 국방과 국가운영 및 조직관리를 내용으로 하고 있다. 이집트를 탈출하는 모세로부터 손자병법, 소크라테스, 아리스토텔레스, 아담스미스의 국부론에 이르기까지 조직관리의 역사는 무궁하다. 그러나 현대적 개념의 조직관리 개념은 테일러Frederick W. Taylor, 1856~1915로부터 시작되었다.

현대조직의 과학적 관리scientific management는 테일러에 의해서 집대성되었다. 『과학적 관리의 원칙』The principles of Scientific Management이라는 저서에서 그는 일상생활이나 조직에서의 비능률은 과업수행자의 잘못이 아니라 비과학적으로 관리를 하기 때문이라고 주장하였다. 즉 기존의 조직관리 방식은 모든 과업에 대한 책임을 과업수행자에게 부과하고, 경험에 의해 과업을 수행한 후 성과에 따라 대가를 지불하는 방식으로 생산성 향상을

---

54) 조직구조는 "조직구성원들에게 공식적으로 기대되는 역할과 상호관계의 유형"으로 조직도(편제표), 직무기술서, 규정·절차 등으로 나타난다. 그리고 조직 과정(process)은 의사소통 체계, 평가체계 등과 같은 "조직의 과업을 수행하는 수단"을 의미한다. 이를 사람에 비유하면 해부학의 대상이 구조이고, 생리학의 대상이 과정이라고 할 수 있다.

도모하는 솔선과 격려에 의한 주먹구구식 경영rule of thumb이었다고 비판하였다. 이러한 비능률을 제거하여 노사의 공동번영 나아가 전체사회가 번영하기 위해서는 특별한 재능을 갖고 있는 인재를 찾기보다는 다음과 같은 체계적이고 과학적인 관리 시스템, 즉 테일러 시스템Taylor system을 구축해야 한다고 주장하였다.55)

첫째, 관리자와 과업수행자인 노동자가 과업을 분담하는 과업관리task management를 해야 한다는 것이다. 관리자는 직무를 설계하고, 효율적인 직무수행 방법을 구체적으로 제시하는 계획업무planning와 과업이 제대로 수행되었는가를 평가 및 시정하는 업무seeing에 치중하고, 과업 수행자인 노동자는 관리자가 계획한 대로 과업을 수행doing하는 일에 전념하도록 해야한다는 것이다. 즉 정신노동자인 관리자는 '시간 및 동작 연구time & motion study56)를 통하여 최소한의 시간과 동작으로 최대한의 과업성과를 올릴 수 있는 방법을 연구하는 것이 핵심 과업이라는 것이다. 이와 같이 관리자와 과업수행자의 직무와 기능을 명확히 구분함으로써 과업수행자의 임의적인 판단을 방지하고, 관리자가 과학적인 방법으로 직무연구와 직무설계를 함으로써 과업수행자가 효율적으로 과업을 수행할 수 있다는 것이다.

둘째, 과학적인 선발과 훈련을 해야 한다는 것이다. 시간 및 동작연구에 의해 설계된 직무를 효과적으로 수행하는 데 필요한 자격요건을 명시하고, 이에 따라 과업수행자를 선발하여 자신의 직무를 최고수준으로 수

---

55) 테일러(Taylor, 1911)는 경영의 목적은 노사의 공동 번영, 즉 노동자에게는 더 많은 보수, 경영자에게는 더 많은 이윤을 보장하여 제3의 집단인 사회 전체(소비자)가 번영하도록 하는 데 있다고 생각하였다. 그리고 이러한 목적 달성을 위해 ①과업의 기본 요소를 발견하고, ②노동자들에게 작업방법의 선택을 맡기는 대신에 계획이라는 관리기능을 통하여 확인·결정하고, ③노동자 개인적인 노력보다는 협동적인 노력을 발전시키고, ④과업의 구분을 명확히 하여 능률성을 제고시킨다는 네 가지의 기본 원리로 과학적 관리운동을 전개시켰다.

56) 하나의 작업 또는 일련의 작업을 수행하는 데 소모되는 시간과 동작을 과학적으로 분석하여 최소의 시간과 최소의 동작으로 과업을 수행하는 방법을 찾는 것이다.

행할 수 있도록 훈련시키고 능력을 개발해야 한다는 것이다.

셋째, 차별 성과급제를 도입해야 한다는 것이다. 테일러는 사람을 동기부여$_{motivation}$시키는 가장 효과적인 수단은 임금이라고 생각하였다. 따라서 과업의 표준작업량을 과학적으로 설정하고, 이를 기준으로 표준임금률에 따라 임금을 지급하는 차별성과급제도를 도입하였다. 이 제도는 생산량에 따라 임금을 지급하는 일종의 성과급제도이지만, 과업목표를 달성한 사람에게는 높은 임금률을 적용하고, 미달한 사람에게는 낮은 임금률을 적용하게 된다. 따라서 목표를 초과한 부분에 대해서만 초과수당을 지급하는 종전의 단순성 과급제도와는 차이가 있다. 이와 같이 성과에 따라 차별적 보상을 하기 때문에 열심히 일을 할수록 더 많은 임금을 받게 되므로 과업수행자들은 더욱 더 열심히 일을 하게 된다는 것이다.

넷째, 기능에 따라 일선 감독자를 임명하여야 한다는 것이다. 권한의 원천은 전문성이기 때문에 한 사람의 감독자가 모든 과업을 감독하도록 하는 것은 바람직하지 않다는 것이다. 즉 한 사람이 여러 분야의 과업을 감독하게 되면 업무 과중의 문제가 발생할 뿐만 아니라 전문성의 부족으로 효과적인 감독이 이루어질 수 없다는 것이다. 따라서 관리자와 과업수행자의 과업을 분담한 것처럼 일선 감독자의 직무도 분업의 원리 또는 전문화의 원리에 따라 일선 감독자는 감독 업무에만 전념하고, 생산계획이나 품질검사, 교육훈련 등의 업무는 이를 담당하는 전문가가 맡도록 해야 한다는 것이다.

이상과 같은 테일러의 과학적 관리는 관리의 과학화, 작업환경의 개선, 그리고 노사 간의 화합을 강조함으로써 생산성 향상에 기여했고 오늘날에도 널리 활용되고 있지만 다음과 같은 한계를 내포하고 있다.

첫째, 인간을 기계화하였다.

둘째, 인간이 경제적 유인에 의해서만 동기 유발되는 것으로 보았다.

그러나 인간은 단순히 경제적 욕구만을 가진 단순한 존재가 아니라 다양한 욕구를 갖고 있는 복잡한 존재이다.

셋째, 업무의 표준화·규격화, 절차의 합리화 등에 의한 효율성 향상을 추구한 나머지 인간의 사회심리적 측면, 즉 조직 내의 비공식 집단이나 인간관계를 소홀히 취급하였다.

넷째, 조직 전반의 관리보다는 과업현장에서의 효율성 향상에 초점을 맞추었기 때문에 폐쇄체계적 관점에서 조직의 문제를 보았다.

2) 막스 베버의 관료제 이론

구조적 패러다임의 또 다른 학문적 배경은 독일의 사회학자인 막스 베버$_{Max\ Weber,\ 1864\sim1920}$가 복잡한 현대 조직을 관리하는 데 가장 이상적인 조직형태$_{ideal\ type}$로 제시한 관료제$_{bureaucracy}$이다. 그 당시 대부분의 조직은 전근대적인 형태를 벗어나지 못했기 때문에 합리성$_{rationality}$보다는 전통적 권한이나 절대적 권한을 가진 카리스마적 인물이 모든 조직원에 대해서 일방적으로 보상, 처벌, 승진, 해고 등의 전권을 행사하고 있었다. 따라서 지배와 복종의 관계를 합리화하는 대안으로 합리주의에 근거한 관료제를 제시하였다.[57)]

군$_{軍}$이 바로 전형적인 관료제$_{bureaucracy}$라고 할 수가 있는데, 관료제는 공식적인 분업체계, 직무의 계층화,[58)] 성과 달성 및 평가에 관한 공식적인 규칙체계, 공사$_{公私}$의 엄격한 구분, 혈연 및 연고를 배제한 능력을 기준으로 한 선발과 승진, 장기근속의 보장 등을 그 특징으로 한다.[59)]

---

57) 막스 베버(Max Weber)가 염두에 두었던 관료제는 합리성을 따랐을 때 나타날 수 있는 한 가지 조직형태이지, 반드시 그렇게 되어야 한다는 당위로서의 조직형태는 아니었다.
58) 계층의 원리에 따라 직위를 배열하고, 하위직은 상위직의 통제를 받게 함으로써 조직 전체를 통제할 수 있고, 조직 전체 차원에서 효과적으로 조정을 할 수 있다.
59) 홀(Hall)은 관료제의 특성을 '기능적 전문화에 의한 분업, 잘 정의된 권한 체계, 현직자의 권한과 의무를 포괄하는 규칙 체계, 대인적 관계의 비개인성, 업무수행 절차의 체계화,

그리고 이러한 관료제가 갖고 있는 특징으로 인하여 다음과 같은 순기능을 갖고 있다. 첫째, 분업 또는 전문화로 업무의 효율성을 높일 수 있다. 둘째, 규정과 절차에 의해 업무가 구조화됨으로써 업무 관계가 명확해진다. 셋째, 공식적인 규정과 절차에 따라 모든 업무가 처리되므로 업무의 일관성을 유지하게 되고, 업무에 대한 예측 가능성이 높아져 조직 내의 불명확성을 제거할 수 있다. 넷째, 개인에 대한 평가가 능력에 의해 평가되므로 어느 정도 공정성이 보장된다. 다섯째, 업무처리 기준과 절차를 명확히 규정함으로써 자의적인 판단을 방지하여 민주성과 공정성을 높이고, 부정부패를 방지할 수 있다.

관료제는 이와 같은 순기능이 있는 반면에 다음과 같은 역기능도 내재하고 있다. 첫째, 규정과 절차의 강조가 조직 성원으로 하여금 최소한으로 용납되는 행위를 하게 만들어 조직목표 달성 수준을 저하시키고, 결과적으로 철저한 감독과 통제를 하게 만든다. 또한 규정과 절차에 얽매이게 되어 결국 수단과 목표의 전도順倒 현상이 발생할 수 있다.

둘째, 관료제는 조직목표의 달성을 저해하는 관료병리현상bureau-pathology을 조장하는 경향이 있다. 그런데 관료병리적 현상은 승진을 위한 경쟁, 높은 수준의 목표달성 요구, 그리고 자기보다 높은 수준의 기술과 지식을 갖고 있는 부하들에게 지시를 해야 하는 불안감 등으로 인하여 발생한다.

이외에도 관료제는 개인적 성장과 인격의 발달 저해, 순종과 집단사고의 형성, 비공식 조직과 긴급하고 예기치 않은 문제의 미 고려, 계층 간의 불화로 인한 의사소통의 왜곡 등의 역기능이 발생할 수 있다.

기술적 능력에 따른 승진과 선발을 들고 이러한 여섯 가지 특징을 많이 가질수록 관료제의 이상형에 가깝다고 하였다. 그런데 한국군 조직은 이러한 특징을 많이 가지고 있기 때문에 전형적인 관료제 조직이라고 할 수가 있다.

3) 군주통치론의 동양 법가(法家) 사상[60]

동양의 사상 중에서 조직 패러다임의 전형은 법가사상이다. 왕의 강력한 통치를 강조하는 법가사상은 혼란했던 중국의 춘추전국시대를 통일할수 있었던 원동력으로 작용한 사상으로 부국강병을 추구하는 군주에게 가장 요긴한 사상이었다. 법가는 강력한 법치주의를 지향함으로써, 효율적으로 조세를 걷고, 부국강병을 이루며 이에 따라 권건을 강화하는 데 기여하였다. 법가사상에 의해 중앙집권적인 국가체제를 확립함으로써 진나라는 천하통일을 할 수 있었다.

법가는 유가儒家, 법가法家, 도가道家 등 중국의 대표적인 학파들 중에서가장 현실적이고 실천성이 강한 국가사상으로서 왕의 강력한 통치를 강조했고 법과 강제를 중요하게 여겼다. 유가는 너무 이상에 치우쳤고, 도가는국가의 질서 자체를 별로 인정하지 않았다.

법가의 대표적인 학자 중의 한 명인 순자荀子는 "인간의 본성은 악한것이다. 선이란 인위적인 것이다. 사람의 본성이란 태어나면서부터 이익을추구하게 마련이다"人之性惡 其善者僞也 今人之性 生而有好利焉라고 인간의 본성은 악하고, 근본적으로 이기적인 존재로 보았다.[61] 법가사상을 집대성한 한비韓非도 순자의 사상을 이어받아 인간을 철두철미하게 이기적인 존재로 보았다.

법가사상은 한비자韓非子가 법치法治, 세치勢治, 술치術治의 3단계 체계를 정립하면서 이론적으로 완성되었다. 한비는 군주가 유가儒家처럼 추상적인도덕원리가 아니라 법法, 세勢, 술術로 관리와 백성을 통치해야 하고, 그 통치방식은 도덕성이 아니라 왕의 권세와 법에 의한 강제이어야 한다고 주장했다. 한비에게 '법'이란 모든 사람들이 지켜야 하는 행위의 준칙이자,

---

60) 김원중 역. 『한비자』. 서울: 글항아리, 2013. 참조.
61) 한비(韓非)가 법가를 대표하는 학자이지만, 이전에 법(法)을 강조한 상앙(商鞅), 술(術)을 강조한 신불해(申不害), 세(勢)를 강조한 신도(慎到)의 세 학파가 있었다.

군주의 통치기구였다. 법은 옛 성인의 말이 아니라 현실적 실용성을 기준으로 만들어야 하고, 능력과 실적에 따라 누구에게나 공평하게 신상필벌(信賞必罰)을 함으로써 법을 준수하도록 해야 한다.[62]

'세'는 '법'과 '술'을 발휘하는 배타적이고 유일한 권한(통치권한)으로 한비는 이것을 매우 중시하였다. 그것은 백성들의 행동을 살펴 법을 준수한 자에게는 상을 주고, 법을 어긴 자에게는 벌을 내리기 위해 필요하기 때문이다. 그렇다고 법과 권세만으로 나라를 다스릴 수 있는 것이 아니라 실질적으로 나라를 다스릴 수 있는 실직적인 방법, 즉 통치 수단인 '술'이 필요한 것이다. '술'만 알고 '법'을 모른다면 관청의 법이 잘 지켜지지 않을 것이고, '법'만 알고 '술'을 모른다면 군주는 신하의 간악함을 알 도리가 없을 것이기 때문이다.

한비가 말하는 '술'은 신하의 능력에 따라 관직을 주고, 명목에 따라 내용을 따지며, 죽이고 살리는 실권을 다투고 여러 신하들의 능력을 시험하는 방법이며, 군주가 신하들을 다스리는 통치수단이다. 이러한 '술'은 '법'과는 달리 성문화되지도 않고, 신하와 백성의 행동준칙도 아니기 때문에 군주 혼자 독점해야 하는 수단이다.

이러한 법가사상은 법의 공정한 시행과 강력한 중앙집권화 된 관료제를 구축하는 데 기여하고,[63] 중국의 봉건시대 정치사상에 많은 영향을 미쳤지만 다음과 같은 비판을 받고 있다.

---

62) 한비의 법 제정의 원칙은 공리성(功利性), 현실성, 통일성이 있어야 하고 인간의 본성과 감성에 맞아야 하며, 상은 두텁게 하고, 벌은 엄중하게 시행하는 것이다. 그러나 한비가 주장하는 법이란 겉으로는 군주와 신하, 백성들이 모두 함께 준수해야 하는 법칙이지만 실제로는 군주가 나라를 다스리기 위한 도구에 불과하다고 비판할 수 있다(김원중 옮김, 2003. p. 18).

63) 한비(韓非)는 군주가 개인의 감정과 편견을 배제하고, 법에 따라 관리를 임명하고, 상벌을 엄격하게 시행할 것을 주장하고 있는데, 이것은 합법적 권한과 규정과 절차를 통한 통치와 분업화·전문화를 통하여 효율성을 극대화하도록 하고 있는 막스 베버의 관료제와 일맥상통한다.

첫째, 전적으로 군주를 위한 것이지 일반 백성을 위해 만들어진 것이 아니라는 것이다. 한비의 사상을 받아들인 진시황처럼 부국강병을 이루고, 천하통일을 하기는 했지만 백성을 억압하고 착취하는 데 악용되었다. 그리고 힘에 의해 유지된 체제는 겨우 그의 아들 대에 가서 힘없이 무너지고 말았다.

둘째, 인간의 본성이 이기적이라는 전제하에 인간을 오직 통치의 대상으로만 보고, 자유와 자발성이 아니라 복종과 강제를 강조하였다는 것이다. 그러나 인간이 악한 면도 있지만, 루소J. J. Rousseau나 맹자孟子가 주장하는 것처럼 인간의 본성이 착한 면도 있음을 간과하고 있다.

나. 구조적 패러다임의 기본 전제

이와 같은 이론적 또는 사상적 배경을 갖고 있는 구조적 패러다임은 다음과 같이 조직에 대한 일련의 기본 전제를 갖고 있다.[64]

첫째, 조직은 목표를 달성하기 위해 존재한다.[65]

둘째, 어떤 조직이건 그 조직의 상황(목표, 전략, 환경, 기술 및 인적자원 등)에 적합하도록 구조를 설계하거나 운영할 수 있다.

셋째, 환경변화나 인간적 측면을 합리적인 규범이 통제할 수 있을 때 조직은 가장 효과적으로 기능을 발휘한다. 구조는 조직구성원이 제멋대로 행동하는 것을 막아 주고, 목표달성에 몰입하게 해준다. 즉, 조직구조는 사람에 맞추어 직무를 설계하기보다는 사람이 직무에 맞추도록 하는 역할을 한다.

넷째, 전문화는 구성원의 전문성을 높여주고, 성과 달성을 촉진시켜준다.

---

64) Bolman & Deal. 앞의 책. p. 48.
65) 조직은 그 자체가 목적인 경우는 많지 않고, 대개의 경우 다른 목적을 달성하기 위해 창조된 도구일 뿐이다. 이러한 사실은 조직이라는 단어인 'organization'이라는 단어의 어원이 '도구', '연장'을 의미하는 'organon'이라는 것에서도 잘 알 수가 있다. Morgan. 앞의 책. p. 23.

다섯째, 조정과 통제는 조직의 효과성을 높이기 위해 매우 필요한 요소이다. 상황에 따라 권한, 규칙, 방침, 표준 업무수행 절차, 정보시스템, 회의, 수평적 의사소통, 기타 여러 가지 비공식적인 제도 및 기법에 의한 조정이 이루어질 수 있다.

여섯째, 조직에서 발생하는 문제들은 대부분 부적절한 조직구조(업무분장, 법규, 제도 등) 때문에 발생한다. 따라서 조직에서 발생하는 문제의 해결을 위한 조직구조의 재설계 또는 재조직화를 하는 데 초점을 맞춘다.

구조적 패러다임이라고 하면 흔히 틀에 박힌 일상적인 업무수행이 연상되고, 관료제라는 단어는 흔히 비능률과 경직성이라는 이미지를 연상시킨다. 그러나 구조적 패러다임은 합리성에 대한 믿음을 토대로 두고 있으며, 올바른 조직구조의 설계가 조직에서 발생하는 문제를 미연에 방지하고, 조직의 효율성과 성과를 높일 수 있다는 전제를 하고 있다.

인적자원 패러다임이 교육훈련, 경력관리, 승진, 혹은 해고 등을 통한 인적자원의 변화를 중시하는 반면에, 구조적 패러다임은 조직의 요구와 개인요구가 조화를 이룰 수 있는 공식적 역할과 관계의 패턴, 즉 구조를 어떻게 합리적으로 설계할 것인가에 초점을 맞추고 있다.

구조적 패러다임을 가진 리더는 이러한 문제의 원인을 개인의 문제로 보지 않고 구조적인 문제로 본다. 구조적 패러다임은 조직에서 발생하는 문제의 원인을 구조적 불합리성에서 찾고, 어떻게 최적의 조직구조를 설계할 것인가에 초점을 맞춘다.

2. 인적자원 패러다임

인적자원 패러다임은 사람을 무한한 잠재력을 가진 매우 소중한 존재로 보며 구조적 패러다임처럼 관리 또는 통제의 대상으로 보지 않는다. 또한 조직을 기계로 보는 구조적 패러다임과 달리 구성원들이 서로 사랑하고 존중하며, 서로를 위하는 가족 또는 가정과 같은 것으로 본다.

사람과 조직의 관계에 대해서도 구조적 패러다임이 조직 환경과 수행하는 과업에 적합한 조직구조를 설계하는 데 초점을 맞추는 반면에, 인적자원 패러다임은 조직과 인간 사이의 상호작용과 적합관계를 중시하고, 인간의 잠재능력과 태도가 조직의 성패를 결정하는 가장 중요한 자원이라고 본다.

하지만 조직은 인간의 잠재능력을 제대로 발휘하지 못하게 하기도 하고, 삶을 왜곡시키기도 한다. 그러나 리더가 어떻게 하는가에 따라 조직과 개인의 역량을 강화시킬 수 있을 뿐만 아니라 조직을 행복하고, 의미 있는 곳으로 만들 수 있다고 본다.[66]

최근 기업에서 '인적자원 개발'human resource development에 심혈을 기울이고 있다. 이것은 개인, 조직, 사회의 목표실현에 기여하는 인간의 훈련, 교육, 개발의 오랜 역사와 전통가운데 가장 발전된 단계로 인간발달과 조직성장의 적극적인 개입활동이라 정의 내릴 수 있다. 최근 많은 기업들이 조직 내 인적 자원의 개선 개발, 성장을 책임지는 고위급 관리자를 임명하고 있는 추세이며 그 결과 조직의 생산성, 효율성, 효과성 증진을 위한 접근법으로 인식되고 있다.

가. 이론적 배경: 행동과학의 발전

인적자원 패러다임human resource paradigm은 1924~1932년에 미국 시카고 교외에 있는 웨스턴 일렉트릭 사의 호손 공장에서 실시된 호손 실험Hawthorne

---

66) Bolman & Deal. 앞의 책. pp. 119-120.

experiment을 계기로 관심을 갖게 된 패러다임이다.

호손 실험은 왜 어떤 사람은 열심히 일하고 어떤 사람은 열심히 하지 않는가에 대한 것을 연구하기 위한 것이었다. 연구자들은 한 작업실 안에서는 조명의 밝기를 다양하게 조절했고 다른 작업실에서는 조명을 계속 일정하게 유지했다. 그러고 나서 두 집단의 작업성과를 비교해보았지만 결과적으로 두 집단 모두의 성과가 증가했고, 조명의 밝기를 낮추었음에도 불구하고 생산성은 양쪽 모두 향상되었다. 이 실험 결과의 시사점은 경제적 요인이나 작업환경만이 아니라 리더십, 동료관계, 사기, 감정 같은 사회적·심리적 요인과 비공식 집단도 중요한 역할을 한다는 것이었다.[67]

호손 실험의 결과로 인하여 인간관계 운동human relations movement이 일어나기 시작했고, 인간이 조직에서 가장 중요한 요소이며, 인간은 경제적 요인만이 아니라 사회적·심리적 요인에 의해서 동기부여가 된다는 것을 인식하게 되었다. 그리고 이러한 호손 실험의 결과를 계기로 행동과학behavioral science[68] 연구가 이루어지기 시작했다.

인적자원 패러다임은 호손 실험 결과와 행동과학 연구 성과를 기반으로 하고 있으며, 인간 존중을 바탕으로 다음과 같은 전제를 한다.[69]

첫째, 조직은 조직목표 달성을 위해서가 아니라 구성원의 욕구를 충족

---

67) Roethlisberger, F. J. & Dickson, W. J. *Management and the Worker.* MA: Harvard Uni. Press, pp. 86-89.

68) '행동과학'은 인간행동의 일반법칙을 체계적으로 구명하여, 그 법칙성을 정립함으로써 사회의 계획적인 제어나 관리를 위한 기술을 개발하고자 하는 과학적 연구동향의 총칭하는 용어로 40년대 말에 시카고 대학의 연구팀이 처음으로 쓰기 시작하였다. 그런데 행동과학은 실질적으로 심리학, 사회학, 문화인류학이 중심이 되지만 생리학, 정신병학 등 자연과학에 가까운 분야뿐만 아니라 정치학, 경제학 등 사회과학 분야에 속하는 문제도 다룬다. 가치의 문제, 의사결정의 문제, 기업조직의 문제, 이질 문화와의 문제 등 종래의 개별과학에서는 충분히 다룰 수 없던 중간적 영역에 대한 연구의 필요에서 관련 학문 간의 협동 작업을 중시한다. (www.aistudy.com)

69) Bolman & Deal. 앞의 책. pp. 191, 121.

시키기 위하여 존재한다.

둘째, 조직과 구성원은 서로를 필요로 한다. 조직은 구성원들의 아이디어, 힘 그리고 능력을 필요로 하고 구성원은 경력, 보수, 그리고 일할 기회를 필요로 한다.

셋째, 구성원과 조직 사이의 적합관계가 형성되지 않으면 구성원과 조직의 어느 한쪽 또는 양자가 모두 고통을 받는다. 즉 구성원이 조직으로부터 착취당하거나 구성원이 조직을 이기적으로 이용하려고 한다. 혹은 두 가지 경우가 모두가 발생할 수 있다.

넷째, 구성원과 조직 사이에 적합관계가 이루어진다면, 양자 모두에게 이롭다. 즉 구성원은 의미 있고 만족스러운 일을 찾게 되고, 조직은 필요로 하는 구성원의 능력과 힘을 얻게 된다.

나. 인간본성: 다양한 패러다임의 이해 필요

리더십 발휘의 주체이자 대상인 인간은 매우 복잡한 존재이기 때문에 한마디로 완전하게 정의하기는 어렵다. 따라서 철학, 심리학, 사회학 등 다양한 학문적 접근을 통해서 인간의 본성에 대한 연구가 이루어져 왔다.

인간은 소우주로서 이 세상에 하나밖에 없는 매우 소중한 존재임과 동시에 매우 복잡한 존재이다. 인간은 한마디로 정의할 수가 없다. 따라서 인간을 어떠한 한 가지 패러다임으로 정형화시켜 보아서는 안 되고, 다른 인간관을 가진 사람들의 관점을 존중하고 이해할 필요가 있다. 그러한 바탕위에서만 인간을 좀 더 잘 이해할 수 있고 효과적으로 리더십을 발휘할 수 있다.

인적자원 패러다임을 갖고 있는 관리자들은 구성원을 가족처럼 사랑하고, 이 세상에 하나 밖에 없는 소중한 존재로서 존중하며, 개인의 목표와 욕구를 충족시키는 데 관심을 갖는 인간 지향적 리더십을 발휘한다.

다. 인간욕구에 대한 이해

인적자원 패러다임은 인간의 욕구$_{need}$가 무엇이고, 욕구를 어떻게 충족시킬 것인가에 관심을 갖는다. 리더로서 자신의 진정한 욕구가 무엇인지, 가정의 리더로서 가족들의 욕구가 무엇인지, 조직의 리더로서 구성원들의 욕구가 무엇인지를 파악하고, 그들의 욕구를 충족시켜주는 것을 중요시한다.

그런데 인간은 생명을 유지하고 삶을 영위하기 위해 외부환경에 적응하고, 물질을 교환하며 사회적 접촉을 한다. 이런 과정에서 인간의 생리적 메커니즘$_{mechanism}$의 적절한 균형상태가 파괴된다. 이렇게 되면 균형을 다시 회복하려는 작용이 생기는데 이것을 항상성$_{homeostasis}$[70] 기능이라고 한다.

인간의 욕구$_{need}$는 이와 같이 "인간의 생리적 · 심리적 결핍상태를 충족시키고, 과잉상태를 해소하려는 과정"을 말한다. 그런데 욕구는 균형상태로 이탈이나 생리적 불균형으로 직접 발생하는 1차적 욕구$_{primary\ need}$와 어떤 경험에 의하여 1차적 욕구로부터 파생한 2차적 욕구$_{secondary\ need}$로 구분된다.[71] 식욕을 충족시키기 위해서는 그 수단인 화폐가 필요한데 이러한 화폐취득 욕구는 2차적 욕구의 전형적인 예이다. 그런데 1차적 욕구는 생명유지와 종족의 보존이라는 생물학적 의미를 가지고 있는 모든 생물체의 공통적인 욕구이지만, 2차적 욕구는 이러한 공통성이 없으며 문화, 역사, 사회에 따라 다르다.

---

70) 항상성(恒常性, homeostasis)은 의학용어로서 생태계가 정상 상태를 유지하려는 성질을 말한다. 정상상태를 유지하려는 이러한 생태계의 조절 기능은 어느 종이든 일정한 이상으로 증식하고 번영하는 것은 허용하지 않는다.

71) 1차적 욕구는 생리적 욕구와 심리적 욕구로 구분된다. 생리적인 욕구는 공기 · 물 · 성 (sex) · 휴식 · 수면 등에 대한 욕구 등이고, 심리적인 욕구는 유해 자극으로부터의 회피, 적을 경계하고 도망치려는 욕구, 적에 대한 투쟁 등을 들 수 있다. 그리고 2차적 욕구로는 지위 · 명예 · 권력 · 독립 등에 대한 욕구 · 애정 · 집단 소속 등과 같은 사회적 안정감을 확보하려는 욕구 등을 들 수 있다. (두산백과사전)

인간은 욕구가 충족된 상황에서는 행복 · 만족 · 기쁨 그리고 사랑이라는 긍정적 감정을 갖게 되지만, 이러한 욕구들이 충족되지 못한 상황에서는 분노 · 두려움 · 우울 그리고 지루함이라는 부정적 감정을 느끼게 되기 때문에 리더는 팔로워들의 욕구를 파악하고, 이를 충족시켜주기 위해 노력해야 한다.

3. 정치적 패러다임

정치적 패러다임political paradigm은 주로 정치학자들에 의해 고안되고 개발된 패러다임이다. 정치적 패러다임은 조직을 정글이나 경기장처럼 이해관계자들이 한정된 자원(권력, 진급, 보직, 예산 등)을 차지하기 위해서 서로 다투는 싸움터로 본다. 그리고 싸움에서 승패는 합리성보다는 누가 더 많은 권력을 갖고 있는가에 의해서 결정된다고 본다. 따라서 권력 기반을 구축하기 위해 담합집단coalition을 형성하게 되고, 중요한 의사결정이 이해관계자들 간의 협상과 타협에 의해 이루어진다는 것이다.

이와 같이 많은 사람들이 각자가 조직에서 자신의 이익을 증진시키기 위해 다른 사람과 경쟁하면서도 공식석상에서는 그러한 사실을 겉으로 드러내지 않는다. 그것은 조직은 공동의 목표를 추구해나가는 합리적인 실체라는 일반적 인식들이 개인적인 이해관계나 정치적 동기에 대한 논의를 겉으로 드러내는 것을 은연중에 터부시해왔기 때문이다.72)

---

72) '정치'(politics)는 별로 바람직하지 않는 것으로 간주되고 있지만, 원래 의미의 '정치'는 다양한 이해관계가 존재하는 사회 속에서 각 개인들이 협의나 협상을 통해 상이한 이해관계를 조정해나가는 수단이다. 다시 말해서 다양성 속에서 질서를 창조해내는 수단을 제공해주는 것이다. Morgan, G. *Images of Organizations*. 2nd ed. Sage pub, 1997.

가. 이론적 배경

1) 권력(power)의 원천: 권한(authority)

구조적 패러다임은 조직에서 영향력 행사의 원천을 권한_{authority}으로 보고, 조직목표를 달성하는 수단으로써 권한을 강조한다. 리더는 이러한 권한을 기반으로 합리적 결정(조직목표와 일치하는 최적의 결정)을 내리고, 그 결정이 실행되었는지 확인하기 위해 팔로어들의 행동을 감동하고, 얼마나 지시를 잘 수행했는지 평가하는 역할을 수행한다.

그러나 정치적 패러다임으로 보면 권한은 수많은 권력_{power} 원천 중의 하나일 뿐이다. 조직구성원들은 비록 합법적 권한을 갖지는 못하더라도 여러 가지 잠재적인 권력의 원천을 가지고 있다.[73] 많은 학자들이 권력의 원천에 대해 연구하였는데 대표적인 권력의 원천은 다음과 같다.[74]

첫째, 보상적 권력이다. 경제적 또는 정신적 보상을 해줄 때 나타나는 권력이다. 예컨대, 군에서 근무를 성실히 한 장병들에게 표창을 하거나 포상휴가를 보내거나 포상금을 수여할 수 있는 능력 등이다.

둘째, 강제적 권력이다. 지시나 요구 사항을 충족시키지 못했을 때 처벌할 수 있는 능력으로 보상적 권력의 부정적 측면이다. 지휘관들이 행사하는 징계권이 대표적인 강압적 권력이다. 조직에 극히 해가 되는 행동을 억제하는 데 적합한 권력이지만 이러한 권력을 사용한 리더십을 발휘하면 팔로어들이 진정으로 복종하지 않을 수 있기 때문에 가급적 사용을 지양하는 것이 좋다. 그러나 불가피하게 강압적 권력을 사용할 경우에는 그

---

73) 권력(power)은 '영향력을 행사할 수 있는 능력'이고, 권한(authority)은 권력의 한 가지 유형으로 "타인의 행위에 영향을 미칠 수 있도록 조직으로부터 합법적·공식적으로 부여받은 권력"을 말한다. 그리고 권력이 다른 사람의 행동을 변화시킬 수 있는 잠재능력이라고 할 때 영향력(influence)은 실제로 권력이 행사되었을 때의 상태를 의미한다.

74) French, J. R. P. & Raven, B. "The Bases of Power." in D. Cartwright(ed.). *Studies in Social Power*. Ann Arbor. MI: University of Michigan Press, 1959. pp. 150-167.

이유를 분명하게 알려주고, 감정을 개입하지 않고 침착하게 사용함으로써 당사자가 불필요한 분노와 원한의 감정을 갖지 않도록 해야 한다.

셋째, 합법적 권력 또는 직위권력position power이다. 조직이 공식적으로 특정 직위에 있는 사람에게 부여하는 권력, 즉 권한이다. 군에서 각급 부대 지휘관들에게 부여하는 지휘권이 바로 합법적 권력이다. 만일 리더가 이러한 권력을 법규에 정해진 범위를 초월하여 행사할 경우 권력남용의 문제가 발생한다.

넷째, 전문적 권력이다. 특정 분야나 특정 상황에 대해 어떤 지식이나 해결방안을 알고 있는 사람이 그것을 모르는 다른 사람에 대하여 가지게 되는 권력이다. 예컨대, 소대장이 소대원들보다 군사지식, 즉 무기나 전술에 대해 더 많은 지식을 갖고 있을 때 전문적 권력이 생기게 된다.

다섯째, 준거적 권력이다. 그 사람이 갖고 있는 특별한 자질을 닮으려고 하거나 찬양할 때 생기는 권력이다. 예컨대, 지휘관이 외적으로 군인다움을 보여주고, 자기관리를 철저히 하는 등 군인으로서 모범적인 모습을 보일 때 부하들이 그를 존경하고 본받으려고 함으로써 준거적 권력이 발생한다.

이러한 다섯 가지 권력의 원천 이외에도 정보를 얼마나 갖고 있는가도 중요한 권력의 원천이 된다. 권력은 중요하고도 어려운 문제를 해결할 수 있는 방법과 그에 필요한 정보를 가진 사람으로부터 나오기 때문이다. 또한 인맥과 네트워크이다. 조직에서 이루어지는 업무는 개인과 집단 사이의 복합적인 네트워크를 통해 처리되기 때문에 인맥이 많은 사람들이 더욱 수월하게 일을 할 수 있다.[75]

---

75) 조직에서 직위가 높다고 해서 반드시 영향력이 큰 것은 아니다. 예컨대 비서실장의 경우 계급이나 직위는 낮을지라도 해당 계급이나 직위 이상의 영향력을 행사한다. 그것은 조직의 최고 권력자(권력의 핵)와 얼마나 가까운가에 따라 권력의 크기가 결정되기 때문이다. Robbins, S. P. *Organization Theory* 3rd ed. NJ.: Prentice Hall, 2001.

2) 조직의 이해: 담합집단

정치적 패러다임은 긍정적 의미의 '정치판'으로 조직을 본다. 앞에서 살펴본 바와 같이 구조적 패러다임은 조직을 공동의 목표를 추구해나가는 합리적인 통합 시스템으로 보고, 인적자원 패러다임은 구성원들의 욕구충족을 위해 존재하는 것으로 조직을 보는 반면에, 정치적 패러다임은 조직을 사적 이익을 추구하기 위해 다양한 이해관계를 가진 사람들이 모인 느슨한 네트워크로 본다. 즉 사람들은 조직에서 자신이 원하는 목표를 달성하기 위해 다양한 담합집단 또는 연합체$_{coalition}$[76]를 구성하기 때문에 어떤 의미에서 조직은 그 자체가 다양한 이해관계를 중심으로 결성된 담합집단들로 구성되어 있는 하나의 담합집단이라는 것이다.

이와 같은 맥락에서 정치적 패러다임은 조직을 이해관계를 달리하는 담합집단들이 권력과 희소자원을 차지하기 위해서 경쟁하는 정글(싸움터) 또는 경기장이라고 본다. 다시 말해서 조직에서 자원의 희소성으로 인하여 조직에서 대부분의 의사결정이 합리적으로 이루어지기보다는 권력$_{power}$의 논리에 의해 권력이 강한 개인 또는 집단에 유리한 방향으로 결정된다는 것이다.[77] 즉 조직에서 중요한 의사결정이 합리성을 바탕으로 한 '최적해'$_{optimal\ solution}$보다는 다음의 무기도입 사례와 같이 집단 간의 협상과 타협에 의해 '만족해'$_{satisfying\ solution}$를 찾는 방향으로 결정된다는 것이다.

---

76) 담합집단은 특정한 이슈나 사건, 의사결정과 관련하여 서로 협력하기 위해서나 특정한 가치와 이념을 도모하기 위해 뜻을 같이 하는 사람들로 구성된 공식 또는 비공식 집단이다. 예컨대 군에서 장교, 부사관, 병 또는 육·해·공군 또는 병과 등과 같은 공식집단만이 아니라 학연, 지연, 연령 등으로 형성된 비공식 집단도 담합집단이 된다. 그런데 이러한 담합집단들은 특정한 이해관계나 이슈에 따라 일시적으로 형성되었다가 사라지기도 한다.

77) 조직구조 설계 시 조직의 전략, 환경, 규모, 기술, 구성원 등을 종합적으로 고려하여 구조적 대안들이 모색되고, 그중에서 가장 최선의 대안을 선택해야 한다. 그러나 실제로는 구조를 선택하는 의사결정 시에는 상황적 요소는 50~60%만 반영되고 나머지는 가장 강한 담합집단의 이해관계가 반영된 조직구조가 선택된다. Robbins. 앞의 책.

나. 정치적 패러다임의 기본 전제

정치적 패러다임은 앞에서 본 바와 같이 조직을 여러 갈래의 복합적인 개인과 집단의 이해관계가 생생하게 드러나는 정치판, 경기장, 또는 정글(싸움터)로 규정하고 있으며, 조직에 대해 다음과 같은 기본 전제를 갖고 있다.[78]

첫째, 조직은 다양한 개인과 이익집단(직위별, 부서별, 직종별, 성별, 인종별 등)으로 구성된 담합집단$_{coalition}$들이다.

둘째, 여러 개인이나 다양한 집단 사이에는 가치관, 선호, 믿음, 정보 및 현실인식에 있어 지속적인 차이가 존재한다. 그러한 차이는 쉽게 소멸되지 않는다.

셋째, 조직에서 이루어지는 대부분의 중요한 의사결정은 희소자원의 배분과 관계된다. 즉, 누가 무엇을 얻는가에 대한 결정이 그것이다.

넷째, 희소자원, 그리고 견해 차이로 인해 조직에서의 갈등은 불가피하고, 권력이 가장 중요한 자원이다.

다섯째, 조직의 목표설정과 의사결정은 상이한 담합집단과 조직원 간의 협상과 교섭을 통해 이루어진다.

정치적 패러다임은 지속적인 이해 대립과 희소자원으로 인해 담합집단 사이에 갈등이 불가피하며 권력은 필연적으로 핵심자원이 될 수밖에 없다고 본다. 자원이 희소할 때는 일종의 거래가 따른다. 이해관계의 대립이 있을 때 당사자들은 합의에 도달하는 방법에 이견을 보이기 마련이다. 군만이 아니라 많은 조직에서 유사기관이나 부서 통폐합 논의 시 합의가 잘 안 되는 이유가 바로 통폐합에 따른 이해타산이 서로 다르기 때문이다.

정치적 패러다임은 정치적 행동이 개인의 이기심, 근시안 내지 무능력 때문에 생기는 것이 아니라 상호 의존성, 견해 차이, 자원의 희소성, 권력

---

78) Bolman & Deal. 앞의 책. p. 186.

관계 때문에 발생한다고 본다. 따라서 조직 내에서 조직정치organizational politics79)는 불가피하기 때문에 리더는 조직정치를 잘 이해하고 관리하는 법을 배울 것을 요구한다.

4. 상징적 패러다임

상징적 패러다임symbolic paradigm은 문화적 접근으로서 문화인류학anthropology에 기반을 둔 패러다임이다. 다른 패러다임이 가정하고 있는 합리성을 부정하고 이 패러다임에서 조직은 연극무대이고, 구성원들은 연극에서 역할을 맡은 배우라고 본다.

조직이란 규칙, 정책, 그리고 리더의 권한 등에 의해 움직이기보다는 오히려 의례儀禮, 의식儀式, 일화逸話, 영웅英雄 그리고 신화神話 등에 의하여 형성되는 문화로 본다. 따라서 배우들은 조직 안에서 감독의 연출대로 드라마를 연기하고, 조직 외부의 관객들은 무대에서 벌어지는 일을 관람하면서 조직에 대한 이미지를 형성한다. 배우들이 자신의 역할을 제대로 연기하지 못하거나, 조직의 상징symbol들이 그 의미를 상실할 때, 그리고 의식이나 행사가 그 의미를 잃을 때 문제가 발생한다. 조직의 내면적 혹은 정신적 측면을 바람직하게 재구성하기 위해서는 상징, 신화, 그리고 때로는 주술呪術적 방법도 사용해야 한다.

---

79) 조직정치란 "조직 전체의 이익보다는 특정 개인이나 집단의 이익을 보호 또는 증진시키기 위해 공식적으로 승인받지 못한 방식으로 권력을 행사하는 활동" 또는 "자기 이익을 극대화하기 위해 공식적으로 부여된 권한 이상으로 자기가 지닌 권력을 행사하는 것"을 말한다. 즉 조직에서 어떤 사람이 공식적으로 부여된 행동을 제외하고 자신의 이익에 영향을 미치는 행동을 했다면 그것은 무조건 정치적 행동(political behavior)이라고 할 수 있다. 예컨대, 직무수행을 위해 반드시 필요한 행동이 아닌 행동, 당사자의 이익을 위해 권력을 행사하는 행동, 자신의 이해관계에 얽힌 의사결정에 영향을 미치는 조직정치 행동이라고 한다. 임창희. 『조직행동』 제3판. 서울: 학현사, 2004. p. 339.

가. 이론적 배경

1) 조직문화의 개념과 구성요소

조직문화란 다양하게 정의되고 있는데 이를 종합해보면 "조직구성원의 행동을 지배하는 비공식적 분위기"로 조직구조와는 다르게 공식적인 조직도에 나타나지는 않지만, "조직구성원들의 가치관, 태도 및 행동, 대인관계 등을 결정하는 집단적 가치관이나 보이지 않는 규범으로 조직목표 달성을 향한 구성원들의 행동을 조정하고 지배하는 것"이라고 할 수 있다.[80] 조직의 구조가 조직의 '뼈대'라면 조직의 문화는 조직의 '얼'이라고 할 수 있다.

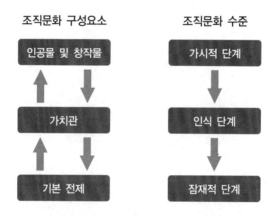

〈그림1-2〉 Shein의 조직문화 구성요소

출처: Shein(1985).

이러한 조직문화는 많은 요소로 구성되어 있기 때문에 명확하게 구성요소를 밝혀내기는 어렵다. 샤인Shein은 조직문화의 구성요소를 조직 성원과 조직 전체의 행동에 영향을 주는 의식체계를 중심으로 그림1-2에서와

---

80) 이학종. 『기업문화론』. 서울: 법문사, 1989. p. 25.

같이 기본 전제, 가치관, 그리고 인공물과 창작물로 구성요소를 제시하고, 상호관계를 설명하고 있다.[81]

기본전제basic assumption는 그 문화권에 소속된 사람들이 당연하다고 믿고 있는 기본적인 신념에 해당된다. 이것은 일반적으로 조직의 구성원이 평상시에 인식하고 있지 않은 선의식적先意識的 가치로 평상시 조직생활에서 아무런 의심 없이 자연스럽게 받아들이는 부분이다. 이러한 기본적인 전제들은 환경관, 조직관, 국가관, 인간관, 인간관계의 본질에 대한 신념 등이다.

그러나 파스칼과 아토스Richard Pascal & Anthony Athos는 그림1-3과 같이 조직문화의 구성요소를 공유가치, 전략, 구조, 시스템, 구성원, 관리기술, 리더십 스타일 등의 7S로 보고 있다.

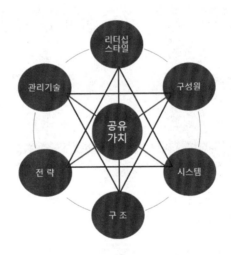

〈그림1-3〉 조직문화의 7-S 모형

출처: Peters & Waterman(1982: 10)

---

81) Shein, E. "Comming to A New Awarness of Organization Culture." *Sloan Management Review* (Winter), 1984. pp. 13-21.

- 공유가치shared value는 조직구성원들이 함께하는 가치관으로서 다른 조직문화의 구성요소에 영향을 주는 핵심요소로 조직문화 형성에 가장 중요한 영향을 미치는 요소이다.
- 전략strategy은 조직의 장기적인 계획과 이를 달성하기 위한 자원 배분과정을 포함하며 조직의 장기적인 방향과 기본성격을 결정하고 다른 조직문화 형성에 영향을 미친다.
- 조직구조structure는 조직의 전략수행에 필요한 틀로서 조직구조와 직무설계 그리고 권한관계와 방침 등 구성원들의 역할과 그들 간의 상호관계를 지배하는 공식요소들을 포함한다.
- 시스템system은 조직의 의사결정과 일상운영의 틀이 되는 보상제도와 인센티브, 경영정보와 의사결정 시스템, 경영계획과 목표설정 시스템, 결과측정과 조정·통제 등 각 분야의 관리제도와 절차를 포함한다.
- 구성원staff은 조직의 인력구성과 구성원들의 능력, 전문성, 신념, 욕구와 동기, 지각과 태도, 행동패턴 등을 포함한다. 관리기술skill은 조직의 각종 물리적 하드웨어 기술과 이를 작동시키는 소프트웨어 기술, 그리고 조직관리에 활용되는 관리기술과 기법을 포함한다.
- 리더십 스타일style은 구성원을 이끌어나가는 리더들의 관리 스타일로서 이는 구성원의 동기부여와 상호작용 그리고 조직분위기와 나아가서 조직문화에 직접적인 영향을 준다.

이러한 7-S 모형은 조직문화와 조직 내부의 구성요소간의 관계를 체계적으로 설명하며 조직 시스템에 대한 통합적인 시각을 제공해주고 있기 때문에 널리 활용되고 있다.[82]

---

82) 7S 모형은 파스칼과 아토스의 모델을 세계적인 전략컨설팅 기업인 맥킨지(Mckinsey)가 경영진단도구로 활용하면서 각광을 받게 된 모델이다. 조직문화에 영향을 주는 조직내부요소 일곱 가지 요인을 분석하여 조직을 평가하고 조직의 혁신을 기하고자 할 때 사용

2) 조직문화의 기능

조직문화는 다음과 같이 조직에 순기능적인 역할을 하기도 하지만 조직 발전을 저해하는 역기능적인 역할도 한다. 조직문화의 순기능으로는 첫째, 조직문화는 구성원들 간의 일체감을 조성해준다는 것이다. 조직의 독특한 신화, 언어, 복장, 의례·의식 등이 다른 조직구성원들과 차별화시키고, 조직구성원들 간의 동질성을 높여 '우리'$_{we}$라는 인식을 형성함으로써 조직에 대한 응집력과 몰입을 높여 준다.

둘째, 조직구성원들에게 행동의 기준과 방향을 제시해줌으로써 구성원들의 행동이나 태도를 인도하고 규정한다. 조직문화는 조직구성원들이 생각하고 행동하는 규범 또는 관습이기 때문이다. 행동 규범을 통하여 조직원들에게 판단과 행동의 지침을 부여한다. 따라서 조직활동에 대한 학습시간을 단축시켜줌으로써 학습에 드는 비용을 감소시켜준다.

셋째, 구성원들이 조직이 지니고 있는 공통의 가치관을 지니게 함으로써 의사소통을 원활하게 할 수 있게 해준다. 구성원들이 공통의 가치관을 가짐으로써 세부적인 지시가 없어도 독자적으로 대응하는 것이 가능해지고, 공통적인 행동을 취할 수가 있다. 따라서 의사소통을 위한 비용을 감소시키고, 시간을 단축할 수 있을 뿐만 아니라 의사소통 과정에서 발생할 수 있는 오류를 방지할 수 있게 해준다.

넷째, 조직문화는 조직구성원들이 조직의 공식적인 규정이나 지침을 일탈할 때 규제하여 조직구성원들이 조직목표에 합치되는 행동을 하도록 강요하는 통제 메커니즘의 역할을 수행한다.

그러나 너무 강한 조직문화나 지나치게 경직된 조직문화는 구성원들의 사고방식을 고착화시킬 수 있다.

하는 모델이다. 순수한 전략 모델이라기보다는 조직개발 또는 조직 변혁을 위한 모델이라 할 수 있다.

다섯째, 지나치게 조직의 정체성이나 단결심을 강조하는 조직문화는 조직구성원들의 감정을 자극하여 다른 조직을 무시하고, 비난하며, 다른 조직과 협조적인 관계를 형성하지 못하게 하는 부작용을 유발할 수 있다.

나. 상징적 패러다임의 기본 전제

상징적 패러다임은 전통적인 조직이론의 규준인 합리성, 확실성 그리고 선형성과는 매우 다른 세계를 보여주고 있으며, 조직과 인간 행동의 본질에 대해서 전통적 조직이론과는 달리 다음과 같은 가정을 하고 있다.[83]

첫째, 조직에서 일어나는 많은 사건과 활동들에서 가장 중요한 것은 다음 사례에서와 같이 그 내용이 무엇이고, 실제로 무엇을 했는가가 중요한 것이 아니라 그 의미가 무엇인가가 중요하다는 것이다.

둘째, 사건과 의미가 항상 일치하는 것은 아니다. 즉, 동일한 사건들도 경험을 해석할 때 그가 사용하는 셰마(도식$_{schema}$)[84]의 차이로 인하여 매우 다른 의미를 가질 수 있다.

셋째, 조직은 연극무대이고, 조직에서 이루어지는 활동들은 연극과 같다는 것이다. 연극에서는 실제 배우가 죽지 않고, 실제로 사랑을 하지 않더라도 배우들이 감동적인 연기를 함으로써 실제 죽거나 사랑하는 것처럼 느껴 눈물을 흘리고, 감동을 한다. 이와 마찬가지로 조직은 하나의 연극무대로서 연극을 공연하고 있는 것이다. 즉 조직의 다양한 상징적 활동(공연)을 통해 외부 이해관계자(관객)들에게 조직이 잘 운영되고 있음을 알려

---

83) Bolman & Deal. 앞의 책. p. 244.
84) Schema는 일반적으로는 "내용을 어떤 형식에 따라 과학적으로 정리 또는 체계화시키는 틀"을 이르는 말로 "사람으로 하여금 어떤 유형의 정보를 선택적으로 수용하고 해석하게 하는 행위 기제, 즉 문제를 이해하는 사고의 틀"을 말한다.

주는 것이다.

이와 같이 조직의 구조, 활동, 그리고 조직에서 일어나는 사건들은 상징적 패러다임으로 보면 하나의 연극으로 볼 수 있다. 그것들은 공포심을 갖게 하기도 하고, 희망과 기대를 갖게 하기도 하고, 감정을 불러일으키기도 한다. 또한 불확실성을 감소시켜 안심하도록 해주기도 한다.

조직 패러다임과 리더의 역할

1. 시스템 구축 및 조직관리: 설계자 · 건축가로서 리더

가. 조직구조의 설계

구조적 패러다임을 갖고 있는 리더들은 조직의 기계적 측면에 초점을 맞추기 때문에 구성원간의 공식적인 역할과 관계형성의 기반이 되는 조직구조의 설계에 관심을 갖는다. 따라서 자신의 카리스마와 영감보다는 철저한 분석과 설계를 통해 조직을 이끌어나가는 설계자 · 건축가로서의 역할을 주로 수행한다. 이들은 조직의 모든 문제는 조직의 편성, 제도, 법규 등 조직구조의 미비나 부적합성 때문에 발생한다고 보고, 부서의 통 · 폐합 및 신설 등과 같은 조직구조의 개편과 새로운 제도의 도입, 규정과 절차의 개선 등에 자신의 역량을 집중한다. 사고 예방을 위한 예방시스템 또는 안전시스템, 부정부패를 방지하기 위한 시스템 등의 개발을 위해 노력한다.

나. 평가 및 교육훈련

리더십 개발을 위해 교육 훈련 및 다면평가제나 리더십 역량 인증제의 도입, 그리고 역량을 반영하는 진급제도의 개선 등과 같은 제도적 접근을 통해 조직원의 리더십을 개발하려고 한다.

2. 역량계발 및 조직 활성화 / 후계자 양성: 농사꾼 · 정원사로서 리더

가. 팔로어에 대한 사랑과 존중

인적자원 패러다임을 갖고 있는 리더는 조직을 가족처럼 진정으로 사랑하고 위하는 곳으로 본다. 부모들이 자녀를 키우면서 미리 알아서 해주듯이 팔로어들이 무엇을 원하는지 사랑과 존중으로 미리 파악해서 알아서 해주는 사람이다. 처벌만이 능사가 아니라 때로는 관용과 포용으로 잘못을 뉘우칠 수 있는 기회를 제공함으로써 충성심을 유발하고 조직에 헌신하도록 해준다. 부하의 사소한 잘못이나 실수를 용서하지 못한다면 진정으로 부하를 사랑한다고 할 수 없을 것이다.

나. 잠재능력의 개발: 셀프 리더 육성

개인 또는 조직의 성과는 능력과 동기부여 정도에 의 해 결정된다. 임파워먼트empowerment는 용어 그 자체로 해석을 하면 "파워power가 없던 사람에게 파워를 부여해주는 것"으로 권한위임과 유사한 것이라 할 수 있다. 그러나 임파워먼트는 "팔로어가 능력이 있음을 확인시켜주고, 능력을 키워주는 것"이다. 잠재능력을 발굴해 키워주고 파워의 창조, 증대, 확산을 통해 팔로어가 잠재능력을 개발하도록 도와주는 것이다. 이러한 임파워먼트는 크게 개인 · 집단 · 조직 차원의 세 가지 수준에서 이루어진다. 먼저 개인차원의 임파워먼트는 자기신뢰감을 증진시키고, 자신의 사고변화와 역량을 증대시키는 것으로 임파워먼트의 가장 기본이 된다. 집단차원은 자기 자신에 대한 임파워먼트가 이루어진 후 타인의 역량을 증진시키고, 상호 권한위임관계를 증진시키는 것이며, 임파워먼트에서 핵심적으로 다루는 부분이다. 다음 조직차원에서는 집단 임파워먼트를 조직으로 확산시키는 것으로 제도와 구조변화를 통하여 임파원먼트를 정착시킨다. 리더가 임파워먼트를 하기 위해서는 먼저 리더와 팔로어 사이에 신뢰가 형성되어야 한다. 기본적으로 팔로어를 신뢰하지 못하는 리더는 임파워먼트를 할 수 없다. 리더는 팔로어에 대한 신뢰를 바탕으로 피드백feeedback, 코칭coaching, 멘토링mentoring, 권한위임, 참여적 의사결정 등을 통해 팔로어들을 임파워먼트시켜 잠재능력을 개발함으로써 셀프 리더로 양성하고 개인, 집단 및 조직의 성과를 높일 수 있다.

다. 동기부여

인간활동의 동기는 생리적·심리적 결핍으로 인하여 발생하는 의식적·무의식적인 욕구로부터 시작된다. 즉 인간은 생리적·심리적 결핍상태를 경험하면 욕구(긴장상태)가 발생하고, 이를 해소하기 위한 동기motive가 발생한다. 동기가 발생하면 인간은 욕구충족(긴장해소)을 위한 행동을 하게 되고, 이로 인하여 목표가 달성되면 욕구는 충족되고 긴장상태는 해소된다. 그리고 또 다른 새로운 동기가 발생하게 되는데 이러한 일련의 과정을 동기부여motivation라고 한다.

리더십 측면에서 동기부여란 "리더가 자극을 주어 팔로어들이 자발적인 행동 또는 노력을 하게 만드는 것"이라고 할 수 있다. 이 같은 동기부여가 리더십 측면에서 중요한 것은 개인의 직무성과는 개인이 갖고 있는 능력과 동기부여의 함수관계에 있기 때문이다. 즉 어떤 사람이 아무리 능력이 있다 하더라도 동기부여가 되지 않으면 높은 성과를 낼 수 없고, 능력이 다소 부족하더라도 동기부여가 되면 기대 이상의 성과도 낼 수 있기 때문이다. 따라서 리더는 팔로어들의 욕구가 무엇인지를 파악하여 욕구를 충족시켜줌으로써 동기부여가 되도록 노력하여야 한다.

라. 팀워크 구축

팀이나 조직에서 개개인의 능력과 열정도 중요하지만 구성원 모두를 하나로 결집시켜 시너지 효과synergy effect를 내게 해주는 팀워크teamwork가 팀 또는 조직의 성과를 결정하는 핵심요소 중의 하나이다.

3. 비전개발 및 협력체제 구축: 정치가·주창자로서 리더

가. 비전과 전략의 수립

모든 위대한 리더들에게는 두 가지 능력이 있다. 하나는 어디로 가야 할지(비전)를 아는 것이고, 다른 하나는 사람들을 그 길로 따라오도록 설득하는 능력이다. 즉 정치가로서 리더는 비전을 제시하고 추진하는 비전제시자, 그리고 주창자로서의 역할을 해야 한다.

비전을 제시했다고 그것으로 끝나는 것이 아니다. 다음으로 그 비전을 실현할 수 있는 전략을 수립해야 한다. 사람들은 꿈 자체만을 믿고 따르지는 않기 때문에 그것을 실현시킬 수 있는 전략이 필요하다. 전략이 없다면 비전은 단지 꿈에 지나지 않는 무의미한 것이다.

이와 같이 정치가로서 리더의 역할은 구성원들이 공감할 수 있는 비전과 구체적인 목표를 제시하고, 이를 실현할 수 있는 전략을 수립하는 것이다. 비전만 있고 전략이 없으면 그것은 허황된 꿈에 지나지 않는다.

나. 인맥과 지원세력의 구축

정치적 패러다임은 어떤 전략도 권력기반 없이는 실행될 수 없다는 점을 강조한다. 리더들은 임무를 수행하는 필요한 만큼의 충분한 권력이 주어지지 않기 때문에 항상 권력이 부족함을 느낀다. 그런데 조직의 대부분 업무는 혼자보다는 여러 관계자들의 협조가 있어야만 이루어질 수 있는 일들이다. 일반적으로 직위가 높을수록 부하나 상관, 동료, 외부관계자들의 협조 필요성이 더 많아진다. 따라서 리더가 이들의 적극적인 도움을 받을 수 있도록 하기 위해서는 이들과 평소에 친밀한 관계망, 즉 인맥을 형성하거나 자신을 후원 또는 지원해줄 수 있는 지원 세력을 확보해야만 업무를 잘 수행할 수 있다는 것이다. 유능한 리더들은 이러한 네트워크를 잘 구축해서 관리하고 이를 잘 활용한다.

규정과 절차에 따라 합리적으로 조직의 일이 이루어진다는 것은 이상적이고 매우 순진한 생각에 불과하다는 것이다. 조직에서 이루어지는 많은 의사결정이 합리성, 공정성, 형평성 등을 내세우면서 이루어지지만, 실제로는 개인적 네트워킹을 통해 이루어지는 경우가 많기 때문이다.

다. 협상

정치적 패러다임으로 보면 이 세상은 거대한 협상과 교섭을 위한 테이블이다. 협상은 우리 주변 어디에서나 일어나는 그저 평범한 일상일 뿐이다.

우리는 일상생활이나 가정생활, 그리고 조직생활 과정에서 상대방과 의견 충돌이 발생하는데, 바로 이 부분에 협상의 영역이 존재한다. 협상과 교섭은 둘 내지 그 이상의 당사자들 사이에 공통된 이해와 상반된 이해가 존재할 것이기 때문에 언제나 그 필요성이 대두되는 것이다.

그렇다면 협상은 어떻게 이루어지는가? 세상의 모든 협상은, 그것이 외교적이든 정치적이든 아니면 군사적이든 관계없이 다음과 같은 세 가지 중요한 요소가 항상 포함되어 있기 마련이다.

- 정보: 자신이 상대에 대해 알고 있는 것보다 상대측이 자신에 대해 더 많이 알고 있을 것이라고 생각하게 된다.
- 시간: 상대방은 자신처럼 조직의 압력, 시간의 제약, 최종 기한 등과 같은 어려움이 없는 것으로 생각하게 된다.
- 힘: 상대는 자신보다 더 많은 힘과 권위를 가지고 있다고 생각하게 된다.

리더가 협상능력이 있느냐, 없느냐에 따라 주위환경에 영향력을 행사할 수도 있고, 그렇지 못할 수도 있다. 협상은 사기가 아니다. 더욱이 나를 신뢰하는 사람들을 협박해서 무엇인가를 얻어내는 것도 아니다. 이것은 리더가 원하는 대로 일을 진행시키기 위해 리더 자신과 다른 사람들의 필요를 충족시키는 것이며, 자신의 행동에 영향을 주기 위해 자신의 정보와 시간과 힘을 분석하는 행위이다.

라. 갈등관리

조직에서 갈등은 "개인이나 집단 사이에 목표나 이해관계가 달라 서로 적대시하거나 불화를 일으키는 상태"를 의미한다. 이러한 갈등은 상하급 직위나 부서 간의 수직적 갈등, 동료 또는 관계부서 간의 수평적 갈등, 지휘관-참모 간의 갈등 등 다양한 형태로 발생한다.

그런데 사회적 통제와 합리성의 규범을 강조하는 구조적 패러다임은 조직에서의 갈등은 조직 목표달성에 부정적 영향을 미치기 때문에 회피하는 것이 좋으며, 갈등이 발생할 경우에는 해소해야 한다고 본다.

인적자원 패러다임도 구조적 패러다임과 마찬가지로 갈등에 대해 부정적 견해를 갖지만 집단 내에서 불가피하게 발생하는 필요악이기 때문에 이를 적극적으로 수용해야 한다고 본다.

한편 정치적 패러다임으로 보면 조직 내의 갈등은 반드시 조직에 무슨 문제가 있어서 발생하는 것은 아니다. 그것은 조직 내 자원, 예컨대 진급 공석, 예산, 인력 등이 필요에 비해 부족하기 때문이다. 특히 대부분의 조직이 하위직은 많은데 반해 상위직은 작은 피라미드 형태이기 때문에 위로 올라갈수록 자리는 적어진다. 어떤 특정집단이 의사결정을 주도하면 거기서 배제되는 집단이 생기기 마련이다. 누구나 좋은 자리, 직함 혹은 명예를 차지하기 위하여 경쟁하고 있으며, 부서끼리는 예산과 권한을 둘러싸고 경쟁을 한다. 이런 상황하에서 개인 간 또는 조직 간의 조직정치와 갈등은 불가피한 현상이다. 따라서 조직상황에서 정치적 행동은 하나의 자연스런 반응이기 때문이다.

또한 갈등은 조직에 긍정적 영향을 미치기도 하고 부정적 영향을 미치기도 한다. 따라서 리더는 갈등을 완전히 없애기보다 갈등의 역기능을 최소화하는 방향으로 갈등관리를 해야 한다. 즉 갈등 수준이 지나치게 낮을 경우에는 의도적으로 갈등을 적정 수준으로 조정하고, 갈등이 지나치게 높을 경우에는 갈등을 적정 수준으로 해소하는 방안을 강구하여야 한다는 것이다.

4. 조직문화 창출: 연출자·배우로서 리더

상징적 패러다임은 조직문화를 중요시하고, 조직을 연극 무대로 간주한다. 이러한 패러다임으로 보면 조직의 리더는 '○○회사' 또는 '○○부대'라는 연극의 연출자이자 주연배우이고, 구성원은 각자에게 맡겨진 배역을 연기하는 배우가 된다. 그리고 리더십은 연극에서 역할을 맡은 배우가 연극무대에서 관객들에게 보여주는 연기라고 할 수 있다.

위대한 리더는 연출가처럼 비전과 전략을 수립하고, 그것을 수행할 사람을 적재적소에 배치한다. 그리고 배우처럼 비전과 전략의 중요성과 그 의미를 잘 전달해서 팔로어들과 공감대를 형성함으로써 마음속으로부터 따르게 만든다.

아무리 연극의 제목이 그럴듯하고 거창하게 홍보를 하더라도 관객이 감동을 받지 않으면 관객이 모이지 않는 것처럼 아무리 그럴듯한 비전과 전략이 있어도 팔로어들이 공감하지 않으면 팔로어들이 진심으로 따르지 않기 때문에 비전과 목표를 제대로 구현할 수 없다. 즉, 연극이 연출가와 배우, 그리고 관객 사이의 상호작용인 것처럼 리더십은 리더와 팔로어 사이에 이루어지는 상호작용이다. 위대한 배우가 되기 위한 핵심역량이 연기능력인 것과 마찬가지로 리더의 핵심역량 중의 하나가 연기능력이다.

위대한 리더는 연출가와 배우가 상징(무대장치, 의상, 언어, 몸짓, 상징물 등)과 연기를 통해 의미를 전달하는 것처럼 조직문화를 창출하고, 구성원들이 공유하도록 한다. 리더십은 어쩌면 가장 위대한 공연예술일지도 모른다. 스타가 무대를 떠난 후에도 오랫동안 감동이 유지되는 것처럼 리더십도 진한 감동을 줄 수 있는 조직을 만들어내는 하나의 공연이다.

가. 상징조작과 리더십

연출가나 리더가 연극무대에서 무대장치, 의상, 대사 등을 통해 의미를 전달하는 것처럼 조직에서도 다양한 상징들을 활용하여 조직구성원들을 하나로 뭉치게 하고, 조직목표 달성을 위해 헌신하게 만든다. 그런데 조직에서 활용되는 대표적인 상징들로는 신화·일화, 복장·장식물, 언어·구호, 의례·의식 등이 있다.

나. 연극무대로서 조직구조

앞에서 설명한 구조적 패러다임으로 보면 조직 구조는 조직의 목표를 달성하기 위한 수단이기 때문에 조직의 구조적 형태는 조직의 목표, 기술, 환경, 구성원 등을 고려하여 결정해야 한다. 그러나 상징적 패러다임으로 보면 조직 구조는 조직의 드라마를 관객에게 분명하고 확실하게 전달해주는 공간, 조명, 소품, 그리고 의상의 배치라고 할 수 있다. 이러한 관점에서 보면 극단적으로는 대부분 조직의 구조는 조직의 목표나 과업, 또는 기술과 거의 관계가 없다고도 할 수 있다.

다. 연극으로서 조직 활동

조직의 리더들은 조직을 관리하기 위해 많은 공식적 또는 비공식적인 회의를 하고 평가시스템, 회계시스템, 경영정보 시스템 등을 만든다. 그런데 회의를 통해 의사결정이 이루어지거나 문제해결이 되는 것이 아니라 더 많은 회의를 해야 할 필요성만 제기되는 경우도 많이 있다. 회의를 통해 갈등이 해결되기보다는 무시되는 경우도 종종 있다. 늘 그렇듯이 회의는 예정 시간을 초과하며 쓸데없는 시간 낭비를 하는 경우도 있다. 많은 경우에 이미 결정해놓고 요식행위로 회의를 하는 경우도 많이 있다. 그럼에도 불구하고 회의는 매우 중요한 상징적 의미를 갖고 있다.

이와 같이 회의는 정당하게 의사결정이 이루어졌음을 대내외적으로 보여줌으로써 이해관계자들에게 절차적 정당성이 있음을 믿게 해주는 상징적 행사이고, 조직의 문제나 불만을 던져버리는 쓰레기통 역할을 하기 때문에 시간이 없거나 번거롭다는 이유만으로 생략해서는 안 된다.

조직에서 평가 또는 감사 활동은 매우 중요한 활동에 속한다. 평가나 감사를 하는 데 많은 시간과 노력이 소비되고, 어떤 경우에는 긴 보고서가 작성되어 공식회의에서 형식을 갖추어 발표를 하기도 한다.

　평가나 감사 또는 검열은 어떤 의사결정이 정당하게 이루어졌다고 정당화해주는 수단으로써 이용되기도 하고, 조직 내외의 관계자들에게 조직이 공정하게 운영되고 있다는 믿음을 갖게 해주기도 한다. 따라서 평가나 감사 결과가 실질적으로는 조직 발전에 별다른 도움이 안 되더라도 조직이 책임 있게 잘 운영되고 있다는 것을 조직 내외의 관계자들에게 상징적으로 보여주기 위해서라도 평가나 감사는 실시되어야 한다. 이와 같이 평가나 감사 또는 검열이 상징적 의미를 갖고 있기 때문에 사례에서 보는 바와 같이 누가 주체가 될 것인지도 매우 중요하다.

리더십 철학: 과제와 실천

개요: 리더십의 위기와 대한민국

"위기 상황에서 빛나는 최고의 배$_{ship}$는 리더십"이라는 말이 있다. "폭풍우를 만난 배는 선장의 리더십에 따라 침몰할 수도 있고 무사할 수도 있는 것"과 같이 "위기상황에서 빛을 발하는 것이 리더십"이라는 것이다[85] 정치적 리더십을 선장의 역할에 비유하는 것은 그리스 시대부터이다. 정부$_{government}$라는 말은 원래 키잡이, 조타수, 또는 방향타라는 의미를 갖고 있는 그리스어 퀴베르네테스$_{kybernetes}$에서 비롯되었다. 위기일수록 리더십과 선장의 비유는 잘 들어맞는다. 우리는 역사 속에서 리더십의 차이

---

85) 배명복. 「위기의 상황에서 최고의 배는 리더십이다」. ≪중앙일보≫, 2012.9.29.

로 나라의 운명이 달라진 수많은 예를 발견할 수 있다.

우리나라는 세계에서 유래가 없는 빠른 시간 내에 산업화와 민주화를 성공적으로 이루어내고 세계 10위권의 경제 강국에 진입했고 IT, 조선, 철강 등 많은 분야에서 세계 1위를 이루어낸 자랑스러운 성과를 달성했다. 그러나 분배와 복지를 둘러싼 경제적 갈등과 사회적 갈등, 노·장·청老壯靑년 사이의 세대갈등, 대북정책을 둘러싼 남남갈등 등이 너와 나를 가르는 진영논리에 휩싸여 있다. 배에 비교한다면 선원들의 편 가르기 대립으로 배가 심하게 흔들려서 침몰하지나 않을까 하는 우려가 들 때도 있다.[86]

안보상황은 극한 상황에 있다. 2012년 봄, 북한은 3차 핵실험을 완료하고 핵보유국이라며 핵전쟁을 운운하며 광란의 전쟁위협을 하였고, 가을에는 40년 간 2인자로 군림했던 장성택을 숙청하고 군부중심의 선군정치를 강화하였다. 동북아는 이어도 방공식별구역KADIZ 문제 등 영토분쟁으로 첨예한 대립의 각을 세우고 있다. 전문가들은 19세기적 안보상황이 재연되고 있다고 본다. 또한 내부적으로는 첨예한 양극화가 진행되고 있다. 이렇듯 산적한 과제에 리더십의 위기를 극복할 대책은 무엇인가?

전문가들은 총체적으로 리더십의 철학이 부재하기 때문이라고 말하고 있다. 그러나 정치·사회·경제·사회·문화, 부분적으로 이야기할 뿐 종합적으로 리더십 철학이 무엇인가를 구체적으로 제시하지는 못하고 있다.

---

86) 정천구. 「세계화의 도전과 한국 정치리더십의 과제」. SDU 정치행정학과 리더십 아카데미강의, 2012.10.14.

제1절

리더십 철학이란 무엇인가

20세기 이후 리더십 현상에 대한 과학적 연구는 리더십 효과성의 결정 요인들을 확인하는 데 초점을 맞추어왔다. 그러나 이러한 과학적 연구는 경험적 관찰이 불가능하거나 곤란한 리더십의 가치 및 의식의 국면을 도외시하는 결과를 초래하였다. 실증주의적 과학적 리더십 연구는 리더십 심리학을 확립하는 개가를 올린 대신 리더십 철학을 일축하는 대가를 치렀고 리더십으로부터 철학을 제거시켜 버렸다.[87] 철학을 상실한 리더십은 위기에 선 리더십이며, 리더십의 위기는 우리의 삶을 송두리째 위태롭게 만든다. 철학적 성찰을 결여한 지도자에게 막강한 권력이 주어졌을 경우에 우리의 운명은 몹시 위태로워진다.

요즈음 우리가 당면하고 있는 난국의 근본적인 원인이 리더십 철학의 부재에 있다고 모두들 이야기한다. 그러나 그것이 무엇이냐 하는 것에 대해서는 아직 시원스런 해답을 못하고 있는 것이 현실이다. 분명한 것은 그동안 과학적 리더십의 탐구가 특히 변혁적 리더십으로 대표되는 경영전략 중심의 CEO 리더십의 추구 결과 2009년 미국 월가의 비윤리적 사태를 초래하였다. 그러고 난 후 윤리적 리더십에 대한 관심이 고조되었고, 최근에는 진정성을 표방하는 오센틱authentic 리더십 이론이 대두되는 결과를 낳

---

87) 크리스토퍼 핫지킨슨. 『리더십 철학』. 안성호 역. 서울: 대영문화사, 1990. p. 244.

았다. 이 같은 현상은 바로 라더십 철학으로의 회귀를 의미한다고 할 수 있다.

리더십 철학을 정의하기 위해서는 우선 철학의 개념에 대한 검토가 필요하다. 철학이란 '근본적인 믿음의 근거에 관한 비판적 검토이자 그러한 믿음을 표현할 때 사용하는 기본 개념들에 대한 분석'을 말한다.[88] 철학의 개념에는 네 가지 해석이 가능하고 그 중에서 행위철학 또는 리더십 철학과 관계되는 개념이 어떤 것과 관계가 있는지 살펴보는 것이 중요하다. 그 네 가지는 학술적 해석, 이원론적 해석, 고전적 해석 그리고 실무적 해석이다.[89]

첫째, 철학에 대한 학술적 의미는 존재론存在論, ontology, 가치론價値論, axiology, 인식론認識論, epistemology으로 세분된다. ①존재론은 형이상학으로서 현실과 존재의 본질을 파악하고자 한다. 따라서 존재론은 종교 및 신학과 동일한 영역을 연구대상으로 한다. 이것은 행위철학 또는 리더십 철학과 관련성이 적다. ②가치론은 윤리학 미학과 더불어 행위철학과 직접적인 관련을 가지고 있다. 행정 및 리더십에서 제기되는 행위의 실체는 가치라고 할 수 있다. ③인식론 역시 행정가들에게 유용한 지식을 제공할 수 있다. 인식론에 포함되는 논리학은 관리와 행정과정에 있어서 밀접한 연관관계를 가지며 논리와 합리성은 행정과 조직의 메타 가치meta value를 이룬다고 말할 수 있다.[90]

둘째, 이원론적 의미로서 철학을 이해하는 입장은 철학을 논리영역과 가치영역으로 나눈다. 논리의 영역은 사실·구조·통일성과 일관성·인과관계·설명의 체계와 순서 등의 체계들로 구성된다. 반면에 가치영역은

---

88) 브리태니커 백과사전.

89) 크리스토퍼 핫지킨슨. 『리더십 철학』. 안성호 역. 서울: 대영문화사, 1990. p. 19.

90) Hodgkinson, Christoper. *Towardan Philosophy of Adminstration.* Oxford: Basil Blackwell, 1978. p. 108.

윤리·도덕으로부터 가치평가·동기부여 등의 복잡한 문제에 이르기까지 모든 가치문제들로 이루어진다. 리더십 철학의 기반은 바로 이 이원론적 이해이다. 리더십과 행정 즉 행위철학은 가치들을 가치와 사실이 혼합된 현실세계로 전환시키는 것을 말한다.[91]

셋째, 철학의 고전적 의미는 '지혜'이다. 지혜는 진지한 노력의 대가로 얻어지며 꼭 학문을 통해서만 얻어지는 것은 아니다. 이런 의미에서 행정 이라는 행위철학은 곧 실무적 지혜, 또는 현명한 행정을 뜻한다.

넷째, 실재적인 의미로 철학을 정책형성으로 해석하는 실제적인 입장 이 있다. 정책 및 정책과학의 실천술$_{art}$에 관해서는 많은 연구 성과들이 있다. 분명한 것은 가치가 개입되지 않은 정책 형성은 존재하지 않는다는 것이다. 행정가는 조직의 가치체계를 결정하는 장본인이다. 행정가가 결 정한 조직의 가치체계는 관리 및 조직행위를 통해서 세속적·일상적 철학 즉 조직의 구체적 현실과 사건으로 전환된다. 행정이라는 행위철학은 정 책의 형성과 집행을 의미한다.

철학의 목적도 다양하게 논의될 수 있지만 '인간사회의 정신적 통합을 통한 각 분야에서 시너지 효과가 발휘되게 함으로써 급격한 사회발전을 이룩할 수 있는 거대한 힘을 창출하기 위함에 있다'고 할 수 있다.[92]

리더십은 다차원적 정의를 가지고 있지만 일반적으로 말할 때 리더십 이란 조직의 목표달성을 위해 "리더십이란 공동목표 달성을 위해 한 개인 이 집단성원들에게 영향을 미치는 과정"[93]이라고 정의된다. 따라서 리더 십 철학은 '집단구성원에게 영향력을 행사하여 이끄는 리더들의 근본적 믿음에 대한 비판적 검토로서 실천$_{praxis}$의 세계를 옳음$_{right}$의 세계로 연결하 는 것'[94]이라 할 수 있다.

91) 핫지킨슨. 『리더십 철학』. 안성호 역. 앞의 책. p. 21.
92) 위키백과.
93) Peter G. Northous. 『리더십 이론과 실제』. 김남현 역. 서울: 경문사, 2009. p. 5.

이러한 문제에 대하여 핫지킨슨Christoper Hodgkinson은 진지하게 문제를 제기하며 리더십 철학으로서 가치 패러다임을 제시한다. 그는 1983년『리더십 철학』The Philosophy of Leadership. N.Y: St. Martin's Press, 1983을 저술하고 리더십 철학의 기본 모형을 제시하였다. 행정 철학으로부터 출발한 그의 리더십 철학 특징은 첫째, 리더십과 행정을 동일시하였다. 둘째, 행정을 관리와 구분한다. 셋째, 행정을 행위철학philosophy in action으로 정의한다. 넷째, 인간이 바람직하다고 여기는 것, 즉 가치가 타락의 가능성을 지적하고 있다. 다섯째, 리더십 가치 패러다임이다. 그는 리더십의 정당화 근거로 의지와 신념에 기초한 원칙, 일의 결과, 구성원들의 합의, 그리고 감정과 정서에 따른 선호를 제시하였다. 이 네 가지 가치 패러다임은 우리에게 리더십 철학의 조건을 제시해주고 있다. 많은 사람들이 대한민국의 리더십 철학 정립 필요성을 제기하고 있고 일부 일부학자들이 충·효·예 사상이나 한韓 철학 등 나름대로의 대안을 제시하고 있다. 그러나 쉽게 공감대를 형성하지 못하고 있는 것이 현실이다. 핫지킨슨의 제안을 바탕으로 한국적 리더십 철학의 정립을 시도해보고 그 방향과 과제를 검토해보기로 한다.

---

94) 핫지킨슨. 앞의 책. 안성호 역. p. 8.

리더십의 철학적 기초

    20세기 후반에 들어 리더십 연구에서 실증주의에 경도되면서 철학이 배제된 채 중요한 부분을 제대로 인식하는 데 실패했다고 보는 것이 일반적 견해다. 그리고 최근에 이르러 현대 리더십 연구는 윤리적 리더십과 가치리더십, 오센틱 리더십이 대두되면서 다시 철학적 명제로 회귀하고 있다. 우리가 리더십을 제대로 이해하려 한다면, "리더가 하는 일은 무엇인가"what leaders do가 중요한 것이 아니고, "리더란 무엇인가"what leaders are라는 명제에 대한 철학적 접근이 더 중요하다.[95] 전쟁철학에서 "전쟁이란 무엇인가"what war is보다 "전쟁은 무엇이 되어야 하는가"what war ought to be라는 규범적 당위적 물음과 같은 것이다.

    인간 본성과 그것을 둘러싼 사회의 환경 내지는 성격과 관련하여 "누가 리더가 되어야 하는가?" 하는 질문에 대한 대답은 철학자나 사상가들마다 다양하다. 데이비드 코돈David Lee Cawthon은 이러한 의문을 가지고 리더십의 철학적 기초를 파악하려 노력하였다. 이에 따라 그는 위대한 사상가들이 리더십에 대해 어떠한 시각을 가졌는지 연구하였고 『리더십의 철학적 기초』Philosophical Foundations of Leadership를 저술하였는데 거기서 그는 10명의 사상가들이 접근했던 리더십 철학을 분석하였다. 이를 요약하여 살펴보

---

95) 데이비드 코돈. 『리더십의 철학』. 제정관 역. 서울: 철학과현실사, 2006. p. 7.

기로 한다. 이에 더하여 저자는 특별히 클라우제비츠Karl von Clausewitz 한 사람을 더 추가하였다.

1. 플라톤(Plato): 영혼의 리더십

플라톤은 이상주의주자로서 이데아를 강조했다. 인간은 스스로 진선미의 세계로 나아갈 수 없고 그길로 인도할 사람은 오직 리더만이 가능하다고 보았다. 리더는 인간사의 허상을 넘어서 현실과 이상을 구분할 능력을 갖추고 태어난, 부호화된 영혼을 가진 소수의 엘리트라고 전제하고, 이들이 일반 대중들에게 선과 진리 · 아름다움을 지향하도록 이끌어준다고 보았다. 이들은 특별한 재능을 구비해야 하는데, 그 재능은 세습되는 것이 아니므로 잘 연마해야 한다는 것이다. 그것이 바로 철인왕哲人王, philosophical king 개념이다.

2. 아리스토텔레스(Aristoteles): 정의와 덕의 리더십

아리스토텔레스는 리더는 덕을 구비한 사람이어야 한다고 강조하여 우리에게 유익한 철학적 기초를 제공하였으며 현대 리더십 철학연구에 가장 큰 영향력을 미치고 있다. 인간이 궁극적으로 추구하는 것은 행복인데 리더는 용기와 절제, 지식과 인간애로써 사람들의 바람인 행복과 평등, 정의 등을 포함하는 절대선을 추구하며, 이를 위한 왕도는 바로 황금균형인 '중용'에 있다고 강조한다. 인간의 본성과 불평등에 맞부딪힌 그는 특정인의 타고난 우월성을 주장하며, "무엇이 어떤 사람에게 타인들이 복종하도록 하는 권리를 주었는가, 라는 현존 불평등에 대한 평등을 탐색하고 있다. 리더가 된다는 것이 무엇을 의미하는지에 대해 가장 큰 영향을 미친 사람으로서 현대의 우리는 2천 4백여 년 전에 그가 제기했던 동일한 문제를 우리도 고민하고 있다. 즉 "인간의 본성은 무엇인가", "평등의 의미는 무엇인가", "무엇이 사람에게 또 다른 사람으로부터 복종을 강요하도록 하는 권리를 제공하는가" 등이 바로 그러한 문제들이다.

3. 아우구스티누스(Augustinus): 신에 대한 사랑

아우구스티누스는 그의 『신국론』City of God에서 신이 우주의 하나됨 속에서 인간을 창조하였다고 하였다. 이것은 플라톤의 이데아 세계를 한 발자국 더 나간 것이다. 그는 두 종류의 인간이 공동체를 이루는데 그것은 신의 도시와 인간의 도시이며 한 곳은 신이 영원히 통치하도록 되어 있고, 다른 한 곳은 악마와 더불어 영원한 처벌로 고통을 받게 된다고 말하면서 아우구스티누스는 신의 세계가 아닌 인간 세계에는 반드시 덕 있는 사람만이 리더가 된다고 보지 않고, 우리 인간에게 타락한 본성의 측면, 즉 선과 악을 동시에 고려해야 하므로 통치자에 대한 복종이 사회의 조화를 이루며 욕망의 노예보다 인간의 노예가 되는 것이 더 행복하다고 강조하였다. 그리고 리더는 신이 예정한 사람이라고 말한다.

4. 아퀴나스(St. Thomas Aquinas): 성직자의 리더십

성 토마스 아퀴나스는, 리더란 다른 사람보다 더 큰 덕을 베풀 수 있는 능력의 소유자이며, 추종자들과는 본질적으로 다른 높은 수준의 선과 최고의 권위를 가져야 한다고 주장했다. 이들이 행하는 독재조차도 혁명과 분열보다는 나으며, 악하고 덕이 없는 리더가 출현할 경우 이는 신이 내린 벌로 보아야 한다고 하였다. 리더십 개념 차원에서 볼 때 그는 수세기 동안 세속적이고 종교적인 리더들에게 많은 영향을 주었고, 존재의 계층 구조와 인간의 자아 인식을 조명하는 데 주력했다. 그는 또한 사람이라는 존재가 신앙에 단순히 복종하는 것 이상의 존재라는 상대적 믿음을 강조하고 서구 사상의 진로를 바꾸게 되는 개인주의 사상에 불을 붙였다. 스콜라 철학자들과 성 토마스 아퀴나스 때문에 교리라는 족쇄에서 느슨해져 인간의 지성과 이성이 암흑시대의 억압적인 굴레에서 벗어날 수 있게 된 것이다.

5. 홉스(Thomas Hobbes): 왕권 신수의 리더십

토머스 홉스는 인간이 아무리 강하고 지적이라 할지라도 두 사람이 같은 것을 원할 때는 그들은 적이 되며, 이로 인해 자신의 권리를 포기하거나 양도하는 선택을 하게 된다고 보았다. 이 투쟁 속에서 자신을 지키기 위해 각 개인의 자유권을 양도 받게 될 더 능력 있고 강한 사람에게 복종해야 하는데 이것이 바로 리더십의 기초가 된다고 하였다. 홉스의 자연법에 대한 이해와 개인의 권리, 사회 계약에 대한 사고는 도전을 받지만 리더십의 양자 관계에 대한 이해를 다듬는 데 큰 기여를 하였고, 유럽 전역에 걸쳐 기존 권위에 대한 도전을 제기했을 뿐만 아니라 미국 혁명의 불꽃이 피어나도록 하였다.

6. 로크(John Locke): 특권의 철폐

자연의 법칙을 아는 것은 신의 법칙을 아는 것이다. 홉스가 인간의 두려운 감정이 사회 질서를 유지한다는 관점이었다면, 존 로크는 이성이 인간 자신과 인류를 위해 생명과 자유, 소유물을 지키게 한다고 가르쳤다. 그 결과 다스리는 것을 승인받은 공직자의 리더십을 바탕으로 하여 사회는 그 법을 이행할 충분한 힘과 권위를 갖는다. 이 승인 또는 위탁이 제대로 안 되면 사람들은 리더를 교체할 권리와 권위를 되찾게 될 것이다. 로크에게 리더란 실재하지 않으며 오로지 위탁자만 있을 뿐이다. 모든 인간은 재산이나 직위에 관계없이 그들의 창조주로부터 자유를 부여받았으며 누구도 그 권리를 빼앗을 수 없다. 미국인들이 리더십을 이해하는 데에 로크의 가르침은 지대했으며 그들의 국가 독립에 주요한 철학적 기초가 되었다. 서구인들의 마음을 바꾼 개인주의도 바로 로크의 정신에 바탕을 두고 있으며, 이 정신은 엘리트주의와 특권 의식에 도전하는 새로운 형태의 리더십을 불러 일으켰다.

7. 루소(J. J. Rousseau): 인간의지의 리더십

루소는 로크와 홉스 등이 견지했던 이성주의보다는 플라톤 등이 지향했던 낭만주의에 그 근원을 두었다. 이성주의자들이 질서와 자연의 법칙에 철학적 기반을 두었다면, 루소는 사회적 질서를 사람들과의 동의에 의해 이루어진 '계약'이라고 주장하였다. 그는 이 개념에서 지도자가 공직자가 되고, 이들이 영감과 지혜로 신적인 권위에 기반을 두어 사회를 이끌어야 한다고 보았다. 그는 또한 이 지도자들의 판단을 신성으로 절대시해야 한다고 보고 플라톤의 '철인왕'을 유사한 모델로 제시했다. 다만 플라톤은 이러한 계급제도가 자연법칙의 일부로서 존재한다고 주장한 반면, 루소는 본질적인 평등함에서 시작되는 것으로 본 점이 차이점이라 할 수 있다.

8. 헤겔(Georg Wilhelm Friedrich Hegel): 절대정신의 자기전개

헤겔은 모든 현실의 보편적인 정신은 정-반-합의 변증법적 과정을 거치면서 발전하는데, 진정 자유롭고 이상적인 절대정신은 국가적 차원에서 최고조에 이르게 된다고 보았다. 여기서 그는 국가란 개인을 위해 존재하는 것이 아니고 개인이 국가를 위해 존재한다고 강조함으로써 민주주의 개념을 인정하지 않았으며, 국가를 한 방향으로 집중시키고 구성원 간의 단결을 용이하게 하기 위해 입헌군주제를 통하여 군주가 리더가 되어 다스려야 한다고 강조했다. 플라톤과 마찬가지로 헤겔 또한 "리더는 만들어지는 것이 아니라 타고나는 것이다"라는 고대 그리스인들의 주장을 따르면서 이를 한 단계 발전시켜 개개인의 능력에 입각한 뛰어난 리더십이 가능하다고 보았고, 더불어 기회를 제공하는 역사의 수렴성 또한 인정했다.

9. 마르크스(Karl Heinrich Marx): 역사의 필연성

헤겔의 변증법에 지대한 영향을 받은 마르크스는 역사가 현실의 근원을 이루는 힘이라는 헤겔의 주장에 동의했지만, 그 힘의 근원은 일반 대중의 운동과 경제적인 힘이 모든 변화의 기본적 원천이라고 주장한다. 또한 정-반-합의 유물론적 진화를 통해 인류 역사의 마지막 '합'은 '계급 없는 사회'로 귀결된다고 보고 인간은 이 단계에서 비로소 완전한 자유를 얻게 된다고 보았다. 이러한 철학적 배경 아래에서 마르크스는 완벽한 사회의 비전은 그 어떤 인간도 다른 인간에게 종속되지 않는 것이므로 국가의 존재뿐만 아니라 리더의 존재 자체를 인정하지 않으려고 했다. 다만 그러한 완성된 상태에 도달하기 전까지는 리더십의 필요성을 인정하였다.

10. 니체(Friedrich Nietzsche): 인간의지의 힘

　니체는 민주주의적 평등주의에 근거한 리더십 논리에 정면으로 반대하면서 기존에 존재했던 인간의 위치를 설명하는 모든 원칙들은 물론 이를 인정하는 모든 철학들도 부정하면서 오직 인간만이 홀로 존재할 뿐이라고 주장했다. 그는 자연 속에 존재하는 적자생존의 원칙이 모든 인간에게 동일하게 적용되며, 이를 바탕으로 서양문화의 감상주의에서 벗어나서 강한 자의 우월함과 약한 자의 열등감을 기초로 한 철학을 전개하였다. 그 중심에는 세상의 근원적인 원칙, 즉 권력에 이르는 의지가 존재하며 이러한 권력 의지를 토대로 자신의 우월함을 바탕으로 본질적인 불평등한 계급 사회에서 약자 위에 군림하는 초인이 나타나게 되며, 이들이 결국 리더의 위치에 서게 된다고 주장했다. 그는 강한 리더를 만들기 위해 우생학적으로 강한 자를 위한 유전자 선택의 중요함을 주장했으며, 선천적 특성에 초점을 맞춤과 동시에 한편으로 엄격한 규율과 육체의 고통을 침묵 속에서 이겨내고 명령에 복종하는 의지를 배우는 후천적 훈련의 중요성도 강조했다. 불평등한 카스트 제도의 계급구조 속에서 권력을 향한 강한 의지를 가진 자들이 군중을 이끄는 것은 자명한 이치이며, 이는 타인의 복종을 요구하는 재능을 가진 소수 엘리트의 타고난 권리라고 역설했다.

11. 클라우제비츠(Karl von Clausewitz)

　클라우제비츠는 '천재'의 개념을 제시하였다. 천재는 현실사회의 모순과 부조화를 극복하고 이를 조화시키고 극복해낼 수 있는 사람이다. 플라톤의 '철인왕' 개념과 유사하다. 클라우제비츠는 전쟁을 '타 수단에 의한 정치의 계속'으로 보았다. 전쟁의 본질이 정치라는 전쟁철학을 제시하였고 그의 전쟁철학은 절대전과 현실전으로 구분된다. 절대전은 관념적인 것으로서 이상적인 것이고 이것은 마찰에 의해 정치적 현실전으로 전환된다. 마찰은 인적요소, 지적요소, 우연의 요소에 의해 지배되며 이 요소들은 서로 대립하고 상충된다. 3위일체 전쟁이론으로 불리는 이 3요소 간의 갈등을 극복해내고 통합을 이룰 수 있는 리더를 '천재'라고 하였다. 이 천재의 개념은 클라우제비츠가 당대의 영웅 나폴레옹을 상정한 것이라고 분석된다. 이 3요소들은 현대적으로 해석해보면 바로 국민, 정부, 그리고 군이다.96)

최근 리더십 철학에 대해서 관심이 고조되면서 리더십 철학 이해를 위한 시민강좌들이 개설되고 있다. 리더십 이론과 스킬의 개발만으로는 리더십의 실천에 한계를 노정하기 때문이다. 리더십의 철학적 접근은 왜 리더십이 필요한지 리더십의 실천은 어떻게 이루어져야 하는지 그 방향과 목표를 제시해준다. (표2-1)

〈표2-1〉 리더십 철학 캠프

소셜 이노베이션 그룹은 2013년 10월 18일 "숲에서 철학을 묻다. 리더십에 대한 성찰을 함께하는 힐링 캠프"를 개최하고 소크라테스에서 들뢰즈까지 서양 철학사를 꿰뚫으며 리더십의 본질을 찾아 떠나는 여행을 실시하였다. 리더십의 철학을 통해 우리는 무엇을 얻고자 하는가 하는 주제로 진행된 이 강좌에서 다루어진 내용은 다음과 같다.

리더십의 존재이유는 협력을 통해 문제를 해결하고 새로운 미래가치를 창조하는 것이다. 리더십이 온전하게 발휘되기 위해서는 리더십의 본질에 대한 철학적 성찰이 요구된다. 미시적, 도구적 접근을 넘어 거시적, 철학적인 접근을 통해 구성원들이 즐겁고 열정적으로 일하는 조직문화를 만들고, 그들의 마음과 영혼을 이끌어야 한다.

---

96) 강진석. 『전략의 철학』. 서울: 평단, 2005; 『클라우제비츠와 한반도, 평화와 전쟁』. 서울: 동인, 2013. 참조.

1. 리더십의 개념화 그리고 철학함의 의미
2. 소크라테스(Socrates): 캐물음, 자기에의 배려, 영혼의 산파
3. 아리스토텔레스(Aristoteles): 본질탐구, '아레테'(탁월함, 남자다움), 실천적 지혜, '조
온 폴리티콘'(zoon politikon 정치적 동물)
4. 밀(John Stuart Mill): 진정한 자유, 공리성의 재구성
5. 하이데거(M. Heidegger): 존재물음, 공감적 실존, 세계내 존재, 존재의 집으로서 언어
6. 하버마스(Jürgen Habermas): 의사소통, 의사소통 합리성, 소통의 정의(justice)
7. 레비나스(E. Levinas): 제일철학으로서 타자성의 윤리, 비지배적 자유와 타자
8. 니체(Friedrich Nietzsche): 위버멘쉬(ubermensch, 초인), 힘에의 의지, 영혼회귀
9. 푸코(Michel Paul Foucault): 다르게 생각하기, 진실을 말하는 용기(파르헤지아)
10. 들뢰즈(Gilles Deleuze): 존재의 일의성, 바깥의 사유, 차이의 생성
11. 전체토론: 리더십 본질에 대한 철학함의 삶을 어떻게 실천할 것인가

http://www.socialinnovationgroup.kr 참조.

리더십 철학과 가치 패러다임

1. 리더십 철학의 기원

리더십 철학은 제왕학帝王學을 그 모태로 한다. 고대 정치학은 정치와 행정이 구분되지 않은 원형으로 존재하였다. 플라톤의 철인정치와 마키아 벨리의 군주론이 대표적이다.

아리스토텔레스에 의하면, 인간은 필요에 의해 가정을 이루고, 계속해서 더 큰 필요를 충족시키기 위해 마을이라는 공동체를 거쳐 마침내 자급 자족自給自足을 실현할 수 있는 최고의 공동체로서 국가에 이른다. 인간은 "본성적으로 국가 공동체를 구성하는 동물zöion politikon"로서 본성에 따라 국가에 살도록 되어 있는 동물이라는 것이다.(여기서 '인간은 사회적 동물'이라는 명제가 도출된다.) 모든 공동체는 어떤 선善한 목적을 가지고 성립되는 것처럼 정치의 목적은 최고의 선을 추구하며 인간을 인격적인 존재로 완성시키는 것이다. 그래서 국가의 이념은 이미 개인·가정 및 촌락 공동체의 생성을 결정하는 데 참여한다. 각 구성원 간에 이익관계를 정리하고, 부를 분배하고, 국가 안에서 좀 더 나은 삶을 살 수 있게 해주는 역할이 필요한 것이다.

정체의 형태는 그 사회의 성격에 따라 왕정(1인), 귀족정체(소수), 민주정체(다수) 중에서 선택되어야 한다. 반면 사적인 이익을 목표로 하는 타락된 정체는 한 사람이 통치하는 참주僭主정체, 몇몇 부자들이 통치하는 과두寡頭정체, 재산이 없는 다수가 공동으로 통치하는 '빈민정체'로 세분된다. 1인 지배라도 공동 이익을 지향하면 올바른 정치이고, 다수의 지배라도 소수의 이익을 지향하면 잘못된 정치다.

아리스토텔레스는 군주정체를 가장 이상적이라고 생각했지만 실현되기 어렵다고 생각했다. 현실적으로 가능한 정체는 '법치적 민주주의'이다. 이것은 사실상 중간계급에 의한 통치와 동일하며 어느 정도는 과두정체와 민주정체의 혼합 형태이다. 아리스토텔레스는 실천praxis을 정치적 맥락에서 윤리적 행위로 해석하였다. 리더십의 신비는 사실의 세계(현실제약)를 가치의 세계(가치의 창조)로 극복함으로써 협동적 노력을 통한 성취를 이루고 새로운 영역, 새로운 가능성의 세계를 창조하는 것이다.

오늘날 행정실무에서 또 리더십 행사에서 철학적 및 종교적 가치체계의 영향력이 약화되고 있고 그 자리에 실용적 자본주의와 복지주의적 집합주의welfare collectivism가 만연하고 있다. 이에 더하여 민간부분에서 대기업들과 다국적 기업의 성장, 공공부문에서 거대한 관료제의 등장, 독점과 카르텔 그리고 수정 자본주의의 확산, 과학기술의 보편화, 조직사회, 일종의 신 봉건주의 등이 그것이다.

우리는 현대사회를 가히 신 봉건주의적 사회라고 규정할 수 있다. 왜냐하면 개인에게 가장 유력한 사회적 관계는 그가 조직과 맺고 있는 연관성으로 정의되기 때문이다. 개인은 조직과의 연관성에서 자신의 경제적 생존과 유지뿐만이 아니라 바로 자신의 정체성identity도 보장받는다. 현대의 신 봉건사회에서 새로운 봉토封土는 거대한 조직이며, 새로운 영주領主는 행정 및 관리 엘리트이다. 이 사회에서 조직에 소속되지 않은 사람은 버림받은 사람과 다름없다. 왜냐하면 사물의 질서 속에서 정당화된 개인의 정체성은 그가 조직에서 부여받은 역할로부터 비롯되기 때문이다. 개인이 조직으로부터 부여받은 조직역할은 개인에게 삶의 의미와 목적, 그리고 정체성[97]을 정립시켜주는 조직의 관계망을 형성하고 있다.

이렇듯 새로운 질서의 실체가 명확히 대두되고 있는 요즈음 이러한 행정행위를 이끌어야 할 가치들에 관해서는 아직 명백한 합의가 이루어지지 못하고 있다. 오늘날 수단이 목적을 압도함으로써 가치에 대한 일종의 행정적 마비증상을 보이고 있는 실정이다. 이러한 경향이 사회 전반에 파급되어 사회의 각 부분에서 의미상실과 아노미anomi의 증상이 심각하게 나타나고 있다.

과학기술과 현대조직은 능률성과 효과성이라는 메타 가치에 집착함으로써 생산성을 높이는 데는 성공했는지 모르지만, 의미를 제거시키는 잘못을 저지르고 말았다. 철학은 이에 대응할 수 있는 유일한 힘이다.

리더십 철학이 지향하는 것은 바로 "철학적 고려가 행동보다 선행되어야 하며, 만일 철학자들이 경영자가 될 수 없다면 경영자들이 철학자 가되어야 한다."[98] 따라서 리더십 철학의 주제들은 다음과 같은 것들이다.[99]

① 인간의 본성은 무엇인가
② 인간본성에 기초한 조직체제에는 어떤 것이 포함 되는가
③ 지도자의 참된 비전은 무엇인가
④ 기업의 사회적 책임은 무엇인가
⑤ 적재적소의 인사원칙은 어떻게 지켜질 수 있는가

---

97) 이것들은 오늘날 국가조직에 의해 개인의 생존과 복지가 보장되고 있는 상황에서 그 중요성이 가중되고 있다.

98) Scott, William G. & Hart, David K. *Organizational America*. Boston: Houhton Miflin, 1972.

99) 핫지킨슨. 『리더십의 철학』. 주삼환, 명재창 역. 서울: 한국학술정보, 2006. pp. 31-32.

행정은 가장 역사가 길고 가장 고상하며, 또 가장 근본적인 작업이다. 행정은 예술이며 과학이다. 그러나 행정은 언제나 인문학의 핵심적인 위치에 자리 잡고 있다. 리더십은 언제나 선과 악을 행할 막강한 잠재력을 지니고 있다. 바로 이러한 행정의 속성 때문에 철학은 발언권을 얻지 못하고 침묵해온 것이다.

2. 현대 리더십 이론의 발전

현대에 이르러 리더십은 여러 차원에서 적용되는 광범위 이론으로 발전하였다. 초기 제왕 군주학으로부터 출발한 이것은 정치학 자체였으며 이후 행정학의 관료제 이론으로 발전하였다. 행정학이 대두되면서 조직론 등 학문적 토대를 갖춘 이론으로 정립되었으며 가장 늦게 경영학에 적용되면서 변혁적, 경영전략적 리더십 이론으로 발전되었다. 또한 리더십의 실천과 학습 및 훈련에 관한 이론적 기초는 교육학, 심리학 등 모든 학문이 관여되어 있다.

구체적으로 살펴보면, 리더십 연구는 처음에 경험에서 얻은 행동준칙들이나 격언들로부터 자질이론trait theory을 거쳐 요인분석적 자질이론, 상황의 제약조건들과 상호작용에 대한 고려(과업·지도자·추종자·상호작용을 동시에 고려), 그리고 목표통로 분석에 기초한 상황적응이론에 이르기까지 장족의 진화를 이룩하였다. 그러나 이 모든 리더십 연구들에서 가치·윤리·도덕과 의지·의식 등의 요소는 다루지 않았다. 실증주의적 연구영향에 의해 이와 같이 복합적이며 추상적인 요소들의 문제는 리더십 연구에서 도외시되었던 것이다.

리더십 철학은 이러한 리더십 이론을 토대로 한다. 그리고 더 나아가 리더십 이론 이상의 것을 탐구해야 한다. 리더십 철학은 조직행동의 논리와 기술을 파악하고 특히 행정철학과 실천의 기초가 되는 가치논리를 철저히 이해하지 않으면 안 된다. "우리시대의 리더는 하루하루를 어떻게 대처해야 하며, 행동하는 사람으로서 리더가 된다는 것은 무엇을 의미하고, 무엇을 의미할 수 있으며 또 무엇을 해야 하는가"에 대한 깊은 철학적 이해를 요구한다. 이러한 질문들은 리더십 이론들을 초월하는 리더십 철학의 문제이다.[100)

3. 리더십 철학의 주제와 내용

가. 행정과 리더십

정치학과 행정학의 근본적인 차이는 민주성과 효율성의 관계이다. 행정은 고전이론에서 보듯이 주어진 목표를 효율적으로 수행하기 위한 관리에 초점이 맞추어져 있으며 궁극적으로 공익(그 안에 민주성을 포함)을 위한 것이며 행정학이 양자의 균형을 강조한다면, 정치학은 민주성에 중점을 두고 있다. 핫지킨슨이 규정한 대로 행정을 리더십을 포함한 모든 조직의 행정행위라고 전제하고 리더십의 차원이 개인, 대인관계, 기업, 국가 및 세계정부 차원으로 세분할 때 리더십의 철학은 이 모든 차원에 적용될 수 있는 권력과 이해력으로서의 철학을 말한다고 할 수 있다. 이렇듯 광범위한 개념의 행정이란 영역에서 볼 때, 철학이 필요한 가장 설득력 있는 이유는 리더들이 권력power을 장악하고 있다는 점이다. 리더는 다른 사람들에 대한 결정을 내린다. 이러한 결정은 먼저 일터의 삶의 질에 영향을 미치고 나아가 모든 영역의 삶에 영향을 미친다. 더욱이 우리사회는 점차

---

100) 핫지킨슨. 앞의 책. p. 244-249.

고도의 조직사회로 변모하고 있다. 그 속에서 우리의 삶은 점점 더 크고 더 복잡한 조직들의 작용에 영향을 받고 지배되고 있다. 가장 대표적인 것이 고도로 발달된 관료제와 기술적 장치로 무장된 현대의 국가조직이다. 디목Dimock이 주장한 대로 행정의 핵심은 인간이며, 인간 중에서도 권력을 지닌 인간이다. 그리고 권력은 무한하고 다양하다. 따라서 행정철학은 조직의 업무가 처리되는 과정에서 행사되는 권력을 합리적으로 이해하고, 또 권력을 대중화civilize하려는 시도로 간주될 수 있다. 여기서 대두되는 문제는 실천의 문제이다. 아리스토텔레스는 실천의 관념, 즉 실천학을 소유해왔다. 우리는 실천을 통해 정확하게 말해 행동을 통해 선한 삶을 발견하거나 그렇게 살고자 한다.[101]

현대 조직에서 조직악organizatiopnal malevolence은 계속 확대되어왔다. 조직악이란 현대적 관료제도 및 과학기술 발달로 인한 개인과 조직의 목표 간에 발생하는 심리적 거리감이다. 이에 따라 리더십 철학의 핵심과제는 '조직 악을 극소화하기 위하여 행정은 어떻게 수행, 실천되어야 하느냐' 하는 것이라 할 수 있다. 그것은 가치의 추구이다.

나. 가치의 우위성

가치는 "바람직한 것에 대한 개념"[102]으로서 좀 더 구체적으로 "동기부여의 힘을 갖는 바람직한 것에 대한 개념, 즉 행동을 동기부여 하는 결정요인으로 작용하는 경향을 지닌 바람직한 것에 대한 개념"[103]이다. 핫지킨슨은 가치부여의 정당화 근거를 원칙, 결과, 합의, 선호의 네 가지 철학적 범주를 가치 패러다임으로 유형화하여 제시하였다.[104] (표2-2)

---

101) 핫지킨슨. 앞의 책. p. 54.

102) Parsons, T. *The Social System.* New York: Free Press, 1951.

103) 핫지킨슨. 『리더십 철학』. 안성호 역. 서울: 대영문화사, 1990. p. 53.

〈표2-2〉 가치 패러다임

가치의 유형		가치의 근거	심리적 능력	철학적 지향성	가치 수준	
구분	I (초이성)	원칙	능동 의지	종교 실존주의 직관	I	옳음 ↑ 아리스토 텔레스의 개념 ↓ 좋음
	IIA (합리성)	결과	인지 이성 사유	공리주의 실용주의	II	
	IIB (합리성)	합의		인간주의 자유민주주의		
	III (자기 정당화)	선호	정서 감정 느낌	행태주의 실증주의 쾌락주의	III	

이 가치 패러다임은 모든 사건과 행위에 적용될 수 있다. 제1유형의 가치인 '원칙'은 본질적 통일적인 질서를 말하며 능동적·의지적인 것으로서 정의, 자유, 정직 같은 윤리적·도덕적 가치가 대표적인 것이다. 스티븐 코비가 말하는 '자신에 대한 신뢰성, 타인에 대한 신뢰'도 이에 속한다.

제2유형의 가치인 '결과와 합의'는 인지, 이성, 사유에 의해서 '원칙'의 동조에 의하여 나타나는 2차적 개념이다. 원칙이 지켜지고 이에 대한 동조가 있을 경우 그 결과로 이것이 유지된다(II A) 그리고 이것은 사회적 합의(II B)로 발전되고 사회적 관례로 정착된다.

제3유형의 가치인 '선호'는 개인의 느낌, 감정, 정서에 의한 좋아하고 싫어함을 말한다.

이에 더하여 메타 가치meta value가 추가된다. 메타 가치란 이미 확고하게 정착되어 더 이상 논란의 여지가 없는 가치를 말한다. 개인의 생존과 욕구 충족은 개인의 메타 가치이며 합리성과 효율성은 학문과 관료제의 메타 가치이다. 우리의 국가정체성, 국가이념, 전통과 윤리 등의 가치는 우리

104) 핫지킨슨. 『리더십의 철학』. 주삼환, 명제창 역. 서울: 한국학술정보, 2006. p. 55.

국민과 관료들을 넘어선 국가적 메타 가치라 할 수 있다.

다. 정서(감정)의 분석

행정 및 조직생활에서 갈등은 불가피한 내재적 현상이다. 클라우제비츠의 표현을 빌리면, 전쟁은 결국 가치 언어 게임the value language game의 논리적 연장에 불과하다. 이런 의미에서 리더십 영역은 언어적이다. 리더십 영역에서 벌어지는 전투는 정서적이며 가치평가적이다. 리더십의 영원한 과업은 갈등을 중재하고 해결하는 것뿐만 아니라, 때로는 갈등을 촉발시키고 심지어 고무하는 것이다. 가치분석과 갈등관리는 의사결정 및 리더십 기술의 필수불가결한 부분이다. 인간은 정서적 긴장을 겪으면서 살고 있다. 대부분의 행정은 해결되지 않은 정서적 긴장을 수반한다. 가치분석은 가치갈등의 해결을 전제하지 않는다. 가치분석에 의하면 진정한 가치 갈등은 언제나 개인의 마음속에서 일어난다. 가치는 본질적으로 주관성을 가지며 따라서 가치들 사이의 갈등은 개인의 의식 속에서 발생한다. 따라서 가치갈등은 개인적 정서생활의 일부이며 은밀한 정서현상이다. 가치갈등은 의지의 동요를 의미한다. 이익갈등은 곧 가치갈등이며 이익 갈등은 강제력 · 권력 · 설득 · 사법적 판결 · 전쟁 · 협상 · 법적절차 · 외교 · 정치 등 다양한 방식으로 해결된다. 그러나 중요한 것은 현실세계에서 가치행위자들의 행동은 가치갈등의 해결책과 반드시 일치하지는 않는다. 예를 들어 전쟁이나 민사소송에서 지거나 판결을 받는다고 해서 자신의 가치와 태도가 변하는 것은 아니다.

라. 가치검토

실천상황에서 리더는 필요한 경우 가치검토value audit를 해야 할 의무를 가진다. 가치검토란 지도자가 직면하고 있는 가치국면들을 철저히 분석하는 것을 말한다. 가치문제들을 지속적으로 분석·점검·검토하는 일은 리더십의 의무이다.

마. 정서(감정)의 통제

정서통제는 정서분석과 함께 지도자의 의무이다. 실천은 항상 지도자의 정서상태와 함수관계에 있다. 철학적 측면에서 지도자는 높은 수준의 초연성·냉담성·정서적 무관심을 견지해야 한다. 사적인 이익에 연연하지 않고 공평무사하게 생각하고 행동하기 위하여 안목과 정서를 통제해야 한다.

바. 공약 또는 공조

지도자는 공약 또는 공조commitment를 통해서 조직구성원들이 조직의 목적과 가치에 몰입하도록 해야 한다. 공조는 내면화된 자기기대로서 어떤 대상에 의지를 부여하는 것이다.[105] 지도자는 추종자들의 동조에 관심을 갖는다. 왜냐하면 지도자는 추종자들의 충성·동일화·관여를 얻으려 하기 때문이다. 가장 위대한 성취는 동기를 부여하고 조직에 이해타산을 능가하는 의미와 가치를 부여하며, 추종자들의 의지를 사로잡는 것이다. 조직의 도덕적 풍토·기풍·사기는 결국 그 조직에 대한 조직원들의 동조 수준에 따라 달라지며 업무성과의 기대 수준도 달라진다.

사. 윤리적 대안 선택

윤리적 대안 선택은 실천적 처방으로서 리더의 핵심적인 사항이다. 전

---

105) 핫지킨슨. 『리더십 철학』. 안성호 역, 1990. p. 256.

문직업적 윤리의 이상은 봉사이다. 공리주의적 논리에 따르면 이 이상은 공동선의 극대화에 있다. 공공서비스부문에서 이 이상은 민중의 소리를 대표하는 공복들의 봉사를 의미한다. 지도자가 선택할 수 있는 윤리적 선택 대안들은 다음과 같다. 첫째, 수호자 정신. 둘째, 유교적 전통·문화·질서의 윤리. 셋째, 사회적 형평. 넷째, 신 금욕주의. 다섯째, 과잉전문직업주의. 여섯째, 인간관계론. 일곱째, 종교적 윤리체계의 적용이다.106)

아. 명예의 추구

명예의 추구는 리더의 중요한 덕목으로서 리더의 개인적·사적 명예의 리더십 윤리는 철학적 측면과 심리적 측면을 갖고 있다. 두 측면은 모두 일을 통해 초연성과 자기초월을 달성하려는 것을 목적으로 한다.

자. 사사로운 성패에 대한 무관심의 예술

리더는 사사로운 행위의 결과에 대해서는 연연해서는 안 된다. 자신의 행동노선이 옳으며, 자신의 의무가 정확히 파악되고, 또 성실히 이행되었다면 이제 지도자는 자신의 성공이나 실패에 대해서는 무관심해야 한다. 이것은 지도자가 추구해야 할 이상이다. 지도자 자신의 자아는 극복되고 초월되어야 한다. 자신의 자각 및 각성과 사실과 환상의 구분을 통해서 그리고 이미 지나간 문제에 대한 정서적 단절과 결단을 통해서 이를 극복해야 한다. 지도자의 명예의 윤리를 실천하기 위해서는 이러한 무관심은 선결요건이라 할 수 있다.

지도자는 자신의 추종자들과 더불어 공유하는 세 가지 가치행위자로서의 역할을 특별히 자각해야 한다. 그것은 가치의 전달자로서의 역할과

---

106) 핫지킨슨. 앞의 책. pp. 271-274.

교육자로서의 역할 그리고 심판자로서의 역할이다. 심판자로서의 지도자는 비판자이며 의사결정자이다. 그는 가치분쟁들을 해결하며 분쟁에 가치를 끌어들이고, 또 분쟁으로부터 가치를 이끌어내는 행정가이다.

제4절

한국적 리더십 철학의 구조

1. 한국적 리더십 철학 정립의 고려요소

한국적 리더십이란 무엇인가 하는 문제는 대단히 큰 담론이다. 많은 사람들이 필요성에는 공감하면서도 모두가 수긍할 수 있는 대안으로 제시된 것은 없다. 일부 제시된 것들도 있기는 하지만 그것들이 한국적 리더십이라고 말하기에는 너무 편협하고 객관성이 부족하다.

한국적 리더십 가치체계 정립을 위해서는 몇 가지 고려요소가 정리되어야 한다. 핫지킨슨이 가치부여 정당화 근거로 제시한 원칙-결과-합의-선호의 결과로 표출된 리더십의 목표와 가치를 어떻게 규정할 수 있느냐 하는 것이다.

첫째, 한국적 리더십 가치체계의 정체성_identity이다. 이를 위해서는 한국적 리더십이 존재할 수 있느냐? 존재할 수 있다면 그것은 무엇이냐 하는 것이다. 리더십에 영향을 주는 역사, 문화, 환경, 특성 및 기질 등의 요소가 국가별로 다르기 때문에 당연히 리더십에 대한 접근은 국가별로 다르며 따라서 한국적 리더십도 존재하며 중요한 고려요소이다. 그렇다면 그것은 무엇이냐? 하는 것이다. 한국적 리더십 정립을 위하여 접근한 기존의 많은 연구들이 있다. 대표적으로 한국의 문화와 전통에 기반한 충忠 · 효孝 · 예禮

136   리더십 철학

사상107)과 역사적 · 민족적 · 문화적 특질에 초점을 둔 한限 · 한韓 · 한閑 철학108)을 제시한 것들이 그것이다.

최병순은 기존의 리더십 이론들의 한계를 극복하는 통합적 리더십 패러다임으로 '나우리 리더십 패러다임'을 제시하고 있다. 최병순은 리더십의 본질을 사랑으로 파악하고 리더십을 "사랑으로 나와 우리들을 행복하게 만들어 주는 과정"으로 정의하며 '나우리 리더십'nauri leadership을 제안하고 있다. 나우리 리더십 모델은 리더십 발휘 주체와 대상을 자기자신으로부터 출발하여 가정, 그리고 조직, 사회, 국가, 나아가서 인류를 행복하게 해주는 통합적 개념의 모델이다.109)

또한 김광웅은『창조! 리더십』에서 우리나라 리더들은 대부분 리더십 교육과 훈련을 제대로 받지 않은 채 높은 자리에 올라 중요한 정책을 결정하며 대통령이 그렇고 장관들이 그러하며 공공부문 기관장들 또한 거의 그렇다고 비판한다. 그러면서 '윤리적 뇌'로 희생과 봉사가 몸에 배어 있고, 역사의식이 있으며, 공공성pro bona public이 내면화되고, 현명하고 의롭고, 내일을 제대로 내다보아야 리더십이 있다고 말하면서 그는 인간의 자세로 역할을 공유하고 나누어 갖고 함께하는 '창조 리더십'을 제안하고 있다.

여러 가지 처방적 제안들이 공통적으로 제기하고 있는 문제는 윤리성과 공공성이다. 이것은 리더십 철학의 주제이며 리더십 철학은 가치의 인식으로부터 출발한다. 따라서 이러한 문제의 제기는 결국 '한국의 국가가치'는 무엇이냐? 하는 문제로 귀결된다. 국가가치란 '국가와 국민들이 소중하게 여기는 것'이라고 소박하게 정의할 때, 충 · 효 · 예의 유교적 전통일 수 도 있고 한限 · 韓 · 閑 철학일 수도 있으며, 논란이 많은 산업화와 민주적 가치일 수도 있으며, 통일과 번영 등 당면한 미래지향적 가치일 수도 있다.

---

107) 최익용.『대한민국 리더십을 말한다』. 서울: 이상BIZ, 2010.
108) 서성교.『한국형 리더십을 말한다』. 서울: 원앤원북스, 2011.
109) 최병순.『군 리더십: 이론과 사례를 중심으로』. 서울: 북코리아, 2010. pp. 332-368.

이러한 국가가치는 바로 한국적 리더십 가치와 연계된다. 따라서 한국적 리더십의 정체성은 바로 한국의 국가가치의 정립에 있다 할 수 있다.

둘째, 서구에서 발전된 가치체계 이론의 적용에 따른 적실성 문제이다. 과연 이제껏 검토한 바와 같이 리더십 철학의 핵심으로 제시된 가치체계의 적용이 한국적 상황에도 적용시 그 적실성이 있느냐 하는 문제이다. 핫지킨슨이 제시하는 리더십 철학에서 리더의 역할은 가치우위와 이것의 정서분석, 가치감사, 그리고 정서의 통제이다. 이러한 가치분석 대상은 행정학적 차원에서 집단을 그 전제로 한다. 따라서 개인과 대인관계에 대한 '리더십 가치'에 대해서는 논외로 하고 있다. 그러나 행정학에서 취급하고 있는 리더십이 공적 집단 또는 조직성원을 대상으로 하고 있지만 현대 리더십은 사적 집단과 대인관계 그리고 개인의 완성을 위한 역량계발에 이르기까지 그 영역이 확장되었다. 따라서 개인 수준에 있어서도 가치의 추구는 중요하며 개인과 조직의 가치를 일치시키는 것이 중요해졌다. 현대 행정학과 경영학에서 발전된 목표-가치 접근법은 '비전적 접근'vision approach으로서 각광을 받고 있으며 이 비전 접근법은 국가차원부터 개인에 이르기까지 또한 공·사조직을 막론하고 적용되고 있다.

따라서 가치체계의 한국적 적용은 개인으로부터 국가차원에 이르기까지 또한 공적 사적 조직을 망라한 전범위에 적용되어야 하며 한국적 리더십 철학의 핵심이 되어야 한다.

셋째, 그러한 가치체계의 적용시 유용성과 한계성은 무엇이냐 하는 것이다. ①먼저 유용성 측면에서, 리더십 철학의 핵심으로서 가치체계의 적용은 우선 실증주의에 경도되어 리더십을 과학적으로만 접근함으로써 소외되었던 규범과 이상, 가치문제를 다룰 수 있게 된다. 그리하여 소위 '리더십의 위기'라고 지칭되는 현대 리더십의 문제를 진단, 처방할 수 있는 툴tool을 제공할 수 있다. ②리더십 이론의 혼란을 극복할 수 있다는 점이다. 리더십 이론이 정치학, 경제학, 경영학, 교육학, 심리학 등 전 학문적 차원에서 적용됨으로써 각 학문적 특성이 갖는 특수성으로 인해 리더십의 본질, 내용, 접근법, 그리고 교육 및 훈련의 여러 차원이 중복되고 혼재됨으로써 리더십을 이해하고 배우고 익히는 데 어려움이 있어왔다. 리더십 정의에만 800여 종이 넘고 리더십이 자기개발이 핵심인지, 기업경영 실무능력 배양에 있는 건지, 공무원들과 군인들에게 적용되는 것은 이와는 별도의 것인지 혼란스러우며 정체불명의 주의주장과 개인철학의 경연처럼 되어왔다. 그러다보니 소속 불명의 자기계발서들이 '리더십 개발'이라는 이름으로 서점가를 메우고 있는 것이 현실이다. 리더십 가치체계는 이러한 혼란을 극복하고 올바른 이해와 접근방향을 제시할 수 있다. ③리더십 가치체계의 정립은 국가지도자의 리더십 역량, 소위 statecraft의 근거를 제공할 수 있다. 그동안 대통령학이 발전되어오면서 대통령에게 요구되는 역량, 능력과 자질에 대한 탐구가 있어왔는데 이들은 주로 여론조사나 치적, 국정운영 철학과 그 결과 분석, 비교분석 등으로 이루어진 국가통치역량 비교들을 통해 대통령 리더십을 분석 평가하고 있으며 이러한 것들은 국가가치의 기준이 없다보니 객관성과 합리성이 결여되어 있고 일회적이고 종합적이지 못하였다.

한계성으로는 ①가치문제가 철학적인 영역이다 보니 엄격한 과학성이 부족하고 역사와 문화 등에 관한 문제 인식에 있어서 그 해석과 관련하여 일정한 합의 도출이 어렵다는 것이다. 한국의 고대역사 해석에 있어 단군역사의 실체화 문제라든가, 교과서 파동으로 첨예화된 소위 식민사관과 민족사관의 대립, 산업화와 민주화의 공과 논쟁 등이 대표적이다. ②또한 모든 리더십 차원에 공통적으로 적용될 수 있는 메타 가치와 각 차원별로 요구되는 핵심가치의 요소들에 대한 구체적 논증이 별도로 요구된다는 점이다.

그러나 여러 가지 문제점에도 불구하고 리더십 가치체계의 정립은 이

시대에 있어서 시급한 문제라 할 수 있다. 그 이유는 우리나라가 처한 국가 현실이 너무 절박하다는 것이다. 안보문제에 있어서 북한의 핵무장과, 동북아 영토분쟁 등 신 냉전 질서로의 회귀, 국민 분열, 국제경제력의 약화, 자원의 제약, 통일의 과제와 이에 따른 이념갈등 등이 국민 개인으로부터 기업, 국가 관리에 이르기까지 리더십 제 차원에 있어서 원칙과 합의 그리고 미래지향적인 통합이 요구되기 때문이다.

2. 한국적 리더십 철학의 구조

지금까지의 검토를 기초로 리더십 철학의 차원은 가치를 중심으로 네 가지 차원으로 분류할 수 있다. ①개인적인 자원 ②대인관계 차원 ③기업경영 차원 ④국가차원이다. 집단을 리더십의 근원으로 인식하는 행정학에서는 개인차원과 대인관계 차원을 대상으로 하지 않고 집단을 그 대상으로 하지만 정치, 경영, 교육, 심리학적 차원 및 리더십 학자들은 리더십 개발 및 교육 훈련차원에서 개인 및 대인관계 차원을 중요하게 인식하는 부분이다. 여기에 행정철학과 리더십 철학의 차이가 존재한다.

이들 차원은 공통의 메타 가치와 각 차원별로 추구하는 주요가치로 구성된다. 메타 가치는 한국인이 가지는 기본적인 가치로서 국가정체성, 국가이념, 생존 및 안전보장, 전통과 윤리 등이다. 국가정체성과 관련하여 대한민국의 국가가치체계(국가가치 – 국가이익 – 국가정책 및 전략)의 확립은 통일을 앞두고 시급히 요구되는 과제이다. 이를 실현하기 위해 요구되는 리더십은 비전 리더십, 변혁적 리더십, 글로벌 리더십, 서번트 리더십, 윤리적 리더십, 오센틱 리더십, 창조 리더십 등을 들 수 있다. (표2-3)

<표2-3> 기반가치와 공통 리더십

기반가치	공통 리더십
국가정체성, 국가이념, 생존 및 안전보장, 전통과 윤리	비전 리더십, 변혁적 리더십, 글로벌 리더십, 서번트 리더십, 윤리적 리더십, 오센틱 리더십, 창조 리더십

국가차원의 주요가치는 선진일류국가, 국민통합, 평화통일과 번영, 복지국가 건설 등이며 리더십 유형은 공직윤리와 공공 리더십public leadership, 정치적 리더십, 안보통일 리더십이 요구된다. (표2-4)

<표2-4> 국가차원 주요가치와 리더십

주요가치	주요 리더십
선진일류국가, 국민통합, 평화통일과 번영, 복지국가 건설	공직윤리와 공공 리더십(public leadership), 정치적 리더십, 안보통일 리더십

기업차원의 주요가치는 기본적으로 기업의 발전(초우량기업), 세계화globalization, 상생이다. 이를 위해서는 (경영)전략적 리더십strategic leadership과 기업가정신entrepreneurship과 창조경제 리더십이 요구된다. (표2-5)

<표2-5> 기업차원 주요가치와 리더십

주요가치	주요 리더십
기업의 발전(초우량기업), 세계화(globalization), 상생	경영전략적 리더십(strategic leadership), 기업가정신과 창조경제 리더십

사회차원의 주요가치는 신뢰사회, 소통·인간관계, 사회관계망 등이며 인간중심, 원칙중심의 리더십과 소셜 리더십social leadership이 요구된다. (표2-6)

〈표2-6〉 사회차원 주요가치와 리더십

주요가치	주요리더십
신뢰사회, 소통·인간관계, 사회관계망	인간중심, 원칙중심 리더십, 소셜 리더십(social leadership)

개인차원의 주요가치는 자신에 대한 신뢰성, 비전과 열정, 자기완성 (자아/인격/역량) 등이며 풍요의 심리에 기초한 셀프 리더십self leadership이 요구된다. (표2-7)

〈표2-7〉 개인차원 주요가치와 리더십

주요가치	주요 리더십
자신에 대한 신뢰성, 비전과 열정, 자기완성(자아/인격/역량)	셀프 리더십(self leadership)

이를 종합하면 표2-8과 같다.

〈표2-8〉 한국적 리더십 가치체계

차원	가치		리더십 유형		비고
	기반가치	주요가치	공통	주요 리더십	
국가 차원	• 국가정체성 • 국가이념 • 생존과 안전보장 • 전통과 문화, 윤리	• 선진일류국가 • 국민통합 • 평화·통일과 번영 • 복지국가	• 비전 • 변혁 • 글로벌 • 서번트 • 윤리 • 오센틱 • 창조	• 공직윤리·공공 • 정치 • 안보·통일	국가가치체계
기업 차원		• 기업발전 • 세계화 • 상생		• 경영전략 • 창조경제: 기업가정신	인적자원관리 권한위임
사회 관계 차원		• 신뢰사회 • 소통·인간관계 • 사회관계망		• 인간중심 • 원칙중심 • 소셜	인간관계 풍요의 심리 군(軍) 리더십
개인 차원		• 자신의 신뢰성 • 비전과 열정 • 자기완성		• 셀프 리더십	자기계발 교육훈련 생애계획

기반가치와 리더십 유형

한국인의 기반(Meta)가치

1. 국가정체성(National Identity)

가. 대한민국의 국가정체성[110]

　대한민국의 정체성은 무엇인가? 통일을 앞두고 대 논란이 예상되는 것은 대한민국의 정체성에 대한 것이다. 현재 대한민국은 정체성의 위기라고 말하고 있다. 그것은 일제의 강점으로 단절된 역사와 해방 이후에 전개된 산업화와 민주화 과정에서 야기된 정통성 논란이다. 소위 보수라 지칭되는 산업화 세력은 과거의 역사는 묻어두고 오늘날의 부흥에 대한 성과의 과시와 인정을 요구하며 이를 국가정체성으로 요구하고 있고, 민주화 세력은 역사적 맥락에서 비판하며 정체성을 요구하고 있다. 이에 반하여 북한은 '주체사상'으로 나름대로의 정통성을 강조하며 자기들이 역사를 계승한 민족의 정통성을 강조하고 있다. 이러한 문제의 시발은 일제의 강점으로 이루어진 역사로부터 기인한다.

　조선왕조가 18세기 유럽의 후진국 독일이나 19세기의 일본과 같이 나름대로 자생적이며 독자적인 근대화에 성공했다면 대한민국의 역사는

---

110) 양승태. 「국가정체성 문제와 한국의 정당」. 『한국정치학회보』 45(4), 2011. 참조.

전혀 다른 방향으로 나아갔을 것이고 현재와 같은 분단 상태 및 국가정체성의 위기 등은 출현하지 않았을 것이다.111) 한국 근대사의 대체적인 흐름을 주도한 다수정치체력의 기본적인 정치적 지향은 서구의 근대정치사상에 일방적으로 의존한 근대화 추구라고 할 수 있다.

그러한 서구 중심적 근대화는 일제강점기에는 민족의식을 전적으로 포기한 채 근대화된 일본과 스스로를 동일시하면서 한국인 스스로의 독자적인 국가생활 자체를 포기한 소위 매국노 집단으로 불리는 부일세력附日勢力의 등장, 민족의식을 어느 정도 유지한 채 직접적인 독립투쟁 이외의 방법으로 서구적 근대화에 나름대로 노력한 친일체력, 마르크스 주의를 일방적으로 수용하면서 민족의식의 부정 속에서 사회주의적 근대화를 추구한 세력, 조소앙이나 안재홍 등 친일과 사회주의 세력의 중간에서 '제3의 길'을 모색하려 한 여러 형태의 중도파 등의 등장으로 나타난 것이다.112) 바로 여기에 대한민국의 국가정체성과 관련된 근대화의 양면성이

---

111) 이에 대한 좀 더 자세한 논의는 인조반정 이후 본격적으로 시작된 조선조 통치 이데올로기인 주자학의 교조화 및 사대부체제의 고착화, 조선 후기 국가통치의 파탄과정과 정약용을 위시한 실학자 등이 주도한 자생적인 개혁 노력의 실패, 통치 이데올로기로서 주자학의 무력화와 서세동점 후 등장한 근대화 세력의 대두, 근대화 세력의 분열, 이에 다른 일제강점기 좌우의 분열 등과 관련된 역사 및 정신사적 흐름이 깊이 연구되어야 하는 것이다. 친일의 문제와 관련하여 특히 언급하고 지나가야 할 점은 이것이다. 조선조 말기에 이르러는 국가생활자체에 대한 환멸이 극도에 달하여, 신채호와 같이 개인적인 성품에 강기가 있으면서 동시에 민족사를 전적으로 재해석하면서 새로운 민족사의 방향을 제시할 만한 극소수의 탁월한 지식인이 아닌一일제강점기 후반에 이르러 이광수나 최남선 등 지식인들의 '변절'이 상징하듯이一민족적 삶 자체에 대한 환멸이 많은 국민들의 정서를 지배했다는 것이다. 그리고 바로 그 점에서 많은 국민들이 친일 인사들이 공적으로는 비난의 대상이면서 동시에 근대성을 먼저 습득한 인물들로서 부러움의 대상이기도 한 이중성을 이해할 수 있는 것이다.
112) 사회주의적 근대화라는 관념도 없이 오직 무장투쟁을 국가건설의 요체로 삼은 집단이 주체가 되어 등장한 국가체제가 북한이라고 할 수 있다. 북한의 현재는 무장투쟁 집단의 특유의 '깡다구'가 국가운영의 한 성격으로 나타난 결과, 외면적으로 국가적 자존은 있어 보이나 이념적 빈곤에 따른 통치 내용의 부실화는 불가피한一군사국가에 일반적으로 나타나는 현상인一경우의 전형적인 예라고 할 수 있다.

있는 것이다.

대한민국의 건국을 주도한 것은 부일세력과 친일세력이다. 그러나 부일세력이 자유당의 몰락과 더불어 한국의 정치무대에서 사라진 상황에서 한국 근대사의 흐름을 주도한 세력이 친일세력, 그 가운데도 사상적으로는 일본의 근대화 과정에 매료되고 그들로부터 직접 통치나 기업경영 훈련을 받은 친일관료나 금융인들이 될 수밖에 없음은 또 다른 역사적 필연이었다고 할 수 있다. 그들의 주도한[113] 근대화 추구의 결과가 바로 산업화의 성공이며, 뒤에 가서 이에 수반한 민주화의 병행이 '산업화와 민주화를 동시에 이룩한 자랑스러운 대한민국'인 것이다. 국가정체성 문제와 관련된 역사의식 문제의 핵심은 한국 근대화과정에서 있었던 이와 같은 이중성 구조에 있다.

국가정체성의 본질적 요소들 가운데 하나라고 할 수 있는 민족사적 정통성을 결여한 친일세력이 국가정체성의 또 다른 필수불가결의 측면인 새로운 국가정체성 창조의 주역이 될 수밖에 없었다는 역설 속에 국가정체성 문제의 핵심이 있는 것이다. 즉 민족사적 연속성의 보존이라는 당위성 차원에서 비판의 대상이 될 수밖에 없는 집단이 근대화라는 새로운 국가정체성 확립의 주체가 될 수밖에 없었다는 한국 근대사 흐름의 역설 속에 현대 한국정치사에서 전개되는 국가정체성 문제의 본령이 존재하고 있는 것이다. 그리고 바로 그것에서 국가정체성과 정당관계 문제의 핵심도 찾을 수 있으며, 역사의식 차원에서 추구해야 할 국가정체성 위기의 극복 방향도 그러한 역사적 역설에 대한 깊은 성찰에서 출발하여야 하는 것이다.

그러한 성찰은 일단 일제강점기에서 해방 직후로 이어진 국가정체성 분열의 주체인 우파나 좌파 모두가 조선왕조 후기에서 기원한 한국 근대

---

113) 그들에게 서구 유학을 통해 새롭게 형성된 젊은 지식인 집단이 가세하고 점차 후자가 전자를 대체하는 과정이 한국 현대사 및 산업화 과정이기도 하다.

정신사 빈곤의 정신적 산물이라는 점을 자각하는 데 있다. 그러한 빈곤성의 핵심은 조선조 후기에 이르러 조선인들 교양·문화의 원천이자 통치 이데올로기인 성리학이 교조적이 되고 화석화되어 외래의 사상과 지식을 능동적으로 수용하여 자기 발전 및 변용을 실현하지 못하고 배타적이고 수구적인 독단의 체계로 변질되는 과정에서 찾을 수 있을 것이다. 그러한 결과 한민족의 정신사적 연속성은 단절되고, 전통의 학문을 기초로 외국의 사상을 수용하는 방식의 주체적이고 능동적인 근대화를 추구하지 못한 채, 외국이론과 사상의 일방적인 수입과 모방을 통해 근대화를 추구하게 된 것이다.

그리고 한국 근대화의 그러한 성격은 대한민국의 건국 이후 새롭게 형성된 서구 유학파 지식인들의 등장도 변화시키지 못했다는 사실 속에 현재에도 진행 중인 국가정체성 위기의 본령이 있다. 다시 말해서 서구 유학파들 또한 아직 서구 학문의 수입과 모방의 한계를 벗어나지 못한 데서 국가정체성 위기가 만성적인 원인의 한 축을 찾을 수 있는 것이다. 그러한 결과 국가생활을 통해 추구할 이상이 무엇인가에 대한 독자적인 성찰 속에서 근대화의 진정한 이상이 무엇이고 산업화나 민주화의 진정한 목적과 내용이 무엇인가에 대한 깊은 탐구 없이 서구 국가들의 역사적 궤적에 대한 모방 수준에서 산업화와 민주화를 추구할 수밖에 없었던 것이다. 그러한 성격의 산업화 및 민주화의 성공은 근본적으로 모방의 성격을 벗어나지 못하기 때문에 새로운 외국의 이론이나 사상이 수입될 때마다 과거의 모방과 새로운 모방 사이에 끊임없이 새로운 정치·사회적 갈등이 나타날 수밖에 없는 것이었다.

역사의식의 미 정립과 더불어 국가생활의 목표와 방법에 관련된 자생적이고 독자적인 사상을 정립하지 못한 이념적 빈곤 상태가 오히려 외면적으로는 이념적 과잉의 모습으로 나타났으며, 그러한 이념 과잉 속의 이

넘적 빈곤이 권력정치와 결합하여 정치인들 사이에서 극심한 대립과 갈등으로 나타난 현상이 국가정체성의 위기인 것이다. 북한의 현 상황도 기본적으로 같은 역사적 맥락에서 이해될 수 있는 것이다.[114]

국가의 역사에서 60여 년은 결코 긴 시간이 아니다. 국가의 창업에는 성공했더라도 법률과 제도의 정비는 물론이고 새로운 교육·문화의 ─ 고대 희랍인들이 '파이데이아'paideia로 부른 ─ 창달을 통해서 국가생활의 이상과 가치관이 제대로 확립되지 못할 경우, 창업 초기의 일시적 번영도 곧 쇠망으로 이를 수 있는 시기가 60여 년의 기간인 것이다. 모든 쇠락은 바로 번영상태에 배태되어 있는 것이다. 비록 현재의 대한민국이 외형상 번영을 누릴지라도 그러한 번영을 지속시킬 수 있는 법률·제도 및 교양·문화의 내적 기반의 확립에 기초한 국가정체성의 새로운 정립을 이룩하지 못할 경우 언제라도 쇠락은 시작될 수 있는 것이다. 국가정체성 위기의 극복은 조선조 후기에서 비롯된 학문과 사상과 이념의 일방적인 수입과 모방 등 대한민국이 처한 현재의 정신사적 상황에 대한 철저한 인식 및 반성에서 출발하여야 한다. 그리고 그것에 대한 극복 노력을 통하여 주체적인 ─북한식의 주체가 아닌─ 미래의 건설을 추구하는 데 새로운 국가정체성 확립의 요체가 있을 것이다.

---

114) 여기서 간략히 그 대강만 제시한다면 다음과 같다. 북한은 사회주의라는 근대적 이념의 실현을 국가정체성의 핵심으로 제시하면서 출발한 국가라고 할 수 있다. 그러나 그 주동세력이 사회주의 이념은 물론이고 유교적 교양마저 지극히 부실한 무장투쟁 세력이었다는 역사적 사실이 그 후의 국가정체성의 형성에 결정적인 영향을 미치게 되었다는 것이다. 즉 유교적 전통과의 극단적인 단절과 더불어 주체사상이란 서구적 이념에 대한 깊이 있는 탐색 자체의 포기는 오직 적과 동지의 극단적인 구분 속에 외래의 문화 및 이념에 대한 일방적인 배타성만 고양시킨 역사의식이 국가운영을 지배하게 만들었으며, 그 결과가 북한이 현재와 같이 스스로 부정하려는 봉건왕조의 가장 추악한 형태만을 계승하는 상황을 만들게 되었다는 것이다. 북한의 사례는 국가정체성의 추구가 미래에 대한 새로운 국가적 자아 형성이 아니라 과거와의 연속성 자체에 대한 집착에 머무를 때 어떠한 결과가 초래될 수 있는지 극명하게 보여주고 있는 것이다.

나. 국가가치

대한민국의 국가정체성 확립을 위해서는 대한민국의 국가가치를 정립하는 것이 요체다. 앞서 살펴본 대로 역사의 단절로 말미암아 일제 강점 이전의 역사는 친일사관에 의해 왜곡 · 폄훼된 채 단절되어 있고, 북한은 주체사상으로 변질시켜 자의적 역사관과 정체성을 유지하고 있다. 이러한 단절을 넘어서는 국가가치의 식별과 정립은 통일시대를 맞이하고 있는 현 시점에서 대단히 시급한 과제라 할 수 있다.[115]

'국가가치'national value는 역사적 혹은 이념적 근원을 갖는 유산이나 규범으로서 국민전체가 소중히 여기는 것이다. 일부 국가가치는 많은 국가들에 의해서 공유될 수 있으나 일반적으로 국가의 특성에 따라 독특한 국가가치의 집합national-specific을 상정한다.

프랑스 대혁명은 자유 · 평등 · 박애를 기치로 절대왕정에 대항하여 민중혁명을 일으켰고 이 가치는 현대 민주주의의 기본가치로 되어 있다. 미국은 신사고에 의한 개척정신new frontier을 기반으로 '민주적 가치'를 국가가치로 하여 자유민주국가를 건설하고 세계정신의 구현과 국제정의를 실천하려 노력하고 있으며 이러한 가치는 20세기의 시대정신으로 자리 잡았다.

이렇듯 국가가치는 이념의 원천이기도 하며 국가정체성의 핵심이기도 하다. 국가이성은 이러한 국가가치를 기본으로 표출되는 국가행위의 도덕적 행위규범이라 할 수 있다. 따라서 국가 가치는 국가이익과 함께 국가전략의 중요 요소로 간주되고 있다.[116] 통상 국가가치체계는 국가가치-국가이익-국가목표-국가정책-국가전략의 체계를 구성한다.

통일과정에 있어서 남과 북의 정체성 회복을 위해서는 상호 공감할

---

115) 강진석, 『클라우제비츠와 한반도 평화와 전쟁』, 서울: 동인, 2013.

116) Donald Nuechterlein, *America Recommitted/United States National Interests in a Restructured World*, Lexington: University Press of Kenturky, 1991. p. 19. 그는 여기서 "national value + national interest = national strategy"라는 공식을 제시하였다.

수 있는 공동의 가치를 발굴해내고 체계화하는 것이 필요하다. 정신적 구심점 역할을 할 수 있는 가치체계를 정립하고 이를 통해서 새로운 공동의 이익을 창출할 수 있는 사고의 틀을 갖추는 것이야말로 무엇보다도 중요하다 할 수 있다. 이를 통해 상호 다른 이념적 사상적 대립을 넘어선 서로 공감하고 향유하는 정신적 지주를 확립함으로써 통일의 기본 목표와 지향을 삼을 수 있을 것이다.

한국의 국가가치는 아직 정립된 것이 없다. 통상 반만 년 역사에서 타국에 대한 침략사례가 거의 없었다는 사실이 보여주는 평화 애호주의와 대한민국 헌법 전문에 선언된 자주독립정신과 민주주의이념을 지고의 국가가치로 인정하는 견해들이 있으나 이것은 소극적인 견해로서 보다 적극적인 국가가치를 정립할 필요가 있다. 그것은 한국이 동북아를 넘어서 세계를 지향하는 도약의 새 역사 창조를 위해서 한국인의 정체성을 확립하는 작업이라 할 수 있다.

다. 통일한국의 국가가치 정립요건

통일한국의 가치체계 정립을 위한 고려요소는 크게 세 가지이다.[117] 첫 번째로 사대주의와 식민사관을 극복한 미래지향적 역사관을 기반으로 하여야 할 것이다.

두 번째로는 통일한국이 지향해야 할 목표와 비전 요소가 잘 조화, 융합될 수 있는 것이어야 할 것이다. 그러한 요소들은 ①인류가 창안해낸 최고의 제도로서 자유민주주의와 시장경제체제의 유지 ②동북아 주변 강대국들의 화합과 평화를 유지, 발전시키는 중심국가로서 평화지킴이peace keeper 국가 ③세계 최고의 과학기술과 경제발전을 이룩하는 국가 ④높은

---

117) 강진석. 앞의 책.

문화수준과 아름다운 나라를 건설하는 국가 등이다.

세 번째로는 21세기를 지향하는 세계정신과 고도의 윤리, 도덕관이라 할 수 있다.

이러한 고려를 기초로 문제를 제기하는 차원에서 통일한국의 국가가 치를 구상해보자. 대부분 우리 국민들은 '홍익인간'을 국민정신으로 숭앙하고 특별히 이에 대해 거부하는 사람은 없다. 헌법 전문에도 인용되어 있다. 우리민족의 정신적 중심, 민족정기의 핵심은 뭐니 뭐니 해도 '한' 철학과 '단군정신' '홍익인간'의 이념이다.[118] 우리나라의 국호는 대한민국 大韓民國이다. 그러나 이 뜻을 아는 사람들은 드물다. 한韓의 개념은 크다, 높다, 하나, 하늘이라는 말이며 이 개념은 크고 무한대이며, 무궁무진하고 만물을 생성·잉태할 수 있는 본체라는 의미이다.[119] 따라서 대한민국이 라는 의미는 '무한하고 영원한 백성들의 나라'라는 뜻이다.[120] 이러한 한 민족韓民族의 한 철학韓哲學은 천·지·인天地人, 3위일체三位一體 사상이다. 하늘 과 땅과 사람이 일체를 이루어 하나_가 됨을 의미한다. 한韓 철학만큼 포 괄적이고 종합적이고 전체를 하나로 보는 범세계적이고 우주적인 철학은 없다.[121]

단군왕검 무왕이 기자에게 통치를 물려준 조선朝鮮이란 말은 상고대 전 세계(지구)를 의미하는 것으로써 첫 번째, 시작, 빛光 또는 해 뜨는 나라東國, 東方의 빛나라는 뜻[122]을 가지고 있고 국화인 무궁화 꽃은 왕성한 생명력을

---

118) 민병학 편저. 『한국정치사상사』. 대전: 대경, 2005. p. 70.
119) '한'은 순수 우리말이며 한문으로서 한(韓)은 음차(音借)한 것이다.
120) 고종은 1897년 국호를 대한제국(大韓帝國)이라고 국호를 정하였다. 여기서 대한(大韓) 이란 백제의 전신인 마한, 신라의 전신인 진한, 가야의 전신인 변한을 의미하는 반도 내에 있던 소한(小韓)에 상대되는 말로서 대륙 내에 광활히 걸쳐 있었던 단군조선의 북삼한(北三韓)을 말한다. 대한민국은 광복 후 정부를 수립하며 대한제국을 이어받아 택한 국호이다.
121) 민병학. 앞의 책.
122) 글자를 풀어 풀이하면 조선의 조(朝)자는 해와 달이 밝게 비치는 천상천하의 모든 시공

상징하고 예禮를 숭상하는 민족을 의미하며(공자孔子는 근화槿花 지역을 군자국이라 칭함) 따라서 한국은 동방의 빛이고 한민족은 하늘의 백성天民, 군자君子, 홍익인간弘益人間으로 호칭되었다. 또한 한국정신은 한민족의 정신으로써, 불사불멸의 신선의 얼魂, 홍익이념, 풍류도風流徒, 선비정신이라 할 수 있다.

국조 단군의 건국이념인 '성통광명性通光明, 재세이화在世理化, 홍익인간弘益人間'은 오랜 역사를 통해서 우리민족이 추구해온 보편적 가치였다.[123] 이러한 개념들은 민족의 3대경전이라 일컬어지는 천부경天符經, 삼일신고三一神誥, 그리고 참전계경參佺戒經에서 유래되고 있다.[124]

성통광명이란 인간의 자기완성을 말하는 것으로서, 스스로에게서 일신을 찾는 과정을 말한다. 불교에서 말하는 깨달음이나 기독교에서 말하는 성령강림, 유학에서 말하는 극기복례克己復禮가 이와 크게 다르지 않다.

재세이화在世理化란 세상에서 이치로 교화하는 것을 말하는 것으로써 기氣로 가득한 세상을 이理로 다스리는 작업, 즉 혼돈의 세계를 질서의 세계로 만드는 것을 말한다. 천지인의 진리로 세상을 교화시켜 인물人物, 즉 인간과 우주만물自然이 서로 더불어 크게 이롭게 하여 공존공영 하는 홍익인물정치弘益人物政治를 통해서 밝고 믿음이 있는 광명세계 즉 지상낙원을 건설하고자 하는 의미이다.[125]

홍익인간弘益人間은 모든 사람을 널리 이롭게 한다는 것으로써 특히 이러

영역(時空領域)을 말하며 선(鮮)자는 바다(漁)와 육지(羊=山)를 의미한다. 따라서 조선의 상고대의 의미는 전 세계가 조선이라는 뜻이다. 민병학. 앞의 책. p. 249.

123) 이규행. 국정브리핑. 2004.12.21.

124) 민병학. 앞의 책. p. 79.

125) 민병학은 한국적 정치학의 명칭을 재세이화학(在世理化學)으로 하여야 한다고 주장한다. 왜냐하면 서양의 정치학(politics)은 정강, 정책, 정견, 경영 특히 정략, 당략, 책략, 술책, 권모술수, 사리를 꾀하는 등의 의미를 내포하고 있어 재세이화학이 학문적 의미상 값어치가 더 크다고 말한다. 앞의 책. p. 249. 각주 참조.

한 보편적 가치는 우리가 '홍익민족'이라 내세우지 않고 '홍익인간'이라고 했다는 점에서 개방적이고 우주적인 것이라고 일컬어진다. 홍익인간의 유래는 삼국유사에 의하면 "태고에 환웅이라는 한배검이 태백산하에서 분산된 여러 부족을 모아 배달국倍達國을 창건할 때, 환인이라는 환국桓國의 통치자가 천부인 3개를 주면서 네가 나라를 건국하면 크게 인간을 이롭게 하라"(홍익인간)고 당부한 데서 기인한다. 환웅의 건국이념은 그의 계승자 단군왕검(요堯임금)이 통치하면서 이 홍익인간의 거룩한 뜻을 고조선 백성들의 얼로 수용하고 주변민족인 중국인 숙신肅愼인, 일본인들에게 크게 유익이 되게 통치하였던 것이다.

이러한 홍익인간의 이념을 현대적으로 해석해보면 첫째, 정치적 측면에서 군왕이 민의에 의해서 추대되는 다수의 의사를 존중하는 민주주의의 구현 이념이며 둘째, 경제적 측면에서 이용후생利用厚生면으로 인민을 본위로 하며 셋째, 철학적 측면에서 경천애인敬天愛人, 인간지존주의人間至尊主義를 추구하고 넷째, 사회면에서 행복 화평, 복지지상주의를 지향하며 다섯째, 국제면에서 국가 간의 우호, 평화주의를 추구한다고 볼 수 있다. 단군조선의 민본사상은 기자조선, 부여, 삼한 등 후대에 전승되어 겨레의 정치적 기복의 와중에서도 홍익인간을 기치로 이상적 정치상을 구현해왔다.126)

이 세 가지 가치를 현대적으로 해석을 확대해보면 그것은 조화 안보·통일 전략의 3원체제와도 연계된다. 성통광명은 자기완성을 의미한다. 국가로 확대하면 국가의 완성을 말한다. 국가는 국가와 국민과 주권으로 구성되며 국가는 생존과 번영을 해야 하고 세계 속에서 완성이 되어야 한다. 밝은 세상에서 올바르게 스스로를 일으켜 세워야 한다. 이것은 현대적 의미의 국가안전보장을 의미한다.

제세이화는 이치로써 세상을 교화하는 것이다. 교화란 교화해야 할 대

---

126) 민병학. 앞의 책. pp. 37-38.

상이 존재함으로써 성립한다. 세상은 혼탁하며 불확실한 상황과 우연적 요소로 이루어진다. 이치에 맞지 않은 일들이 일어나고 투쟁이 발생한다. 이러한 세상을 정리하고 질서를 세우며, 옳지 않은 것을 바로 세우며 안전하게 하는 것이다. 즉 정의를 실현해야 한다.

홍익인간은 모든 사람을 널리 이롭게 하는 것이다. 국민들의 평화와 복지와 번영을 보장하는 것이다. 인간들이 인간답게 살 수 있도록 안전과 평화가 보장되는 것, 공포·굶주림·위해한 환경·독재정치·전쟁과 테러로부터 안전하게 보호되는 것 즉 인간안보를 의미한다 할 수 있다. 이의 근원은 평화다.

이러한 조화통일 한국의 국가가치는 새로운 차원의 국가이익을 창출하고 이로부터 통일 한국의 국가목표와 국가정책 그리고 국가전략이 구상될 수 있을 것이다. 저자는 이 같은 국가가치를 기초로 2013년의 저서『클라우제비츠와 한반도, 평화와 전쟁』에서 통일에 대비한 조화안보통일 전략으로서 5차원 3원 전략체계를 제시했으며 이것의 각 요소와의 관련성은 표2-9와 같다.

<표2-9> 국가가치와 국가안보 체계와 연계성

국가가치	전쟁·안보철학	국제안보	기반안보	상생안보
성통광명 (자기완성 국가완성)	전쟁과 전략 (건전한 국가안보, 전쟁전략)	개별국가안보	군사 (우연의 요소)	비핵론 핵무기 폐기 군비통제 동북아 비핵지대
제세이화 (이치교화 분별)	전쟁과 정의 (국가이성, 분별지 추구)	국제체제안보	정부 (지적요소)	통일론 신뢰구축, 남북연합 단계적 접근
홍익인간 (복지번영 인간안보)	전쟁과 평화 (윤리·도덕)	사회체제안보	국민 (인적요소)	평화론 정전체제 종식, 인도적 지원 및 교류협력

한韓 철학과 단군정신을 국가가치로 정립하게 되면 그것은 우리 한민족의 역사를 재조명하는 계기가 되며 동북아시아 지역에서 그 뿌리와 영역을 확대하고 정통성을 확립하는 계기가 된다. 그동안 약소국으로서 왜곡당하고 폄하되어야 했던 고대의 역사와 민족의 활동영역에 대한 새로운 해석과 조망을 통해 새로운 역사의 지평을 개척할 수 있는 사상적 근원을 마련할 수 있을 것이며 동북공정 등 한족漢族의 역사확장 노력과 일본의 독도영유권 주장 등에 대응하여 우리 한민족韓民族의 역사 재조명 작업을 통해 동아시아 역사에 대한 재해석이 가능해질 것이다. 이러한 노력은 궁극적으로 조화통일을 위한 원동력이자 구심점으로 작용하게 될 수 있을 것이다.

중국은 동이족東夷族 문화를 자신들의 역사로 포섭하려는 동북공정 외에도 하·상·주夏商周 시대를 역사화하려는 단대공정斷代工程, 1996~2000[127] 삼황오제 이전시대까지 역사화하려는 탐원공정探源工程, 2003~[128]을 동시다발적으

---

[127] 하상주단대공정(夏商周斷代工程)은 중화인민공화국의 고대사(하나라, 상나라, 주나라) 연구 작업이다. 구체적인 연대가 판명되지 않은 중국 고대의 삼대(하·상·주)에 대하여 구체적인 연대를 확정하였다. '공정'은 프로젝트를 의미한다. 하상주단대공정과 그 후속 공정인 중화문명탐원공정, 동북변강역사여현상계열연구(통칭 '동북공정') 등은 중화인민공화국의 9·5 계획의 일환으로 행해졌다. 9·5 계획은 중국의 경제 수준에 걸맞은 정신문명 건설을 목표로 하고 있으며, 나아가 10·5 계획의 15항에서는 애국주의·집체주의·사회주의 정신을 널리 드높여야 한다고 주장하고 있다. 이런 전제 아래에서 하상주단대공정 등의 공정은 근대에 들어서 중국 중심의 동아시아 문명론이나 중국문명의 자생 발전론 등이 힘을 잃으면서 약화된 중화주의에 새로운 근거를 제공하려는 의도임이 엿보인다. 김경호, 심재훈, 민후기, 최진묵 공저. 『하상주단대공정: 중국 고대 문명 연구의 허와 실』. 서울: 동북아역사재단, 2008. pp. 18-25.

[128] 2001년부터 시작된 중화문명 탐원공정은 신화와 전설 시대로 알려진 삼황오제 시대를 역사에 편입하고, 이를 통해 중화문명이 이집트나 수메르 문명보다 오래된 세계 최고의 문명임을 밝히려는 중대 과학연구 프로젝트이다. 세부 연구를 통해 중원 황하문명과는 애초 이질적이었던 요하문명을 중화문명의 시발점으로 만들어 북방 고대민족의 상고사와 고대사를 중국사로 편입하려는 것이다. 이것은 동북공정과 연관되어 이루어지고 있다. 동북공정을 통해 중국이 얻으려 하는 것은 한민족 최초의 국가인 고조선의 정통성을 이어받은 고구려의 역사를 중국의 역사로 편입하려는 것이다. 접근방향은, 중국은

로 펼치고 있다. 중국은 단대공정을 통해 '하상주 연표'夏商周 年表까지 만들어 "고구려인이 은상殷商 씨 부족에서 분리된 것은 기원전 1600~1300년"이라 고 정체불명의 연대까지 제시하고 있다.

반면에 한국에서는 고구려-백제-신라 삼국시대 이전의 역사는 여전 히 신화로 묶여 있으며 한국의 역사학자들은 주로 역사기록, 중국의 사서 를 가지고 고조선이 신화적 국가냐 역사적 국가냐 하는 지루한 논쟁을 펼치며 강단 사학과 재야 사학으로 나누어 싸우기 바쁘다. 중국이 일련의 역사재해석 공정을 끝내고 우리에게 수용을 강요할 때 어떻게 대응해나갈 것인가? 일본이 교육시킨 대로 그냥 신화로 치부하고 말 것인가?

한편 북한은 그동안 김일성 주체사상을 강조하며 단군사화를 부정하 다가 태도를 바꾸어 1990년대 이후 입장을 바꿔 단군릉을 발굴하는 등 단군신화를 역사적 실체로 인정하고 평양 일대를 고조선의 중심지로 강조 하고 있다. 북한은 1994년 김일성 사망 이후에 김일성 민족이라는 용어를 만들어냈는데 김일성 사망 100일에 즈음한 담화에서 "우리 민족의 건국시 조는 단군이지만 사회주의 조선의 시조는 위대한 수령 김일성 동지"라고 말하고 있으며 단군릉 발굴과 개축을 주제로 한 단편 소설(한익훈. 『2000 년의 분출』. 조선문학, 1995.8.)에서 주인공 이 감격해 하며 "민족사의 뿌 리를 찾아주신 우리 민족의 위대한 시원이시며 우리 인민은 단군을 원시 조로 하는 긍지 높은 김일성 민족이이라고..." 하는 등 단군과 연결시키고 있다. 북한의 김일성 민족 강조 배경은 단군으로부터 비롯된 민족사의 계 승을 과시하면서 역사적 선점을 통한 정통성을 확보하려는 의도라고 볼 수 있다.[129]

한족을 중심으로 55개의 소수민족이 만든 국가라는 것이며 현재 중국 국경 안에서 이루 어진 모든 역사는 중국의 역사이므로 고구려사와 발해의 역사는 한국의 역사가 아니라 중국의 역사가 된다는 것이다. 김선주. 『홍산문화』. 서울: 상생출판, 2011. pp. 11-14.
129) 임채욱, 유동렬. 「용어혼란전술」. 국가중흥회, 2013.4.25. 검색.

모두들 앞을 내다보고 미리미리 준비하고 있는 모습들이 역력하다. 중국은 신화를 역사로 만들어내려 하고 있고 북한은 주체사상과 연계하여 논리를 확장하려 준비하고 있다. 반면에 우리는 위서라는 시비로 역사를 신화로 끝까지 밀어붙이려 한다. 중국과 일본이 왜곡하고 있는 것이 분명한 마당에130) 역사의 진실을 밝히려는 노력이 있어야 하고 왜곡된 부분이 있다면 그것을 찾아내어 수정하려는 자세가 바람직하다. 과거에는 혼란스럽고 왜곡된 문자기록이 전부였지만 이제는 다양한 고고학적 증거 발굴, 언어학적 계보 탐험, 인류학적 비교연구, 유전자 분석 등 다양한 탐험 장비들이 준비되어 있다. 대한민국의 단군공정檀君工程의 시동이 필요하다. 여태 그러한 필요성은 절실하지 않았던 것이 사실이다. 그러나 이제는 시급해졌다. 요즈음 논란 많은 국사편찬위원회의 해방 이후의 '대한민국 역사' 편찬 작업에 앞서 정부가 정책적으로 발 벗고 나서야 할 것이다.

한민족의 고대 사상

상고대 한민족의 고대사상은 천부인(조화경), 삼일신고(교화경), 참전계경(치화경, 팔리훈), 국유현묘지도(풍류도), 단군사회(건국사회)로 구성되어 있다.
천부경은 천제환국天帝桓國에서 구전되어 온 것으로서 환웅대성존桓雄大聖尊께서 하늘에서 내려온 후天降, 신지현덕神誌赫德에게 명하여 녹도문鹿圖文으로서 그것을 썼다.131)

---

130) 중국과 일본의 역사왜곡 실태에 관해서는 많은 자료들이 있다. 특히 이을형 전 숭실대 법대교수가 《스카이데일리》에 15회에 걸쳐 연재한 「일본의 날조된 역사를 본다. ─ 세계를 제패한 고조선의 후예들」 참조. 이 교수는 여기서 "천년 조작된 일본 천황, 단군왕검은 47명의 실존인물, 일본은 한족이 세운 나라, 일본천황은 백제 후손, 제1대 일왕은 단군 37대손, 일본에 살아있는 단군 사당과 세년가, 일본 최초 야마다이국은 한국인이 세운 것, 일본인은 한국의 유민이며 주류층"이라고 말하고 있으며 중국의 역사왜곡에 대해서도 "중국의 날조된 역사를 본다."에서 한민족은 아시아 패권국이었으며, 우리 강토는 3만~5만 리라고 말하고 있다. 《스카이데일리》(skyedaily@skyedaily.com), 2012.8.25~12.3. 참조.
131) 천부경은 우리민족의 옛 글자인 가림토 문자(훗날 훈민정음의 모체가 됨)로 새겨진 것

『삼일신고』는 〈천부경〉, 〈참전계경〉과 더불어 대종교의 3대 신전으로서, 그중에서도 제일 근원이 되고 중심이 되는 보경寶經이다. 특히 〈삼일신고〉의 '삼일'三一은 삼신일체三神一體, 삼진귀일三眞歸一이라는 이치를 뜻하고, '신고'神誥는 '신神의 신명神明한 글로 하신 말씀'을 뜻한다. 따라서 삼일신고는 삼신일체, 즉 신도神道의 차원에서 홍익인간의 이념을 구현하고, 삼진귀일, 즉 인도人道의 차원에서 성통공완性通功完의 공덕을 쌓아 지상천궁을 세우는 가르침을 한배검께서 분명하게 남겨 전하신 말씀이라는 뜻이 된다. 이것은 366자의 한자로 쓰여 있는데, 천훈天訓·신훈神訓·천궁훈天宮訓·세계훈世界訓·진리훈眞理訓의 5훈으로 구성되어 있다. 본문 앞에는 발해국 고왕高王의 〈어제삼일신고 찬문〉御製三一神誥贊文이 있고, 또 그 앞에 어제御弟인 대야발大野勃의 〈삼일신고서序〉가 있으며, 본문 뒤에는 고구려 개국공신인 마의극재사麻衣克再思의 〈삼일신고 독법〉이 있고, 끝에는 발해국 문왕의 〈삼일신고 봉장기〉가 붙어 있는데, 여기에는 삼일신고가 전하여진 경위와, 유실되지 않도록 문왕이 각별히 노력한 경위가 실려 있다.

참전계경參佺戒經은 온전한 사람이 되고자 계戒를 받는 데 참가한다는 뜻으로 을파소(고구려 9대 고국천왕 13년 재상)가 하늘의 글天書을 얻어 깨친 것으로 천서는 성誠, 신信, 애愛, 제濟, 화禍, 복福, 보報, 응應의 팔리훈八理訓, 곧 기본 강목과 그 팔리훈 낱낱의 실덕實德을 응분하여, 체體와 용用을 각기 분설한 총 366훈으로 이루어져 있다. 일명 팔리훈이라고도 한다.

국유현묘지도國有玄妙之道(風流徒)는 삼국사기에 기록되어 있는 내용으로서 9세기 신라 말 최치원은 난랑비문鸞郎碑文에서 "우리나라에는 오묘한 진리를 지닌 도(종교와 철학사상)가 있다. 그 가르침과 근원과 자세한 내용은 선사仙史에 기록되어 있는데 그 내용은 유불선을 삼교를 다 포함하고 있으며, 이 도에 접하게 되면 많은 사람들을 새롭게 태어나게 한다. 그것은 풍류도風流道다"라고 말하였다. 풍류도(풍원도)는 화랑도花郎徒의 원명으로서 현묘지도는 화랑도의 근본사상이라 할 수 있다. 현묘지도의 기본이념은 원광의 세속오계로서 사군이충, 사친이효, 교우이신, 임전무퇴, 살생유택 다섯 가지이다. 화랑은 귀산 취항의 요청에 의하여 원광법사가 제정한 것이다. 화랑 오계의 의의는 한민족의 민족정기, 국가철학, 인생관을 내포하고 있고 삼국통일의 영광을 실현했다는 점에서 통일을 지향하는 우리에게 시사 하는바가 크다 할 수 있다.

단군사화檀君史話(建國史話)는 신화가 아닌 개국설화 내지 건국사화로서 단군조선檀君朝鮮은 한민족 최초의 국가로 전해지는데, 그 개국 기원에 대해서는 현존하는 가장 오래된 기록인 《삼국유사》 기이편紀異篇 고조선 조에 인용한 《위서》에는 단군왕검이 아사달에 개국한 국가로 기록되어 있다. 일반적으로 고조선의 역사를 왕조 또는 지배자에 따라 구분하여 단군이 다스렸던 첫 번째 시기를 지칭한다. 단군이 나라를 세워 1000여 년 간 47대 왕조에 의해 다스렸다고 전해지며 조선 시대에는 '전조선'前朝鮮이라 부르기도 하였다.

───────────────

이어서 후세사람들이 판독하지 못하다가 통일신라시대에 해동공자로 추앙받았던 당대의 석학인 최치원이 백두산을 찾았다가 이 비석에 새겨진 글을 읽고 한자로 번역해서 전하는 것이 바로 여든한 글자의 천부경이다.

북한 역사학계는 1990년대 이전까지 사회주의 역사학에 입각하여 단군조선 및 기자조선의 실체를 모두 인정하지 않고 고조선이라는 국가로 이해하였다. 또한 고조선의 강역을 랴오닝 성 중심으로 비정하였다. 그러나 1990년대 이후 입장을 바꿔 단군릉을 발굴하는 등 단군신화를 역사적 실체로 이해하고 평양 일대를 고조선의 중심지로 강조하였다. 대한민국의 역사학계는 북한의 이러한 입장 변화를 주체사상이 북한의 역사관으로 강조되게 된 정치적 요인에 의한 것이라고 보고 있다.

20세기 초에 일반에 알려진 ≪규원사화≫, ≪단기고사≫, ≪환단고기≫, ≪부도지≫ 등이 역사서의 형식으로 고조선의 역사를 상세하게 서술한 서적들이 있으나 현재 정통 사학자들은 이들을 위서로 폄하하고 인정하지 않고 있다. 그러나 재야사학자들과 네티즌들은 과거에 내려오던 역사들을 정리하여 기록했을 뿐 서술된 내용은 사실이라 주장 한다. 경기대학교 조준환 교수는 규원사화와 환단고기는 위서가 아니며, 사료적 가치성이 명확하다고 말하고 있다. 우리는 명백히 거짓으로 증명되는 것이 있다면 그것은 빼고 단군조선의 실사를 적극적으로 광복하는 데 이들 사료를 원용하여 복원함에 있어 단군조선관계 사서 가운데 환단고기를 기본사료로 하고, 규원사화나 단기고사, 삼국유사를 그에 준한 사료로 하는 것이 맞다고 말하고 있다. 단군조선 47대 2095년의 환단고기 연대기를 따라서 그 전후인 배달국과 열국시대를 연결하는 역사의 흐름이 자연스러워 보이며 그 밖의 신단실기, 동사년표, 조선역사 조선사략, 해동춘추, 제왕운기, 동국통감 응제시주, 동국여지승람, 동국통감, 동사강목, 해동역사, 제왕연대력 등을 사료로 하여 전면적으로 재정리하여 통일국사를 마련해야 할 것이라고 말하고 있다. 고준환(경기대 교수, 법학박사, 국사찾기협의회 회장) http://www.coo2.net/bbs/zboard. 검색일 2013.2.5. 또한 대종교, 단군교, 증산교, 대순진리회 등 종교단체들의 민족신앙 교리적 연구와도 구분하여야 한다.

라. 국가가치의 구조

1) 국가가치체계 개념과 접근

가치체계 또는 비전체계란 경영학 용어로, 조직행동론에서 조직경영 전략 또는 전략적 리더십 이론으로 발전된 '목표-가치 접근법'을 말한다. 통상 조직의 가치-비전-목표-실행전략(행동방안)으로 구성된다. 이를 국가에 적용한 것이 국가비전체계이다.

국가가치 및 비전체계는 국가의 미래 발전 방향과 목표를 밝히는 것으로서 국가가치를 토대로, 국가가치-국가이익-국가목표-국가정책/전략의 순으로 이루어진다. 우리나라는 아직 국가비전체계가 정립되어 있지 않다. 국가가치, 국가이익, 국가목표의 식별을 통해서 이의 구현을 위한 국가정책과 전략이 수립된다. 그러나 대한민국은 건국 이후 최근까지 국가가치에 근거한 국가이익과 국가목표를 바탕으로 한 국가안보전략을 체계적으로 수립하지 못해왔다.

여러 가지 원인이 있겠지만 대략 세 가지로 요약될 수 있다. 첫째는 대한민국의 국력이 미약했기 때문에 국가이익을 구현하고 국가목표를 달성하기 위한 종합적인 안보전략을 수행할 능력을 갖지 못하였다. 둘째, 대한민국은 약소국으로서 대외 자주성이 크게 제약되어 독자적인 안보전략의 수립이 어려웠다. 셋째, 미국에 정치적·군사적으로 크게 의존함으로써 스스로 안보목표와 기조를 정립하고 추진해나갈 수 있는 역량을 제한하는 결과를 초래하였다.[132]

참여정부에서 최초로 이러한 문제를 인식하고 최초로 국가이익을 ①국가안전보장 ②자유민주주의와 인권 신장 ③경제발전과 복리증진 ④한반도의 평화적 통일 ⑤세계평화와 인류공영 다섯 가지로 식별해내고 안보목표와 전략기조, 전략과제를 도출하여 추진하였다.[133] 이후 이명박 정부에서는 이에 대한 언급 없이 단순히 국정목표, 원리, 과제라는 이름으로 국정을 운영하였는데 국가이익의 규명 없이 국가비전으로 '선진화를 통한 세계일류국가'를 제시하고 이를 실현하기 위해 '잘사는 국민, 따뜻한 사회, 강한 나라' 세 가지를 표명하였다. 그리고 국가안보 목표로 '한반도의 안정과 평화유지, 국민안전 보장 및 국가번영 기반구축, 국제적 역량 및 위상제고'

---

132) 강진석. 『한국의 안보전략과 국방개혁』. 서울: 평단, 2005. p. 364.
133) 국가안전보장회의(NSC). 「평화보장과 국가안보」. 국가안전보장회의 사무처, 2004. 원래 참여정부는 이것을 공식문서화하려 하였으나 안보관련 부처의 반대에 부딪혀 문서화 되지 못했다.

로 설정하였고 국가안보 전략기조로 ①새로운 평화구조 창출 ②실용적 외교 및 능동적 개방 추진 ③세계로 나가는 선진안보 추구의 3대 기조하에 '미래지향적 안보역량 구비' 등 6개의 전략과제를 제시하고 추진하였다.

박근혜 정부에서도 마찬가지로 가치체계의 제시 없이 국정비전을 '국민행복, 희망의 새 시대'로 하여 국정비전 달성을 위한 5대 국정목표로 ▲일자리 중심의 창조경제 ▲맞춤형 고용·복지 ▲창의교육과 문화가 있는 삶 ▲안전과 통합의 사회 ▲행복한 통일시대의 기반구축으로 선정했다. 여기에서 역대 정부의 공통적인 문제점은 국가가치와 국가이익에 대한 명확한 인식이 부족하다는 것이다. 물론 헌법적 가치의 실현이 최고의 목표이지만 이제는 통일을 지향하는 실천전략이 요구되는 시점에서 통일헌법이 지향해야 할 새로운 방향의 설정과 개념의 구체화 작업이 절실히 요청된다고 할 수 있다. 따라서 정권차원의 국정운영 지침을 넘어선 국가대전략grand strategy 차원의 국가가치 정립과 국가이익의 식별 그리고 이에 따른 국가목표와 국가전략 수립을 위한 목표-가치 접근이 절실하다 할 수 있다.

2) 통일을 지향한 국가비전체계 접근

이러한 문제인식하에 미래 통일 한국의 국가가치로 우리 한민족 고유의 철학사상을 기초로 한 단군정신을 제시하고자 한다. '한'韓 철학(성통광명, 제세이화, 홍익인간)을 국가가치로 하고 이로부터 국가이익과 국가 목표를 도출할 것을 제안한다.134)

이를 종합하여 조화적 국가비전을 정립하자면 '국제평화 창출 및 유지자로서 일류국가 건설'로서 이를 지향하는 국가목표는 첫째, 국가의 생존보장. 둘째, 번영과 발전 구현. 셋째, 평화통일 달성. 넷째, 일류국가 건설로 설정할 수 있다.135)

---

134) 미국은 국무부 산하에 '미국 국가이익 검토 위원회'가 구성되어 있다.

이와 관련하여 대한민국 헌법 전문에는 "민주개혁과 평화적 통일의 사명", "정의·인도와 동포애로서 민족 단결", "자유민주주의 기본질서", "국민생활의 균등한 향상", "항구적인 세계평화와 인류공영에 이바지", "우리들과 우리들의 자손의 안전과 자유와 행복을 영원히 보호할 것" 등이 애매하게 언급되어 있다. 또한 대통령의 책무와 관련하여 "국가의 독립", "영토의 보존", "국가의 계속성과 헌법의 수호", "조국의 평화적 통일", "국민의 자유와 복리의 증진 및 문화의 창달" 등이 제69조에 명시되어 있다.

국가대전략은 한 국가가 생존과 번영, 발전을 위해 국방·외교·정치·경제·사회 등 제반분야에서 중장기적으로 추진해야 할 정책들에 대한 종합적이고 체계적인 계획과 구상이며, 이에 따른 국가안보전략은 국가전략의 기저를 이루는 전략으로 전략적 수단에 기초하여 국방전략, 외교안보전략, 정치·심리전략, 경제전략, 사회·문화전략, 과학기술전략 등으로 구성할 수 있다.

미래 국가목표는 통일 이전과 이후로 구분하여 설정해야 할 필요가 있다. 통일이전에는 통일을 준비하며 국민의 복지 번영과 안전을 도모하면서 세계 중견국가의 위상을 확보하는 것이라 할 수 있다. 한미동맹을 근간으로 주변국은 물론 국제사회와 포괄적 안보를 추구하며 국제평화에 기여해야 할 것이다. 통일 후에는 동북아 중심국가로서 평화와 번영을 추구하며, 국제정의를 실현하는 선도국가로 발전되어야 할 것이다.

2. 국가이념

우리사회는 진보와 개혁을 내걸고 있는 세력과 소위 보수 세력 간의

---

135) 하정렬. 『대한민국 안보전략론』. 서울: 황금알, 2012. p. 102.

심각한 갈등을 겪고 있다. 이 가운데 한국의 자유주의는 진보주의와 보수주의 양 세력으로부터 강력한 도전을 받아 위축되었다. 이러한 상황을 '자유민주주의와 시장경제'는 진보와 보수의 논쟁을 하늘을 나는 새에 비유해 설명하고, 우리사회를 '한국 자유주의의 위기' 상태라고 진단한다.[136]

이어 '자유민주주의와 시장경제'는 자유주의를 위협하는 전체주의 세력, 반기업정서, 반미주의의 문제점을 짚어 보고, 우리 정부가 선택해야 하는 올바른 길, 기업에 대한 올바른 이해, 노동시장의 자율화, 시민단체 바로 보기, 글로벌 경제에 대한 대처법 등 자유민주주의와 시장경제를 바탕으로 위기를 벗어나야 한다고 주장한다.

특히, 보수와 진보의 갈등 속에서 국민들의 마음이 사회민주주의 쪽으로 기울고 있는 것에 대해 영국, 인도의 예를 들며 가난과 궁핍을 경험하게 될지도 모른다고 지적하면서, 대한민국이 나아가야 할 길이 자유주의이며, 자유주의가 곧 시대정신임을 강조하고 있다.

대한민국의 건국은 역사의 우연이 아니다. 해방 후 3년 간의 극심한 좌·우 대결의 광풍을 헤치고, 이승만 초대 대통령이 대한민국 이 땅에 자유민주주의와 시장경제의 가치를 올림으로써 건국의 첫발을 내디디게 된 것이다. 지정학적으로 한반도는 대륙권의 구소련, 중국과 국경을 함께 하고 있다. 이들 공산대국의 팽창주의, 그리고 김일성의 '조선민주주의인민공화국' 창설을 위한 선제적 조치들에 맞서 이 대통령과 당시 선각자들은 대한민국의 국가 이념을 자유민주주의와 시장경제로 채택하는 역사적 결단을 내렸다.

이 대통령을 '건국대통령'이란 이름으로 역사의 전당에 기록하지 않을 수 없는 정당하고 합리적인 이유 아닌가? 대한민국은 자유민주주의와 시장경제를 제헌헌법에 담아, 5,000년 간 대륙에 편입됐던 대륙 지향형 국가

---

136) 김정호, 『자유민주주의와 시장경제』. 서울: 자유기업원, 2005. p. 15.

에서 자유민주주의와 시장경제를 지향하는 해양 지향형 국가로의 거대한 출발을 시작했다.

오늘날 대한민국의 풍요와 발전은 건국의 아버지들이 내린 역사적 결단의 산물이다. 대한민국의 건국 의지를 담은 제헌헌법은 다음과 같이 국가의 진로를 명시했다. 전문에서 "민주주의의 제도를 수립하여 정치 · 경제 · 사회 · 문화의 모든 영역에 있어서 각인용人의 기회를 균등히 하고…"라고 자유민주주의에 대한 염원을 강조한 뒤, 본문에선 "대한민국의 경제질서는 모든 국민에게 생활의 기본적 수요를 충족할 수 있게 하는 사회정의 실현과 균형 있는 국민 경제의 발전을 기본으로 삼는…"이라고 시장경제 원칙을 천명하였다. 이승만 대통령이 이 땅에 자유민주주의와 시장경제를 이식한 역사적 공적은 집권 말기 독재라는 과에 의해 폄훼될 수는 없다. 이 같은 건국이념을 기초로 힘찬 전진을 다짐했던 신생 대한민국 앞에 가로놓인 최대 시련은 김일성의 6.25 남침전쟁이었다. 그러나 대한민국은 위기와 역경을 기회와 도약의 발판으로 삼는 데 통치세력과 국민이 일체가 됐다.

미국의 제2차 세계대전 이후 초유의 해외 파병 및 유엔군의 도움과 대한민국 국민의 피땀으로 한반도 공산화를 막았고, 이를 계기로 맺은 한미동맹은 대한민국이 빈곤의 수렁에서 벗어나 새로운 도약을 꿈꿀 수 있는 기반이 됐다. 박정희 정권의 산업화 기치는 오늘날 향유하고 있는 한반도 역사상 가장 융성한 개화기의 본격 개막을 예고했다.

오늘날 대한민국의 번영을 불러온 정신적 · 물질적 · 사회적 토대는 바로 자유민주주의와 시장경제를 기치로 내건 건국 세대의 결단, 세계 최고의 성공적 동맹모델로 평가받고 있는 한미동맹, 그리고 세계에서 가장 압축된 기간에 이룩한 산업화와 민주화라는 점에 대해 전 세계가 부러워하며 이론 없이 인정하고 있다. 자유민주주의와 시장경제를 향한 대한민국

의 전진은 계속돼야 한다. 대한민국이 추구해야 할 영원한 가치이기 때문이다.[137]

3. 생존 및 안전보장

가. 생존보장

인간에게 수명이 있는 것처럼 국가에도 수명이 있다. 제아무리 강한 나라라도 정신력이 타락하고 사회적 도덕심이 무너지면 자멸하게 된다. 모든 생명체가 오랫동안 건강하게 살고 싶어 하는 것과 마찬가지로 사회적 유기체인 국가도 오랜 시간 동안 망하지 않고 존속하는 것을 가장 중요한 목표로 삼는다. 그러나 역사의 교훈은 국가들이 생각보다 그렇게 오래 존속하지는 못한다는 사실을 보여주고 있다.

타니샤 파잘Tanisha Fazal 교수는 1816년부터 2000년 사이 지구상에 존재했던 국가는 모두 207개 나라였는데, 이 기간 동안 66개 국가가 각종 이유로 멸망함으로써 국제무대에서 사라져버렸다는 놀라운 사실을 발견했다.

왕들이 주인이 아니라 '국민'이 주인인 국가들로 이루어진 국민국가 nation state들의 시대가 시작된 것이 1816년인데 이로부터 184년이 지난 2000년까지 세계 역사 속에 존재했던 국가들 중 무려 32%가 사라져버렸다는 말이다. 국가들의 멸망은 스스로 멸망한 경우와 외적의 침입을 물리치지 못해 멸망한 경우 등 크게 두 가지로 나뉜다. 멸망한 국가들 중 스스로 몰락한 국가는 16개국이며 외적의 침략 공격을 막지 못해 망한 나라가 나머지 50개국이다. 자국민들에게 국민생활의 기본을 제공하지 못하는 나라들은 스스로 멸망할 수밖에 없는데, 국민생활의 기본이란 국민들이 먹

---

137) 《문화일보》. 2011.11.1.

고, 입고, 자는 문제를 말한다. 국민을 먹이고 입히는 것, 그리고 국민의 생명과 재산을 지키는 일이야말로 국가가 오래 살기 위한 필수적인 일이 아닐 수 없다.[138)]

역사적으로 로마제국이 멸망한 이유는 외부의 공격에 의해서가 아니라 내부로부터의 붕괴에 의한 것이었다. 국민정신의 타락과 사회의 붕괴에 의한 자기결정능력의 상실이 결정적인 원인이었다. 영국의 퇴락도 오랫동안 식민지 시대가 몰고 온 귀족정치의 향락과 권위주의에 의한 소위 '영국병'이라 일컬어지는 끊임없는 노사분규와 사회보장을 촉구하는 집단 시위, 젊은 세대의 타락된 가치관에 기인하였다. 한때 찬란했던 북구들이 퇴락한 예는 수 없이 많다. 20세기 전반기만 하더라도 세계 5대 부국의 하나로서 축복의 땅이라 불리었던 아르헨티나가 급격한 임금상승과 극심한 인플레이션의 악순환을 이기지못하고 삼류 빈국으로 전락하였다. 페론주의로 대표되는 '아르헨티나 병'病이란 일명 민중민주주의 병이 원인이었다. 스페인은 300여 년 전 전 세계를 지배한 나라였다. 그러나 그 위세를 100여 년을 이어가지 못하고 쇠퇴하였고, 포르투갈도 마찬가지로 50년을 넘지 못했다. 19세기 산업혁명의 물결을 타고 세계에서 가장 부강한 나라로 군림했던 해지지 않는 나라 영국은 20세기 문턱에서 주저앉고 말았다.[139)]

제2차 세계대전 후 50여 년 간에 잠시 경제적 위력을 과시하다 일시에 사라진 나라들이 허다하다. 멕시코, 포르투갈, 아르헨티나, 브라질 등 여러 나라가 한 때는 부강한 모습을 비추는 듯 했으나 일시에 붕괴해버렸고

---

138) 이춘근. 「종말의 여로를 다시 시작한 북한」. 한국경제연구원 기고문 (블로그 「이춘근 박사의 전쟁과 평화 이야기」, 2010.6.28. http://blog.naver.com/PostView.nhn? blogId =choonkunlee&logNo=90090183549, 2014.1.20. 검색.)

139) 백영훈. 『조국 근대화의 언덕에서: 나라를 위한 생애의 회고』. 서울: 마음과생각, 2014. pp. 163-166.

1880년대에 부강한 나라였던 아르헨티나, 스페인, 포르투갈, 칠레 등이 쇠퇴해버렸다.

반면에 일본은 1880년에 20위 근처에 가지도 못했지만 2000년에는 당당히 제3위 국가에 올라섰다. 독일은 2차 대전의 폐허를 극복하고 강국으로의 도약을 준비하고 있고 유럽연합은 단일국가가 아닌 국가연합이란 새로운 모습으로 국가를 재정비하여 재도약의 시동을 걸고 있다. 러시아, 중국 등도 공산주의 국가에서 사회주의 국가로 변모를 일신하여 새로운 국가를 건설해가고 있다.

이렇듯 국가의 생존과 흥망성쇠는 한 민족과 국가가 어떠한 이상과 철학을 갖고 역사 앞에 서는가에 따라 달라진다. 국가의 생존이 영원히 보장되지 않으며, 영원한 부국도 존재하지 않는다. 맹목적인 이데올로기도 영원하지 않다. 생존과 번영을 위해서는 국가의 기본적인 가치관 정립이 중요하며 어떤 목표와 가치관을 갖느냐에 따라 한 국가의 흥망성쇠가 달라진다는 것이 역사의 교훈이다.

나. 안전보장

한반도 안보의 역사적 전통을 살펴보자면 4백 년 전의 임진왜란, 1백 년 전의 한일병탄, 그리고 50년 전의 한국전쟁 등 지난 2천 년 동안 해양세력과 대륙세력은 코리아를 차지하기 위해 끊임없이 전쟁을 벌였다. 이 전쟁들의 결과에 따라 코리아의 역사는 흥망의 부침을 겪었으며, 앞으로도 이 두 세력의 판도가 어떻게 바뀌느냐에 따라 코리아의 운명이 결정될 것이다. 따라서 우리는 지나간 역사를 통해, 지난 2천 년간 반복되어 온 흥망의 역사적 원인과 메커니즘을 발견해야 한다. 그리고 이를 바탕으로 코리아만의 현실적인 외교안보전략을 펼쳐야 한다. 단순히 어느 한 세력권 속으로 들어가는 것이 아니라, 두 세력 간의 역학구도를 냉철하게 파악하고, 그들과의 관계를 잘 활용함으로써 코리아만의 생존방식을 찾아야 하는 것이다. 또한 주변국들과의 관계에서 감정적으로 대응하기보다는 확고한 중심을 가지고 전략적으로 대응해 나가야 한다.[140]

2013년 체제에 들어선 우리는 동북아에서 신 냉전체제를 맞이하고 있다. 지난 50년 간 이룩한 비약적인 발전은 코리아 전체가 새로운 시대로 도약할 수 있는 발판이 되었다. 그러나 핵으로 무장한 북한의 존재는 우리에게 여전히 망국의 가능성 또한 내재하게 하고 있다. 이 같은 북한을 상대로 안전하고 평화로운 통일을 이루어내야 하는 것이 우리에게 주어진 과제이다.

앞으로 20~30년 후에 중국의 경제력이 미국과 대등해지는 시점이 오게 되면 한반도의 패권구도는 어떻게 바뀔지 모른다. 따라서 이 기간 내에 새로운 운명, 새로운 역사적 선순환을 만들지 못한다면 코리아의 미래는 그 누구도 장담할 수 없다. 운명은 어찌할 수 없는 숙명이 아니라, 우리 자신의 선택으로 얼마든지 바꿀 수 있는 것이다. 이제 새로운 운명을 창조하기 위한 '선택'만이 남아있다 할 수 있다.[141]

이 같은 통일의 노정에서 우리사회 내부적으로 보수와 진보 간에 진통이 예상된다. 동북아 세력균형의 축이 변경될 수 있는 중대한 문제들이 논의되어야 하고 결심되어야 하기 때문이다. 클라우제비츠가 말하는 천재의 역할이 요구되는 차원이며 이러한 리더십을 가진 국가지도자가 절실한 시대적 상황이다.

따라서 한국민韓國民의 정체성과 국가가치를 명료화하고 건전한 전쟁철학에 바탕을 한 국가안보전략이 수립되어야 하며 한국민이 처한 남북관계

---

140) 배기찬. 『코리아 다시 생존의 기로에 서다』. 서울: 위즈덤하우스, 2005. p. 37.
141) 강진석. 『클라우제비츠와 한반도, 평화와 전쟁』. 서울: 동인, 2013. p. 342.

의 이중적 상황을 슬기롭게 극복하고 통일된 미래한국의 비전을 실현해나
갈 수 있는 분별지의 균형을 가진 지도력이 요구된다. [142]

4. 전통과 문화, 윤리

가. 한국사회 가치관의 혼란

우리사회는 지금 급격한 산업화와 민주화의 시련을 겪고 있다. 산업화
와 민주화의 시련은 분배의 문제뿐만 아니라 정치·사회적 가치체계의 문
제를 둘러싸고 지역 간·노사 간·세대 간의 갈등과 대립으로 나타나고
있다. 산업화의 과정에서 파생되는 갈등과 분쟁을 청교도적 윤리체계로
극복해온 서구와는 달리 우리사회는 이와 같은 갈등과 대립을 조정하고
흡수할 수 있는 윤리체계나 규범의식을 발전시키지 못했다. 사회변화에
따라가지 못하는 의식이나 가치체계의 지체현상이 아노미적 정치·사회
현상을 촉발하였으며, 심화되어 나타났다.

사실 지난 60여 년 간 우리의 산업화 과정을 지나치게 물량적 성장에
의존해온 느낌이 없지 않다. 물량적 성장을 통한 빈곤의 극복을 자유롭고
갈등 없는 민주사회의 첩경으로 이해한 것이다. 그러나 물량적 성장에 치
중한 사회변화는 분배를 둘러싼 갈등과 대립을 해결하기는커녕 오히려 사
회·문화적 가치의 분쟁까지도 더욱 악화시켜 놓았다. 왜냐하면 공정하고
합리적인 윤리체계가 수반되지 않은 산업화는 전통적인 윤리체계를 파괴
했을 뿐만 아니라 물질만능주의를 팽배시킴으로써 사회체제변혁의 저항
세력을 대량으로 양성시켜 놓았기 때문이다.

한 사회의 구성원이 자신이 속한 사회체제에 대한 가치와 규범을 내면

---

142) 강진석. 앞의 책. p. 334.

화시키지 못할 때 갈등과 대립이 발생한다. 윤리체계와 공통의 규범의식이 '좋은 사회와 바람직한 행동의 척도이기 때문에 민주화와 사업화의 갈등을 규율할 수 있는 가치와 규범의 모색은 실로 중요한 일이 아닐 수 없다.

오늘날 한국사회의 갈등과 대립현상의 원인은 급격한 산업화에서 유래한다고 할 수 있다. 그 치유책으로 개인적 심리의 차원과 사회·문화적 가치체계의 확립이 절실하다 할 수 있다. 우리사회는 급격한 산업화와 민주화의 와중에서 가정이나 학교는 말할 것도 없고 정치·경제·언론·종교·법 분야에서 공통의 규범의식이 파괴되었다. 따라서 이와 같은 가치의 파괴에 의해서 발생하는 갈등과 대립은 윤리체계의 정립을 통하여 극복할 수 있다. 물론 대립과 갈등의 극복을 위한 처방은 학자에 따라 다르게 나타나고 있다.

이것을 크게 세 가지 정도로 나누어 요약하면, 첫째는 동양적인 정신구조인 중용과 조화의 가치체계 확립이다. 둘째는 이성적으로 각성된 중산층의 역할을 통한 공정성과 합리성의 가치체계 정립이다. 셋째의 처방은 지금까지 한국사회를 지배해온 이기적이고 반민족적 풍요를 배제하기 위한 위로부터의 개혁이 아닌 밑으로부터의 개혁이다. 즉 지배세력에 대한 '民의 압력'을 통한 민족공동체의식의 함양을 제시하고 있다. 이러한 처방은 민주교육과 민족교육의 질적 향상, 국가권력에 대한 사회세력의 강화, 사회적 참여의 확대와 제도화 등을 그 골격으로 하고 있다.[143]

여기서 구조적이고 역사적인 차원에서 발생한 갈등과 대립의 문제를 단순히 사회윤리의 확립으로 극복할 수 있을 것인가 하는 점은 과제이다. 윤리의 문제와 더불어 제도적이고 구조적인 차원에서의 처방도 모색되어

---

143) 장달중. 「윤리체계로 사회적 갈등 극복」. ≪시사저널≫, 1990.7.1; 박공서 외. 『社會變化와 倫理』. 서울: 법문사, 1990. 참조.

야 할 것으로 보인다.

위에서 제시한 처방책 중에서 첫 번째 문제는 국민의 윤리의식 함양 및 교육에 관련된 문제이고 두 번째와 세 번째는 공공 및 정치행정적 차원의 문제이다. 여기서는 이러한 문제의 기반으로 국민의 건전한 윤리 도덕관 확립을 위하여 필요한 우리의 기본적인 윤리사상을 검토해보기로 한다.

나. 전통윤리의 계승 발전

현재 우리 한국사회에 대두되고 있는 여러 가지 문제의 원인을 따져보자면 첫째, 일제에 의한 역사의 단절과 서구 문물을 받아들이면서 외양, 표피적인 요소들만 수용하고 정신과 철학은 수용하여 소화하지 못한 결과라고 할 수 있다. 둘째, 그동안 산업화와 민주화를 거치면서 도덕적 삶에 대하여 고려해볼 시간과 노력이 부족하였다. 셋째, 각계각층의 지도자들이 솔선수범하는 자세가 부족하였다. 경제적 급성장 속에서 이에 걸맞는 정신문화적 성장은 이를 따라가지 못했다. 넷째, 우리의 문화유산과 전통윤리를 너무 경시하고 이를 계승·발전시키는 데 소홀하였다. 이렇듯 종합적인 요소들이 복합하여 한국사회를 리더십의 위기로 이끌었다고 할 수 있다. 따라서 우리가 계승해야 할 한국의 전통윤리 사상은 다음과 같이 정리할 수 있다.

첫째, 인간 존중의 사상을 계승하여 인간의 존엄성을 회복해야 한다. 그것은 원시적인 경천敬天사상, 단군신화의 홍익인간弘益人間의 정신, 화랑도의 세속오계 중 살생유택殺生有擇 정신, 동학사상의 인내천, 오심즉여심, 사인여천 사상 등이다.

경천사상은 하늘을 절대자로 숭배하는 사상이다. 하늘을 도덕적인 양심의 원천으로 여김으로써 끊임없이 자기반성을 통해 도덕적 삶을 영위해 나가려는 하나의 생활철학으로서의 기능을 수행하였다. 또한 하늘이라는 자연의 가치를 인정하면서 동시에 하늘과 땅과 인간의 조화를 추구하는 경천사상은 오늘날 환경위기 극복을 위한 그린 리더십green leadership의 철학적 근거가 된다.

홍익인간의 정신은 인간중심의 인본주의 사상이다. 홍익인간에서 인간은 단순히 '사람'이 아니라 '사람이 사는 세상'을 의미한다. 따라서 홍익인간이란 '사람이 사는 세상인 사회를 크게 이롭게 한다'는 뜻이다. 이를 위한 조건은 인간사회가 평화로워야 하며 윤리와 도덕이 바로 서있어야 이로움이 바로 될 수 있다. 따라서 홍익인간 정신은 절제와 금욕의 인본사상이라 할 수 있다.

살생유택은 인간과 자연을 구별하지 않는 조화의 정신과 인간의 생명을 유지하기 위해 필요한 경우에만 살생을 제한적으로 한다는 것으로서, 살아있는 모든 것을 귀하게 여기고 모든 생명에 가치를 부여하는 생명존중 사상이다.

동학사상의 인내천人乃天은 사람은 곧 하늘과 같고 사람을 섬기는 것은 곧 하늘과 같아서 사람을 섬기는 것이 하늘을 섬기는 것과 같다는 뜻으로 모든 인간의 평등과 인도주의를 표방하고 있다. 오심즉여심吾心卽汝心은 내 마음이 곧 네 마음이란 말로 만민평등사상과 열린 마음의 자세를 나타낸다. 사인여천事人如天은 모든 사람을 하늘처럼 섬기라는 뜻으로 인내천 사상의 모태다.

둘째, 조화 정신을 계승하여 이기주의를 치유治癒해야 한다. 단군사화에서 천·지·인 합일 사상은 천지인 즉 하늘과 땅, 신과 인간이 동일한 근원에서 시작된 존재이며, 궁극적으로는 합일을 지향한다는 사상이다. 단군조선사회는 천·지·인 삼극(삼신, 삼재) 철학사상을 직접 현실에 적용시켜 이상적인 국가를 건설하였다. 최치원의 『난랑비서』鸞郞碑序에 나타난 풍류도와 신선도神仙道 사상, 원효의 화쟁和諍 사상에 나타난 원융회통圓融

會通 사상, 의천의 내외겸전內外兼全, 지눌의 돈오점수頓悟漸修와 정혜쌍수定慧雙修, 동학의 유·불·도儒佛道 사상 등은 자연과 인간의 조화라는 측면에서 조화정신으로 파악할 수 있다. 이러한 조화정신은 한국 사상의 전개과정에서 뚜렷한 특질로 형성되었다.

단군사화檀君史話는 앞에서 살펴본 대로 신화가 아닌 역사로서 재조명돼야 한다. 단군사화는 우리 민족의 근원이며 단군조선의 "성통광명", "제세이화", "홍익인간"의 건국정신은 한국의 국가가치로 정립되어야 한다. 성통광명은 인간의 자기완성을 말하는 것으로서 스스로에게서 일신의 광명을 찾는 것을 말한다. 현대적으로 셀프 리더십의 철학적 기반이다. 제세이화는 세상을 이치로 교화하는 것을 말한다. 이것은 정의와 진리의 구현이자 정치안보 리더십 철학의 기반이다. 홍익인간은, 모든 사람을 널리이롭게 한다는 것은 상생과 공존공영의 정신으로서 평화와 번영차원의 기업과 사회, 국가의 공공 리더십 철학의 기반이라 할 수 있다.

풍류도風流徒는 고조선의 단군에서 발원하여 신라의 화랑으로 이어지는 국선화랑國仙花郞 정신이다. 풍류도의 철학사상은 한민족의 역사 속에 정통성의 뿌리로 전승되어왔으며 특히 신라시대에 와서 풍류도와 화랑사상을 형성하는 데 크게 기여하였다. 신라 멸망 이후에도 화랑정신은 고려시대의 낭가사상郞家思想으로, 조선시대에는 선비정신으로써 그 명맥과 혈맥은 계승되어왔다. 지금까지는 풍류도란 고작 옛 선비들이 흥청망청 놀고 마시는 문화인 것으로 오도되었다. 하지만 그렇지 않았다. 풍류도는 고대한국으로부터 계승돼 온 민족고유의 사상이자, 신선도神仙道를 뛰어넘는 자연·인생·예술이 혼연일체가 된 삼매경에 대한 심미적 표현으로 그 맥이면면히 이어져온 민족문화의 기초이념이다.

그래서 풍류도는 우리 민족문화와 사상전통의 골수라 할 수 있다. 풍류도는 한국인의 얼이며 영성이다. 세속적인 관점에서의 춤·노래 등의 단순한 유희로 파악해서는 안 된다. 풍류도의 기본구조는 한, 멋, 그리고 삶이다.[144) 한은 종교적·형이상학적 가치를 나타내는 말이며 멋은 문화적·예술적 가치를 나타내는 것이라면 삶은 사회적·윤리적 가치이다. 풍류의 가장 적절한 한 말은 '멋'이다. '멋지게, 홍겹게'라는 말은 노래와 춤으로서 신을 내리게 하는 종교적 체험에 그 뿌리를 가진 것이어서 '신난다'라는 표현이 이에 해당한다. 그러므로 신바람의 정서는 '신 내림'ethos, 理念과 로고스logos, 理와 파토스pathos, 氣의 묘합妙合으로 생겨난다. 흔히 파토스만 강조되는 것은 신바람에 대한 오해이고 착각이다. 그래서 사람들은 풍류도를 신바람神明이라고 지칭하기도 한다. 단군정신의 로고스와 파토스를 잇는 매체의 핵심은 '신바람'이다.[145) 현묘지도玄妙之道와 접화군생接化群生을 하나로 관통시켜주는 활력소가 신바람이다. 이 신바람은 우리민족의 집단무의식으로 지금까지 불변의 원동력으로 남아있다.[146) 긍정적·적극적으로 풀어보면 신바람은 문화의 불을 댕기는 것으로 얼마나 발랄하고 아름다운 광경인지 모른다.

풍류정신을 제대로 실천하는 무리로서 삼국을 통일할 수 있었던 신라의 풍류도風流徒라 할 수 있는 화랑은 세 가지 원칙을 지켰다.[147) 즉 현묘한 도를 찾아가는 도정에는 크게 세 가지 원칙이 있었는데 이것이 상마도의相磨道義, 상열가악相悅歌樂, 유오산수遊娛山水이다. '상마도의'는 서로의 도의를 닦는다는 의미로 도의에 맞는 노동, 도의에 맞는 삶, 도의에 맞는 어우러짐을 포함한다. '상열가악'이란 서로 노래와 음악을 즐긴다는 뜻인데, 춤추고 노래하고 노래를 짓고 술을 마실 때 혼자 즐기지 말고 함께 놀이를 벌여야

144) 유동식. 『풍류도와 한국의 종교사상』. 서울: 연세대출판부, 1999.
145) 김용환. 「단군사상과 한류」. 『한류와 한 사상』. 서울: 모시는사람들, 2009; 김형효. 『민본주의를 넘어서』. 서울: 청계, 2000.
146) 김형효. 『동서 철학에 대한 주체적 기록』. 서울: 고려원, 1985.
147) 유동식. 『풍류도와 한국의 종교사상』. 서울: 연세대학교출판부, 1997.

한다는 뜻이다. 그래서 우리 조상들은 고대부터 추수 후에는 함께 모여 하늘에 감사 제사를 지내고 즐겁게 술을 마시고 강강술래 춤을 추었다. '유오산수'는 산수에서 즐기며 논다는 뜻으로, 자연에 활동하고 있는 신비한 기운과의 접촉을 말한다. 그래서 단군조선시대부터 각 지역의 소도(제천단)를 지키는 선랑들은 자연 속에서 명상수련을 하고 무예를 닦았으며, 조선시대 선비들은 자연 속에서 유유자적하면서 노래하였다. 고구려의 조의선인皂衣仙人, 백제의 싸울아비(일본=사무라이), 신라의 화랑花郞이 그 맥이다.

풍류도와 유사한 신선도神仙道는 우리 민족의 핏줄 속에 흐르고 있는 신선神仙 및 신선도사상神仙道思想의 근간으로서 천부경天符經148), 삼일신고三一神誥, 참전계경參典戒經 등을 바탕으로 하고 있다. 또한 우리 고대국가인 환인국桓因國, 환웅국桓雄國, 단군조선檀君朝鮮으로부터 이어져 내려와 고구려의 조의선인, 삼국통일의 기상인 화랑정신 그리고 백제의 무사정신으로 이어지는 민족고유의 정신으로서 고려, 조선, 현대에 이르기까지 도맥道脈을 이어오면서 겨레의 장구長久한 역사적 시원始源에서부터 유래되어 현재까지 전승되어왔다.

셋째, 생명 존중과 더불어 자연의 모든 대상을 소중하게 인식해온 생명 외경사상을 계승해야 한다. 한의학에서 자연과 인간의 관계를 논할 때 빼놓을 수 없는 것이 천지인 합일사상이다. 인간은 자연계의 생물의 일종으로서 시시각각 자연환경과 접촉하고 있으므로 양자의 관계는 분리할 수 없다. 즉, 자연계에는 삼라만상이 있으나 가장 고귀한 존재는 인류이며, 인류는 대자연의 작용에 의하여 생명의 존재가 있고, 다른 생물과 같이 사계의 생장화수장이라는 규율에 순응하며 생명활동의 과정을 완성한다. 이것은 창조 리더십의 철학적 기반이다.

---

148) 대종교의 설명에 의하면 한배하느님께서 환웅을 통해 백두천산에 내려와 천하 만민에게 직접 가르친 것으로서, 교화를 끝내고 어천(御天: 승천)하면서 내렸다고 하는 ≪삼일신고≫와 더불어 교훈경전에 속한다. 조하선. 『베일 벗은 천부경』. 물병자리, 1999.

넷째, 지나친 욕심이나 욕망을 스스로 절제하고 극기해왔던 윤리사상을 회복, 발전시켜야 한다. 일신의 영달과 부귀영화를 넘어서 욕심을 누르고 예의범절을 따른다는 극기복례克己復禮는 공공 리더십과 윤리적 리더십의 철학적 기반이라 할 수 있다.

다섯째, 충·효·예 사상은 우리의 고유의 사상이다. 유교사상으로 잘못 이해하고 있는데 그렇지 않다. 우리 민족의 충·효·예 정신은 환국시대(B.C. 7199년부터)의 '5훈'을 시작으로 하여, 배달국 시대(B.C. 3899년부터)의 '삼륜구서'와 '오상지도'五常之道, 고조선 시대(B.C. 2333년부터)의 '8조금법'과 '중일사상'에 들어있고 삼국시대에 이르러서는 고구려의 조의선인 사상, 신라시대의 세속5계는 배달국 시대에서부터 내려오던 '도의원리' 고조선시대의 '오상지도'五常之道를 원광법사가 화랑도인 '귀산'과 '추항'에게 알려준 충忠·효孝·신信·용勇·인仁인 것이다.

충·효·예는 유교사상이 아니라 동이문화에서 유래된 우리 고유의 사상이다. 순임금과 공자도 동이족임을 감안하면, 우리 고유의 사상을 공자가 체계화했다고 볼 수 있다.149)

충·효·예를 현대적 관점에서 이해하는 것은 매우 중요하다. 왜냐하면 이 정신이 내면화되어 실천으로 연계되기 위해서는 바르게 이해하는 것부터 출발해야 하기 때문이다. 충·효·예는 상호 연관된 하나의 '정신덕목'이자 '윤리와 사랑'의 가치이다. 효는 가정윤리로서 부모와 자녀간의 사랑과 정성을 의미하고 예는 사회윤리로서 타인에 대한 존중과 배려로서 조화와 질서를 유지시켜주는 '틀'이다. 그리고 충은 국가윤리로서 직분에 최선을 다하는 나라사랑 정신을 의미한다.

우리처럼 흩어지지 않는 가정을 가지고 있는 나라는 없다. 한국 어머니의 정은 화합의 정신을 가지고 있다. 우리의 전통적인 대가족주의의에

---

149) 김종두. ≪국방일보≫. 2011.10.24.

서 가족들을 화합시키는 것은 어머니이다. 어머니가 대가족주의 정신을 가지고 형제를 사랑하게 하고, 흩어지지 않게 묶어준다. 한국의 어머니가 가지고 있는 힘은 희생정신, 봉사정신이다. 우리나라의 어머니만큼 희생 정신을 가지고 있는 나라가 없다. 우리나라에는 훌륭한 어머니 정신이 있 다.[150]

따라서 충·효·예를 외래사상으로 보거나 종교적으로 배타시하는 등 의 시각에서 벗어나 우리의 고유 사상으로 이해하는 노력이 필요하다. 이 같이 인간 삶의 조화로운 사상인 충·효·예 사상은 한국인 고유의 인간 중심, 원칙중심 그리고 팔로어십의 철학적 근거를 제공한다 할 수 있다.

여섯째, 이상과 같이 인간관계의 다양성을 인정하는 바탕 위에서 형성 된 윤리규범을 계승, 발전시켜야 한다. 이것은 상생과 공유, 원칙중심 및 인간중심의 조화로운 인관관계 및 인적자원관리 그리고 아름다운 세상을 창조하는 창조 리더십, 소셜 리더십의 철학적 기반이다.

---

150) 백영훈. 『조국 근대화의 언덕에서: 나라를 위한 생애의 회고』. 서울: 마음과생각, 2014.
     p. 243.

기반가치 및 주요가치 실현을 위한 리더십 유형

1. 가치 / 비전 리더십

가. 개념과 대두배경

비전은 개인뿐만이 아니라 국가를 포함한 모든 조직의 미래 청사진이다. 꿈과 환상이 아닌 희망을 더 구체화해서 이루고자 하는 것이 비전이다. 따라서 비전은 구체적 목적이나 구상의 나침반이다. 사실 비전은 모든 리더십의 기본요소이다. 리더십 자체가 조직이나 집단의 효과성에 관계되는 영향력이기 때문에 그 효과성의 궁극적인 목표는 그 조직의 발전이고 그 발전의 목표는 비전의 구현에 있기 때문이다.

사스킨Saskin은 카리스마 리더십의 하나로 비전추구형 리더십을 제시하였다. 이것은 리더가 비전을 설정하고 추구해나가는 데 있어 걸림돌이 되는 조직문화의 혁신에 초점을 두었다. 개인적 역량과 능력이 이러한 유형의 리더십 형성에 결정적으로 중요하다고 주장하면서 아이아코카, 잭 웰치, 젠 칼존 등을 대표적인 비전추구형 리더로 지목하였다.

사스킨과 버크Saskin & Buke는 비전 추구형 리더십의 핵심요소를 3가지로 제시하였다. 그것은 ①권력욕과 같은 독특한 개인 특성 ②비전 실현을 위해서 조직문화를 혁신하는 것과 같이 조직운영에 결정적인 충격을 가함

③독특한 행동양식의 3가지이다. 이러한 요소들을 측정하기 위한 '리더행동질문지'leader behavior questionnair: LBQ가 개발되었다.

베니스와 나너스Bennis & Nanus는 비전을 통한 임파워먼트를 주장하였다. 이들은 성공적인 60명의 CEO들과 30명의 공공부문 책임자들을 대상으로 인터뷰한 결과를 책으로 펴냈는데 여기에서 성공한 리더들의 4가지 전략을 소개하고 있다.

이 4가지 전략은 ①비전을 통한 주의집중 ②효과적인 커뮤니케이션을 통한 의미 창조 ③신뢰의 분위기 구축 ④스스로 먼저 행하여 모범 보이기이다. 연구 대상이 되었던 리더들은 이러한 행동을 통하여 추종자들을 임파워시키고 그 결과로 출중한 성과를 이룩할 수 있었다는 사실을 저자들은 발견해내었다.

이들의 결론은 비전을 통한 임파워먼트에 있었다. 오늘날과 같이 급변하는 조직 환경하에서 리더는 조직이 나아가야 할 방향을 제시하는 길잡이로서의 역할이 매우 중요하다. 리더가 바람직한 비전을 제시하기 위해서는 첫째, 비전은 조직구성원들이 이해하고 내면화시키도록 간단명료해야 한다. 둘째, 그러한 비전은 도전하고 추구할만한 가치가 있는 것이어야 한다Nader & Tushman. 셋째, 사회적 관계 속에서 조직은 다양한 이해관계자의 이해를 만족시킬 수 있어야 한다. 넷째, 비전은 전략과 상호 연관되는 것이어야 한다. 즉, 추상적인 비전은 이상의 제시로써 그치는 것이 아니라 현실적으로 구현될 수 있는 수단을 가질 때, 올바른 가치를 갖는 것이다. 다섯째, 조직의 비전이 실현되기 위해서는 조직구성원들의 적극적이고 자발적인 참여를 유도할 수 있어야 하며, 또 이를 위해서는 비전이 반드시 조직구성원들 사이에 공유될 수 있어야 한다.

요컨대, 오늘날의 모든 조직은 공·사 조직을 막론하고 글로벌 무한경쟁하에서 조직의 생존과 발전을 도모해야 한다. 따라서 조직의 미래 발전을 위한 올바른 방향으로써 비전을 설정하고 그것을 조직구성원들에게 내면화시키며, 구체적 전략을 통해서 현실화시킬 수 있는 리더십이 요구된다.

나. 주요내용

1) 비전의 정의

하버드 경영대학원 교수 존 커터는 "비전은 미래의 그림을 말하는 것으로, 사람들이 그 미래를 창조하기 위해 노력해야 하는 이유를 명시적이거나 묵시적으로 언급하는 것"이라고 정의하였다. 케네디 스쿨의 리더십 교수인 데이빗 거건은 "비전은 조직의 핵심 가치를 반영해야 한다. 리더는 현재 우리가 소유하고 있는 가치에 새로운 생명을 불어넣어야 한다. 그리고 이 시대의 상황 속에 그것을 적용하고, 조직을 잘 리드해 비전을 성취해야 한다."라고 정의하였다.

2) 효과적 비전의 특징(존 커터)

① 상상이 가능해야 한다. 시각적이나 청각적으로 마음에 그려볼 수 있어야 한다.

② 선의, 희생, 정의 등과 같이 바람직한 것이어야 한다. 그래야만 모든 사람을 포괄할 수 있다.

③ 실행 가능한 것이어야 한다. 균형이 잡혀 있고, 리더와 추종자 간의 의사소통이 가능해야 한다.

④ 초점이 있어야 한다. 가능하면 구체적으로 "예", "아니오"라고 답변할 수 있을 정도여야 한다.

⑤ 유연해야 한다. 상황과 조건의 변화에 따라 적응할 수 있어야 한다.

⑥ 이해할 수 있어야 한다. 리더는 추종자에게 설명할 수 있어야 한다. 직접적으로 혹은 미디어를 통해 설명할 수 있어야 한다.

3) 비전리더의 역할

① 리더는 비전의 대변자: 대변자로서의 과제는 조직 내부의 사람들과 조직 외부의 주요 이해 관계자들에게 조직이 어디를 지향하는지를 본능적으로 이해시키고 비전에 동참하도록 만드는 것이다. 또한 리더는 비전에 대해 위기의식을 가져야 하고 사람들이 이러한 위기를 이겨낼 수 있도록 도와주며 장기적인 비전에 계속 집중하도록 하는 일은 대변자로서 리더가 도전해야 할 과제인 것이다.

② 리더는 변화 추진자: 리더는 변화 추진자로서 비전의 실현을 위해 필요한 투자 결정을 내리고 그에 따른 조직 변화를 이룩하는 데 그 목적을 둔다. 이 역할을 해낼 수 있는 비범한 능력을 가질 때, 비전을 여는 리더는 미래를 창조하며 그리고 그 과정에서 사람들의 사고방식을 변화시킨다. 직접적이든 간접적이든, 비전 달성을 보다 더 가능하게 만들기 위해서 비전을 지원해주는 전략적 사고를 전개하고 조직풍토로 바꾸는 일을 할 수 있다.

③ 리더는 코치: 코치로서의 역할은 부하와의 관계에 관련된다. 코치의 주된 역할은 새로운 비전에 의해 행동하도록 사람들의 능력을 신장시키며 비전에 계속 헌신적으로 참여하도록 도와주는 것이다.

4) 중간 관리층의 리더

중간계층의 관리자들의 비전은 상위계층의 비전을 지원해주어야 하며 상사와 협조 관계를 구축하여야 한다. 그리고 부하직원들에게는 그들을 신뢰하고 있고 후원하고 있다는 것을 알게 하여 그들의 능력을 신장시켜야 한다. 그런 다음 보다 장기적인 문제들에 주의를 쏟는다. 단위조직에 영향을 미치는 환경변화에 관한 정보를 수집하도록 한다. 새롭게 나타나는 위협과 기회들을 찾아 어떠한 방식으로 일들이 이루어지며 어떻게 하면 개선될 수 있는지를 자신뿐만 아니라 다른 사람들에게도 계속 물어보아 탐색의 기회를 마련하도록 한다.

다. 비전 리더십 전략

1) 비전의 탐색

조직에서 새로운 비전 모색이 필요한 시기는 첫째, 조직의 목적에 대해 구성원들이 혼란을 겪고 있을 때. 둘째, 조직원들이 도전적인 일이 충분하지 않다고 불평하거나 더 이상 즐겁다고 말하지 않을 때. 셋째, 조직원들이 미래를 회의적으로 보거나 현재에 대해 냉소적일 때. 넷째, 조직이 정당성, 시장의 주도적 위치, 또는 혁신에 대한 명성을 잃고 있을 때, 혹은 새로운 경쟁자가 나타났을 때. 다섯째, 조직이 외부환경의 동향에 적응하지 못할 때. 여섯째, 조직 내에서 자부심이 사라지는 징조가 있을 때. 일곱째, 모험을 지나치게 회피하여 구성원들이 변화에 저항할 때. 여덟째, 발전이나 중요한 계기에 대한 공통된 인식이 결여되어 있을 때. 아홉째, 구성원들이 최고 경영진을 불신임하고 있을 때이다.

2) 비전 만들기

버트 나누스Birt Nanus는 '비전리더의 실천과제'를 그의 저서에서 다음과 같이 제시하고 있다.151)

① 조직의 현 상태와 방향 평가
● 목적, 사명과 가치 인식
리더는 조직의 사명이나 목적은 무엇인지, 사회에 제공하는 가치는 무엇인지, 조직이 현재 속에 있는 산업이나 제도적 틀의 성격은 무엇인지,

---

151) 버트 나누스. 『비전 리더십』. 박종백, 이상욱 역. 서울: 황금부엉이, 1994.

해당 산업 내에서 차지하는 조직의 독특한 위치는 무엇인지, 조직은 성공하기 위해서 어떤 조치를 취하고 있는지를 확인해야 한다.

● 조직 운영 방식의 이해

리더는 행동과 의사결정을 지배하는 가치와 조직 문화는 무엇인지, 조직 운영상의 강점과 약점은 무엇인지, 현재의 전략은 무엇이며, 그 전략은 조직에서 옹호될 수 있는지 등에 관한 조직 운영 방식을 명확히 이해하여야만 한다.

● 조직이 현재 지향하는 방향 검토

조직은 분명하게 명시된 비전을 가지고 있는가? 만약 그렇다면, 그것은 무엇인가? 조직이 현재의 방향을 계속 유지한다면, 조직은 향후 10년간에 걸쳐 어디로 향할 것인가? 그 방향이 얼마나 바람직할 것인가? 조직의 핵심 인물들은 조직이 어디로 향하고 있는지를 알고 있으며 그 방향에 대해 의견 일치를 보고 있는가? 조직의 구조·과정·인센티브 및 정보 시스템은 현재의 조직의 방향을 지원해주는가?

② 비전의 범위 결정

비전의 범위를 정하기 위한 평가기준들은 다음 3가지가 있다. ● 새로운 비전의 범위는 무엇인가, 예를 들어 시간적, 지리적, 사회적 제약 조건이 있는가? ● 비전이 달성해야 하는 것은 무엇인가? 비전이 성공적이라는 것을 어떻게 알 수 있을까? ● 비전에는 어떤 근본적인 쟁점들이 제시되어야 하는가?

③ 미래 조직 환경의 검토

● 미래의 조직 환경의 이해

비전이란 수많은 가능한 미래들 중에서 어느 하나를 선택한 것이다.

가장 바람직한 비전을 선택할 수 있도록 여러 가지 비전을 만들거나 다른 사람들이 비전을 만들어낼 수 있도록 고무시키는 일이 리더가 담당해야 할 몫이다. 이는 장차 조직에 영향을 미칠 수 있는 외부 환경전체에 대한 충분한 검토 없이는, 현실적이고 바람직한 조직의 미래에 대한 결정을 내릴 수 없다. 여기에는 사회적, 정치적, 경제적, 기술적, 제도적 환경의 측면 들뿐만 아니라 중요한 모든 이해관계자의 미래가 포함된다.

• 예상되는 미래의 중요한 발전 파악

제1단계: 미래를 검토하기 전에, 관련된 발전 범주를 모두 파악한다. 이들 범주에는 조직이 충족시키는 욕구와 요구들의 변화, 주요 이해관계 자들의 변화, 경제·정치·사회·기술 환경의 변화가 포함된다.

제2단계: 각각의 범주를 조사하고 조직에 중요하다고 생각되는 변화들을 나열한다. 변화목록을 작성할 때, 미래가 연속성, 변화, 선택이라는 세 부분으로 구성된다는 것을 유의하여야 한다.

• 발전의 중요성과 발생가능성 평가

비전을 선택하는 것과 관련된 모든 항목들을 대략적으로 검토하고 나서, 비전을 선택하는 데 미칠 영향의 정도에 근거하여 이들 항목을 네 단계의 우선순위로 구분한다. 그런 다음, 첫 번째 우선 선택된 항목들을 면밀하게 검토하고, 추가 분석을 위해 가장 핵심적인 몇 개의 항목을 선정한다. 그 우선순위를 기술하는 데 가장 좋은 방법은 이들 항목을 가능한 한 계량화하는 것이다. 그런 다음 발생가능성의 정도를 척도에 따라 파악한다. 발생확률의 평가는 발전들이 일정기간 내의 어느 시점에서 발생할 것이라는 가정에 의한다.

• 시나리오 작성

비전을 그려볼 수 있는 가장 좋은 방법은 개별 기대들을 하나의 시나리오에 결합하는 것이다. 시나리오를 작성하는 가장 좋은 방법은 매우 영향력이 큰 발전들을 검토하여 어떤 주제 또는 '동기'를 끄집어내는 것이다. 주제들은 뚜렷하게 구분되어야 하며, 미래의 외부 환경에 대한 선택 대안들을 망라할 수 있어야 한다. 가능한 주제를 파악한 후에는, 적절한 범위의 결과를 대표하는 주제를 서너 개 선택한다. 그리고 목록의 모든 기대들을 서너 개의 주제에 분류한다. 각각의 시나리오를 위해 선택한 기대들은 서로 일관되어야 하며 주제와도 일관되어야 한다. 기대들을 분류하고 나면, 시나리오의 작성에 착수한다. 되도록 시나리오에서 시사한 대로 세상이 변화될 것이라고 할 수 있도록 신뢰할 수 있는 스토리를 구성하는 것이 중요하다.

3) 비전 선택

비전의 선택은 다음과 같은 과정을 통하여 선택한다. 첫째, 새로 만들 비전이 차지하는 영역을 검토한다. 둘째, 비전대안을 작성한다. 셋째, 비전대안을 평가하고 최선의 대안을 도출한다. 넷째, 비전 기술서를 작성한다.

이렇듯 비전을 만들려면 리더는 이해력이 뛰어나야 한다. 호프슈타터 Douglas Hofstadter는 리더의 이해력에 대한 필수 능력을 다음과 같이 규정한다. ①상황에 매우 유연하게 대처할 수 있는 능력 ②예기치 않은 상황을 이용할 수 있는 능력 ③애매하거나 상반되는 메시지의 의미를 이해하는 능력 ④어느 한 상황의 서로 다른 요소들의 중요성을 인식할 수 있는 능력 ⑤ 이점에서 유사성을 발견할 수 있는 능력 ⑥낡은 개념을 다른 방식으로 결합시켜 새로운 개념을 종합하는 능력 등 여섯 가지를 들고 있다.[152]

---

152) 더글라스 호프슈타터. 『이런 이게 바로 나야 Ⅰ』. 서울: 사이언스북스, 2012. p. 25.

2. 변혁적 리더십

가. 개요

가장 최근에 대두된 가장 포괄적인 리더십 접근법이 변혁적 리더십이다. 이것은 과거의 거래적 리더십에 대한 새로운 리더십 패러다임으로서 리더가 어떻게 팔로어들로 하여금 뛰어난 업적을 성취하도록 고무시킬 수 있는가를 다루는 접근법이다. 변혁적 리더십은 교육기관, 군 조직, 정부조직, 산업조직 등 다양한 조직의 전 계층에서 성공적인 리더들로 잘 관찰된다.153)

변혁적 리더십은 명칭 그대로 구성원의 정서, 가치관, 윤리, 행동규범, 장기적 목표 등을 변화$_{change}$하고 변혁$_{transforming}$시키는 과정이다. 이 과정에는 구성원의 동기를 평가하고 요구를 충족시키며 구성원들을 완전한 인격체로 대우하는 것을 포함한다. 또한 기대 이상의 업적을 성취하도록 하는 특별한 형태의 영향력이다.154) 변혁적 리더십은 카리스마적$_{charismatic}$ 리더십과 비전적$_{visionary}$ 리더십 개념을 포괄하고 있다.155)

변혁적 리더십이란 용어는 1973년 다운톤$_{Downton}$이 처음 제시했으며, 미국의 정치사회학자 번스$_{Burns, J. M.}$가 1978년 미국을 변화시킨 리더들을 분석한 저서 『리더십』$_{Leadership, 1978}$을 통해 새로운 접근법으로 대두되게 되었다.

변혁적 리더십의 핵심은 리더가 조직구성원의 사기를 고취시키기 위해 미래 비전과 공동체적 사명감을 조성하며, 조직의 장기적 목표를 달성하는 것이다. 변혁적 리더는 구성원에게 개인의 이익보다는 조직 전체의

---

153) Avolio, B. J., Waldman, D. J. & Einstein, W. O. "Transformational Leadership in a management game simulation". *Group and Organizational Studies* 13, 1988, pp. 59-58.
154) Bass, B. M. & Rigio, R. E. *Transformational Leadership* 2nd ed. mahwa, NJ: Lawrence Erlbaum. Peter G. Northous, op.cit., p. 175. 재인용.
155) Peter G. Northous. 앞의 책. 김남현 역. p. 237.

이익을 우선하여 영감을 불어넣어주며, 엄청난 영향을 미칠 수 있는 것이다.

이러한 관점에서 킹 목사_{Martin Luther King}, 링컨 대통령_{Abraham Lincoln}, 케네디 대통령_{John F. Kennedy}, 처칠 수상_{Winston Churchill}, 혹은 간디_{Mahatma Gandhi} 등과 같은 리더들이 보여준 리더십은 바로 '변혁적 리더십'이라고 할 수 있다.[156]

1985년 배스_{Bass}는 변혁적 리더십을 확대 발전시켰다. 정치적 리더십을 연구한 번스와는 달리 배스는 비즈니스 리더들을 집중 연구하였다.

기업조직에서 볼 수 있는 변혁적 리더십의 예로는 보다 높은 수준의 공정성과 윤리성이 경영의 관행에 반영되도록 하기위해 회사의 기업가치관을 변화시키려 시도하는 경영자를 들 수 있다. 경영자와 종업원 모두 수준 높은 도덕성을 추구한다.

나. 주요 내용

1) 개념과 특징

배스_{Bass}는 구성원들로 하여금 개인적 이해관계를 넘어 기대 이상의 성과를 달성하도록 하는 과정이 변혁적 리더십이라고 했다. 변혁적 리더십은 구성원들이 기대 이상의 과업을 달성하도록 하기 위하여 첫째, 구성원들이 인식하고 있는 이상적인 목표의 가치와 중요성을 높이고 둘째, 구성원들이 자신의 조직과 집단을 위해 개인의 이익을 초월하도록 하고 셋째, 구성원들의 성취 욕구를 만족시키고 더 높은 차원의 욕구에 관심을 갖도록 하는 것이다. 배스는 변혁적 리더십이 위기의 상황이나 사회적 변화가 일어날 때 효과적이며, 유기적 구조를 가진 조직이기 때문에 기계적인 조직보다 더 효과적이라 했다.

---

156) Peter G. Northous. 앞의 책. p. 169.

2) 변혁적 리더십의 구성요소

(1) 카리스마

카리스마는 변혁적 리더십의 가장 핵심적인 구성요소이다. 즉 구성원들이 리더가 제시한 비전을 따르도록 하는 특별한 능력을 의미한다. 배스는 카리스마 리더란 구성원에게 직무에 몰입하고 조직에 충성심을 갖도록 만드는 것이라고 정의했다. 그러나 카리스마가 변혁적 리더십의 필수 구성요소이기는 하지만 변혁적 리더십 자체를 모두 설명하지는 못한다. 변혁적 리더는 구성원들에게 강한 감정적 동일시를 유발하여 영향력을 행사하고, 구성원들을 발전적으로 변화시킨다.

(2) 영감적 동기부여

영감적 동기부여란 구성원들에게 비전을 제시하고 열정을 불러 일의키며 격려를 통해 에너지를 북돋우고 업무에 매진하도록 만드는 행동이다. 영감적 동기부여는 카리스마와 별개로 자발적으로 일어난다. 만약 구성원들이 리더와 일치하는 감정이 없고, 리더 개인에게 이끌리는 것이 아니라 리더의 목표에 이끌린다면 이는 영감적 동기부여이다.

(3) 개별적 배려

개별적 배려란 구성원들이 가지고 있는 개인적인 욕구 및 능력의 차이를 인정하는 것이다. 개인을 그들의 욕구 수준보다 높은 수준으로 끌어올리며, 구성원들로 하여금 높은 성과를 올릴 수 있도록 잠재력을 개발해주는 행동이다.

(4) 지적 자극

지적자극이란 구성원들로 하여금 업무수행의 과거 관습에 대해 문제를 제기하고 새로운 방식을 사용하도록 지원한다. 구성원의 가치관, 신념, 기대에 대해서도 끊임없이 의문을 제기하도록 지원해주는 행동이다.

3) 변혁적 리더의 요건

(1) 베니스Bennis와 나누스Nanus는 변혁적 리더가 견지해야 할 이상적인 모습을 다음과 같이 제시하고 있다.[157]

① 변혁적 리더는 구성원의 실수를 포용한다.

② 변혁적 리더는 구성원의 진지한 조언을 장려한다.

③ 변혁적 리더는 반대 의견을 장려한다.

④ 변혁적 리더는 낙관, 신념, 희망을 소유하고 있다.

⑤ 변혁적 리더는 일종의 감을 가지고 있다.

⑥ 변혁적 리더는 장기적인 안목이 있다

⑦ 변혁적 리더는 이해집단의 갈등과 요구를 균형 있게 조정한다.

⑧ 변혁적 리더는 전략적인 동맹과 협력관계를 만든다.

(2) 유클Yukle은 변혁적 리더가 실천해야 할 전략적 지침을 다음과 같이 제시한다.

① 명확하고 호소력 있는 비전을 개발하라.

② 비전을 달성할 수 있는 전략을 개발하라.

③ 확신을 가지고 긍정적으로 행동하라.

④ 구성원들에게 확신을 표명하라.

⑤ 핵심가치를 강조하기 위해서 극적이고 상징적인 행동조치를 개발하라.

⑥ 모범을 보여서 리드하라.

---

157) W. Bennis & Nanus. *Leader: The Strategies for taking charge.* New York: Harper collins, 1985.

다. 변혁적 리더십 종합모형

변혁적 리더십과 거래적 리더십은 상호 보완적이다. 변혁적 리더십은 거래적 리더십의 상위개념이며, 거래적 리더십이 만들어내는 이상의 수준으로 구성원의 노력과 성과를 이끌어 낸다. 반면에 거래적 리더십은 변혁적 리더십이 만들어낼 수 있는 것 이상으로 이끌어내지 못한다. 리더를 추구하는 사람이 변혁적 리더 특성을 가지고 있지 못하면 그는 보통의 리더에 불과할 뿐이다. 최고의 리더는 거래적이면서 변혁적이어야 한다.[158]

그림2-1은 변혁적 리더십 종합모형이다. 자유방임적 리더는 가장 소극적이고 효과가 낮은 리더의 행동으로 비효과적이다. 예외관리는 적극적이든 소극적이든 자유방임보다는 조금 낫지만 여전히 비효과적인 리더십이다. 예외관리를 실행하는 리더들은 어떤 문제가 발생 했을 때만 리더십을 발휘하므로 흔히 리더십 발휘가 늦어진다. 조건적 보상을 연계한 리더십은 효과적일 수 있으나 한계가 있다. 즉 주어진 임무 이상의 것은 할 수 없다.

변혁적 리더십만이 리더가 구성원에게 기대 이상의 성과를 도출하고 조직을 위해 개인의 이익을 초월하게 동기부여 할 수 있다. 개별적 배려, 지적 자극, 영감적 동기유발, 카리스마 모두가 구성원들로 하여금 많은 노력, 높은 생산성, 높은 사기와 만족, 높은 조직 효과성, 낮은 이직률, 낮은 결근율, 높은 조직 적응력을 이끌어낼 수 있다. 이러한 모형의 관점에서 볼 때, 일반적으로 리더가 네 가지 변혁적 리더행동을 적절하게 사용할 때 가장 효과적이다.

---

158) Peter Northous. 앞의 책. p. 177.

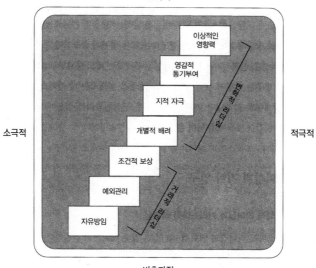

효과적

이상적인
영향력

영감적
동기부여

지적 자극

개별적 배려

변혁적 리더십

조건적 보상

예외관리

자유방임

거래적 리더십

소극적

적극적

비효과적

〈그림2-1〉 변혁적 리더십 종합모형

자료: Stephen P. Robinsons & Rimothy A. "Judge". *Essentials of Organizational Behavior* 9th ed. New Jersey: Person Prentice, 2008. p. 190.

라. 평가

변혁적 리더십은 현대 리더십 연구의 대표적 연구로 지위를 확보하고 있다. 특히 변혁적 리더십이 부하들의 욕구와 가치관 그리고 도덕성을 강조함으로써 다른 접근법들과 구별된다. 따라서 이 같은 관점에서는 독재자들에 의한 강제적 권력의 사용은 리더십 모델로 인정될 수 없다.159)

변혁적 리더십은 전 세계적으로 상이한 국가, 상이한 직업군, 상이한 직무 수준에서 효과적인 리더십으로 지지되고 있다. 미국, 캐나다, 독일군

---

159) Peter Nothous. 앞의 책. p. 259.

장교들에 대한 연구뿐만이 아니라 우리나라에서도 군에서 변혁적 리더십의 적용은 효과적인 것으로 증명되었다.[160]

변혁적 리더십은 완벽하지 않다. 리더십 종합 모형과 반대로 보상연계 리더십은 때로는 변혁적 리더십보다 더 효과적인 경우도 있다. 그러나 전반적으로 변혁적 리더십은 거래적 리더십보다 효과적이며 카리스마와 같이 학습될 수 있는 것으로 나타났다.[161]

3. 글로벌 리더십

가. 개념과 대두배경

21세기는 이미 글로벌 리더십global leadership의 시대이다. 국경을 넘어 지구 전체가 하나의 단위로 변화하여 세계화globalization의 시대 또는 지구촌 시대라고 정의할 수 있다.

글로벌 리더십에 대한 통일된 정의는 내려져 있지 않은 상태인데 이는 글로벌 리더십을 구성하고 있는 역량(지식, 기술, 태도, 행동 등)에 대한 정의가 다르기 때문이다. 글로벌화에 따라 요구되는 리더십 역량도 변화하고 있는데 글로벌화가 가속화될수록 요구되는 역량수준도 넓어지고 있다.

이 세계화 또는 지구화란 개념은 최근에 대두된 것으로서 과거의 국제정치, 경제, 문화적 측면의 지구촌 공동사회를 지칭하는 새로운 패러다임이다. 1970~80년대에 대두된 화두는 국가가 아닌 인류의 관점에서 환경파괴, 전쟁, 빈곤 등의 지구적 문제를 해결하여야 한다고 하여 '지구적으로

---

160) 최병순. 앞의 책. p. 264. 각주 참조.
161) 강정애 외. 『리더십론』. 서울: 시그마프레스, 2010. p. 169.

생각하고, 지방적으로 행동한다.'는 표어가 등장하였고, 1990년대에는 경제를 중심으로 세계화가 가속되었다. 2000년대에 와서는 디지털과 정보혁명으로 국경이 사라졌다.

글로벌 리더들은 국제화와 빠른 변화를 이해하고 대비하여야 한다. 정보혁명은 글로벌 리더의 시야와 영향력을 한층 증대시켰다. 전 세계의 사람들과 빠른 속도로 의사소통할 수 있는 능력을 가지게 되었다. 그들은 중앙정부, 거대한 관료조직 및 국가의 도움을 필요로 하지 않는다. 영토의 한계를 넘어 '국적 없는' '경계 없는' '가상의' 기업에서 활동할 수 있는 초국가적인 리더십 역량을 구비하지 않으면 다국적 기업환경하에서 생존할 수 없는 시대가 되었다.

나. 지구촌시대의 주요 이슈들

1) 글로벌 정치환경

지구촌 사회에서 안보 개념은 과거 군사 위주의 전통적 안보 개념에서 비군사 및 환경, 인간 안보까지를 포함하는 포괄적 안보 개념으로까지 확대되었다. 이념에 의한 냉전이 종료되고 미국주도의 패권시대의 도래로 평화가 찾아오는가 했는데 새롭게 대두된 것이 종교적 분쟁과 테러리즘이 대두되었다.

중국의 급속한 경제 성장에 따라 과거와는 다른 정치 군사적 영향력이 증대되고 있으며 특히 북한의 핵문제 해결 방향과 관련하여 미국을 중심으로 한 세계 패권 구도에 있어서 새로운 정치 환경이 조성되고 있다.

2) 글로벌 무역 및 통상환경

글로벌 무역 및 통상환경은 WTO와 FTA로 대표될 수 있다. 국제 무역

구조를 알기 위해서는 국제무역기구wto 체제를 이해하는 것이 중요하다. 이것에 대한 이해가 없이는 현세계의 자유무역체제를 이해 할 수 없다. WTO가 탄생하기 전에는 '무역 및 관세에 관한 일반협정'GATT가 자유무역체제의 기본 틀을 제공하여주었다.

1948년 1월에 발족한 GATT의 기본 원칙은 관세와 과징금 이외의 수출입 장벽을 폐지하고, 관세를 낮추고, 무차별 대우를 확대하는 것이었다. 그러나 현실적 운용에 있어서는 회원국들의 다양한 요구를 반영하여 여러 가지 예외적 조항들이 인정되었지만, 관세 인하는 대폭적으로 이루어졌다. 1967년의 케네디라운드와 1979년의 도쿄라운드에서는 광공업제품의 관세율을 각각 30% 삭감하는 데 성공하였다.

이처럼 세계 자유무역체제의 보루였던 GATT에도 시련이 왔다. 시련은 3방향에서 왔다. 첫 번째는 미국이 2차 세계대전 이후 감당해왔던 슈퍼파워의 역할을 감당하지 못하게 된데서 비롯되었다. 냉전중의 세계에서 서방의 패권국인 미국이 신흥공업국들 특히 일본과 독일 그리고 제3세계의 상품들을 대량으로 수입하였으나 1980년대에 들어와서는 미국의 무역 적자가 심각한 수준에 이르게 되었던 것이다. 미국의 보호무역주의가 자유무역을 위협하기 시작하였다. 새로운 자유무역체제가 필요하게 되었다. 두 번째는 서비스 무역, 지적재산권 문제, 무역관련 투자문제 등 GATT 체제로는 감당할 수 없는 새로운 무역 이슈들이 등장하였다. 세 번째는 GATT체제가 효과적으로 감당할 수 없는 농산물 교역문제였다.

이러한 배경에서 다자간 무역협상인 우루과이 라운드가 1986년 9월 정식으로 출범하여 1994년에 타결되었다. WTO의 창설, 서비스 및 지적 소유권 등 새로운 교역 분야의 추가, 40%에 이르는 큰 폭의 관세율 인하 등 성과를 거두었다.

자유무역협정FTA: free trade agreement은 국가 간의 상호 무역 증진을 위해서 상품과 서비스의 이동을 자유화시킬 목적으로 양국 간 또는 여러 나라 간에 체결하는 특혜적인 협정이다. 왜 자유무역협정이 필요한가는 WTO 자체가 자유무역을 추구하고 있지만 너무 많은 나라가 회원국으로 있어 보다 폭넓은 무역 자유화의 추진이 그만큼 더딜 수밖에 없다는 한계가 있기 때문이었다. 1995년 WTO 체제 출범 이후 FTA 체결 수가 증가하고 있다는 것은 시사한 바가 크다. FTA는 관세의 인하나 경쟁조건의 향상 등과 같은 경제적인 효율의 향상뿐만이 아니라 정치 외교적인 연계가 강화되는 효과도 있다.

그러나 FTA가 양국의 전반적인 경제에 도움을 준다고 하더라도 상대적으로 취약한 산업분야는 결정적인 어려움을 겪을 수 있다는 난점이 있다. 2004년 발효된 우리나라와 칠레간의 FTA에서 보듯이 칠레와의 관계에서 상대적으로 낮은 경쟁력을 가지고 있는 농업 분야의 반발이 컸다. 미국과의 FTA 교섭에서도 이러한 취약 산업분야 반발이 거셌다.

그러나 농업분야 경쟁력이 약하다고 하여 국가의 전반적인 이득이 있음에도 불구하고 국내의 농업만을 위하여 FTA를 체결하지 않을 수도 없는 것이 현실이다. 우리나라는 아직도 경제의 무역의존도가 70%에 육박하고 있고, 우리 경제는 대외 무역을 통한 경제 발전과 성장에 의존하고 있다. 우리나라는 자유무역의 수혜자인 것이다. 따라서 농업 등 취약한 산업을 지원하는 방안을 추진하면서 동시에 자유무역 협정 추진을 병행하는 것이 옳은 해법이다.

3) 세계의 자유무역지대

FTA는 양국 간에도 체결하지만 여러 나라가 함께 체결하여 하나의 자유 무역권을 형성하기도 한다. 세계에서 가장 큰 FTA는 미국, 캐나다, 멕시코 3국이 참가하고 있는 '북미자유무역협정'NAFTA: north america free trade agreement으로 1994년 발효되었다. 유럽연합EU 통합의 진전과 아시아 경제권의 형성에 대응하는 분위기에서 발족했다. 국내총생산량GDP에 있어서는 EU와 동아시아를 넘는 가장 최대 규모이다. 2002년 통계에 의하면 이 지역 인구는 약 4.2억이며, 국내 총생산액은 12조 3천억 달러이다. 장래 쿠바를 제외한 중남미 전체를 포함하는 '미주자유무역권'FTAA: free trade area of the americas으로 확대하려는 움직임이 있다.

두 번째로 큰 자유무역권은 유럽연합EU: europe union이다. 1991년 구주공동체EC를 발족시키고 가맹국 공통의 외교안보정책과 통화를 목적으로 하는 유럽연합조약 즉 '마스트리히트' 조약을 계기로 발족하였다. 유럽의 통화 즉 '유로'는 가맹국 15개국에서 단일화로 유통이 결정되었다. 인구 4.5억에 국내총생산은 11조에 달한다.

세 번째는 아직 정식으로 자유무역지대가 형성된 것은 아니지만, 1992년의 '동남아시아국가연합'ASEAN 정상회의에서 합의된 구상이다. 아세안 가맹 10개국이 참가하여 관세 철폐 등의 목표가 실현될 경우 EU나 NAFTA의 인구를 상회하는 단일 시장으로 부상할 전망이다. 인구는 5.4억에 이르나 총생산은 약 7,000억 달러에 머물고 있다.

여기에 더하여 현재 이른바 ASEAN+3(한국, 중국, 일본)의 지역경제협력 틀이 활발하게 추진되고 있다. 한국, 중국, 일본의 세 나라가 포함된 동아시아 경제권은 현재 북미, 유럽과 함께 세계 3대 경제권을 형성하고 있다. 인구는 20.4억, 국내 총생산은 약 7조 5천억 달러에 이르는 거대 경제권이다.

그러나 이 세 경제권은 서로 배타적이라고 할 수는 없다. 상호간의 경제 교류가 없이는 현재의 경제수준을 유지 할 수 없을 정도에 이르렀다. 세계는 지금 확대되어가고 있는 '유럽연합', '북미자유무역권'을 넘는 '미주

자유무역권', 그리고 지금 형성되어가고 있는 '동아시아경제권' 등 자유무역권의 확대가 가속화 되고 있다.

4) 국제금융 시장과 통화관리

2007년 '서브프라임 모기지 사태'subprime mortgage로 인하여 국제 금융위기가 발생하였다. 이것은 미국의 상위 10위권에 드는 초대형 모기지론 대부업자가 파산하면서 시작된, 미국만이 아닌 국제금융시장에 신용경색을 불러온 연쇄적인 국제경제 위기를 말한다. 이렇듯 국제 금융위기가 발생하자 기존의 국제 금융시스템으로는 한계를 느끼게 되었고 국제사회는 또다시 새로운 시스템을 모색하게 되었으며 한국의 적극적인 제안으로 G20 회의를 개최하게 되었다.

5) 글로벌 인간, 환경 이슈

최근에는 글로벌 이슈로서 인간, 환경에 대한 문제가 핵심으로 대두되었다. 환경문제는 우리가 일상적으로 생활하는 환경 그 자체의 문제를 다루고 있다. 과거와는 달리 환경문제가 국제 이슈화한 것은 경제 발전과 과학 문명의 발달에 따라 환경의 파괴 속도가 가속화되어 더 이상 방치할 수 없는 절박한 상황에 직면하게 되었기 때문이다. 이제 환경문제는 국제정치, 무역, 투자 등 다방면에 그 영향을 미치는 중요 글로벌 이슈가 되었으며 글로벌 리더십의 핵심 아젠다가 되었다.

환경문제의 특징은 첫째, 환경문제의 가장 근본적인 성격이 인류의 생존 조건과 직결된 절박한 문제라는 것이며 둘째, 파괴되고 있는 환경의 대부분이 공공재적인 성격을 가지고 있다는 것이고 셋째, 환경오염은 다른 지역과 국가로 쉽게 확산되는 초국가적 성격을 가지고 있다는 점이며 넷째, 그 범위는 대기오염, 해양오염, 수질오염 등과 같은 오염 문제로부터 시작하여 자원의 고갈, 생물 다양성의 파괴, 산림파괴 등 그 분야를 일일이 열거하기 어려울 정도로 다양함이고 다섯째, 환경은 한번 파괴되면 복구가 어렵다는 점이다.

이와 같은 특징을 가진 환경문제를 해결하기 위하여 국제사회는 여러 가지 노력을 경주하고 있는데 1972년 스톡홀름에서 개최된 UN 환경회의는 113개국이 참가하였으며, 다음과 같은 성과를 거두었다.

첫째, '인간 환경선언'과 '인간환경을 위한 행동계획'을 채택함으로써 미래의 환경 협력을 위한 틀을 제공하였다.

둘째, 세계 환경 협력의 중심 조직으로써 '유엔환경계획'UNEP: united nations environment program의 창설을 결의하였다.

셋째, 지구적 규모 또는 지역적 규모의 환경 네트워크 수립에 기여하였다.

그 이후 UN을 중심으로 많은 환경관련 협약 및 의정서들이 채택되었다.162) 1980년대의 획기적인 성과 중의 하나는 환경문제 해결을 위한 중요 개념인 '지속 가능한 발전'sustainable development의 개념이 등장하였다. 1992년에는 브라질 리우에서 개최된 환경과 개발에 관한 세계 정상회의(150개국, 135개국 정상 등 총 4천 500명 참석)에서 '리우선언'Rio declaration 과 지속가능한 발전의 실행을 위한 '의제 21'agenda 21이 채택되었으며, 기후변화 기본협약united nations framework on climate change, 생물다양성보존협약convention on biological diversity이 서명되었고, 삼림원칙선언forest principles이 채택되

---

162) 1970년대에는 주로 해양에 대한 유독성 폐기물 또는 기름 투기방지 협약들이, 1980년대에는 지구환경문제 해결을 위한 논의들이 주를 이루었다. 주요성과들은 ①1983년 '국제열대목재협정'(ITTA: international tropical timber agreement), ②1985년 지구 오존층보호를 위한 '비엔나 협약'(Vienna convention for the protection of the ozone layer)과 '몬트리올 의정서'(Montreal protocol) 체결, ③1989년 유해 폐기물 처리에 관한 '바젤협약'(Basel convention) 등이다.

었다. 리우 정상회의는 21세기 환경협력을 위한 기본 틀을 확정한 중요한 회의였다.

또한 2002년에는 리우 이후의 10년간을 평가하고 21세기의 새로운 목표와 전략을 모색하기 위한 세계 정상회의가 남아프리카 요하네스버그에서 개최되었는데 정식 명칭은 '지속가능한 발전을 위한 세계 정상회의'WSSD: world summit for sustainable development로 106개국 정상급 대표단을 포함하여 총 인원 6만 명이 참가하였다. 회의에서는 정부개발원조의 증액, 교토의정서의 비준, 화석연료의 사용억제 등이 논의되었다.

환경문제에 대한 책임규명과 이의 해결을 위한 비용분담 문제와 관련하여 국제사회는 대립하고 있는데 소위 남북문제로써 선진국들과 개발도상국들의 논리가 대립하고 있다. 개발도상국들은 선진국들의 과도한 에너지 소비, 자원소비, 과거 장기간에 걸친 산업화 과정에서의 환경파괴에 대한 책임 등을 이유로 환경문제 해결을 위한 비용과 기술의 대부분을 선진국들이 부담해야 한다고 주장하는 반면, 선진국들은 개도국들의 의무를 강조한다. 인접국가간의 환경문제에 대한 대립문제에 있어서도 책임과 비용을 서로에게 전가하려 하고 있다.

국제정치에서 환경문제와 관련된 새로운 현상은 국가 이외에 유럽 연합과 같은 초국가적 기구, 국제기구, 환경 NGO, 소비자단체, 여성단체 등 비국가 행위자들의 발언권이 강화되었다는 점이다. 그린피스green peace와 같이 세계적인 조직을 자랑하는 환경조직의 영향력은 막강하다.

환경문제 이외에도 지구 온난화 문제163), 오존층 파괴문제 등이 핵심 이슈로 대두되고 있다. 국제사회는 다양한 분야의 국제 환경 규범들을 마

---

163) 지구 온난화(global warming) 문제는 한랭화 문제와 더불어 최근에는 총체적 기상이변을 이르는 말로 '글로벌 위어딩'(global weirding)이란 신조어가 등장하였다. '지구 기후의 비정상화'라고 해석할 수 있다.

런하였는데, 그것은 생물 다양성 보호를 위한 규범들과164), 해양의 환경보호를 위한 규범165)들이 있고 이외에 유독성 폐기물에 관한 '바젤 협약'과 1996년의 '사막화 방지협약'UNCCD: united nations convention to combat desertification과 핵폐기물에 관한 여러 가지 협약들이 있다.

다. 글로벌 리더십의 조건

'글로벌 역량'은 세 가지로 구분된다. 첫째, 사물 · 사람 · 세계를 인식하고 이해할 수 있는 능력인 '마인드 관련 역량', 둘째, 기업의 경쟁력을 확보하고 유지하는 비즈니스 지식 · 기술 · 능력인 '비즈니스 관련 역량', 셋째, 문화적 다양성을 이해 · 수용 · 활용할 수 있는 '문화관련 역량'이다. 이 같은 역량을 향상시키기 위해서는 글로벌 마인드를 갖고 비전 및 전략을 수립해 다양한 문화에 걸맞은 혁신적인 아이디어로 글로벌 네트워킹을 할 수 있어야 한다.

21세기 메가트렌드로 글로벌화, 다문화 및 다원화, 정보혁명, 불확실성 등을 들 수 있으며 이러한 글로벌 리더십을 갖춘 자만이 21세기에 살아

---

164) 생물다양성이란 지구상의 육지, 해양, 수중 생태계의 복합체를 말하며 중요 협약은 ① 1992년 리우에서 '기후변화 협약'과 함께 채택된 '생물 다양성 협약'이 있으며 이것은 가장 종합적인 협약으로서 이 협약에 가입한 국가들은 보존과 지속가능한 이용 등을 위한 국내입법 등의 조치를 취해야 한다. ②습지 보호를 위한 '람사르 협약(Ramsar convention)'은 동식물 서식처 보호를 목적으로 채택된 최초의 협약이다. 우리나라는 강원도 인제군 대암산 용늪을 습지 목록에 등록시켰으며 1999년에 '습지 보전법'을 제정하였다. ③멸종위기에 있는 야생동식물의 국제거래에 관한 1975년의 '워싱턴 협약'이 있다. 코뿔소, 호랑이 등 희귀 동물의 국제거래를 규제하는 협약이다.

165) 해양 오염방지를 위한 협약들은 수많이 있는데 그 대표적인 것은 ①1972년의 '폐기물 투기에 의한 해양오염에 관한 런던 협약'이 있다. 선박, 항공기, 인공해구조물로부터 폐기물 고의 투기를 금지하고 있으며 지구차원의 진정한 해양환경 분야의 최초의 협약이라 할 수 있다. ②'해양오염방지협약(MARPOL: international convention for prevention of marine pollution from ship)'은 선박기름, 해로운 액체물질, 선박폐기물 등에 의한 오염방지를 다루고 있다.

남을 수 있다.

　맥신 돌턴 등은 글로벌 리더의 필수조건으로서 다섯 가지를 들고 있다. 그것은 첫째, 핵심 비즈니스 지식으로서 글로벌 리더라면 비즈니스 전반을 확실히 이해하여야 한다. 둘째, 사람관리 능력으로서 직원들에게 동기를 부여해서 최선의 업무결과를 이끌어낼 수 있어야 한다. 셋째, 실행관리 능력으로서 실행관리는 크게 의사결정과 협상 및 갈등관리의 두 가지 행동유형으로 나누어진다. 넷째, 정보관리 능력으로서 정보를 모니터링하고 추적하며, 외부에 대해 조직의 대변인 역할을 수행하고, 조직 내부에 정보를 전달하는 행동이다. 다섯째, 문제대처능력이다. 글로벌 리더가 되기 위해 우선적으로 적응해야 할 사항은 문제를 다루는 방식이며 필요하다면 문제를 다루는 방식도 바꿀 수 있어야 한다.166)

　또 한편으로 글로벌 리더의 핵심역량으로 국제 비즈니스 지식, 문화적 능력, 혁신자역할 수행능력, 관점수행능력 등을 꼽기도 한다. 이것은 경영 쪽에서 흔히 하는 이야기들이다.167)

　그러나 진정으로 21세기 글로벌 리더, 그리고 우주적 리더가 되려면 디지그노168)를 포함한 여러 자질들을 고루 갖추어야 한다. 나아가 더 중요한 것은 다양한 문화를 섭렵해야 하므로 문화지향성을 가져야 한다. 여기서 문화지향성 요소는 권위 시간, 정체성, 성취, 지식습득, 자연환경과 사회환경, 불확실성 등이다. (표2-10)

---

166) 맥신 돌턴 외. 『글로벌 리더십』. 차동욱 외 역. 서울: 위즈덤아카데미, 2004. p. 175.
167) 김광웅. 『창조! 리더십』. 서울: 생각의나무, 2009. p. 355.
168) 미학적 감수성으로서 미에 대한 인식 즉, 인미(認美)로서 리더가 세상을 아름답게 꾸며
　　야 한다는 뜻의 조어.

<표2-10> 다양한 문화의 이해

권위	• 평등적(출생에 대한 평등) 예) 미국, 영국	• 불평등적(출생에 대한 불평등) 예) 사우디아라비아, 이집트, 인도
정체성	• 집단적(조직결합 중시) 예) 인도네시아, 한국, 싱가포르	• 개인적(자아중시) 예) 미국
시간	• 희소(시간은 제한적이다) 예) 미국, 영국	• 풍부(시간은 돌고 돈다) 예) 인도, 이집트
성취	• 약함(살기위해 일한다) 예) 한국, 칠레	• 강함(일하기 위해 산다) 예) 미국, 영국
지식습득	• 사고지향적(관찰을 통한 학습) 예) 한국, 일본	• 행동지향적(실험을 통한 학습) 예) 미국, 영국
자연환경과 사회환경	• 존재(조화 중시) 예) 스웨덴, 프랑스	• 행동(지배 중시) 예) 사우디아라비아, 남아프리카공화국
불확실성	• 역동적(불확실성을 즐김) 예) 미국, 영국	• 안정적(불확실성을 안 좋아함) 예) 한국, 일본

4. 윤리적 리더십

현대조직은 윤리적으로 행동하면서 부하들에게도 윤리적 행동을 장려하는 리더를 강력히 요구하고 있다. 기업은 윤리경영의 중요성을 최근 들어 더욱 강조하고 있고 세계 각국도 윤리문제에 대하여 민감하게 대응하고 있다. 이러한 현상은 한국도 예외가 아니다. 기업의 비윤리적 행위는 인터넷을 통해 급속도로 광범위하게 알려져 기업의 이미지 추락과 함께 전국적인 불매운동으로 연결되고 결국 기업의 주식가격과 재산 가치를 떨어트리는 요인으로 작용하기도 한다. 기업총수들이 실형을 선고받고 법정 구속되는 일도 과거와 다른 점이다. 정부는 공공기관을 대상으로 매년 청렴도를 평가하여 순서를 매기고, 공무원들의 청렴교육을 독려하고 있다.

정부와 기업의 윤리향상을 위한 노력에도 불구하고 한국사회의 윤리수준은 기대 이하라고 하겠다. 국제투명성기구의 조사에 의하면 2012년 한국사회의 청렴도 지수는 174개국 중 45위였으며 4년 연속 하락하고 있는 실정이다. 새 정부 들어 장관 후보자들에 대한 인사청문회에서 위장전입, 탈세, 표절, 전관예우 등의 비윤리적 행위로부터 자유로운 후보자는 찾아보기 어려운 상황에 이르고 있다.169)

미국의 경우, 엔론Enron 사의 2001년 대규모 회계부정 사건은 윤리적 리더십에 관한 사람들의 관심을 높였으며, 2002년 기업의 윤리적 책임을 강조하는 사바나-옥슬리 법이 제정되도록 만든 중요한 계기가 됐다. 우리나라도 분식회계와 같은 기업의 비윤리적인 행위들로 인해 점차 기업윤리와 경영자의 윤리적 리더십을 강조하는 사회적 분위기가 조성되고 있다.

이러한 현실에서 한국사회 특히 공직사회의 윤리수준 향상은 절실하다고 하겠으며, 이를 위한 방안으로 리더십을 통한 접근도 필요하다. 즉, 공공조직의 윤리수준을 향상시킬 수 있는 리더십에 관한 체계적인 연구가 요구된다 할 수 있다. 리더십 이론들 중에서 윤리문제에 관심을 가지는 것은 비교적 최근에 등장한 이론들인데, 이러한 이론들은 윤리문제를 언급하고 있으나 윤리문제에 초점을 두지는 않고 있다. 이에 반해 윤리문제에 집중적으로 초점을 맞추고 부하의 윤리수준 향상을 위해 적극적인 방안을 강구하는 리더십 이론이 윤리적 리더십ethical leadership이다.170)

윤리적 리더십은 최근 그 중요성이 부각되고 연구가 확산되어왔지만, 아직까지도 비교적 새로운 주제로 인식되고 활발한 연구가 이루어지지 않고 있는 리더십의 미개척 분야라고 할 수 있다.

---

169) 김호정. 「공공조직의 윤리적 리더십」. 『한국조직학회보』 제10권 제2호, 2013. p. 29-30.
170) 김호정. 앞의 논문.

가. 개념 및 주요내용

1) 윤리적 리더십의 개념

서구의 전통적 관점에서 윤리이론의 발전은 플라톤(B.C. 427~347)이나 아리스토텔레스(BC. 384~322)까지 거슬러 올라간다. 윤리라는 단어의 어원은 그리스어로 '관습', '관행' 또는 '성격'을 가리키는 'ethos'에서 그 근원을 찾아볼 수 있다. 리더십과 관련하여 윤리는 리더가 무엇을 하여야 하며 누가 리더가 되어야 하는가와 관련이 있는 개념이다.

윤리적 리더십에 대해 브라운Brown은 "개인행위와 대인관계를 통해 규범적으로 적절한 행동을 보이고, 쌍방적 의사소통, 강화reinforcement, 의사결정을 통해 부하에게도 그러한 행동을 촉진시키는 것"171)이라고 정의하고 있다.

윤리적 리더는 정직하고 남을 배려할 줄 알며 공정하고 균형 잡힌 의사결정을 하는 신뢰받는 사람으로서 부하직원들의 역할 모델이 된다. 뿐만 아니라 윤리에 대해서 부하와 자주 의견을 교환하고, 명확한 윤리적 기준을 설정하며, 그러한 기준을 준수하게 하기 위해 보상과 처벌을 적절히 사용할 줄 아는 사람을 가리킨다.

2) 구성요소

윤리적 리더십은 리더의 자질과 관리자의 역할 두 가지 측면으로 구성된다. 리더의 자질은 정직·배려·신뢰·공정, 그리고 관리자의 역할 측면의 요소로는 의사소통·강화·역할 모델을 들 수 있다. 브라운과 트레비노Brown & Trevino는 다양한 기업조직의 관리자와 윤리담당자들을 대상으로

---

171) Brown, M. E., Trevino, L. K. & Harrison, D. A. *Ethical Leadership: A Social Learning Perspective for Construct Development and Testing Organizational Behavior and Human Decision Process.* et al, 2005. p. 125.

면담한 결과 윤리적 리더십에는 두 가지 차원 즉 '도덕적 사람'moral person과 '도덕적 관리자'moral manager가 있음을 확인했다.172) 리더는 "도덕적 인간"은 물론 "도덕적 관리자"가 되어야 한다. 윤리적 리더로 인식되기 위해서는 도덕적 사람만으로는 부족하고 도덕적 관리자도 되어야 한다.173) "도덕적 인간"은 구체적으로 어떤 사람인가? 아이젠바이스Eisenbeiss에 의하면, 보편적으로 널리 인정받는 입장에서는 이타주의 측면을 강조한다. 즉, 다른 사람들에게 도움이 되는 덕행virtuous behaviors을 하고 다른 사람에게 해가 되는 행위는 자제하는 사람을 윤리적 리더로 본다.174) 구체적으로 예시하면, 다른 사람의 권리와 존엄dignity을 존중하는 리더, 자신의 권력을 사회적으로 책임 있는 방법으로 사용하는 리더, 정의에 관심을 갖고 정직하며 공동체를 형성하는 리더, 혹은 아리스토텔레스가 주창한 네 가지 '기본적 덕목'cardinal virtues을 지닌 리더 등이 도덕적 리더가 될 수 있다.

"도덕적 관리자"는 리더라는 직위를 활용하여 부하직원에게 영향을 미쳐서 이들의 윤리적 행동을 유발해내려는 리더의 의도된 노력에 관한 것으로,175) 주된 내용은 역할 모델, 의사소통, 강화로 요약될 수 있다.

첫째, 역할 모델은 윤리적 리더에 대한 부하직원의 믿음과 부하직원들의 윤리를 향상시키려는 리더의 노력을 확인할 수 있는 기회가 된다는 의미에서, 도덕적 관리자의 중요한 요소라고 할 수 있다. 역할 모델은 "도덕적 사람"과 중복될 수 있으나, 리더의 단순한 윤리적 행동을 넘어서 윤

172) Brown, M. E. & Trevino. "Ethical leadership: A review and future directions." *The Leadership Quarterly* 17, 2006. pp. 595-616.

173) Trevino, L. K. "Ethcal Decision Making in Organization: A Person Situation Inctionist Model." *Academy of Management Review* 11(3), 1986. pp. 601-617.

174) Eisenbeiss. "Re-thinking etical Leadership: An interdiciplinary integrative approach." *The Leadership Quarterly* 23(5), 2012.

175) Eisenbeiss. "Re-thinking etical Leadership: An interdiciplinary integrative approach." *The Leadership Quarterly* 23(5), 2012. p. 793.

리적 리더십의 명성과 인식을 가시적으로 부각시킨다는 점에서 차이가 있다. 둘째, 의사소통은 부하직원들과 개방적인 대화와 토론을 통해 윤리에 대해 많은 관심을 갖게 하고, 윤리적 기준과 규범을 명확히 제시해야 한다. 또한 부하직원들이 갖고 있는 고민과 딜레마를 경청하면서 그들의 윤리적 행위에 대해 정확한 평가를 해주어야 한다.

셋째, 강화란 보상과 처벌을 통해 윤리기준의 준수를 강화시킨다는 의미이다. 강화는 경험을 통한 학습으로 이루어지는데, 윤리적 행위를 한 사람에게는 적절한 보상을 하고 윤리기준을 위반하여 비윤리적 행위를 한 사람에게는 상응하는 처벌을 하게 된다. 이때 학습의 효과를 제고하기 위해서는 자신의 직접 경험이든 다른 사람의 간접 경험이든 보상과 처벌이 명시적으로 드러나야 하고 공정하게 이루어져야 한다. 또한 보상은 물질적인 것뿐만 아니라 인정, 신뢰와 같은 비물질적 보상도 가능하고, 처벌도 동료와 리더에 의한 배척과 같은 비공식적 제재나 위협도 사용될 수 있다.

나. 기업의 윤리적 리더십 발휘의 요건

기업이 윤리적 리더십을 발휘하기 위해서는 첫째, 단순히 이윤 추구를 넘어서 제반 이해당사자를 비롯한 사회와 인류에 가치를 주어야 한다는 공생의 철학을 확고히 정립할 필요가 있다. 일시적으로 윤리강령을 제정하고 구호화하는 등에 그쳐서는 안 되고, 윤리강령의 내용을 CEO를 비롯한 기업의 개별 구성원들이 확고한 철학과 행동지침으로 간직하고 있어야 한다.

둘째, 윤리경영을 실천하는 주체는 결국 사람이다. 구성원 채용 단계에서부터 학력, 기술, 지식 등 테크니컬한 측면도 중요하나 고객 지향적인 마인드와 윤리적 태도·행동을 추구하는 사람을 선발해 적재적소에 배치하고 윤리적 가치의 실천 정도를 평가하고 보상하는 것이 필요하다.

셋째, 관리 시스템 및 제도 측면에서도 근본적인 개선이 있어야 한다. 예컨대 구성원들이 윤리경영의 본질과 그 핵심 사상을 이행할 수 있도록 정기적으로 교육을 실시한다든지 기업 내 '윤리 담당 임원'이나 '윤리 위원회'와 같은 윤리 전담 조직을 신설하여 모니터링을 강화할 수도 있다. 하지만 무엇보다 중요한 것은 경영진이 분명한 원칙과 소신을 가지고 윤리경영을 일관성 있게 실천해나가는 것이 필요하다. 윤리경영을 전 구성원들의 사고와 행동양식 속에 체화하기 위해서는 경영진이 먼저 솔선수범하여 행동으로 보여야 한다. 3M, 듀퐁Dupont 등 일류기업의 경영진들은 제품혁신, 친 사회적 활동 등에 있어 항상 솔선수범하는 모습을 보이고 있다는 사실을 주목할 필요가 있다.

다. 공공조직에 적합한 윤리적 리더십[176]

공공조직에 적용될 윤리적 리더십은 어떤 내용이 적합한가? 즉, 공공조직의 리더가 갖추어야 할 윤리적 요소들은 어떤 것인가? 앞에서 언급한 '인간지향'과 '정의 지향'은 대부분의 연구자들이 지적하는 공통적 요소라고 할 수 있으며, 이외에 연구자들에 따라 고결 · 신중 · 용기 · 절제 · 진정성 · 양심 · 집단적 동기부여 · 권한부여 · 격려 · 황금률golden rule · 투명성 · 책임성 · 사회적 책임성 · 지속가능성 등이 제시되고 있다.[177]

공공조직의 윤리적 리더십이 지녀야 할 요소는 공공조직의 특성에서 찾을 수 있을 것이다. 첫째, '공익'의 개념에 주목할 필요가 있다. 공익은 공공조직의 설립목적이고 추구할 목표임과 동시에 공직자의 최고가치 내지 행정이념이기 때문이다. 공익의 의미는 다양하고 개념은 모호하지만,

---

176) 김호정. 앞의 논문, pp. 41-45. 참조.
177) Resick et al., 2006; Trevino et al., 2000; Brown & Trevino, 2006; Eisenbeiss, 2012; Stouten et al., 2012; Heres & Lasthuizen, 2012; Eisenbeiss & Giessner, 2012.

학자들의 견해를 종합하면 사회공동체 내 다수의 이익이나 사회공동체의 이익 혹은 사회구성원들의 합의된 이익으로, 특정 개인의 사익과는 구별되는 개념이라고 할 수 있다.[178] 따라서 공익의 추구는 공무원을 포함한 특정 개인이나 집단의 이익을 위한 것이 아니라, 사회나 다수 주민들의 입장에서 이들의 이익을 위한 활동이라고 할 수 있다. 공익을 목표로 하는 공공조직의 윤리적 리더십은 사회적 책임의식을 지녀야 하며, 주민을 지배하고 계도한다는 입장에서 탈피하여 주민의 의사에 따라 주민의 입장에서 사고하고 행동하는 겸손함을 가져야 하고, 공직자의 개인적 성과나 물질적 욕구에 이끌리는 행위는 자제하는 절제의 덕목이 필요하다. 즉, 공익의 관점에서 윤리적 리더는 '사회적 책임성'과 '절제'의 요소를 추가로 강조해야 할 것이다.

둘째, 정부의 주된 기능은 국민들에게 유·무형의 생산물인 공공서비스를 제공하는 것이다. 공공서비스 제공은 공익을 실현하는 것으로 공동체와 사회의 이해관계와 일치하는 방향으로 이루어져야 한다. 즉, 공공서비스는 사회에 대해 책임을 져야 한다. 이때 책임은 서비스의 과정에 대한 책임과 함께 소비자인 주민이 평가하는 품질의 결과에 대한 책임까지 포함한다. 품질의 결과로 소비자를 만족시키기 위해서는 획일적인 표준적 공공서비스가 아닌 차별화된 다양한 서비스가 필요하다. 그러기 위해서는 정부가 주도하여 서비스를 결정하고 제공해서는 안 되며, 더구나 기관장이나 고위공직자들의 치적 쌓기나 권한 강화, 치부를 위한 수단으로 이용되어서도 안 된다. 주민들의 다양한 요구와 욕구를 제대로 파악하여 충실히 반영해야 한다. 의견수렴을 위해서는 경청과 대화와 토론이 필요하고, 의견을 서비스에 반영하기 위해서는 정부의 대응성, 봉사성, 개방성의 자

---

178) 임의영. 「행정이념의 제 문제」, 『행정이념과 실용행정』. 한국행정연구원, 2009. pp. 38-62; 이종수 외. 『새 행정학』. 서울: 대영문화사, 2011.

세가 전제되어야 한다. 이렇게 함으로써 과정과 결과에 대한 책임을 동시에 해결할 수 있고, 주민에 대한 인간적 배려도 하게 된다. 다시 말해 공공서비스를 제공하는 기관이나 개인은 인간적 배려 외에 정의·공정·절약의 가치를 항상 염두에 두어야 하고, 업적·권한·사익에 대한 욕심을 버리면서 주민과 사회를 위해 봉사하고 책임지는 자세를 가져야 한다. 이런 의미에서 공공서비스의 제공을 주된 임무로 삼는 공공조직에서는 윤리적 리더십이 '인간 지향'과 '정의 지향' 외에 '사회적 책임성'과 '절제'도 중심적 요소로 삼아야 할 것이다.

셋째, 공공조직에서 이루어지는 관리과정의 특성도 고려할 필요가 있다. 공공서비스는 수익자가 부담하거나 민간과 공동으로 생산하는 경우도 있지만, 대부분의 경우 공공기관에서 제공하고 국민의 세금으로 경비를 조달하고 있다. 공공기관의 운영도 세금으로 이루어지고 있다. 세금으로 운영되고 국가가 소유주이므로 공공기관과 공무원에 대해서 국민의 관심과 기대가 사조직보다 훨씬 크고, 국회·감사원·언론·시민단체 등 외부의 감시와 통제가 더욱 강하다. 감사는 법규중심·처벌중심으로 이루어지고, 언론과 시민단체는 잘한 일은 당연하고 잘못한 일은 경쟁적으로 보도한다. 잘못한 일이라고 평가받더라도 법규를 어기지 않으면 처벌을 받지 않지만, 잘한 일도 법규를 어기면 훗날 처벌의 대상이 될 수 있다. 주민을 위해 잘한 일은 성과에 반영되기 어렵지만, 위법한 일은 처벌의 가능성이 높다. 이러한 현실에서 공직자들은 법규준수를 업무처리의 가장 중요한 규범으로 삼는다. 준법성의 규범은 합법성을 중시하는 행정이념으로 나타나고 있으며, 강한 위계문화와 강한 기계적 구조를 지닌 정부관료제의 조직문화와 조직구조에도 영향을 미쳤다고 보아야 한다. 공직자의 지나친 합법성 중시가 환경의 변화와 요구에 둔감하다는 비판을 받고 있지만, 윤리의 측면에서는 긍정적으로 평가될 수 있다. 공직부패의 상당 부분이 위법행위에서 시작하기 때문이다. 준법정신은 '정의'의 한 속성으로 분류된다. 따라서 공공조직의 관리과정에서 나타나는 특성으로서 준법성, 준법정신, 합법성은 윤리적 리더십의 '정의 지향'을 강조하게 한다.

넷째, 공직자에게 적용되는 윤리관련 법규도 윤리적 리더십의 내용에 영향을 미칠 수 있다. 국가공무원법에서는 공무원이 지켜야 할 7가지 의무와 4가지 금지사항을 규정하고 있으며, 공직자 윤리법에서도 의무와 금지사항을 구체적으로 명시하고 있다. 이들 규정은 윤리적 리더십의 측면에서 볼 때, 주로 '절제'와 '정의'를 내용으로 하고 있다.179) 이러한 규정들의 대부분은 사조직의 구성원들에게는 요구되지 않는 특수한 내용으로, 국민 전체의 봉사자인 공직자의 높은 윤리수준을 유지하기 위한 제도라고 하겠다. 현실적으로 공무원들은 이러한 규정을 어기면 형법상의 처벌을 받기도 하고 추가로 징계까지 받게 되게 되므로, 이러한 규정은 공무원들의 중요한 행동규범으로 작용한다. 따라서 공무원들이 피부로 느끼는 윤리의 핵심은 '절제'와 '정의'라고 할 수 있다.

다섯째, 공공조직의 윤리풍토에 따라서도 윤리적 리더십의 구성요소는 변할 수 있다. 윤리적 리더십의 구성요소는 조직, 특히 조직문화에 따라 달라질 수 있는데, 조직풍토는 조직문화의 일부분이고, 윤리풍토는 조직풍토 중에서 윤리에 관한 풍토이므로 윤리적 리더십은 일반적인 조직풍토나 조직문화보다 조직의 윤리풍토에 더 강하고 직접적인 영향을 받는다

---

179) '절제'의 의미를 담고 있는 규정으로는 국가공무원법상의 종교중립의 의무, 비밀엄수의 의무, 품위유지의 의무, 영리업무 및 겸직금지, 정치운동 금지, 집단행위 금지와 공직자 윤리법상의 이해충돌 방지 의무, 선물의 신고 의무, 퇴직공직자의 취업제한 등이 해당된다. '정의' 관련 규정으로는 법령의 준수와 성실한 직무수행을 강조하는 국가공무원법 제56조와 친절하고 공정한 직무수행을 명시한 동법 제59조를 들 수 있다. 특히 이해충돌 방지의무의 규정은 직무수행상 공직자의 재산상 이해가 관련되지 않도록 노력(자제)하고, 사적 이익을 추구하거나 부정한 특혜를 주지 않도록 자제하라는 의미를 담고 있다.

고 보아야 한다. 윤리풍토의 성격과 중시되는 윤리풍토의 요소에 따라 윤리적 리더십의 내용이 달라져야 한다. 한국의 공무원들을 대상으로 한 경험적 연구[180]에 의하면, 공무원들이 인식한 공공조직의 윤리풍토의 성격은 '법·규칙형'이 가장 강하고, 다음으로 '책임능률형'이며, '개인도덕형'은 비교적 약한 것으로 나타났다. 또한 개인의 조직몰입과 직무만족에 미치는 영향은 '책임능률형'이 가장 강하고 다음으로 '법·규칙형'으로 나왔다.[181] 이러한 결과는 윤리풍토의 성격은 준법성을 중심으로 한 '정의'가 가장 강하고, 다음으로 '사회적 책임'이 강한 편이고 '인간지향'은 비교적 약하다는 해석을 가능하게 한다. 또한 가장 중시되는 윤리풍토차원은 '사회적 책임'이고 다음은 준법성의 '정의'라고 할 수 있겠다.[182] 따라서 윤리풍토를 감안한 윤리적 리더십은 '사회적 책임성'과 준법성의 '정의'를 중시하는 방향이 되어야 할 것이다.

한편, Heres와 Lasthuizen은 공공조직과 사조직의 관리자들을 대상으로 "윤리적 리더는 어떤 특성을 지녀야 하는가?"라는 질문을 하였는데, 공공조직 관리자들은 사조직 관리자에 비해 대체로 사회의 요구·가치·규범에 대한 반응, 공익common good에 봉사, 이타주의 등 사회적 외부환경에 대한 책임성을 더욱 강조했으며, 투명성과 공개성도 우선적 가치로 삼는

---

180) 김호정. 「윤리풍토 인식과 조직몰입, 직무만족의 관계」. 『한국행정연구』16(4), 2008. pp. 58-85.

181) 여기서 '법·규칙형'은 조직 내 규정과 절차를 중시하고 사회와 국가의 법률과 직업윤리 강령을 엄격히 준수하는 것을 의미하며, '책임능률형'은 사회의 이익을 추구하기 위해 능률을 우선적으로 고려하고 주민에 대한 배려와 사회전체의 이익에 우선적 가치를 두는 의미를 내포하고 있으므로, '사회적 책임성'과 유사한 개념으로 볼 수 있다. '개인도덕형'은 윤리 문제와 관련된 업무처리에서 개인의 자율과 재량을 존중하고, 개인에게 권한을 위임한다는 의미를 지니므로, '인간지향'과 유사한 개념이라 하겠다.

182) 한 편의 연구결과로 한국 공공조직의 보편적 현상을 파악할 수는 없지만, 이 연구결과에 따른 해석은 지금까지 설명한 내용들과 유사하다는 점에서 현실과 동떨어진 연구결과로 보이지는 않는다.

것으로 나타났다.[183] 이 연구는 사회적 책임성이 공공조직 내 윤리적 리더십의 특성으로 포함되어야 함을 경험적으로 입증한 셈이다.

요컨대 사조직과 차별화되는 공공조직의 제특성(목표, 기능, 관리과정, 윤리규범, 윤리풍토 등)을 반영하는 공공조직의 윤리적 리더십은 종래의 '인간 지향'과 '정의 지향'에 한정된 내용이 되어서는 안 되며, '사회적 책임성'과 '절제'라는 차원도 추가되어야 한다.

라. 윤리적 리더십의 차원[184]

1) 인간지향

인간지향은 다른 사람들을 존엄dignity과 존중respect으로 대하고 그들을 수단이 아닌 목적으로 인식하는 것을 의미한다. 리더의 인간지향은 부하의 권리를 충분히 인정하고, 그들을 동정하고 그들의 행복에 대해 관심을 가짐으로써 표현될 수 있다.[185]

윤리적 리더십에서 기본적 구성요소로 삼고 있는 인간지향은 이론적 기초를 이기주의와 공리주의에서도 찾을 수 있으나, 핵심적 기반은 칸트Kant의 의무론이라고 볼 수 있다. 더구나 철학적 윤리이론 중에서도 의무론의 도덕적 수준이 가장 높게 평가되고 있으므로,[186] 윤리를 핵심 가치로 삼고 있는 윤리적 리더십에서도 인간지향은 본질적 가치나 특성으로 인정

---

183) Heres, E. & Lasthuizen, K. "What's the Defference? Ethical leadership in public, hybrid and private sector organization." *Journal of Change Management* 12(4), 2012. pp. 441-446.

184) 김호정. 앞의 논문 pp. 45-50. 참조.

185) Eisenbeiss, S. A. "Re-thinking ethical leadership: An interdiciplinary integrative approach." *The Leadership Quarterly* 23, 2012. p. 795.

186) Kohlberg는 개인의 도덕발달을 6가지 단계로 구분하였는데, 1·2단계는 이기주의를, 3·4단계는 공리주의를, 5·6단계는 원칙주의를 기반으로 한다. 김호정. 앞의 논문. pp. 68-69.

받는다.

아이젠바이스_{Eisenbeiss}에 의하면 인간존중을 기초로 하는 인간지향은 동양과 서양의 철학자들은 물론, 기독교와 불교 등 여러 종교에서도 핵심적 가치로 삼고 있고, 국가 간 상이한 문화에서도 공유하는 규범이 되어왔는데, 이는 인간지향이 윤리적 리더십에서 보편적으로 사용될 수 있는 요소임을 뒷받침한다.[187)]

2) 정의(正義, justice)

연구자들의 견해를 종합하면, 정의의 핵심 요소는 공정성과 준법성이라고 할 수 있으며, 공정성과 준법성을 유지하기 위해서는 정직·일관성·차별 없는 대우가 전제되어야 하고, 근본적으로 남에 대한 존중을 기초로 한다고 볼 수 있다. 이런 의미에서 정의는 '인간 지향과 다소 중복되는 개념이다. 다시 말해 윤리적 리더십의 '정의'는 정직·준법정신·공정성·일관성·차별 없는 대우·부하직원의 존중 등을 포함하는 포괄적 개념이라고 할 수 있다.

3) 사회적 책임성

사조직과는 달리 공익을 실현하고 공공서비스를 제공하는 공공조직에서 특히 강조되는 가치가 사회적 책임성이다. 이는 타인에 대한 배려를 중시하지만, 조직 내 직원들에 대한 것이 아니라 조직 밖의 주민이나 사회 전체에 대한 배려와 이들의 이익에 우선적 가치를 둔다는 의미에서, 위민정신과 사회에 대한 책임의식을 가장 중시하는 차원이다.[188)] 한편 윤리적 리더십 연구자들 중에는 비록 사조직(기업조직)을 대상으로 하더라도 사

---

187) Eisenbeiss. 앞의 책. p. 796.
188) 김호정. 앞의 논문 p. 66.

회적 책임성의 중요성을 지적하는 사람들도 있는데, 이들이 보는 사회적 책임성은 공공조직의 입장과는 달리 주민보다는 장기적 관점에서 사회의 미래와 환경에 대한 관심에 초점을 두고 있다.

공공조직의 리더도 현재의 주민과 당면한 사회현안만을 의식할 것이 아니라, 환경과 사회의 미래에 대한 책임까지도 고려하는 장기적 관점을 가지는 것이 진정으로 사회에 대한 책임을 지는 것으로 볼 수 있으며, 이러한 관점을 부하직원에게 권장하는 리더가 되어야 한다. 그리고 이러한 리더를 윤리적 리더라고 불러야 할 것이다. 따라서 윤리적 리더십에서 사회적 책임성은 개인과 사회에 대한 책임은 물론, 환경과 미래세대에 대한 관심과 배려까지 포함하는 포괄적 개념으로 보아야 한다.

4) 절제

공익을 위한다는 명분으로 막대한 예산과 인력 및 독점적 정보를 가지고 영향력과 권한을 행사하고 강화한다고 정부관료제는 비판받고 있다. 예산, 인원, 권한을 서로 많이 차지하려는 부처이기주의도 오랫동안 비난받아왔다. 국회의원이나 고위공무원들은 예산을 낭비하면서 자신들의 업적 쌓기에 여념이 없다. 공공조직에서 이런 반사회적 행태들을 불식시키려는 리더십이 윤리적 리더십이 되어야 하고, 그러기 위해서 윤리적 리더십의 요소에 '절제'가 포함되어야 한다. 여기서 '절제'는 윤리적 리더십의 이론적 기초로 제공되는 '미덕의 윤리'virtue ethics의 4가지 덕목 중 하나이다.189)

---

189) 4가지 기본적 덕목(cardinal virtues)으로는 신중, 용기, 절제, 정의가 있다. 이 중에서 절제와 정의는 윤리적 리더십의 차원에 포함시켰으나 신중과 용기는 제외되었다. '신중'(prudence)은 "도덕적 딜레마 상황에서 리더의 균형 있는 의사결정"으로 정의되고, '용기'(courage, fortitude)는 "윤리를 지켜내는 힘과 지속성에 관한 것"으로, 신중과 용기는 그 자체가 윤리적 성격을 지닌 것은 아니다. 그렇지만 '정의'와 '절제'가 제대로 발휘하기 위해서는 '신중'과 '용기'의 뒷받침이 필요하다. 예컨대 정의와 사회적 책임성의 발로로 내부비리 제보 행위를 할 경우 용기는 필요하고, 전관예우의 유혹을 뿌리치

공공조직에서 절제는 적어도 자제와 겸손을 포함하는 개념이 되어야 한다. 구체적으로는 자신의 권한 강화나 가시적 성과에 지나치게 집착하지 말고, 지시나 명령보다 지원과 협력하는 자세를 가지며, 부하직원에게 권한을 위임하거나 부여하고, 공직을 이용한 부당한 이득을 추구하지 않는 행위 등이 윤리적 리더가 가져야 할 절제의 내용이라고 하겠다.

마. 공직사회에서의 윤리적 리더십

공직사회의 윤리성은 그 국가의 투명성을 나타내는 척도이기 때문에 최근 선진국들을 중심으로 심도 있게 관리되고 있다. 심지어 미국이나 북유럽 국가들의 경우엔 정치인들이 우리 돈으로 몇만 원 이상만 받더라도 반드시 신고하도록 하고 있을 정도다.

선진국들이 공직사회나 기업에 이와 같은 철저한 윤리성을 강제하는 이유는 그것이 국민의 행복감이나 자부심에 중요하게 영향을 미치기 때문이다. 정치인들이나 공무원 및 대기업들이 윤리적이어야만 그것을 기반으로 사회 전반에 공정성이 지켜지고 결국엔 국민들이 정부나 기업을 믿고 의지할 수 있는 것이다.

사회적 학습이론 관점에서 볼 때, 공직자들의 행동은 사회 전반에 추종모델이 되기 때문에 그들의 부정부패는 선진국 도약을 위해 반드시 극복돼야 할 중요한 과제다.

바. CEO의 윤리경영

사조직에서 윤리경영의 실천을 위한 가장 중요한 요인은 최고 경영자의 리더십이라 할 수 있다. 기업의 장기적인 비전이나 전략 수립 등 중요

는 데에도 용기가 있어야 절제를 유지할 수 있다.

한 의사결정에 최고 경영자의 리더십은 핵심적인 역할을 하기 때문이다. 세계적인 투자가인 워렌 버핏Warren Buffet도 기업 성공의 필수적인 요소로서 CEO의 윤리적 역할을 강조했다. 윤리경영은 장기적인 과제이기 때문에 윤리경영에 대한 올바른 방향성과 믿음을 가진 경영자의 리더십이 무엇보다 필요하다.

기업이 윤리경영을 제대로 전개하기 위해서는 투자가 필요하다. 윤리위원회와 같은 전담 조직을 만들어야 되고, 윤리 헌장선포를 통한 전사적인 의식 개혁 활동도 추진해야 한다. 또, 제대로 기업 윤리를 실천하고 있는지 감시하기 위해서는 지속적인 모니터링도 필요하다. 환경 보호를 위해 정화 장치를 들여오거나 종업원 복지 향상을 위해 각종 제도와 시설을 도입하는 것 역시 많은 비용과 시간, 인력 등이 요구된다. 이러한 투자는 최고 경영자의 윤리경영에 대한 확고한 의지와 지속적인 관심 없이는 불가능하다.

5. 서번트 리더십

가. 개념과 대두배경

서번트 리더십은 1977년 AT & T에서 경영관련 교육과 연구를 담당했던 로버트 그린리프Robert K. Greenleaf가 저술한 『서번트 리더십』Servant Leadership에서 처음으로 제시되었는데 그동안 별다른 주목을 받지 못하다가 1996년 4월 『서번트 리더십의 도래』On Becoming a Servant-Leadership의 출간을 계기로 새롭게 관심을 끌게 되었다.

그린리프에 따르면 리더십은 '타인을 위한 봉사에 초점을 두며, 종업원, 고객 및 커뮤니티를 우선으로 여기고 그들의 욕구를 만족시키기 위해 헌신하는 리더십'이라 정의할 수 있다.

서번트 리더십은 1870년 월남전으로 삶의 희망을 상실한 젊은이들을 대상으로 발표한 "지도자로서의 서번트"를 모태로 하고 있다. 이 책은 1997년 처음 출간된 뒤 미국에서만 200만 부 이상이 판매되었다. 그는 서번트 리더십의 기본 아이디어를 헤르만 헤세Herman Hesse, 1877~1962의 작품인 『동방순례』Journey to The East, Morgenlandfahrt로부터 얻었다고 하였다. 이 소설은 여러 사람이 여행을 하는데 그들의 허드렛일을 하는 레오Leo라는 인물에 초점을 맞추고 있다. 레오는 특이한 존재였다. 여행 중에 모든 허드렛일을 맡아서 하던 레오가 없어진 뒤에야 그가 없으면 아무것도 할 수 없다는 사실을 깨달은 것이다. 그 일행 중 한 사람은 몇 년을 찾아 헤맨 끝에 레오를 만나서 여행을 후원한 교단으로 함께 가게 되었다. 거기서 그는 그저 심부름꾼으로만 알았던 레오가 그 교단의 책임자인 동시에 정신적 지도자이며 훌륭한 리더라는 것을 알게 되었다.

드러커Drucker는 『미래경영』Managing for The Future에서 지식시대에서는 기업 내에서 상사와 부하의 구분도 없어지며, 지시와 감독이 더 이상 통하지 않을 것이라고 하였다. 그러므로 리더가 부하들보다 우월한 위치에서 부하들을 이끌어야 한다는 기존의 리더십 패러다임에서 리더가 부하들을 위해서 헌신하며 부하들의 리더십 능력을 길러주기 위해 노력해야 한다는 서번트 리더십 위주의 패러다임으로의 전환이 바람직하다고 볼 수 있다.

나. 주요내용

서번트 리더십 프로그램에 관한 한 미국 인디애나 폴리스 시에 있는 그린리프 연구센터Greenleaf center for servant leadership가 가장 앞서 있다. 그린리프 연구소장인 스피어스Spears는 다음과 같이 서번트 리더의 주요 특성을 제시하였는데, 기업에서는 서번트 리더십에 관한 교육프로그램 참가자들이 이러한 핵심 사항들을 충분히 이해하도록 해야 할 것이다.

레오는 서번트 리더의 전형이라고 볼 수 있다. 서번트 리더십의 여섯 가지 행동지침은 아래와 같다.

① 경청listening: 경청은 부하들에 대한 존중과 수용적인 태도로 듣고 이해하는 것이다. 리더는 적극적이고 능동적인 경청을 해야 부하들이 바라는 욕구를 명확히 알 수 있다.

② 공감empathy: 공감이란 차원 높은 이해심이라고 할 수 있는데, 리더는 부하들의 감정을 이해하고 이를 통해 부하들이 필요한 것이 무엇인가를 알아내고 리드해야 한다.

③ 치유healing: 치유는 리더가 부하들을 이끌어가면서 보살펴주어야 하는 문제가 있는가를 살피는 것이다.

④ 스튜어드십stewardship: 서번트 리더는 부하들을 위해 자원을 관리하고 봉사해야 한다.

⑤ 부하들의 성장을 위한 노력commitment to the growth of people: 리더는 오디언스들이 개인적 성장, 정신적 성숙 및 전문분야에서 발전하기 위한 기회와 자원을 제공해야 한다.

⑥ 공동체 형성building community: 리더는 조직구성원들이 서로 존중하며, 봉사하는 진정한 의미의 공동체를 만들어가야 한다.

다. 평가 및 교훈

섬기는 리더십의 반대는 헤드십headship이다. 섬기는 리더십은 구성원의 자발적인 동의를 중시하지만, 헤드십은 "내가 장관이니까", "내가 총장이니까"라며 공식적인 지위로 밀어붙인다. 보통 섬기는 리더십은 생산과 통합을 낳지만, 헤드십은 갈등과 분열을 심화시킨다.

호기 있게 나만 따르라는 카리스마적 리더십이나 허구한 날 토론만

하자고 하는 방관자적 리더십에 지쳤기에, 섬기는 리더십의 사례를 더 많이 보고 싶은 것이 일반인의 바람이다. 요즘 우리사회의 공기업은 물론이고 교육기관과 공무원 사회, 심지어 종교기관과 노동조합까지 개인적 탐욕에 물든 집단이라 지탄받는다. 사회의 질서를 지탱해야 할 기둥이 오히려 사회적 혼란을 불러일으키는 주범으로 전락한 셈이다. 요즘 한국사회는 공사를 막론하고 높은 지위에 있는 사람들이 비위를 저질러 국민의 지탄을 받고 있다. 고위 공무원이나 기업 CEO들은 분명히 지도자적 위치에 있다. 그런데 이런 사람들이 자기 이익에만 신경을 쓰고 더 멀리를 내다보지 못하고 있다. 국민은 안중에도 없는 것이다. 우리사회의 적은 사악한 사람이나 어리석은 사람이 아니다. 잘못된 시스템도 아니다. 지도자의 위치에 있는 사람이 지도자의 역할, 정확히 말해서 지도자로서의 서번트를 포기할 때 사회는 병들게 된다.

공무원들을 공복公僕이라고 한다. 공복이란 말의 사전적 의미는 '국가나 사회의 심부름꾼'이다. 그러나 실제에 있어서는 전혀 심부름꾼이지 않다. 국민들 위에 군림한다. 국민들도 마찬가지이다. 극단적인 노동쟁의에 국민들은 안중에도 없다. 오직 자신들의 이전투구만 있을 뿐이다. 1933년 루스벨트 대통령은 라디오 방송을 통해 금융휴일을 선포했다. 대공황 기간에 예금 인출을 막기 위한 조치였다. 이때 루스벨트는 모든 은행이 문을 닫아야 하는 이유, 국민이 예금을 인출할 수 없는 이유를 알기 쉽게 설명했다. 또 어떻게 해야 은행이 유동성을 회복할 수 있는지, 국민의 인식이 은행 시스템에 어떤 영향을 미치는지에 대한 설명도 빼놓지 않았다. 루스벨트의 연설이 끝날 때쯤 미국 국민은 건전한 은행 시스템을 만들어가는데 국민 개개인의 책임이 막중하다는 사실을 깨닫게 됐다. 결국 서번트 리더는 국민을 섬기는 마음으로 계몽시키는 존재다. 루스벨트는 서번트 리더십의 좋은 예를 제공하고 있다. 자신이 먼저 섬기는 마음으로 다가갔기 때문에 국민도 그를 믿고 따라갈 수 있었던 것이다.

전통적으로 리더십이 권위와 통찰력, 정의 등으로 요약되던 역사가 진행되는 동안 수많은 리더들의 권위중심적인 리더십이 세계를 이끌었다. 때문에 영웅적 리더, 슈퍼 리더, 비전적 리더 등과 같은 혁신주도형, 카리스마적 리더 등 앞에서 이끌어가는 리더의 자질이 부각되었던 것도 사실이다.

하지만 이제는 세상이 바뀌었다. 물론 리더가 사회를 이끌어가는 사실에는 변함이 없지만 리더들이 갖춰야 할 자질에 있어서는 완전히 바뀌었다. 더 이상 권위를 내세워 강요하거나 이끌고 가는 모습으로는 안 되는 시대가 된 것이다. 대신 충직한 심부름꾼으로 허드렛일을 마다하지 않고 하는 레오와 같은 리더가 결국 정신적 지도자로 높임을 받는 시대가 된 것이다. 많은 사람들이 협력하여 일을 성취하는 세상이 되었기에 그만큼 우리는 사람을 존중하는 마음이 필요한 시대를 살고 있다. 서번트 리더십은 이제 인류가 리더십에 대한 또 하나의 최상의 결론에 이르렀다는 것을 보여준다. 서번트 리더십은 기업은 물론 공직자에게 필수적으로 요구되는 공복정신과 국민을 하늘같이 섬기는 봉사 리더십의 철학적 기반이라 할 수 있다.

6. 오센틱 리더십

오센틱 리더십은 가장 최근 대두된 것으로서 "꾸밈없이 진실한가, 그리고 현실에 맞는 실질적인 것인가"에 초점을 맞추고 있다.

최근 우리사회에 일어나고 있는 혼란스러운 사건들은 오센틱 리더십의 중요성을 더해주고 있다. 9.11 테러사건, 월드컴Worldcom · 엔론Enlon 등 많은 회사들의 부정부패 스캔들, 금융 산업의 막대한 경영실패 등은 우리 사회에 공포와 불확실성을 만연케 하였다. 그래서 사람들은 미래에 무슨 일이 일어날 것인가에 대한 우려와 불안을 느끼고 있다. 그 결과 사람들은 신뢰할 수 있는 오센틱 리더십을 갈망하게 되었고 정직하고 선량한 리더들을 갈망하고 있다.[190]

가. 오센틱 리더십의 정의

오센틱 리더십의 정의는 쉽지 않다. 리더십을 연구하는 학자들 중에 일반적으로 수용되고 있는 정의를 내리고 있는 사람은 한 사람도 없다. 그래서 여러 가지 정의들이 있다. 각각의 정의는 각기 다른 관점에서 서술하고 그 강조점을 달리하고 있다. ①개인 내부의 시각intrapersonal, ②대인적 시각interpersonal, ③발달적 시각developmental 등 대략 3가지의 관점으로 정리할 수 있다.[191]

첫째, 개인 내부적 시각에서 본 정의는 그 리더 개인과 그 개인 내부에 무엇이 내재해있는가에 초점을 맞춘다. 그것은 자기인식self-awareness, 리더의 자기조정, 리더의 자아개념을 포괄하고 있다.

샤미르와 에리암Shamir & Eliam에 의하면 오센틱 리더는 꾸밈없이 진실한 모습을 보이고, 바른 신념을 가지고 독창적인 리더십을 발휘하며, 모방하지 않는다. 더 나아가 오센틱 리더십의 발전은 그 리더의 인생역정이나 그 인생 중의 중대 사건과 경험과 거기서 얻은 의미를 통해 발전된다고 주장하였다. 이 정의에서 오센틱 리더는 그의 경험에 초점을 맞추고 있으며 동시에 팔로어들도 오센틱 리더십 발전에 일정한 역할을 한다는 것을

190) Peter G. Northouse. 『리더십 이론과 실제』 제5판. 김남현 역. 서울: 경문사, 2011. p. 282.
191) 앞의 책. pp. 284-286.

인정하고 있다.

둘째, 발달적 시각에서 오센틱 리더십은 어떤 고정된 성격특성이라기 보다는 리더의 내부에서 발달(형성)된 것이라고 본다. Walumbwa(2008) 등은 오센틱 리더십을 리더의 행동패턴으로 개념화하였다. "긍정적 자기 계발을 촉진하고, 자기인식, 내면화된 도덕적 관점, 균형적인 정보처리, 그리고 팔로어에 대한 리더의 관계적 투명성을 높이기 위해 긍정적 심리 역량과 긍정적 윤리조직풍토를 조성하고 촉진하는 리더 행동의 유형"으로 정의하였다.

리더의 행동패턴은 그 리더의 정적인 심리적 특성에서 발전되어 나오고 또 그 정적인 심리적 특성 속에 자리하고 있다는 것이다. 그들의 주장에 따르면 오센틱 리더십은 서로 연관된 개별적 요소들 즉 자기인식(가치 있는 인간으로서의 자각), 관계적 투명성, 균형 잡힌 정보처리, 내면화된 도덕적 시각으로 구성된다. 오센틱 리더는 이 네 가지 유형의 행동들을 전 생애를 통하여 발전시켜 나간다.

여기서 자기인식self-awareness은 사람이 어떻게 세상에서 의미를 끌어내고, 의미를 형성하는가, 그리고 그 의미 형성과정이 자신을 보는 방식에 어떻게 영향을 미치는가를 이해하는 것과 관계가 있다. 즉 자신의 강·약점과 다면적 속성에 대해 이해하는 것으로, 타인에게 자신을 노출함으로써 자아를 인식하고, 다른 사람에게 자신이 어떠한 영향을 미치는가를 아는 것을 의미한다.

관계적 투명성relational transparency은 다른 사람에게 자신의 진실한 자아 authentic self(거짓 자아 또는 왜곡된 자아의 반대)를 드러내는 것을 말한다. 그러한 행동은 공개적인 정보 공유와 부적절한 감정의 표현을 최소화하면서 자신의 진실한 생각과 느낌을 표현함으로써 신뢰를 강화시킨다.

균형적 정보처리balanced processing는 리더가 의사결정을 하기 전에 관련된 모든 자료를 객관적으로 분석하는 것을 말한다. 이러한 리더는 자신이 마음속에 갖고 있는 의견과 다른 견해들을 팔로어들이 자유롭게 제시할 수 있는 분위기를 조성한다.

그리고 내면화된 도덕적 관점internalized moral perspective은 자기규제self-regulation 의 내면화되고 통합된 형태이다. 이러한 자기규제는 집단·조직 그리고 사회적 압력이 아니라 내적 도덕기준과 가치관에 따라 이루어지고, 내적 가치관과 일치하는 의사결정과 행동을 하도록 한다. 요컨대, 오센틱 리더 들은 더 효과적으로 다른 사람들에게 봉사하기 위해 자신의 리더십을 진 실로 이해하기를 바란다는 것을 다른 사람들에게 보여준다는 것이다 (George, 2003). 그들은 신뢰성을 확립하고, 팔로어들의 존경과 신뢰를 얻 기 위해 자신의 내적 가치와 확신에 따라 행동한다. 그리고 다양한 의견들 이 나오도록 하고, 팔로어들과 협조적인 관계망을 형성함으로써 팔로어들 이 '진실한'authentic 리더라고 인식하게 만든다(Avolio et al., 2004).

셋째, 대인적 시각에서 본 정의이다. 이 관점은 오센틱 리더십이란 관 계적인 것이고 리더와 부하가 함께 만들어가는 것이라고 주장한다. 진실 성authenticity이란 리더와 부하들 간의 상호작용에서 나온다는 것이다.

나. 오센틱 리더십의 핵심개념

오센틱 리더십의 개념을 명확하게 이해하기 위해서는 오센틱 리더십 의 핵심개념인 '진정성'authenticity과 진정한 리더authentic leader 개념을 이해할 필요가 있다.192)

1) 진정성(authenticity)

'오센티서티'(진정성authenticity)는 자신이 가지고 있지 않은 자질이나 신

192) 최병순. 『군 리더십』. 서울: 북코리아, 2010. pp. 269-273.

념을 위장하는 위선hypocrite이 아닌 '진짜'genuine를 의미하는 개념으로 고대 그리스 철학자들이 "너 자신을 알라", 그리고 "자신의 자아에 진실하라"라고 한 말에 잘 나타나 있다(Harter, 2002). 즉 '오센티서티'는 '진정한 자아와 내면의 생각 및 감정에 따라 자신을 표현하는 방법으로 자신과의 관계에 있어서의 진실성을 나타내기 때문에 말과 행동이 조화되어 외향적으로 표현되는 정도인 '성실성'sincerity193)보다 좀 더 상위의 개념이라 할 수 있다.194) 이러한 오센티서티는 외부의 위협이나 유인incentive, 또는 사회적 기대나 보상에 의해서가 아니라 개인적 가치관에 따라 이루어지는 자기규제 과정을 통해 달성된다(Ryan & Deci, 2003).

따라서 오센틱 리더십은 인간은 능동적이고, 주관적 판단과 선택이 가능한 유기체임을 주장하는 인본주의 심리학의 인간관과도 일치한다. 인간은 자기가 보고 해석하는 그 세계에 의해 영향을 받는 것이지 타인이 보고 느끼는 세계, 소위 객관적 현실세계에 의해 영향을 받는 것이 아니라는 것이다. 마찬가지로 리더의 가치와 확신은 결국 타인에 의해서가 아닌 리더 자신의 내면에 있다는 것이다.195)

여기서 중요한 것은 오센티서티가 단순이 '오센틱-비非오센틱'authentic-inauthentic이라는 이분법적인 것이 아닌 연속선상의 개념이라는 것이다. 누군가를 '오센틱하다' 또는 '오센틱하지 않다'라는 식으로 판단할 수 없고, 그 사람이 얼마나 오센티서티를 갖고 있는가 또는 오센티서티가 어느 수준인가로 평가할 수 있다는 것이다. 이와 같이 연속선상의 개념으로서 오

---

193) '성실성'(sincerity)은 자기 자신에게 진실한 정도라기보다는 다른 사람들에게 자신을 정확하고 정직하게 표현하는 자아의 정도에 의해 판단되는 개념이라고 할 수 있다.

194) Avolio, Luthans & Walumbwa, 2004; Avolio & Gardner, 2005; Chan et al., 2005.

195) 에릭슨(Erickson, 1995)은 '자아와 자신의 핵심가치에 대해 진실하고, 그 가치와 타협하도록 하는 사회적 상황적 압력에 저항하는 것으로 오센티서티를 묘사하고 있다. 결국 다른 것에 우선하여 '개인의 가치를 고려한 자기인식'이 오센티서티와 오센틱 리더십의 핵심적 요소라는 것이다. (Chan et al., 2005; Gardner et al., 2005; George, 2003.)

센티서티를 보는 것은 인간은 본질적으로 착하기 때문에 선량하게 발전해 나갈 수 있다는 인본주의 심리학의 인간관을 반영하고 있기 때문이다. 이와 같이 연간의 오센티서티가 발전가능한 것으로 보기 때문에 오센틱 리더십은 개발가능하다고 할 수 있다.196)

2) 진정한 리더(authentic leader)

오센틱 리더십을 이해하기 위한 또 다른 중요한 개념은 '오센틱 리더'authentic leader인데, 아볼리오Avolio 등은 오센틱 리더를 "자신이 어떻게 생각하고 행동하는지에 대해 깊이 인식하고, 자신과 주변 사람들로부터 가치 및 도덕적 관점·지식·강점을 인식하고 있다고 인식되는 리더", 그리고 "자신이 처해있는 상황적 맥락을 인식되는 리더", 또한 "자신감·희망·낙천성·적응·유연성을 갖고 있고 높은 도덕적 특성을 가진 리더"로 정의하고 있다.197) Avolio, Luthan, Walumbwa도 이와 유사하게 "사고와 행동의 방법을 깊이 깨닫고 있는 리더", "타인도 그들이 갖고 있는 인간에 대한가치, 도덕적 인식, 지식, 신념을 인정하는 리더", "자신이 행동하는 상황적 맥락을 잘 알고 있는 리더", "신념, 희망, 낙천성, 쾌활함, 높은 도덕적 특성을 구비한 리더"를 오센틱 리더로 본다.198)

샤미르와 에리암은 기존의 여러 연구를 비교, 검토한 후 오센틱 리더는 다음 네 가지 특징을 가진 리더라고 하였다.199)

---

196) Avolio & Gardner, 2005; Luthans & Avolio, 2003.

197) Avolio, B. J., Gardner, W. L., Walumbwa, F. O., Luhans, F. & May, D. R. "Unlocking the Mask: A look at The Process by Which Authentic Leaders Impact Fllower Attitudes and Behaviors." *The Leadership Quarterly* 15, 2004. pp. 801-823.

198) Avolio, B. J., Luthans, F. & Walumba, F. O. Luthans & Walumbwa. "Authentic Leadership: Theory Building for Veritable Sustained Performance". *Working Paper: Gallup Leadership Institute.* Unlversity of Nebraska-Lincoln, 2004.

199) Shamir, B. & Eliam, G. "What's Your Story? A Life-Stories Approach to Authentic Leadership Development." *The Leadership Quarterly* 16, 2005. pp. 395-417.

첫째, 리더십을 가장하여 타인의 기대에 순응하기보다 자신에게 진실한 리더이다. 오센틱 리더는 겉으로 보이는 이미지나 가식적인 모습을 개발하기보다는 리더십 역할 그 자체를 수행한다는 것이다.

둘째, 현재의 지위·명예·개인적 이익 등을 지키기 위해서가 아니라 개인적 양심에 따라 동기 부여한다. 자신의 내면적 가치에 의해 진정한 리더의 역할을 해내는 것이다.

셋째, 다른 것을 모방하기보다는 자기의 본 모습인 자신의 가치에 따라 행동하는 사람이다. 리더 역시 사회적 존재로서 사회적 규범과 가치에 영향을 받지만, 오센틱 리더는 사회적 압력을 단순히 수용하는 것이 아니라 살아있는 경험과 경험적 감정의 적극적 반영을 통해 가치와 확신을 자신의 것으로 만들어낸다.[200]

넷째, 오센틱 리더는 자신의 개인적 가치와 확신에 따라 행동한다. 자신이 말하는 것은 그가 믿는 것과 일관되고, 행동 역시 자신의 말이나 신념과도 일관성을 가진다. 이것은 오센틱 리더의 행동이 다른 사람(팔로어 및 타인)을 기쁘게 하거나 인기를 얻는 것도, 정치적 이익 등을 얻기 위한 것도 아님을 강조한다. 결국 오센틱 리더의 특징은 '자기 자신에게 진실하다'true to self는 오센티서티의 핵심개념과 일맥상통한다. 오센틱 리더십은 그동안 대부분의 리더십 연구들이 리더의 어떠한 행동유형이 더 효과적인지에 초점을 맞추었지만 겉으로 드러나는 행동보다는 이와 같이 자신에게 얼마나 진실한가의 정도를 더 중시한다.

한편 샤미르와 에리암Shamir & Eliam, 2005은 다음과 같은 이유로 오센틱

---

200) Harter, S. M., Authenticity, in C. R. Snyder & S. J. Lopez(eds). *Hand Book of Positive Psycology*. London: Oxford University Press, 2002. pp. 382-394; Luthans, F. & Avolio, B. J. Authentic Leadership Development, in K. S. Cameron, J. E. Dutton & R.E. Quinn(eds). *Positive Organizational Scholarship*. San Fransico: Berrett-Koehler, 2003. pp. 241-258.

리더와 오센틱 리더십을 동일선상에서 놓고 볼 수 없다고 주장한다.

첫째, 오센틱 리더십은 주로 리더의 주관적인 경험과 확신을 기반으로 하고 있고, 리더 내면의 주관적인 현상에 바탕을 두고 있다는 것이다. 따라서 리더가 갖고 있는 가치나 확신이 진실하고 실제적인 것인지, 또한 진실된 자아true self가 존재하는지 여부를 확인하는 것이 불가능하다는 것이다. 오히려 '리더의 진정한 자아'라는 주관적 현상은 옳지 못한 가치와 확신을 맹신하는 '정직한 자기현혹'honest self-delusion의 가능성을 내포하고 있고, 리더가 다른 사람이 갖지 못한 특별한 자아를 인식하는 경우 오히려 조직에 매우 위험할 수 있다는 것이다. 따라서 오센틱 리더나 오센티서티 자체를 오센틱 리더십과 동일한 것으로 간주함으로써 발생할 수 있는 이러한 문제점을 해결하기 위해서는 리더의 특성뿐만 아니라 팔로어와의 관계로까지 그 영역을 확장시켜야 한다는 것이다.

둘째, 리더십은 기본적으로 리더와 팔로어와의 관계를 가정하고 있다는 것이다. 따라서 오센티서티에 대한 개념은 단지 리더뿐만 아니라 팔로어에게도 확장되어야 한다는 것이다. 오센틱 리더십과 오센틱 팔로어십이라는 개념이 함께 논의되고, 이를 포괄할 수 있는 개념으로서 오센틱 리더십이 정의되고 개발되어야 한다는 것이다.

다. 접근법

오센틱 리더십을 체계화하면 두 가지로 분화될 수 있다.201) ①실무적 접근법과 ②이론적 접근법이다. 실무적 접근은 실제적인 사례와 훈련 및 개발에 관한 것이고 이론적 접근은 사회과학 연구결과에 근거하고 있다.

첫째 실무적 접근법은 두 가지 접근법이 있다. 이 접근법은 정직한 리

---

201) Peter G. Northouse. 앞의 책. pp. 286-302.

더가 되기 위해 어떻게 조치를 취할 것인가를 제시하고 있다.

1) Terry의 접근법은 어떤 상황에서 실제로 무슨 일이 일어나고 있는가를 다루기 위해 '정직한 활동의 진단을 위한 회전틀 모형'을 어떻게 활용하고 또 어떤 활동이 리더와 부하들 그리고 조직에 진정으로 유익이 되는가를 설명하고 있다.202)

2) George의 접근법은 '정직한 리더십'의 다섯 가지 기본적인 차원들을 확인하고 또 거기에 따른 행동특성들, 즉 개인들이 정직한 리더가 되는데 필요한 행동특성들을 확인하고 있다.203)

둘째, 사회과학 연구문헌에 의한 접근법은 리더십 분야의 연구와 실증적 조직연구 그리고 윤리학 분야의 연구로부터 얻은 자료들을 분석하여 오센틱 리더십의 중요한 네 가지 구성요소들을 확인하였다. 자기인식능력, 내면화된 도덕적 시각, 균형 잡힌 처리, 그리고 관계의 투명성 등이 그것이다. 이에 더하여 연구자들은 '정직한 리더십'이 리더의 정적인 심리적 능력, 도덕적 분별력 그리고 생애의 중대사건에 의해 영향을 받는다는 것을 발견하였다.

라. 오센틱 리더십의 강점과 유효성

'오센틱 리더십'은 아직 개발 단계에 있지만 몇 가지 강점을 가지고 있다. 첫째, 오늘 같은 불확실성의 사회에서 선하고 건전한 리더십을 찾고 있는 사람들에게 해답을 제공해주고 있다. 과거 20여 년 동안 우리사회의 공적, 사적 리더십의 실패가 불신을 야기하였고 새로운 리더십을 요구하는

---

202) Terry, R. W. *Authentic Leadership: Courage in Action*, San Francisco: Jossey-Bass, 1993.
203) George, B. *Authentic Leadership: Rediscovering the Secrets to CreatingLasting Value*, San Francisco: Jossey-Bass, 2003.

열망에 부응하여 대두된 오센틱 리더십은 이에 대한 해답을 제시하고 있다.

둘째, 오센틱 리더십은 처방적(규범적) 이론으로 정직한 리더가 되기를 원하는 사람들에게 광범한 지침을 제공하고 있다. 실무적 접근법이나 이론적 접근법 모두 오센틱 리더가 되기 위해서는 리더가 무엇을 해야 하는가 명확히 제시하고 있다. 예를 들어 테리Terry, 1993의 주장에 따르면 오센틱하게 되기 위해 리더는 팔로어들과 함께 주어진 상황에서 실제로 무슨 일이 일어나고 있는가를 찾아내어 그것에 대처할 수 있어야 한다는 것이다. 이와 찬가지로 사회과학 연구문헌들은 리더가 오센틱하게 되기 위해서는 '자기인식', '내면화된 도덕적 시각', '균형 잡힌 정보처리', '관계의 투명성'을 갖는 것이 중요하다고 강조하고 있다. 종합해볼 때, 이들 접근법들은 오센틱 리더가 되려는 사람들에게 안내도map를 제공하고 있다.

셋째, 정직한 리더십은 명백한 도덕적 차원들을 가지고 있다. 리더가 부하들과 사회를 위해 올바르고 선한 것을 추구할 필요가 있다고 주장한다. 이 접근법은 오센틱리더에게 팔로어들과 사회를 위해 올바르고 유익이 되는 것을 찾아 실행할 것을 요구한다. 그리고 오센틱 리더는 자신의 가치관을 명확히 하고 팔로어들이 원하는 것들needs을 우선시하며 공공선을 위해 자신의 희생을 감수해야 한다.

넷째, 오센틱 리더십은 리더의 타고난 성격 특성이라기보다는 장시간에 걸쳐 리더에 의해서 개발되는 과정이다. 리더의 오센틱한 가치관과 오센틱한 행동은 장기간에 걸쳐 리더의 내부에서 발전되며 형성될 수 있다는 것을 강조한다. 따라서 오센틱 리더십은 누구나 개발할 수 있고 배울 수 있다는 장점이 있다. 즉 리더는 보다 더 자기인식을 잘할 수 있으며 보다 더 투명해질 수 있으며, 더 관계적이고 타인지향적이 될 수 있다. 또한 리더는 도덕적 분별력을 개발할 수 있다. 이에 더하여 루탄과 아볼리오Luthan & Avolio, 2003는 리더는 '자신감', '희망', '낙관주의' 및 복원력' 같은 정적인 심리적 능력도 개발할 수 있고 또 그 같은 능력들을 활용하여 정적인 조직풍토를 조성할 수 있다고 말하고 있다.204)

마지막으로 정직한 리더십은 이론에 기초한 '오센틱 리더십 설문지'authentic leadership question: ALQ를 사용하여 측정될 수 있다. ALQ는 그 타당성이 입증되었고 오센틱 리더십의 네 가지 요인들을 측정하는 16개 문항으로 이루어졌다.205)

마. 비판

오센틱 리더십에는 부정적인 특성도 있다. 첫째, 실무적 접근법에서 제시하고 있는 개념(아이디어)은 주의하여 조심스럽게 다루어져야한다. 그 같은 개념은 연구에 의해 충분히 실증검증이 이루어지지 않고 있기 때문이다. 둘째, '정직한 리더십'의 도덕적 구성요소는 충분히 설명되지 않고 있다. 예를 들어 정의, 공평, 공동체 등과 같은 가치가 '정직한 리더십'과 어떻게 관련되고 있는가를 설명하지 않고 있다. 셋째, 정적인 심리적 능력을 정직한 리더십 모형의 고유한 부분으로 포함시키는 데 대한 충분한 이론적 설명(근거)이 이루어지지 않고 있다. 마지막으로 정직한 리더십의 효과성에 관한 실증성이 결여되어 있으며, 또 그것이 '정적인 조직의 성과'와 어떤 관련성을 가지고 있는가에 대한 근거가 결여되어 있다고 비판된다.

바. 적용

아직 오센틱 리더십은 발전단계 초기에 있기 때문에 사람들이 오센틱 리더십 행동을 개발하고 증진시키는 데 사용할 수 있는 전략에 대한 연구

---

204) Luthan & Avolio, 2003. ibd.
205) Avolio, 2009; Walumbwa, 2008. ibd.

가 매우 부족하다. 그러나 이 이론이 제시하는 공통된 주제는 실무현장에서 응용될 수 있다. 그것은 '사람들은 오센틱한 리더가 될 수 있는 능력을 가지고 있다'는 것이다. 루탄과 아볼리오Luthans & Avolio는 '오센틱 리더십 발전모형'을 제시하였다.206) 이들은 오센틱 리더십을 '생애 전반에 걸친 학습과정'으로 개념화하면서 '장시간에 걸쳐 개발할 수 있는 과정'이라고 주장하였다. 이것은 인적자원관리 분야에서 훈련 및 개발을 통하여 리더 직위에 오를 성원들의 오센틱 리더십 행동을 촉진할 수 있다는 것이다. 또 하나의 주제는 오센틱 리더의 가장 중요한 목표로서 '올바른 일을 하려고 노력하는 것', '자신에게나 다른 사람들에게 정직한 것', '공동선을 위해 노력하는 것' 등이다. 그리고 마지막으로 오센틱 리더십은 리더의 생애에 걸친 중대사건에 의해서 형성되고 개선된다. 오센틱 리더를 지향하는 사람들이 이 같은 생애의 중대사건을 예민하게 판단하고 그것을 성장의 도약대로 삼는 것은 매우 중요한 일이다.207)

7. 창조 리더십

가. 창조 리더십 개요208)

리더십은 무엇보다도 남을 먼저 돕겠다는 희생정신과 봉사정신이 기반이 되어야 한다. 웹3.0 시대인 오늘날 현대사회는 사람과 사람 사이의 관계뿐 만이 아니라 국가와 사회의 기본 틀이 바뀌고 있다. 21세기에 과학기술

---

206) Luthans, F. & Avolio, B. J. Authentic Leadership Development, in K. S. cameron, J. E. Dutton & R. E. Quinn(Eds.). *Positive Organizational Scholarship*. San francisco: Berrett-Koehler. pp. 241-258.
207) Peter G. Northous. 앞의 책. pp. 307-308.
208) 창조 리더십은 서울대 교수이자 공공 리더십 센터 소장을 역임한 김광웅 교수의 『창조! 리더십』(서울: 생각의나무, 2009)을 참조하였다.

제2부··리더십 철학: 과제와 실천 231

이 크게 발달하여 문화가 변하면서 복잡계 과학시대era of complexcity science와 융합학문시대era of syncresis academy가 전개되고 있는 것이다.

이에 따라 세상은 바야흐로 감성과 희생의 인지문명認知文明의 시대로 접어들었다. 정신·물질·에너지·마음이 하나로 인식되는 차원으로의 변화뿐만이 아니라, 서양의 도구적 합리주의와 과학주의에서 일관해오던 이분법적 논리 내지는 경쟁과 대립에서 물질과 에너지보다는 시간과 생명을 존중하고 하나가되는 '감성과 희생의' 창조사회로 바뀌고 있다.

창조사회의 리더십은 상상·창의·쇄신의 힘으로 세상을 바꿀 수 있어야 한다. 그것도 인미認美(리더가 세상을 아름답게 꾸며야 한다는 뜻의 조어)로 아름답게 꾸밀 줄 알아야 하고, 의롭고 어질어야 한다. 공존하는 인간homo symbios의 자세로 역할을 공유하는 공유의 리더십shared leadership, 서로 나누어 갖는 파트너십partnerhip, 그리고 함께하는 팀 리더십team leadership이 요구된다.209)

보통 리더십의 차원을 나눌 때 기술적 리더십, 팀 리더십, 전략적 리더십으로 나눈다. 그러나 더 이상 이런 차원만 생각해서는 안 된다. 경쟁을 넘어 공존의 길을 모색해야 하는 시대이기 때문에 위와 같은 차원만 생각해서는 안 되고 상대를 인정하고 자신부터 자성하며 현명해져야 한다. 또한 모두를 다 갖지 말고 나누어 가져야 한다. 내 생각만 하지 않고 상대방의 입장이 되어 감정이입할 수 있어야 한다(역지사지). 남이 왜 그런 생각을 하는지 헤아려야 한다. 전체를 보면서 리듬과 흐름을 읽을 줄 알아야 한다. 아름다워야 한다. 그리고 만족할 줄 알아야 하고知足, 분수를 알아야 하며知分, 멈출 줄 알아야 한다知止.210)

미래 한국의 창조 리더십은 창조성과 이를 지혜롭고 아름답게 쓸 수

---

209) 김광웅. 앞의 책. 머리말.
210) 앞의 책. p. 296.

있는, 사회구성체의 집합성과 복합성을 헤아릴 줄 아는 현명한 현자賢者의 리더십이 요구된다 할 수 있다.

나. 창조 리더십의 차원

창조 리더십의 차원은 4차원으로 구성된다. 그것은 능력과 자질, 감각 (6감), 기회 그리고 사랑과 아름다움의 원천인 자기를 반성하고 관찰하는 자조自照와 자신에 대한 성찰로서의 자성自省이다. (표2-11)

〈표2-11〉 창조 리더십의 차원

4차원	자조(自照) · 자성(自省)
3차원	기회
2차원	감각(6감)
1차원	능력과 자질

1차원의 능력과 자질은 리더십의 요소로서 기본이다. 2차원의 능력인 감각은 리더가 판단하거나 결정하는 데 있어 요구되는 통찰력, 순발력, 혜안 등을 말한다. 이것은 풍부한 지식과 남다른 용기로 이루어지는 것이 아니라 몸이 갖는 통합적인 감각에 의한 것이다. 3차원의 능력인 기회는 기존의 생각과 다르게 생각하는 것이다. 위기는 바로 기회이다. 창조 리더는 다르게 생각함으로써 현재의 틀로부터 탈출할 수 있는 기회를 포착할 수 있어야 한다. 개인의 '다름'을 인정하고 집단적 사고에서 벗어나 서로 다르게 생각할 수 있는 용기를 가져야 한다. 4차원의 능력인 자성과 자조는 앞선 차원들에 대한 종합적인 것으로써 감각과 기회를 자기성찰 및 관찰을 통해 사랑과 아름다움으로 완성하는 것이다.

그렇다면 창조적 아이디어는 어디서 나오는 것인가? 상식 또는 우상을 파괴하고 4차원의 창조를 이루어낼 수 있는 창조 리더십의 요소들은 무엇인가?

다. 창조 리더십의 기본요소

1) 지각

상식파괴주의의 핵심은 지각이다. 이들은 남들과 다르게 사물을 본다. 우리는 세상에 대한 자신의 지각$_{perception}$이라는 것이 당연히 맞다고 믿지만 그것은 사실 상상의 망령이자 허상이나 다름없다. 상식파괴자들은 대부분의 사람들을 괴롭히는 지각의 지름길을 우회할 줄 안다. 뇌가 과거의 경험을 통해 현재의 정보를 해석하려고 하지만 이들은 오히려 과거의 경험에서 벗어나려고 한다. 다른 사람들과 다르게 보기 위한 가장 효과적인 해결책은 그 전에 한 번도 접한 적이 없는 것들을 두뇌에 퍼붓는 것이다. 상상은 지각과정을 거꾸로 거치는 것이다. 효율성만 따지면 상상은 힘들어진다. 우리가 한 번도 본 일이 없는 덜 일반적인 무엇인가를 상상한다면 창조적으로 사고할 가능성은 훨씬 더 커진다.

2) 용기

리더는 늘 난관에 봉착한다. 이를 극복하기 위해서는 용기와 힘이 필요하다. 공포를 느낀다는 것은 좋지 않을 뿐더러 스트레스가 따른다. 사람들은 미지에 대한 공포와 마찬가지로 실패에 대한 공포 때문에 좋은 기회를 놓치기도 한다. 실패할 가능성이 있는 일이라면 그 어떤 활동이든 위험한 일이 된다. 우리는 어떤 결정을 내릴 때 유리한 면과 불리한 면을 비교 검토한다. 어떤 사람은 긍정적인 결과가 나올 가능성에만 초점을 맞추고, 어떤 사람은 부정적인 측면에만 집착한다. 합리적인 의사결정은 이 두 극단 사이를 조심스럽게 오간다. 이때 필요한 것이 결단과 용기이다.

3) 사회지능

상식파괴자가 마침내 성공을 거두느냐 실패하느냐는 그가 지닌 사회
지능의 두 측면, 즉 익숙함과 평판에 달려 있다. 이들은 밀접하게 관련되
어 있다. 누구든 타인에게 자신의 아이디어를 이해시키기 위해서는 늘 호
의적인 평판을 받고 있어야 한다. 그래야 낯설고 불가능해보이는 아이디
어를 내놓더라도 사람들이 그 아이디어를 내놓은 이의 평소 미더움 때문
에 흔쾌히 받아들인다. 상식파괴자가 우상이 되기 위해서는 몇 가지 전략
이 필요하다. 첫째, 사물을 다르게 볼 수 있는 유연한 두뇌를 소유해야
할 뿐 아니라 대중의 두뇌를 재배선 할 수도 있어야 한다. 둘째, 다르게
생각하거나 실천하는 상식파괴는 이성을 넘어 감성의 차원이다. 감성의
중요성이 여기에 있다. 셋째, 생각이 실천으로 이어지려면 제도로 정착되
어야 한다. 새로운 것을 제도화하기 위해서는 법에 의한 보장이 필수적이
다.

라. 리더십과 인지능력

탁월한 리더가 되려면 통찰력, 기법, 그리고 지혜가 있어야 한다. 이들
요소가 진정한 리더와 단순히 효과적인 관리자를 구분 짓는다. 진정으로
창조적인 리더가 되기 위해서는 인지능력이 요구되고 이를 통한 ①주의를
기울이고(좌우 집중양시 구사) ②내 모든 것을 바치고(열정 및 타인과 연
계) ③상상을 구체화하고(비전 추구: 추상적 비전, 직접적 비전, 상상적
비전)211) ④진정한 놀이를 하고(열심히 일하고 포기할 줄도 아는) ⑤협동

---

211) 추상적인 것은 리더들이 흔히 하는 방식이고, 나머지 둘은 복잡한 도전에 직면했을
때 필요하다. 이를테면 직접적 비전은 당장 눈앞에 닥친 문제에 주목하고 어디로 가
있는지 냉철한 판단을 하게 하는 것이다. 이를 '공유하는 지평'으로 표현한다. 상상적
비전은 직접적 비전을 넘어서 지금까지 일어나지 않았던 상황을 꾸미고 '만일 그렇지
않다면?'을 생각하는 방식이다. 로버트 루트번 스타인. 『생각의 탄생』. 박종성 역. 서울:

하고(공동공간을 만들고 대화를 통한 경계의 추월) ⑥만들어내야 한다(정교한 제작, 전략적·종합적 사고). 여기서 중요한 것은 혼자서 하면 안 되고 여럿이 함께 힘을 모아 함께 해야 한다. 또한 리더십을 개발하려면 인문과 과학, 예술의 도움을 반드시 받아야 한다. 양자가 다른 입장을 상정해놓고 있기 때문이고, 미래의 변화를 감지해야하기 때문이고, 또한 아름다움을 알 수 있기 때문이다. 인문, 과학, 예술을 연계시키면(디지그노designo: 미학적 감수성, 인미認美: 리더가 세상을 아름답게 꾸며야 한다는 뜻의 조어) 감각적으로 매우 풍부한 양상이 전개된다.

조지프 나이Joseph S. Nye Jr.는 창조적 리더에게 요구되는 지능으로 ①이성지능 ②감성지능 ③문화지능 ④사회지능 ⑤정치지능 ⑥상황맥락 지능을 들고 있다. 상황맥락지능에서 직관적인 판단을 할 때 고려되어야 할 요소는 ①추종자의 욕구와 수요 ②정보의 흐름 ③시간의 긴급성 ④권력자원의 분배 ⑤문화적 맥락이다.

마. 창조 리더십을 구성하는 6가지 열쇠

1) 공유

21세기에는 리더십을 혼자가 아니라 여럿이 행사한다. 둘이서 셋이서 그리고 팀이 함께한다. 지금까지의 리더가 개인 단위였다면 21세기의 리더십은 그 기초가 개인이 아니라 팀이다. 연결자와 관리자가 있는 전 근대적 계급조직이 아닌 수평조직에서 같은 책임과 권한을 갖고 대등하게 자기 몫을 한다. 과거처럼 리더가 혼자서 모든 책임을 지는 것이 아니라 여럿이 함께 지는 것이다. 공유하는 리더십에는 파트너십과 팀 리더십이 함축된다. 각자를 놓고 보면 부족할지 모르지만 팀이 완벽을 지향한다.

에코의서재, 2008.

2) 소통과 협력

과거에는 명령하고 통제하고 쪼개고 경쟁하는 것을 리더십의 본질로 생각했다. 계급조직의 전형이다. 그러나 앞으로는 소통하고 협력하고 가르치고 일이 되게 하지 않으면 안 된다. 지시와 통제 중심의 리더십이 대화와 협력 중심의 리더십으로 변화하고 있다.

3) 지식과 감각

리더가 높은 자리(고위직)에 있는 경우 우리는 흔히 그 권력이 지위에서 나온다고 생각한다. 그러나 21세기에는 권력이 지식에서 나오지 않는다. 자리에 앉아있어도 지식이 모자라면 리더로 존중받지 못한다. 자리에 권위를 둔 권위에서 지식에 권위를 둔 권위로 변화하고 있는 것이다. 나아가 지식만이 아니라 감각에 기반을 두어야 한다. 그러나 우리나라 각 분야 각 기관의 리더들은 아직도 지위나 직책을 추구하며 리더 행세를 한다. 지식은 뒷전이다. 감각이 무딘 것은 말할 것도 없다. 그러니 정책이 올바를 수 없다.

4) 무중심

기존 리더는 늘 중심에 있었다. 다시 말해 중심에 있는 자가 리더였다. 그러나 앞으로는 중심이 따로 없는 대신 협동이 중요해진다. 즉 무중심 협동이다. 가장자리에 있어도 역할에 따라 중요해질 수 있다. 협력이 이루어지는 곳이 곧 중심이 된다.

5) 디지털

아날로그 시대에서 디지털 시대로 바뀐 것처럼 리더십도 디지털이 되는 것이 당연하다. 투명성, 즉흥적 상황에 대응할 수 있는 순발력, 그리고 빠른 의사결정 구조와 잘못된 결정을 쉽게 바꿀 수 있는 지도력을 말하는 것이다. 정부가 투명해지고, 언론사가 순발력 있게 움직이고, 기업이 빠른 의사결정을 하는 것을 좀 더 많이 보게 된다.

6) 창의 존중

기존 권위에 이의를 제기할 수 있고, 새로운 제안을 할 수 있는 리더십을 말한다. 이는 미래 창조사회 리더십의 본질이다.

바. 창조 리더십의 기본 자질

창조 리더십의 기본 자질은 다음과 같이 정리될 수 있다.

① 아름다워야 한다.

② 닮고 싶어야 한다.

③ 존중할 만한 권위가 있어야 한다.

④ 인격적으로 존경받아야 한다.

⑤ 언어와 비언어를 포함해 표현력이 탁월해야 한다.

⑥ 이미지가 좋아야 한다.

⑦ 외양보다는 내면의 미와 의지가 더 중요하다.

⑧ 나력裸力[212)과 잔향殘香이 있어야 한다.

⑨ 큰 그림을 볼 줄 알아야 한다.

⑩ 상상력을 키워야 한다.

⑪ 엉뚱한 생각을 할 수 있어야 한다.

⑫ 내가 틀릴 수도 있어 생각을 다시 해야 한다.

---

212) 나력(裸力, naked strengthe)이란 나무들이 겨울을 이겨내는 발가벗은 힘을 의미하며 고난과 역경을 극복해내는 상징어로 쓰인다. 알프레드 테니슨은 「참나무」("The Oak") 라는 시에서 나력의 소중함을 노래하고 있다.

⑬ 디지그노213)부터 배워야 한다.

⑭ 융합과 통섭 등 관계학을 배워야 한다.

⑮ 인지문명에 따라야 한다.

⑯ '관계'를 엮어내고 리듬과 미적 감각이 있어야 한다.

---

213) 디지그노(designo)는 미학적 감수성 또는 미를 아는 인식 즉, 인미(認美)를 의미하는
    것으로서 리더가 세상을 아름답게 꾸며야 한다는 뜻의 조어이다.

국가차원

1. 주요가치

국가차원의 주요가치로는 선진 일류국가 건설, 평화통일과 번영, 국민통합, 복지국가라 할 수 있다.

가. 선진 일류국가 건설

선진 일류국가 건설은 모든 국가의 목표이자 비전이라 할 수 있다. 우리나라 역대 정부, 정치가들 모두 선거 때만 되면 선진일류국가 건설을 국가비전으로 빠트린 적이 없다. 선진국가란 무엇을 말하고 또 일류국가란 무엇을 의미하는 것인가?

선진국先進國, developed country은 고도의 산업 및 경제 발전을 이룬 국가를 가리키는 용어로, 그로 인해 국민의 발달 수준이나 삶의 질이 높은 국가들이 해당한다. 선진국으로 분류하는 기준은 모호한 경향이 있으나, 몇몇 기준이 되는 지표나 분류에 의해 파악해볼 수 있으며, 그 가운데 경제 발달 여부가 주된 평가의 기준이 되고 있다. 이러한 기준에는 개인 당 소득이 있다. 다시 말해 1인당 국내 총생산 등의 소득 지표가 높은 국가는 선진국일 가능성이 높다. 다른 경제적 기준으로는 산업화가 있다. 그 나라의 소득 지표가 높더라도, 고도로 발달한 산업이 없고 인프라가 부족한 자원부국 등은 선진국이 아니다. 최근에는 전통적인 경제 지표 이외에도 인간개발지수 등을 이용하여 삶의 질과 선진도를 파악해, 한 나라의 발전뿐 아니라 그 나라가 선진국인지 아닌지의 기준으로 삼고 있기도 한다.

일반적으로 선진국은 제1세계로 분류되는 국가로 OECD 회원국이면서, 인간개발지수가 매우 높은 인간발달수준very high human development으로 분류되고, 1인당 GDP가 높은 국가로 국제기관(IMF, 세계은행) 및 국제사회로부터 선진국이나 발달된 국가로 분류되는 국가를 의미한다.

대부분의 선진국은 지구의 북반구에 위치하고 있기 때문에 남반구의 개발도상국과의 문제를 남북문제라고도 한다. 선진국으로 분류되지 않은 국가들은 개발도상국 또는 후진국이라고 불린다.[214]

일류국가란 무엇인가? 일류국가란 국가가 국민을 보호하고 국민은 국가를 믿으며 서로 신뢰를 바탕으로 번영을 이루고 있는 나라가 일류 국가라 할 수 있다.

2006년 6월 시사주간지 ≪뉴스위크≫에는 네덜란드의 에라스무스 대학(도테르담)의 과학자들이 '행복지수'指數를 기준으로 조사한 나라의 순위가 실렸다. 이 조사는 그동안 웰빙의 개념이 단순히 소득이 높은 것을 의미하는 것이 아님을 증명해주었다. 우리가 우리의 이웃보다 더 나은 삶을 살고 있느냐는 상대적 만족감, 즉 삶의 즐거움과 행복감의 정도가 중요하다는 것이 이 조사의 핵심이다. 행복한 나라에는 미국도 들어 있지 않고 우리가 선진국으로 여기는 영국, 프랑스, 독일, 일본의 이름도 찾아볼 수 없다. 물론 우리나라의 이름은 어디에도 없다. 그나마 다행인 것은 이 조사가 밝힌 행복과 불행의 양극화가 가장 심한 나라(이집트, 탄자니아, 알

---

214) 우리나라는 2012년 말 기준, 인간개발지수(human development index) 12위(총 31개 국 중), GDP 기준 28위(총 35개 국 중)를 기록하고 있다. 위키백과, 2014.1.20. 검색.

제리, 베네수엘라, 브라질, 남아프리카공화국, 짐바브웨, 인도, 나이지리아, 키르기스스탄, 터키)에 우리나라가 끼지 않았다는 점이다.[215]

따라서 선진 일류국가의 개념은 첫째, 부강하고 둘째, 국가가 국민을 보호하고 셋째, 국민이 국가를 믿으며 넷째, 상호 신뢰를 바탕으로 번영하며, 다섯째, 국민들이 행복하게 느끼는 국가라고 할 수 있다.

그동안 역대 정부에서 국정 아젠다로 설정하고 많은 노력들을 해왔다. 특히 이명박 정부에서는 '선진 일류국가 건설'을 국정비전으로 채택하여 추진한 바 있다.[216] 그러나 그 성과는 그리 컸던 것 같지 않다. 많은 민·관 학술단체 및 학자 그리고 정치인들이 나름대로 해법을 내놓고 있기는 하지만 주제가 워낙 크다보니 정답은 있을 수 없는 것이 현실이다.

최근 한국안보통일연구원장인 하정열은 이에 대하여 "우리는 대한민국의 정체성을 확립하여 나아갈 방향을 재정립해야만 이 제2의 도약을 할 수 있다. 희망찬 한국인으로서 자부심을 느끼며 행복하게 살 수 있다. 이러한 승리의 역사를 다시 쓰기 위해 해결해야 할 과제가 있다"며 다음과 같이 제안하고 있다.[217]

첫째, 불확실성의 시대에서 우리가 원하는 방향으로 미래를 준비하고 설계해야 한다. 우리의 희망이 반영되어 있으면서 동시에 실현 가능한 미

---

215) 이 조사는 이런 기준에 따라 가장 행복한 나라의 순위를 ①덴마크 ②스위스 ③오스트리아 ④아이슬란드 ⑤핀란드 ⑥호주 ⑦캐나다 ⑧아일랜드 ⑨룩셈부르크 ⑩멕시코로 매겼다. 일곱 나라가 유럽에 있고 북미에 두 나라가 있어 유럽이 단연 '행복한 대륙'인 셈이다. '가장 행복하지 않은' 나라로는 ①탄자니아 ②짐바브웨 ③몰도바 ④우크라이나 ⑤아르메니아 ⑥벨로루시 ⑦로지아 ⑧불가리아 ⑨파키스탄 ⑩러시아의 순이다. 다섯 나라가 구(舊)소련이고 아프리카 나라들이 가장 불행한 나라다. 김대중. 「일류(一流)국가와 일등국가」. ≪조선일보≫, 2007.6.17.

216) 이명박 정부는 국정비전으로 '선진 일류국가: 잘사는 국민, 따뜻한 사회, 강한나라'를 설정하고 5대 국정지표로 ①섬기는 정부 ②활기찬 시장경제 ③능동적 복지 ④인재대국 ⑤성숙한 세계국가를 설정 추진하였다. 한국경제, 2008.8.6.

217) 하정열. 「조국은 매력 갖는 일류국가가 되어야 한다!: 튼튼한 안보를 바탕으로 통일을 이루자!」. ≪Break News≫, 2014.1.26.

래상을 설계하는 것이 필요하다. 우리의 염원들이 조국을 재창조하고 변화시키는 설계도가 될 수 있기 때문이다. 이를 위해서는 무엇보다 튼튼한 안보체제를 갖추어야 한다.

둘째, 조국 대한민국의 이념과 가치를 정립하여 국가이익을 도출하고, 국가의 목표와 비전을 명확히 설정해야 한다. 그 속에서 통일의 당위성이 인식되고 한민족의 정체성과 대한민국의 나아갈 방향이 바로 서게 된다. 이 시대를 사는 나는 누구인가라고 자신 있게 말할 수 있게 된다.

셋째, 국가는 합리적이고 효율적이며, 안정적이고 발전적이어야 한다. 지속적인 성장을 하여 국가의 경쟁력과 국민의 삶의 질이 향상되어야 한다. 이를 통해 국민들은 같은 방향을 바라보며 신나고 보람되게 노력하며, 일류국가를 향한 기반적인 모델과 토대를 정립해야 한다.

넷째, 민족 구성원 모두가 한반도 내에서 안전하고 즐겁게 살 권리를 확보해야 한다. 분단을 조기에 종식하고 영토를 평화적으로 통합해야 한다. 서로 자유롭게 왕래하고 거주할 수 있는 터전을 만들어야 한다. 삶의 공간을 보다 아름답게 가꾸어 후손들에게 물려주어야 한다. '통일은 부담이 아니라 대박이다'라는 인식하에 통일을 적극적이고 주도적으로 추진해야 한다.

다섯째, 조국은 매력을 갖는 일류국가가 되어야 한다. 우리는 긍지와 자부심을 갖는 자랑스럽고 행복한 국민이 되어야 한다. 우리의 전통과 문화를 발전시켜 세계 속에 대한민국을 만들어가야 한다. 주변의 아픔을 나눌 수 있는 배려의 사회가 되어야 한다. 열심히 일하는 국민들이 희망을 이야기하며 행복하게 살 수 있어야 한다.

나. 평화통일과 번영

통일은 당면한 우리민족의 최대의 과업이자 사명이다. 박근혜 대통령은 2014년 신년사에서 통일은 대박이라고 언급하며 남북통일에 대한 준비를 착수해야 한다고 말했다.[218] 세계의 석학들과 전문가들은 통일한국의 미래를 매우 긍정적으로 평가하고 있으며 일부 평가기관들은 통일된 한국이 2050년에는 세계 선두국가가 될 것이라고 예측하고 있다.

그러나 통일은 소망으로만 이루어질 수 없다. 철저한 준비와 정성을 기울여야 이룩될 수 있다. 우리사회 일각에서 제기되는 통일지상주의적 접근이나 흡수통일 주장은 위험하고 바람직하지 못하다. 안보와 통일이 조화를 이룬 안전하고 평화로운 통일을 추구해나가야 한다.

신뢰구축을 전제로 한 한반도 통일 논의는 가능성과 한계가 공존한다. 신뢰구축은 매우 어렵고 속도가 느리지만 그것으로 다져진 미래는 굳건한 새 역사를 창조한다. 신뢰구축 없이는 그 어떤 정치군사적 합의도 무용하다는 결론은 유럽의 경험뿐만이 아니고 한반도에서 진행된 지금까지의 경험이다. 따라서 신뢰구축 문제는 당면한 우리가 헤쳐 나가야 할 최대의 목표라 할 수 있다.

따라서 이제 통일 논의는 안전하고 평화로운 통일의 추구라는 국가전략의 새로운 패러다임의 접근이 요구되고 있다. 국가전략은 역사적·철학적으로 정립된 국가가치를 바탕으로 대전략이 정립되어야 하며 국가이익의 식별과 국가목표가 설정되고 하위차원의 국가전략과 정책이 추진되어야 한다.

평화와 번영은 우리의 최고의 가치이다. 이를 위하여 정치권과 정부에서는 수많은 정책대안들을 개발했고 공약으로 제시하였으며 전문가들의 접근법들이 제시되었다. 또한 김대중 정부의 "화해·협력 정책," 노무현 정부의 "평화·번영정책." 그리고 이명박 정부의 "상생·공영정책"에 의한 "비핵개방 3000" 추진은 각각 한계에 봉착했고 박근혜 정부는 "한반도

---

218) 《조선일보》, 2014.1.7.

신뢰프로세스" 구축 정책을 추진하고 있다. 한반도 평화번영의 핵심은 한반도 통일이다. 그 이유는 다음과 같은 한반도 통일의 이점과도 같다.[219]

첫째, 분단 상태의 평화 즉, '분단평화'는 안정적이지 않으며 통일이 한반도의 공고한 평화를 보장한다. 평화와 통일은 선후 개념의 접근 방식보다, 양자의 불가분적 관계를 전제로 평화와 통일의 병행을 추진해야 한다. 이제 '평화를 위한 통일, 통일을 위한 평화'의 모토 위에서 통일에 대한 전략적 접근이 필요한 때이다.

둘째, 통일은 한국 경제의 활로를 개척하는 '블루오션'이다. 한국 경제는 좁은 국토와 작은 시장으로 경제성장의 한계를 더 이상 극복하기 힘들다. 한반도 경제권이 통합된다면 한국의 경제적 위상은 한층 강화될 수 있다. 통일코리아의 8천만 인구와 더불어 만주와 시베리아 등 북방지역으로 확대된 시장은 새로운 성장 동력의 확충으로 한국인의 창의성과 도전적 모험심을 자극하여 한반도는 동아시아의 중심으로 자리 잡을 것이다. 한반도는 대륙과 해양, 동서양을 잇는 허브 국가이자 경제 강국으로 우뚝 발돋움하게 된다. 통일은 세계로 나아가는 한국 경제의 활로 개척의 돌파구가 된다. 이처럼 통일은 한반도의 공고한 평화와 활기찬 번영으로 한국의 발전적 도약을 기약하는 블루오션이다.

셋째, 통일은 '녹색 한반도'와 새로운 문명을 선도하는 첩경이다. 통일 과정에서 우리는 새로운 성장 패러다임을 통한 '녹색 한반도'를 구축해야 하며, 인간 존중의 문화와 복지사회의 구현과 함께 높은 수준의 민주주의를 구가해나가야 한다.

넷째, 통일로 북한 주민의 인간다운 삶의 회복이 가능해진다. 통일은 북한 주민의 인간다운 삶을 회복하는 길이다. 통일은 북한 사람들에게 새

---

219) 조민, 허문영, 김도태, 김정수, 김학린, 남광규, 윤황, 정낙근. 「KINU 통일 대계연구 2010-02」, 『통일비전 개발』. 통일연구원, 2011. p. 154.

로운 삶을 여는 기회이며 희망의 등대이다. 한반도에서 살아가는 사람들의 비인간적인 존재 양태는 반드시 타파되어야 한다. 통일은 북한 동포의 생존권과 최소한의 인간다운 삶을 회복하는 길이다. 통일은 절실하고, 그야말로 아주 절박한 과업이 아닐 수 없다.

다섯째, 통일로 남한 주민의 삶의 정상화가 이루어진다. 대한민국은 섬 아닌 섬이다! 자동차로, 기차로 이웃 나라에 갈 수 있는 길이 동서남북 어느 쪽에도 없다. 통일로 한민족은 대륙적 기질을 되찾을 수 있다. 통일로 오랫동안 '분단의 섬'에 유폐된 채 우리도 모르는 사이에 '닫힌 마음' 상태에 젖어 있는 민족적 심성이 대륙적 기질을 회복하는 장쾌한 순간을 맞이하게 된다.

과제는 북한의 변화이다. 어떻게 북한의 변화를 유도해내며, 안전하고 평화로운 통일을 이루어낼 수 있는가이다. 우리에게 안보통일 리더가 절실한 이유이다.

다. 국민통합

2013년 1월 21일, 국민통합시민운동창립발기대회가 열렸다. 여기서 발기인들은 국민통합의 필요성과 추진방향을 제시하였다. 통합은 분열과 갈등을 해소한다는 말이다. 통일은 국가적 과제이지만 그러한 명분이 국민을 분열시킨 결과를 가져오는 일은 중단돼야 한다. 명분에 앞서 우리나라의 역사적 정당성을 확인하는 일이 중요하다. 국민통합에 대한 중요한 원칙을 세우고 그 원칙을 바탕으로 사회적 갈등을 치유해나가야 한다.

대한민국은 식민지로부터 독립된 저개발국가로의 출발과 미·소가 한반도를 남북으로 분할·점령함으로써 분단국가로 출발할 수밖에 없었다. 1948년 건국에 있어서는 당장 민주주의와 자립경제를 실현하지 못한 까닭에 정치적 권위주의와 군사적·경제적 대외 의존이 불가피했고, 1960년대 이후 전개된 경제개발 과정에 있어서도 경제적·기술적 대외의존도와 권위주의 정치체제가 유지되어왔다. 이러한 분단·권위주의·대외의존이 대한민국의 정통성과 정당성을 두고 건국세력과 산업화세력, 민주화세력 간의 대립과 갈등으로 극대화될 수밖에 없었다.

2012년 대선 과정에서 여야가 대선공약으로 국민통합을 제시할 수 있었던 것은 여야가 대한민국의 정통성과 정당성에 대한 정당한 역사적 인식의 단초를 연 것이다. 국민통합을 위한 기본방향은 "첫째, 대한민국의 정통성과 정당성에 대한 확인. 둘째, 한미동맹의 수호. 셋째, 종북주의의 청산. 넷째, 색깔논쟁의 지양"을 제시했다.

또 이를 해결하기 위한 과제로 첫째, 상이한 이념집단간의 대화와 공존기반의 모색. 둘째, 동서화합의 모색. 셋째, 세대 간 갈등의 해소. 넷째, 대한민국의 발전과 번영 과정을 설명하는 한국현대사의 집필과 보급의 필요성을 주장했다.[220]

라. 복지국가 건설

우리나라 미래를 위해서 가장 중요한 과제는 한국형 복지국가를 건설하는 것이다. 우리나라는 50년 간 가난을 해결하기 위해 산업화에 매진했고, 자유에 대한 갈구를 민주화로 이뤄냈다. 이제는 주거·보육·교육·건강·노후 등 민생 기본적 영역에서의 광범위한 불안을 최소화하는 복지국가 건설이 시대적 과제이다. 복지를 통해 경쟁에서 뒤쳐진 사람의 사후처리에만 그치는 것이 아니라 사회적 안전망을 통해 실패한 사람이 도전할 의욕을 가지도록 일자리가 긴밀하게 선순환 하는 데도 관심을 가져야 한다.[221]

---

220) 국민통합시민운동창립발기대회, 2013.1.21.
221) 안철수. 「국회 보건복지 상임위원회 인사말」. ≪이데일리 뉴스≫, 2013.6.17.

보편적 복지국가는 정치권의 핵심 이슈이다. 그것은 그만큼 국민들이 당면한 현실적 요구이기 때문이다. 여야 할 것 없이 모두들 복지국가건설을 기치로 내걸고 있다. 보편적 복지란 복지를 기본권과 같은 권리로 전환하자는 것이다. 국가 또는 지자체가 복지서비스를 제공하지 않거나 부족할 경우 적극적으로 요구할 수 있는 권리로 바꾸자는 것이며 국가로부터 복지서비스를 받을 혜택을 권리로 전환하는 것이다. 궁극적으로 보편적 복지를 추구해야 하지만 우리의 정서적, 경제적 환경은 보편적 복지와는 다소 거리가 있는 것이 사실이다.

　　이를 위해서 우리는 두 가지 측면에서 국가의 개입을 강화해야 한다. 먼저, 경제와 산업의 양극화를 해소하기 위해 경제민주화 조치들을 입법하고 집행해야 한다. 다음으로 회사별 복지의 격차를 해소하기 위해 국가의 보편적 복지를 제도화해야 한다. 그래서 우리는 한 손에는 경제민주화를 통한 공정한 경제의 달성을, 다른 한 손에는 보편적 복지의 제도화를 들고, 적극적 국가 개입을 통해 혁신적 경제가 펼쳐지는 새로운 시대인 '역동적 복지국가'로 나아가야 한다.

　　보편적 복지는 다음 두 가지의 요건을 충족해야 한다. 첫째는 대상인구 모두를 포괄해야 한다. 둘째는 해당 복지의 보장성 수준이 높아야 한다. 우리는 이러한 두 조건을 모두 충족시켰을 때의 보편적 복지를 마침내 '실질적 보편주의'라고 부를 수 있게 된다. 하지만, 이 길은 쉽지 않다. 먼저, 국민적 동의와 지지가 필요하다. 이 일에는 많은 재원이 필요하고, 국민들은 세금과 사회보장 기여금을 지금보다 더 많이 내야하기 때문이다. 다음으로, 정치권의 큰 결심이 요구된다. 이것이 우리의 시대정신이다.[222]

---

222) 이상이, 「지금 보편적 복지가 중요한 이유」, 복지국가소사이어티. http://bbs1.agora. media.daum.net/gaia/do/debate/read?bbsId=D115&articleId=2176382, 2013.12.20. 검색.

2. 주요 리더십

가. 공직윤리

핫지킨슨은 공공 리더십을 상위차원과 하위차원 두 분야로 나누고 있다. 상위차원은 메타 가치적 차원을 말하고 하위차원은 실무차원의 국가관리와 행정차원을 말한다.[223] 여기서는 실무차원적 리더십의 주요요소인 공직윤리를 다루기로 한다.

1) 공직윤리와 리더십

공직_{公職}이란 국가기관이나 공공단체의 직무를 말하며 특히 공무원을 말할 때 공복이란 말로, 국민을 위한 머슴이란 겸손한 의미를 가지고 있다. 본질적으로 공직자는 국가발전과 국민통합의 근원이며 주체라 할 수 있다. 따라서 공직자는 대외적으로 국가경쟁력 제고와 대내적으로 국가발전과 국민권익보호 및 복지향상을 위하여 헌신하고 봉사하는 직업이다. 공직윤리는 공직에 종사하는 사람들의 규범에 관한 문제이다. 공직이란, 공무원이 직무수행에 있어서 그 전문적 능력에 의하여 최선을 다하며 국민전체에 대한 봉사자로서 공공의 목적을 달성하여야 할 의무 또는 준수하여야 할 행동규범을 의미한다.

현재 우리 공직사회는 만연한 부정부패 및 무사안일로 국민들의 사기가 저하되어 있다. 사회 각 분야에서 진행되고 있는 정보지식사회로의 패러다임 변화는 도덕과 윤리의 패러다임도 변화시키고 있으며 더 높은 윤리의식과 도덕을 요구하고 있으나 정치·경제·사회·문화적으로 국제환경변화에 적응력이 취약하고 더 높은 도약을 위한 원동력으로서 윤리와 도덕적 자세변화가 뒤따르지 못하고 있다.

---

223) 핫지킨슨. 앞의 책. 안성호 역.

2) 현대사회와 공직윤리의 중요성

현대사회는 지식정보화사회이다. 다양화와 분권화가 진행되고 있는 현시대에서 행정공무원은 과거와 같이 대규모 관료제의 부분적 구성원 같은 존재가 아니며 국가의 중요한 공공정책을 형성하고 집행하는 데 있어서 각자의 지식과 정보를 활용하여 자신의 역량과 재량권을 스스로 행사하는 핵심적 구성원으로 변하고 있다. 따라서 이를 담당하는 공무원이 그의 역할을 더욱 성공적으로 수행하여야 할 필요성은 국가사회의 안정적 발전과 국제사회의 위상 제고를 위하여 필수적인 요소가 되었다.

지금 우리사회는 부패공화국이란 말이 실감날 정도로 정경유착을 비롯한 여러 분야에 비리와 부패가 만연해있다. 대통령 친인척 비리로 역대 대통령들이 자유롭지 못했고 장차관 등 고위공직자들은 청문회 과정에서 국민들을 허탈하게 하고 분노케 하는 일들이 비일비재하다.

공직자들은 국민들의 사회, 경제생활에 직간접적으로 광범위하게 개입되어 있다. 이 과정에서 이들의 역할 및 재량권이 계속 커지면서 부정과 비윤리적 행위들이 구조적으로 자행되고 있다. 그 행태들은 ①횡령, 사기, 수탈 등 부정행위 ②공복으로서 윤리에 배치되는 심각한 행위 ③무능 ④실책의 은폐 ⑤무사안일 등이다.

이 같은 공직사회의 부패는 장기적으로 국가조직 존망의 위기를 초래할 수 있다. 따라서 부정부패의 척결과 혁신을 위해서 공직자에 대한 도덕적 통제 및 윤리관 확립은 시급하다 할 수 있다. 따라서 현대사회에서 공직윤리의 중요성은 첫째, 건전한 국가의 건설과 미래지향적인 사회발전의 초석이다. 둘째, 한 사회의 공익을 바로세우고 이에 따라 사회구성원들의 표상이 되며 모두가 따르고 실천하는 바로미터이다. 셋째, 그 사회의 기강 확립은 물론 올바른 사회의 지렛대 역할을 한다. 넷째, 공권력의 올바른 집행으로 신뢰하는 사회가 형성되고 모든 국민들의 공감대가 형성되어 바람직한 국가건설을 할 수 있다.

3) 공직윤리의 내용 및 실상

공직자의 윤리적 책임에 관한 준거는 다음과 같은 세 가지 모형이 있다. 첫째, 행정을 둘러싸고 있는 정치, 사회의 가치와 신념에서 공직윤리의 근원을 찾아야 한다고 보는 대의적·정치적 윤리체제(미국, 영국, 캐나다). 둘째, 가가 자체의 가치와 요청이 공직윤리의 원칙적인 바탕을 이루어야 한다는 관점인 국가주의적 윤리체제(프랑스 등 유럽국가). 셋째, 공무원의 윤리가 형이상학적, 영적, 초합리적 문화 또는 종교의 가치를 원칙적인 준거로 결정되어야 한다고 보는 초월적 비현세적 윤리체제(이슬람교 지배국가) 등이 있다.

일반적으로 거론되는 공직윤리는 국정지표를 상위 개념으로 하고 이의 실현을 위하여 민주성과 능률성에 의하여 행정국가 공권력의 합리적 실현을 내용으로 한다. 공직윤리는 구체적으로 정치적 차원과 경제적 차원, 각각의 공무수행 차원, 그리고 공직자 개인의 사생활 차원에서 논의될 수 있다. 공직윤리는 당위적·가치적 개념이며 규범 또는 실천행동 기준의 체계라 할 수 있다. 따라서 추상적이고 목적적 가치인 공직윤리체계가 공직자의 실천적 행동에 기준을 제공하기 위해서는 연속적인 구체화의 단계를 거쳐야 한다. 그러므로 공직윤리는 공직자들의 체계적인 업무와 관련된 가치기준이나 행동규범을 규정하는 직업윤리의 하나라고 규정하고 있다.

공직윤리의 확립은 '법규 등에 의한 제재 등에 앞서 공직자의 엄격한 자기관리'로부터 시작되어야 한다. 그러나 어느 나라나 할 것 없이 법적 규제와 공직자의 양심에 의존하는 자율적 규제의 이중적 행동규범을 전하고 있다. 우리나라는 헌법을 비롯하여 국가공무원법, 지방공무원법, 공직자윤리법 등과 같은 법적 규제에 의한 공무원 행동규범이 있으며, 스스로 자율적 규제의 일환으로 공무원이 가져야 할 직업윤리를 강조하는 공무원 윤리헌장이 있다.

4) 정보화 시대에 요구되는 공직윤리

동서고금을 통하여 공직자의 대민봉사 자세와 직무에 따른 도덕성은 그 국가와 민족의 발전문제와 직결되어 있다. 그만큼 국민의 공복으로서 공직자는 많은 권한이 부여되어 있다. 정보화시대에 요구되는 공직자들의 윤리는 다음과 같다.[224]

첫째, 지식정보화사회에서 공직자는 변혁의 주체로서 적극적이며 능동적으로 대처하는 윤리규범을 가져야 한다. 정보화 시대에는 정보가 권력이며 자본이다. 급변하는 시대적 상황과 사회 경제적 혁신과 변화의 요구를 공직자가 선도해야 한다. 지식정보화 시대의 패러다임 전환에 공직자가 앞장서 능동적으로 대처해야 한다.

둘째, 전자정부 시대에 상응하는 공직자들의 윤리의식을 함양해야 한다. 정보혁명과 통신혁명에 따라 공무원의 윤리의식도 혁명적으로 쇄신되어야 한다. 초고속 정보통신망과 같은 첨단장비에 의한 행정업무의 혁신적인 변화는 또 다른 형태의 부정과 비리를 유발할 수 있다. 공직정보의 오남용 등이 예상된다.

셋째, 공직의 책임성과 형평성을 실현할 수 있는 혁신적인 윤리의식이 요구된다. 기득권에 연연하지 않고 역동적으로 공직을 수행함으로써 부정

---

224) 전 국민을 개인정보 유출 공포에 빠트린 2014년 1월 18일 카드회사의 정보유출사태는 금융회사의 허술한 정보 관리감독과 지켜지지 않은 보안대책, 법·제도적 허점, 일부 IT인의 도덕적 해이 등이 총체적으로 작용한 명백한 '인재'였다. 그리고 총괄책임은 누가 뭐래도 금융당국에 있다. 이전에도 여러 차례 있었는데 그때마다 금융당국은 보안강화종합대책 등을 내놓았다. 이들 대책이 금융권에서 제대로 지켜지기만 했어도 개인정보 유출사태는 결코 일어나지 않았을 것이다. 《디지털 타임스》, 2014.1.14.

과 부패의 고리가 생겨날 수 없도록 하여야 한다. 공직자의 자율규범으로서 공직윤리는 혁신하는 사람을 요구한다.

넷째, 노블레스 오블리주이다. 공직자는 대체로 그 사회의 지도급에 속하는 사람들이다. 국민들에게 영향력을 행사하고 광범위한 권한이 부여되어 있는 만큼 이에 따른 도덕적 책임을 다해야 한다.

나. 정치적 리더십[225)

1) 정치적 리더십과 CEO 리더십

정치적 리더십은 CEO리더십과 다르다. 정치적 리더십은 그 목표 설정과 목표 달성의 방식에서 CEO의 리더십과 확연히 구별된다.

"위기 상황에서 빛나는 최고의 배ship는 리더십"[226)이라는 말이 있다. "폭풍우를 만난 배는 선장의 리더십에 따라 침몰할 수도 있고 무사할 수 있는 것"과 같이 "위기상황에서 빛을 발하는 것이 리더십"이라는 것이다. 정치적 리더십을 선장의 역할에 비유하는 것은 그리스시대부터이다. 정부 government라는 말은 원래 키잡이, 조타수, 또는 방향타라는 의미를 갖고 있는 그리스어 퀴베르네테스kybernetes에서 비롯되었다. 위기일수록 리더십과 선장의 비유는 잘 들어맞는다. 우리는 역사 속에서 리더십의 차이로 나라의 운명이 달라진 수많은 예를 발견할 수 있다.

우리나라는 세계에서 유래가 없는 빠른 시간 내에 산업화와 민주화를 성공적으로 이루어내고 세계 10위권의 경제 강국에 진입했고 IT, 조선, 철강 등 많은 분야에서 세계 1위를 이루어낸 자랑스러운 성과를 달성했다.

---

225) 정천구. 「세계화의 도전과 한국 정치리더십의 과제」. SDU 리더십 아카데미 특강, 2012. 10.14; 함성득. 「CEO 리더십과 정치적 리더십의 차이」. 『철학과 현실』 78호. 철학문제연구소, 2008. pp. 66-76. 내용을 참조하여 정리하였다.
226) 배명복. 「위기 상황에서 최고의 배(ship)는 리더십이다」. 《중앙일보》, 2012.9.29.

그러나 분배와 복지를 둘러싼 경제적 갈등과 사회적 갈등, 노·장·청老壯靑 년 사이의 세대갈등, 대북정책을 둘러싼 남남갈등 등이 너와 나를 가르는 진영논리에 휩싸여 있다. 배에 비교한다면 선원들의 편 가르기 대립으로 배가 심하게 흔들려서 침몰하지나 않을까 하는 우려가 들 때도 있다.

지금 사람들은 내부 갈등에 주의를 집중하고 있어 우리 대한민국호가 작은 강江이 아니고 태평양과 같은 대양 즉 세계화의 넓은 바다 속을 항해 하고 있다는 사실을 까맣게 잊고 있는 것 같다. 1992년 미국 대통령 선거 당시 빌 클린턴 후보가 "바보야 문제는 경제야"it's the economy, stupid라는 말로 현직이던 조지 H. 부시 후보를 누르고 승리를 따낼 수 있었다는 이야기가 있다. 오늘의 한국에서도 어느 후보가 "바보야 지금은 세계화시대야"we are in the global society, stupid라고 크게 말한다면 많은 사람들이 주의를 기울일지 도 모른다. 세계화시대에 한국을 이끌어나갈 정치 리더십의 과제와 리더 십 역량은 무엇인가?

2) 세계화와 정치 리더십의 과제

세계화시대에 정치 리더십의 과제와 자질은 무엇인가? 정치적 리더십 은 그 목표 설정과 목표 달성의 방식에서 CEO의 리더십과 확연히 구별된 다. 기업의 리더십은 기업의 목표와 그 달성방법을 밝히고 구성원들에게 동기를 유발시켜 조직을 이끌어가는 데 비해 정치적 리더십은 다양한 국 민의 욕구와 국가의 필요를 파악하여 공공이익을 위한 목표와 비전을 제 시한다. 목표 달성 방법에 있어서도 CEO의 리더십은 명령과 통제가 기본 이다. 그러나 정치적 리더십은 대중의 지지를 기반으로 정치적 목적을 정 책으로 실현시켜 나가는 통치역량으로서, 다양한 이해관계를 지닌 대중의 요구를 정확히 파악하여 대립되는 요구들을 조화시키고 조정하는 능력이 다.227)

그러므로 정치에서는 가치가 중요하고 비전이 중요하다. 번즈_J. M. Burns 는 리더십의 주요 자질로 정직성과 공정성을 강조하면서 권력만 추구하는 히틀러나 스탈린과 같은 지도자는 리더십으로 인정하지 않았다. 그는 도덕적 가치를 지닌 리더십 유형을 거래자형transactional 리더십과 변화주도형 transforming 리더십으로 분류하고 있다. 거래자형 리더십은 권력뿐만 아니라 상호간의 필요성, 희망, 등 보다 높은 가치를 추구하며 경쟁하는 조직의 여러 분파들의 요구와 자신의 이익을 파악하여 협상, 거래, 연맹 등을 통해 리더십을 행사한다. 정상적이고 평화적인 정치적 환경에서 현상유지적인 리더십이라 할 수 있다. 이에 비해 변화주도형(혹은 변혁적) 리더십은 과감한 개혁과 혁명적 변화를 추구하는 리더십으로서 자유, 정의, 평등과 같은 목적 가치를 추구하며 다양한 개혁적 목표를 가진 광범위한 수의 조직과 인원들을 포용한다.228) 우리나라가 필요로 하는 리더십이 바로 이러한 변화주도형 리더십일 것이다. 우리는 지금 현상유지적인 리더십이 아니라 과감하게 틀을 올바르게 바꿀 리더십을 필요로 한다. 이런 점에서 한국의 정치리더에게는 다음과 같은 중요한 과제가 있다.

첫째, 세계화시대에 맞추어서 국가의 관행과 조직을 국민에게 봉사하는 방식으로 과감하게 바꾸어나가야 할 과제가 있다. 그러기 위해서는 정치개혁과 행정개혁이 필수적이라고 본다. 정치 리더십은 개혁의 방향을 잘 잡아야 할 뿐 아니라 민의의 전당인 국회와 대국민봉사를 실천할 행정부를 이끌어갈 능력이 있어야 한다.

둘째, 냉엄한 국제정치현실에서 만나는 외세外勢와 때로는 협상하고 때로는 맞서면서 국가의 이익과 자존을 지키기 위해 내세內勢를 통합해야 할 과제가 있다. 선장은 선원들 간의 편 가르기로 난파의 위협에 처한 상황을

---

227) 함성득, 「CEO 리더십과 정치적 리더십의 차이」, 『철학과 현실』 통권 제78호, 2008. p. 69.

228) Burns, J. M. *Leadership*. New York: Harper & Low, 2006. pp. 295-298.

종식시켜 배를 장악하고 선원들의 힘을 하나로 모아 대양을 무사히 항해할 수 있도록 해야 한다.

동서고금을 막론하고 이런 위기에 정치 리더십은 우선 통합을 이룩해서 난국을 극복했다. 손자孫子는 병兵을 관리하는 과업 중 첫 번째로 도道를 들었다. 나라를 다스리는 도란 지도자와 국민이 한 가지 마음이 되는 것이며 국민과 지도자가 함께 죽고 함께 산다는 정신을 확립하는 것이라고 했다. 국민과 정치지도자상호간의 신뢰와 헌신의 관계가 요구된다는 것이다. 『통찰과 포용』의 저자인 하워드 가드너는 리더십의 6가지 상수 중의 하나로 "이야기"를 들면서 포용을 말했다. 리더는 핵심적인 이야기나 메시지를 가지고 있는데 대부분의 리더들은 포용적인 이야기를 내놓는다고 한다. "포용적인 이야기는 보다 많은 사람들에게 소속감을 느끼게 해주고 리더에게는 자신이 너그럽고 도덕적으로 찬사를 받을 만 하다는 자부심을 갖게 해준다,"는 것이다.229)

셋째, 한국 정치 리더십에게는 이미 시작되었다고 볼 수 있는 한반도 통일과정을 주도하고 관리해야 할 과제가 있다. 그동안 한국에서 정치적 리더십 연구는 정치발전과 민주화에 관련된 리더십이 주조를 이루었다. 그러나 분단국가로서 한국은 그 무엇보다도 통일국가형성을 위한 진지한 정치적 노력과 발군의 정치적 리더십을 필요로 한다.230)

통일을 앞둔 한국의 정치 리더십은 민주적 리더십을 토대로 하면서 국민통합과 위기관리를 위한 강력하고 현명한 리더십을 필요로 한다. 이러한 예를 우리는 독일통일과정에서 찾을 수 있다. 독일은 1990년 갑작스러운 통일로 부작용은 있었다 해도 이제는 통일후유증에서 벗어나 현재 세계경제의 견인차 역할을 하고 있다. 한반도 통일보다 늦을 것으로 보았

229) 가드너, 하워드. 『통찰과 포용』. 서울: 곽스넷, 2008. p. 512.
230) 이기종. 「통일과정의 정치적 리더십」. 『韓國政治學會報』 30집 3호, 1996. p. 226.

던 독일이 통일을 이룩할 수 있었던 것은 통일의 기회가 왔을 때 이를 기민하게 포착하여 이를 과감하게 추진한 결과라고 본다. 독일통일의 일 등 공신은 통일에의 집념과 통일의 기회가 왔을 때 과감하고 현명한 결정 들을 내린 헬무트 콜 당시 총리의 리더십으로 평가되고 있다.

이 점에서 미래 통일한국을 이끌 지도자 리더십의 중요한 덕목으로 막스 베버가 일찍이 이야기했던 정열, 책임감 그리고 통찰력이 매우 중요 하다고 본다. 민족적 사명을 온몸을 바쳐 수행하겠다는 의지와 정열, 국민 과 역사 앞에 책임을 지겠다는 책임감, 그리고 예리하게 상황을 파악할 수 있는 통찰력이 대단히 중요한 것이다.

결론적으로 정치적 리더십political leadership은 정치적 지도자political leader가 대중의 지지를 기반으로 정치적 목적을 정책으로 실현시켜 나가는 통치역 량으로서, 다양한 이해관계를 지닌 일반 대중의 요구를 정확히 파악하고, 이러한 요구에 대응하여 대립되는 요구들을 조화시키고 조정시키는 능력 이다. 따라서 정치적 지도자는 기업의 최고경영자와 같이 명령과 통제로 서 조직을 움직이기보다는 조직구성원과의 협의와 협력을 통해서 문제를 해결하고 이 과정에서 발생하는 구성원들 간의 갈등을 통합하는 능력이 요구된다.[231]

특히 한국의 경우 민주화 이후 국회, 언론 등 제도적 기관들의 자율성 이 높아졌고 이로 인해 국가의 주요정책 결정 및 집행과정에서 이익집단 들 간의 갈등이 급격히 노정되고 있다. 이러한 새로운 정치 · 경제 · 사회 적 상황에서 대통령은 제한된 정부의 역할을 이해하고 국회, 언론 등 정치 적 기관과 이익집단들 간의 갈등을 순조롭게 해소하며, 성공적인 정책집 행을 위하여 각 사회집단들 간의 효과적인 제휴를 이끌어낼 수 있는 능력

231) Sung Deuk Hahm & Chris Plein. *After Development*. Washington, DC: Georgetown University Press, 1997; 함성득. 『대통령학』. 서울: 나남, 2003. pp. 27-28.

이 강조된다.[232)

즉 민주화되고 다원화된 한국사회에서 필요한 대통령의 정치적 리더십은 명령과 통제 그리고 효율성에 기초한 '행정적 리더십'administrative leadership 또는 'CEO 리더십'보다 타협과 협상을 통해 갈등을 완화시키고, 정치적 안정을 이룩하여 정책결정 및 집행과정에서의 조정력을 제고시키는 '입법적 리더십'legislative leadership이다.

구체적으로 대통령의 입법적 리더십은 대통령이 국민에게 자신의 국정이념 및 목표를 제시해 국가의 미래에 대한 희망을 줄 수 있는 '비전 제시능력'과 국가의 주요 정책결정과정에서 관련 당사자들의 참여를 유도하고 대화와 토론을 통해 합의를 도출하는 '민주적 정책결정 및 실행능력', 그리고 원만한 대여야 관계를 이룩할 수 있는 타협, 협상, 경청 등이 요구된다.[233)

다. 안보통일 리더십

1) 한반도의 현실

한반도를 중심으로 한 동북아 정세가 요동치고 있다. 북한의 핵무장과 한·중·일의 영토갈등, 방공식별구역 문제, 일본의 역사왜곡과 보통국가 (재무장) 추구 등이다.

박근혜 대통령이 2014년 신년사에서 '통일은 대박'이라고 밝히면서 통일 담론이 화두로 대두되었다. 통일은 선택이 아닌 운명으로 통일된 한반도는 번영을 가져다줄 기회라는 대통령의 인식이 반영된 발언이다. 이 시점에서 우리는 통일의 의미와 필요성을 되새겨볼 필요가 있다. 통일의 의

---

232) 함성득. 『한국의 대통령 리더십과 국가발전』. 한국정치학회 관훈클럽(편), pp. 371-381.
233) 함성득. 「CEO 리더십과 정치적 리더십의 차이」. 『철학과 현실』78호. 철학문제연구소, 2008. pp. 66-76.

미는 무엇이고 우리는 그것을 어떻게 이루어야 하는가? 북한의 핵무장의 의미는 무엇이고 우리에게 무엇을 강요하는가? 우리는 그것을 어떻게 극복하고 평화롭고 안전하게 통일을 할 수 있는가? 그런 것들을 누가 어떻게 준비하고 추진해나갈 것인가? 어떤 리더십이 요구되는가? 234)

2) 국가전략의 과제

한반도 국가전략의 장기적 과제는 자유민주주의와 시장경제를 국가정치와 경제 시스템의 근간으로 하는 통일국가의 건설이다. 하지만 그것은 전쟁을 수반하는 무력통일이나 감당할 수 없는 비용의 발생과 혼란을 초래할 수 있는 조기통일, 또는 흡수통일을 의미하는 것은 아니다. 한민족의 지속적인 번영을 보장해야 할 통일은 무엇보다도 통일의 비용과 충격을 최소화할 수 있도록 단계적으로 그리고 평화적으로 이루어져야 한다. 또한 분단 이전의 상태로의 '복구'만을 목적으로 하는 '재통일're-unification이 아니라 민족의 역량을 결집하여 한민족의 번영을 보장할 수 있는 새로운 한반도의 국가 탄생을 목적으로 하는 '신통일'new unification이어야 할 것이다.

따라서 전략적 통일정책이 요구된다. 통일은 남북 모두에게 엄청난 변화를 초래할 뿐만이 아니라 동북아 세력균형에도 일대 판도를 변화시킬 수 있는 사건이므로 동북아 문제, 크게는 국제문제이기도 하다. 한반도의 비핵화와 평화구축은 주변국들의 이해와도 합치하는 바가 크기 때문에 한반도 통일은 통일과정의 불안전성, 통일 후의 불확실성 등으로 말미암아 주변국들의 적극적 지지와 협조를 구하기가 상대적으로 용이하지 않을 수 있다. 따라서 통일정책은 전략적 구도 아래서 평화구축 정책과 함께 동북아 역학구도에 순응하며 주변국과 긴밀한 협조 속에 진행되어야 한다. 한반도 통일이 동북아 세력균형의 위협요인이 되지 않을 것이라는 주변국들

---

234) 강진석, 『클라우제비츠와 한반도 평화와 전쟁』, 서울: 동인, 2013. pp. 333-336. 참조.

의 확신이 있어야 가능할 것이므로 동북아 다자안보 협력체제 구축과 함께 발전시켜 나가야 할 것이다. 6자회담의 틀을 유지하여 북핵문제 해결과 평화체제를 구축하는 과정에서 동북아 다자안보체제 구축을 위한 협의체가 형성될 수 있도록 노력해야 한다.

3) 통일전략의 재검토

통일에 관련된 한국의 대북전략은 크게 '민족공조론', '구조적관여론', '흡수통합론', '장기공존론' 네 방향으로 진행되어왔다.[235]

민족공조론은 외세의 개입을 배제하고 남과 북, 즉 한민족이 배타적 주도권을 행사하여 자주적 통일을 이뤄내야 한다는 입장이다. 또한 한국에 대한 북한의 안보위협은 이미 소멸되었고, 북한을 공존·공영의 대상으로 간주하여 선지원 후 변화의 적극적인 대북 포용노선으로 통일정책을 추진해야 한다는 주장을 견지하고 있다.

민족공조론의 대척점에 위치한 통일담론이 흡수통합론이다. 흡수통일론은 우선 3대 세습 독재체제가 지속되고 북한이 대남적화노선을 공식적으로 포기하지 않는 이상 북한의 안보위협의 본질은 변하지 않았다는 입장이다.[236] 이러한 북한은 한국과 공존공영의 대상이 될 수 없고 북한 공산정권의 붕괴를 통한 한국중심의 흡수통일이 유일한 방안이라는 인식을 갖고 있다. 따라서 북한에 퍼주기보다는 한미공조를 강화해 북한정권의 조기교체가 통일의 유일한 방법이라는 시각이다.

장기공존론은 흡수통합론과 마찬가지로 한국의 국제관계가 남·북 관

---

235) 전재성 외 5인. 「한반도 전략」, 『한국의 동아시아 미래전략』. 서울: 삼영사, 2008. pp. 118-127.

236) 실제로 북한은 1975년 남조선 혁명 여건이 조성되면 전쟁을 지원해 달라고 중국에 요청했으며, 중국은 대화하라고 이를 만류했다. 이는 1972년 남북공동성명을 실시 후 남북 교류를 협상중인시기였다. 이 내용은 구동독 외교관 문서에 의한 것이다. (≪중앙일보≫, 2012.5.18.)

계에 종속되어서는 안 된다는 시각을 갖고 있다. 하지만 장기공존론은 통일을 당면한 국가과제로 보고 있지 않기 때문에 통일을 위한 '대북전략'으로 간주하기 어려운 측면이 있다.

구조적관여론은 북한에 유의미한 변화가 발생하고 있으나 아직 통일의 여건이 될 수 있는 구조적인 변화를 이루어내지 못하고 있다고 보고 있고, 민족공조론과 마찬가지로 북한을 공존·공영의 대상으로 보고 있으나 북한의 안보위협을 아직은 결코 좌시할 수 없다는 입장을 보이고 있다.

4) 통일정책의 방향

북한의 핵무장이 현실화됨으로써 이제는 조건부 관여정책은 무력화되었다고 할 수 있다. 일부 보수진영에서 북한의 레짐체인지나 아측의 핵무장 등의 강경책을 제시하기도 하지만 실현가능성은 크지 않다. 현 시점에서 이제는 어떤 정책적 선택을 하여야 할 것인가? 그것은 상생정책으로서 새로운 차원의 구조적 관여정책으로서 튼튼한 기반안보를 기초로 협상적 차원의 안보 교환을 통해 상생할 수 있는 방향으로 구조적 변화를 추구해야 할 것이다.

그 방향은 첫째, 우선적으로 튼튼한 기반안보를 구축해야 한다. 기반안보는 국민들의 확고한 전쟁철학과 국가안보관을 바탕으로 튼튼한 국방 군사태세를 확립해야 하며 북한 전 지역을 타격할 수 있는 미사일 확보, 즉응타격력을 갖춘 해공군력 건설 등 실전기반 억제력을 확보해야 한다.

둘째, 그리고 북한에 대하여 새로운 차원의 지속적인 관여를 통해 장기적인 행동변화를 추구하며, 이를 위해서는 행동대 행동의 엄격한 상호주의보다는 자신감을 바탕으로 한 발상의 전환이 필요하다. 북한이 구조적 변화가 불가피한 여건을 정교하게 구상해나가며 이에 대한 국민적 합의 도출을 유도해내야 한다.

셋째, 국제공조와 남북 대화를 병행 추진해야 한다. 국민의정부와 참여정부의 관여정책은 주변국과의 공감대를 형성하지 못하고 남북관계에만 몰입하여 추진된 면이 있고 실용정부는 국제공조의 복원에는 성공했지만 남·북관계의 단절이라는 결과를 초래하였다. 지속적인 관여정책이 소기의 목적을 달성하려면 국제공조와 남·북관계의 조화와 균형 속에서 추진되어야 한다.

넷째, 북한의 갑작스런 붕괴에 대비해야 한다. 3대 세습을 한 김정은 체제가 안정화과정에서 낙관과 비관이 공존하는 상황이다. 주변국의 압박이나 공격, 권력투쟁, 개혁·개방의 역풍 등으로 예기치 않은 변수로 인해 갑작스런 붕괴 가능성을 배제할 수 없다.

이 같은 통일의 노정에서 우리사회 내부적으로 보수와 진보 간에 극심한 갈등이 예상된다. 동북아 세력균형의 축이 변경될 수 있는 중대한 문제들이 논의되어야 하고 결심되어야 하기 때문이다. 클라우제비츠가 말하는 천재의 역할이 요구되는 차원이며 이러한 리더십을 가진 국가지도자가 절실한 시대적 상황이다.

따라서 한국민(韓國民)의 정체성과 국가가치를 명료화하고 건전한 전쟁철학에 바탕 한 국가안보전략이 수립되어야 하며 한국민이 처한 남북관계의 이중적 상황을 슬기롭게 극복하고 통일된 미래한국의 비전을 실현해나갈 수 있는 분별지의 균형을 가진 지도력이 요구된다.

기업차원

1. 주요가치

기업차원의 주요가치는 기업발전(초우량기업), 세계화(글로벌), 상생
으로 정의할 수 있다.

가. 기업발전(초우량기업)

기업company, firm, corporation은 자본주의경제체제하에서의 대표적인 조직의
하나라고 할 수 있다. 과거의 기업은 사적인 경제도구였으나 현대사회의
기업은 사회를 유지하고 발전시키는 공적 사회기구로 인식되고 있다. 알
포드_ P. Alford는 사회발전은 경제발전에 의존하며 경제발전은 기업의 생성
과정에 의해 이룩된다고 하였다. 이는 기업이 자본주의체제하에서 생산을
담당하는 주체라는 것을 의미하는 것이다. 기업은 종업원들의 의 식 주를
해결해주며 생활에 필요한 재화와 용역을 생산 공급해준다. 즉, 기업이
종업원들을 필요로 하는 것보다는 종업원들이 회사를 더 필요로 한다.

기업은 투자자산을 효율적으로 운영하여 이익을 창출함으로써 성장
할 수 있다. 궁극적으로 초 우량기업은 주가만 높게 평가되는 기업이 아니
라, 장부상 훌륭한 성과를 거두어야 한다.

나. 세계화(globalization)

우리에게 세계화라는 말은 이미 상식화된 주제이다. 세계화란 정치, 경제, 사회, 문화적으로 전 차원에 걸쳐 구가영역을 넘어서 세계적 차원으로 확대되는 것을 말하고 특히 경제적 차원에서 각 국가경제가 세계경제로 통합되는 것을 의미한다. 국가 및 지역 간에 존재하던 상품, 서비스, 자본, 노동, 정보 등에 대한 인위적 장벽이 제거되어 세계가 일종의 거대한 단일시장으로 통합되어나가는 추세를 말하는 것이다. 다시 말하면 상품, 서비스, 자본 등의 국제적 이동을 촉진시키는 생산, 금융, 정보 등의 새로운 거대한 조직이라고 볼 수 있다.

세계화 속에서는 정치력, 경제력 등 힘의 이동이 한 나라 국경 내의 일정한 영역에서 세계 모든 나라의 영역으로 촉진되고 이를 통해 생산, 판매, 투자, 저축 등 모든 경제활동이 어느 한 나라 한 지역의 영역에서 벗어나 세계 도처에서 이루어지게 된다. 따라서 세계화는 경제적 의사결정이 국가의 국경이 고려되지 않은 채 이른바 '국경 없는 세계'를 창출해나가고 있다.

세계화는 최근 정보의 교환을 확대시키는 정보통신기술과 그 인프라가 발달됨에 따라 급진적으로 확대되어나가고 있다. '공동선택이론'으로 노벨 경제학상을 받은 미국 조지 메이슨 대학의 제임스 부캐넌J. Buchanan 교수는 "세계화는 필연적인 조류이기 때문에 거부하거나 방어할 수 없으며, 이에 적응하는 것 외에는 다른 대안이 있을 수 없다"라고 강조했다. 그는 세계화가 초래시키는 충격을 단기적으로는 완화시키려고 시도할 수 있으나 세계화 조류를 거부하거나 방어하려고 한다면 반드시 경제적 낙후를 면치 못한다고 주장하였다. 부캐넌은 각국이 세계화 적응과정에서 기존 정책 및 제도를 개편하지 않을 수 없으며 이 과정에서 일부 국내산업의 붕괴가 야기될 수도 있다고 지적한 바 있다.

세계화는 1993년 12월 우루과이 라운드 다자간무역협정이 체결되고 이어 1995년 1월 WTO 체제가 출범됨에 따라 그 확대속도가 가속화되기 시작하였다. 이러한 세계화 추세에 따라 세계 모든 나라의 정부는 그들 국가의 모든 경제정책을 무역자유화, 서비스무역자유화, 금융자유화 등 자유화를 지향하는 세계시장경제에 부합토록 조정해나가고 있다.

다. 상생

상생이란 단어는 말 그대로 서로 도움이 되며 함께 살아간다는 의미로 고대 중국의 세계관인 '오행'五行에서 유래됐다고 한다. 나무·불·흙·철·물木火土金水, 이렇게 세상을 이루는 다섯 가지 요소가 서로의 존재로 인해 영향을 받으면서 더 자라날 수 있음을 의미한다. 우리나라는 산업화 과정에서 대기업 중심으로 발전하였다. 그러다보니 중소기업이 상대적으로 발전하지 못했고 최근에는 대기업이 중소기업 고유분야에까지 확장함으로써 물의를 일으키고 있다.

2010년 12월 7일 대·중소기업상생협력촉진에관한법률이 제정되었다. [법률 제10399호] 제1조(목적)에서 "이 법은 대기업과 중소기업 간 상생협력相生協力 관계를 공고히 하여 대기업과 중소기업의 경쟁력을 높이고 대기업과 중소기업의 양극화를 해소하여 동반성장을 달성함으로써 국민경제의 지속성장 기반을 마련함을 목적으로 한다고 명시하고 있다.

선진 산업국가가 되기 위해서는 대기업과 중소기업의 상생이 절실히 요구된다.

2. 주요 리더십

가. 경영전략적 리더십(strategic leadership)

1) 개요

현대적 의미의 경영전략론은 지난 1960년대에 나타나기 시작했다. 기업들은 거대조직을 효율적으로 운영하기 위해 군사전략 개념을 경영에 도입했다. 이후 공격적 경영전략이 많은 성과를 이루었다. 그러나 경쟁에서의 승리를 목표로 한 이 경영전략은 '싸워서 이기기 위한 방법'을 탐구하는 것이 핵심이었고 그러다보니 제로섬$_{zero\ sum}$ 상황하에 기업은 무한경쟁에 돌입할 수밖에 없었다. 최근 이에 대한 반성으로 가치혁신을 통한 새로운 전략을 모색하게 되었다.

이 같은 바탕위에 핵심가치를 주축으로 하는 최고경영자$_{CEO}$[237]의 전략적 리더십은 최근 기업의 핵심전략으로 부상되었다.[238] 오늘날의 기업은 끊임없이 변화하는 경영환경에 처해있는데, 이러한 환경의 불확실성을 촉진하는 요인은 범위의 확장, 복잡성의 증대, 변화의 가속화이다.

이러한 불확실한 환경하에서 기업의 흥망에 결정적인 영향을 미치는 의사결정을 내려야 하는 최고경영자의 리더십은 중요한 역할을 하게 되었다. 미국에서는 기업의 최고경영자들을 중심으로 포럼이 결성되어 해마다 국제적인 학술대회를 열어 지식시대에 걸맞은 새로운 리더십 패러다임을

---

237) 최고경영자(chief executive officer, CEO) 또는 최고경영책임자는 어느 회사, 단체, 정부 부서의 총체적인 경영을 책임지는, 가장 높은 위치에 있는 경영자를 말한다. 기업에 따라서 이사회 회장 혹은 사장과 겸직하는 수도 있다. CEO와 그 하위에 있는 COO(최고운영책임자) 및 기타 C-레벨 임원은 이른바 미국형 기업 지배구조에 있어서 직책명으로, 이사회 의장(chairman)이나 사장(president)과는 다르다. 그러나 실제로는, 의장이 CEO를, 사장이 COO를 겸임하는 경우를 찾아볼 수 있다. (위키백과)

238) 차동욱. 「전략적 리더십」. 『SERI 보고서』. 삼성경제연구소(SERI.org). http://www.seri. org/fr/fPdsV.html?fno=003882&menucode, 2014.1.25. 검색.

모색하고 있는데, 그 포럼의 명칭은 『전략적 리더십 포럼』*Strategic Leadership Forum*이다.

그 명칭에서 유추해볼 수 있는 바와 같이 전략적 리더십은 CEO를 위한 21세기의 새로운 리더십으로 자리를 굳혀가고 있다. 전략적 리더십은 1987년 미국의 경영학자인 버드*Byrd*에 의해 체계적으로 정의가 내려졌다. 버드에 따르면 전략적 리더십은 "미래를 예견하고, 비전을 만들고, 기업조직에 유연성을 유지시키며 또한 전략적 변화가 가능하도록 부하들을 임파워먼트시킬 수 있는 능력"이라고 정의할 수 있다.

그 후 전략적 리더십에 관한 연구는 크게 두 가지 방향으로 진행되어 왔다. 첫 번째 흐름은 CEO 개인을 연구대상으로 한 연구들이었는데 어떻게 하면 CEO의 전략적 의사결정 능력을 제고시킬 수 있을 것인가에 초점을 맞추었다. 두 번째 연구방향은 기업의 성과는 CEO의 능력보다는 최고경영자팀*TMT; top management team*의 종합적인 역량에 의하여 결정된다는 가정을 가지고 CEO 개인의 리더십보다는 최고경영자팀을 대상으로 이루어진 연구들로 최고경영자팀을 어떻게 구성하고 운영하는 것이 기업의 성과를 높일 수 있을 것인가라는 문제에 대한 해결책을 제시하려는 것을 주된 연구목적으로 삼아왔다.

2) 전략적 리더십 유형

일반적으로 최고경영층의 전략적 리더십 유형은 외부 및 내부 환경의 대응측면을 양 축으로 하여 네 가지 유형으로 나누어볼 수 있다. 외부환경의 대응은 안정지향형과 혁신지향형으로 구분하며, 내부 환경의 대응은 얼마나 통제 지향적인가와 참여지향적인가로 구분된다. 이를 조합하면 네 가지 유형으로 구분된다.

① 혁신적 참여자: 최고 경영층이 기업의 혁신을 지향함과 동시에 권

한위임을 하부에 많이 하며 참여적이고 개방적인 유형이다. 외부환경의 대응 측면에서 창의성과 기술혁신을 추구하는 전략을 추구하며 내부 환경의 대응측면에서는 의사결정이 주로 실무진에서 이루어지고 자신이 통제하기보다는 참여를 유도한다. 수평적 조직구조와 다양성을 추구하는 자유로운 조직문화를 추구하며 구성원들은 자신들의 결정에 대해 책임을 지도록 유도한다.

② 혁신적 통제자: 최고경여층이 기업의 혁신을 지향하면서도 다른 사람의 참여를 유도하는 대신 모든 의사결정을 자신의 의도대로 통제하는 유형을 말한다. 외부환경의 대응 측면에 있어서 혁신적이고 위험부담이 큰 전략을 추구한다. 새로운 시장의 진입, 새로운 업종으로의 변신을 추구할 여지가 많다. 하지만 내부 환경의 대응 측면에 있어서는 참여보다는 자신들의 결정을 우선시하기 때문에 공동의 목표와 일관성 있는 절차를 선호하는 보수적인 의사결정을 한다. 조직구조와 문화 역시 최고경영층의 특성을 반영한 형태를 보인다.

③ 안정적 참여자: 최고경영층이 변화보다는 안정을 지향하는 상당히 보수적인 반면에 기업구성원들에게는 상당히 참여적인 분위기를 유도한다. 기업혁신활동 역시 기존에 성공을 거두었던 것에 초점을 맞추게 되며 가능한 한 위험부담을 회피하려 한다. 기업 구성원들에게 주어지는 자율성은 기업 전체에 위험을 초래하지 않는 제한적 범위 안에 어느 정도 허용한다.

④ 안정적 통제자: 최고경영층이 안정을 지향하는 보수적인 성향을 보이며 또한 통제를 통해 위험을 적극적으로 회피하려 한다. 전략선택에 있어 철저한 안정지향형으로 현상유지적 성향이 강하며 현재의 제품과 시장에서 효율성을 어떻게 추구할 것인가에 초점을 두고 있다. 효율성 추구에 있어서 급진적 변화를 그다지 선호하지 않는다. 극히 보수적이며 기존 절

차와 방법을 고수하며 중앙집권적 의사결정을 추구하기 때문에 주로 방어전략을 추구하는, 상당히 계층적인 조직구조 형태와 더불어 잘 통제된 문화적 특성을 보인다.

디지털이 주도하는 21세기에는 인터넷의 확산과 첨단기술의 급속한 발전으로 비즈니스 사이클이 크게 단축되고, 또한 전략적 제휴를 통한 네트워크 비즈니스가 보편화 되어 글로벌 경쟁이 더욱 심화되고 있다. 따라서 최고경영층은 기업을 둘러싼 환경변화를 전략적 관점에서 이해하고 기업이 나아가야 할 방향을 설정하며 산업 환경 및 내부 환경 변화에 따라 탄력적으로 대응, 학습하고 벤치마킹하는 전략적 리더십을 발휘해야 한다.

3) 전략적 리더십 모델

최근에 텍사스 A&M 대학 교수인 히트_Hitt와 그의 동료들은 이제까지의 전략적 리더십과 관련된 연구들을 종합하여 '전략적 리더십 모델'을 제시하였는데 이는 아래와 같이 6가지 구성요소로 이루어졌다.

① 전략적 방향_strategic direction 제시: 전략적 방향을 제시하는 것은 장기적인 비전을 수립하는 것이고 이에 근거하여 조직의 내부자원과 핵심역량을 동원하는 전략적의도_strategic intent를 갖는 것을 의미한다.

② 핵심역량_core competence 개발 및 유지: 핵심역량이란 한 기업이 비교우위를 달성하는 데 필요한 자원과 능력을 의미한다. 즉, 기업의 생산기술, 자금조달능력, 마케팅, R&D 등에서 타 기업이 쉽게 모방하지 못하는 그 기업만이 가지고 있는 고유한 기술과 능력이 있는가에 관한 것이다. 예를 들면, 필립 모리스_Philip Morris 회사는 타 기업이 쉽게 모방할 수 없는 독특하고 효과적인 광고 전략을 사용하는 것으로 유명하다.

③ 인적자원_human capital 개발: 인적자원이 지칭하는 것은 조직구성원들

의 지식과 기술이다. 즉, 조직구성원들을 가치 있는 자원으로 보는 것이다. 기업의 비교우위를 유지시켜주는 주요한 원천이 사람이라는 사실을 깊이 인식해서 조직구성원들의 능력을 개발하고 활용하는 것이 최고경영자가 해야 할 가장 중요한 역할이며 의무라는 것을 전략적 리더십 이론에서는 강조하고 있다.

④ 유효한 기업문화 유지: 기업문화는 조직구성원들의 대부분이 공유하는 핵심적인 가치를 의미한다. 많은 학자들이 바람직하고 효과적인 기업문화에 대하여 연구해왔는데, 바니Barney와 같은 경영학자들은 기업문화는 조직의 성패를 결정하는 사회적 에너지라는 표현을 사용하고 있다. 전략적 리더십을 연구하는 학자들에 따르면 CEO는 기업의 경쟁력을 제고시키기 위하여 특히, 조직구성원이나 부서 간에 지식과 자원을 공유하고, 혁신과 임파워먼트를 통하여 기업가 정신을 함양시키고 인적자원개발에 중점을 두는 기업문화를 가꾸어나가야 한다.

⑤ 윤리적 경영ethical practice: 전략적 리더십 이론에서 강조하고 있는 또 하나의 CEO 리더십 요소는 기업 내에서 윤리적 경영이 이루어져야 하며, 윤리적 경영이 기업문화에 완전히 정착되도록 기업의 경영시스템을 재설계해야 한다는 것이다. 예를 들면, 존슨 & 존슨 같은 제약회사에서는 그들이 전 세계에서 성공을 거두고 있는 것은 엄격한 윤리기준을 고수하는 기업문화에 근거한다고 주장하고 있다. 또한 GE의 최고 경영자은 잭 웰치도 정직과 성실이 회사와 조직구성원들에게 가장 중요한 가치 중의 하나라고 단언하고 있다.

⑥ 전략적 통제strategic control의 확립: 전략적 통제는 전략이 기업이 원하는 적절한 결과를 얻기 위하여 제대로 실행이 되고 있는가를 분석하고 모니터하는 것을 의미한다. 즉, 전략적 리더가 되기 위해서는 CEO가 경영전략이 올바르게 수행되기 위해서 하부조직에서 어떤 역할을 해야 하는

것을 주시해야 하고, 외부환경 변화에 따라 기업이 적절하게 대응하기 위해서 유연성을 유지하고 또한 혁신을 지속적으로 추진해야 한다.

4) 가치혁신(블루오션) 전략

경영전략적 리더십에서 최근에 새로운 패러다임으로 각광을 받게 된 것이 가치혁신전략이다. 가치혁신(블루오션) 전략은 기업으로 하여금 경쟁이 무의미한 비경쟁 시장공간으로 진출하는 것을 의미한다. 블루오션 전략은 프랑스 INSED 경영대학원의 김위찬 교수와 마보안 교수가 공동으로 저술한 『블루오션 전략』*Blue Ocean Strategy, 2005*에서, 무한경쟁시장인 레드오션에서 가치혁신을 통해 새롭고 창조적 시장인 블루오션으로 나가는 것이 21세기의 생존전략이라고 주장한 데서 연원하였다. 오늘날 기존 기업들 간에 치열한 경쟁으로 인하여 기술발전을 가져와 다양한 상품을 생산할 수 있었으나, 공급이 수요를 초과하여 이로 인한 가격경쟁의 심화는 결국 두 경쟁자를 망하게 한다. 따라서 경쟁이 불필요한 새로운 시장을 개척하는 블루오션 전략이 필요하다.

20여 년 전의 베스트셀러 『초 우량기업의 조건』, 『성공하는 기업의 8가지 습관』 등의 저서에서 다루어진 기업들의 2/3가 책이 출간된 지 5년도 지나지 않아 산업 리더의 자리에서 추락하였다.[239]

레드오션은 반도체, 휴대전화, 디스플레이 등 오늘날 존재하는 모든 산업을 뜻하며 이미 세상에 알려진 공간이다. 레드오션 시장에서의 성과와 경쟁으로는 미래가 밝지 않다. 블루오션 전략은 경쟁자들을 이기는 데 초점을 맞추지 않고 구매자와 기업에 대한 가치를 비약적으로 증대시킴으로써 경쟁이 없는 새로운 시장공간을 열어간다는 것이다.

---

239) 김위찬, 르네 마보안. 『블루오션 전략』. 강혜구 역. 서울: 교보문고, 2005. p. 12.

〈표2-12〉 레드오션 전략 vs 블루오션전략

레드오션 전략	블루오션 전략
기존 시장공간에서 경쟁	경쟁자 없는 새 시장공간 창출
경쟁에서 승리 지향	경쟁이 없는 새 시장 지향
기존 시장 공격	새 수요창출 및 장악
가치-비용중 택일	가치-비용 동시추구
차별화나 저비용중 하나를 선택, 집중	차별화와 저비용을 동시에 추구 및 집중

김위찬, 르네 마보안. 『블루오션 전략』. 강혜구 역. 서울: 교보문고, 2005. p. 23.

5) 기업의 핵심가치체계

최근 들어 선진 기업들이 핵심가치에 기반한 경영을 필수적인 것으로 인식하고 있다. 핵심가치의 대두 배경은 '윤리점검'과 '사업목표 달성'이라는 두 가지 목표 달성을 위한 것이다. 기업들이 새롭게 직면하고 있는 도전들을 극복하고 목표를 달성하겠다는 것이 핵심가치를 중시하게 된 근본적인 이유이다.

핵심가치에 기반한 윤리경영만이 글로벌 경쟁력을 향상시킬 수 있다. 기업의 핵심가치체계는 기업들이 당면한 과제, 글로벌화, 무한경쟁, 윤리성 확보를 통해 난관을 극복하고 재도약을 위한 필수조건이다. 핵심가치는 CEO의 철학, 회사의 전통 등을 기반으로 해서 설정되며, 이를 토대로 구체적인 행동지침을 수립하여 전 직원들에게 전달하고 인사제도에 연계시켜 지속적으로 강화해나감으로써 효과를 극대화한다.

(1) 기업의 가치체계 구조

기업이 영속적으로 성장하고 발전하기 위해서는 구체적인 경영활동의 전개에 앞서 조직의 철학과 신념, 지향점에 대한 공유와 합의가 필요하다. 기업의 정체성과 가치관을 나타내는 기업의 '가치체계'는 '미션'mission, '비전'vision, '핵심가치'core values, '행동규범'norms/principles으로 구성되는 것이 일반적이며 기업에 따라 다소 차이를 보인다. 이러한 가치체계는 시대의 변화에 따라 수정될 수 있지만 그 핵심은 영속적으로 유지되며 기업의 최상위 규범으로 작용한다.

가치체계의 최상위 개념인 '미션'mission은 기업이 존재하는 이유이자 사회적 사명을 의미하는 것으로, 궁극적인 목적이 반영된 기업의 철학이라할 수 있다. 북미 최대 금융서비스 제공업체 중 하나인 미국의 은행 '웰파고'Wells Fargo는 "고객의 재무적 니즈를 만족시켜 재무적으로 성공하도록 돕는다"라는 기업 미션을 20년 이상 유지하고 있다. 피터 드러커는 "어떤 조직이든 미래의 생존과 성장을 위해서는 변화하는 경영 환경에서 조직이 추구해야 할 비전과 목표를 시대에 맞게 정립해야 한다"라고 말하고 있다.

① 비전: '비전'vision은 기업이 장기적으로 구현하고자 하는 목표이자 바람직한 미래상으로, 미션에 따라 구체적으로 달성하고자 하는 미래의 모습을 표현한 것이다. 웰파고Wells Fargo는 성장과 M&A를 통해 기업 규모가 커지면서 글로벌 은행의 경쟁력과 지역 은행의 친근함을 동시에 추구하는 기업 비전을 제시하고 있다. 일부 기업들은 비전과 미션을 포괄하는 '경영이념'을 통해 기업이 추구하는 궁극적 목표를 표현하는 경우도 있다. 이 경우 미션과 비전을 풀어서 경영이념으로 서술하는 형태를 취하기도 한다. 예를 들면 삼성그룹의 경영이념은 "인재와 기술을 바탕으로 최고의 제품과 서비스를 창출하여 인류사회에 공헌한다"이다.

② 핵심가치: '핵심가치'core values는 조직문화를 구성하는 신조들로서 조직의 전략이나 의사결정에 영향을 미치는 경영원칙으로 삼는 것이다. 대다수 기업에서 '윤리', '고객지향', '직원만족', '팀워크' 등의 가치를 자사의 핵심가치로 선택하고 있으며, 특히 금융회사는 윤리강령 등을 포함하는 '윤리체계'를 별도로 구축하여 관리하는 경우가 많다. 핵심가치는 기업

의 본질적 추구 가치로서 장기간 유지되나, 경영환경의 급격한 변화나 기업 혁신이 요구되는 경우에는 변경되기도 한다. 세계 경제가 저성장 시대에 진입하자 'GE'는 '상상력을 통한 혁신'을 강조하는 '8 Values & 4 Actions'로 재정비 하였고 KB금융그룹은 '고객지향', '전문성', '혁신성', '신속성', '성과지향'의 5대 핵심가치를 'KB정신'으로 명명하고 기업문화 속에 내재화하기 위해 노력 하고 있는 것이 대표적인 예이다.

③ 행동규범: '행동규범'norms/principles은 다소 추상적인 핵심가치를 조직원 개개인의 행동으로 연결시키기 위해 구체화한 기준이다. 핵심가치를 문자화하는 것보다, 이를 개인의 행동에 직접적인 영향을 주는 행동규범으로 구체화하고 일상 속으로 내재화하는 것이 중요하다. 웰파고Wells Fargo가 행동규범과 일상적 업무방식의 원칙을 포함하는 'Wells Fargo Culture'를 정의하고 모든 기업 활동의 방향이 가치체계에 부합해야 함을 강조하고 있는 것이 좋은 예이다.

(2) 경영체계 및 기업문화와의 관계

기업의 가치체계는 경영체계, 기업문화 등 일상 경영활동과 관련된 조직 내의 모든 의사결정과 판단에서 최상위 준거로 작용한다.

① 경영체계: '경영체계'management system는 기업에 따라 다양한 형태와 구조로 정의되고 있으나 경영목표, 전략과제, 업무방식의 계층적 구조로 정의되는 것이 일반적이다.

● 가치체계는 규범적normative이고 영속적인 반면, 경영체계는 전략적strategic이고 상황에 따라 변화 가능하다.

● '경영목표'는 조직의 생존 및 성장을 위해 달성해야 할 장기적·단기적 목표이다.

● '전략과제'는 경영목표 달성을 위해 필요한 경영활동의 방향과 자원

배분의 결정하는 것이다.

• '업무방식'은 기업의 전략과제를 효율적으로 실행하기 위한 행동 기준으로서, 행동규범이 구체화되어 있는 경우 생략되기도 한다.

② 기업문화: '기업문화'corporate culture는 장기간에 걸쳐 형성되고 공유된 조직구성원의 신념·핵심가치·의식구조로서 다른 조직과 구별되는 특성을 가지고 있다. 현대 기업에서 기업문화는 조직의 장기 성장을 위해 '핵심가치'를 내재화하도록 설계되어야 하는 전략적 자산이라는 이론이 확산 확산되고 있으며, 조직의 핵심가치와 조직구성원의 행동이 최대한 일치하도록 하는 것이 '기업문화 혁신'이라 할 수 있다. (그림2-2)

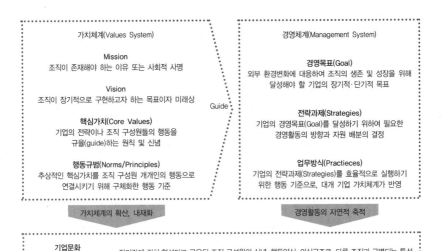

<그림2-2> 기업의 가치체계와 경영체계, 기업문화의 구조

출처: 노현곤, 「기업의 가치체계-경영체계기업문화의 구조」, 『KB daily 지식비타민』 22호, 2013.3.11.

(3) 가치체계 내재화를 통한 기업문화 혁신

기업의 가치체계가 일상 경영활동과 기업문화 속으로 내재화되기 위해서는 내부 구성원의 공감과 합의가 선행될 필요하다. 특히, 새롭게 가치체계를 구축하거나 기존 가치체계를 변경하는 경우, 이해관계자 인식조사 등 초기 준비단계부터의 커뮤니케이션을 통한 공유와 공감대 형성이 중요하며, 신입직원 입문교육, 기존직원 연수프로그램 등을 통해 가치체계의 내부 교육과 커뮤니케이션을 끊임없이 지속해나가야 한다. 가치체계가 내부 조직원의 의식과 행동에 내재화되기 위해서는 인사, 평가, 편제 등 기업 내부의 제도와 시스템에 가치체계가 직접적으로 반영되어야 할 필요가 있다.

총괄 전담 조직뿐만 아니라 계열사 등 하위 조직과의 계층적 추진 체계 및 본부/부서간의 횡적 추진 구조를 구성함으로써 전사全社 차원으로 추진되어야 하며 전담 조직 및 계층적 추진 체계가 불명확할 경우에는 단기적 · 재무적 목표에 비해 내부적 관심도가 낮아지고 일관성이 무너질 위험이 있다. 가치체계의 내재화는 인사, 조직, 재무, 영업 등 기업 내 모든 업무 영역과 관련되어 있으며, 횡적 추진구조가 미흡할 경우 '내재화' 되지 못하고 '액자 속의 표어'로 전락할 위험이 있다.

따라서 장기적 추진 로드맵을 구축하고 추진과제별 모니터링, 정기적 진단 등을 통한 변화관리에 특히 유의해야 한다. 가치체계의 내재화는 '장기적으로 일관성 있는 추진'이 무엇보다 중요하며, 추진 체계 시스템화를 통해 내 · 외 환경변화 등에 따른 변동성 리스크를 최소화할 필요가 있다. 또한 변화수용성 평가 등을 기반으로 변화관리 대상의 세분화 및 세분 그룹별 차별적 변화관리 프로그램을 시행하고 실천 우수사례 발굴 · 포상, 이벤트 · 캠페인 진행 등 가벼운 동기부여 프로그램을 통해 내부 관심도를 지속 유지하는 것도 중요하다 [240] 대표적인 예로 사용되고 있는 것이 '사회적 영향력 정렬 프레임웍'SIAF이다. (그림2-3)

---

240) 노현곤. 「가치체계 개념과 기업문화 혁신」. 『KB daily 지식비타민』 13-22. KB금융지주 연구소(http://www.youngkbblog.com/510), 2013.

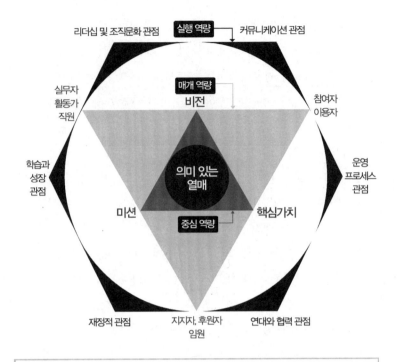

리더십 및 조직문화 관점 실행 역량 커뮤니케이션 관점

매개 역량
비전

실무자
활동가
직원

참여자
이용자

학습과
성장
관점

의미 있는
열매

운영
프로세스
관점

미션 핵심가치

중심 역량

재정적 관점 지지자, 후원자 연대와 협력 관점
임원

중심 역량	조직이 사회적 영향력을 창출하기 위해서 가장 본질적으로 점검하고 구비해야 할 핵심적인 3가지(비전, 미션, 핵심가치) 요소를 의미한다.
매개 역량	사회적 영향력을 창출하는 데 있어서 필수적인 세 주체(핵심협력파트너)들 간의 협력과 소통을 의미한다. 즉 실무자(활동가, 직원), 이용자(참여자), 임원(지지자, 후원자)이다
실행 역량	조직의 안정성과 건강성을 위한 6가지 핵심관점(리더십 및 조직문화, 학습과 성장, 재정, 연대와 협력, 운영프로세스, 커뮤니케이션)을 의미한다.

〈그림2-3〉 사회적영향력 정렬 프레임웍(SIAF)

사회적영향력 정렬 프레임웍(SIAF: social impact alignment framework)은 기획-실행-열매
-피드백의 전체 컨설팅 과정에서 조직이 구비하고 있어야 할 필수적인 요소들을 진단하고
처방하는 도구이다. SAIF는 중심역량(비전·미션·핵심가치)과 매개역량(핵심 협력파트
너와의 소통) 그리고 실행역량(6가지 관점)을 구조화 한 것으로 16가지 질문을 통해서
조직의 문제점을 진단하도록 설계된 프로그램이다. http://socialinnovationgroup.kr 참조.

(4) 평가

전략적 리더십은 최고경영자층에게 요구되는 리더십이다. 특히 핵심

가치 정립을 통한 기업의 혁신 노력은 현대 기업의 필수적 요소가 되었다. 따라서 경영전략적 측면에서 경영학자들이 다루는 핵심주제이며 리더십 학자들은 다루지 않는 경향이 있다. 시중 서점에 홍수를 이루고 있는 리더십 이름의 책들이 거의 경영전략적 리더십과 이와 관련된 자기계발 서적들이라고 해도 과언이 아니다. 성공한 기업가, 위기를 극복한 노하우 그리고 최신 경영기법의 소개 등 무궁무진하다. 그만큼 독자들의 관심이 집중되어 있다는 반증이다.

21세기에 들어 기업환경이 급격히 변화됨에 따라 위기극복의 CEO 리더십의 중요성이 더 한층 가중되고 있다. 전 세계적으로 최고경영층들이 블루오션 창출을 위한 경영혁신 노력을 하고 있으며, 최신 경영전략 및 지식학습을 위해 노력하고 있다. 대기업 임원은 물론 중소기업의 경영자들은 경영전문대학원 과정MBA: master of business administration 이수는 필수적인 것이 되었다. 이에 따라 중간관리자들이나 성공을 지향하는 리더들을 위한 단기 MBA과정이나 최고경영자과정들이 각 대학에 많이 개설되어 운영중이다. 최신경영기법과 리더십, 인간관계 형성을 목적으로 하는 최고경영자과정 또는 최고지도자 과정이 대학과 경영전문기관에서 약 500여 개 이상 운영되고 있으며 평생교육원 시민대학 등에서 운영되는 과정은 별도로 3,000여 개 이상의 과정이 운영되고 있다.241)

나. 창조경제: 기업가정신과 리더십

박근혜 정부가 창조경제를 기치로 내걸고 나온 이후 이것의 실현 가능성 여부에 대한 논란이 뜨겁다. 대학을 창업기지로 만들겠다고 선언한 이후 대학가의 창업 열기가 뜨거운 가운데 창업과 관련하여 많은 강좌들이 운영되고 있으며, 그 주제는 '기업가 정신과 리더십'이다.

---

241) 최고경영자과정연합회, http://cafe.daum.net/AMP.CEO.

기업가정신_{entrepreneurship}이란 위험이 있는 새로운 사업을 운영하기 위한 경영자들의 창의적이고 모험적인 정신을 말한다. 새로운 사고(창의성)를 통해 새로운 행동(혁신)을 창출하고 이로써 새로운 가치를 창조하는 정신이라 할 수 있다. 기업가 중 성공하는 사람들은 공통적으로 재능_{talents}, 기회_{opportunities}, 노력_{efforts}, 기업가적인 사고방식_{enterpreneurial mindset}이 식별되며, 이것이 기업가정신을 구성하는 요소들이다.

기업가정신이라는 용어는 18세기 경제학자 Richard Cantill에 의해 처음 사용되었다. 그는 기업가의 기본적인 역할이 위험을 감수하는 것이라고 보았다. 오늘날 기업가 정신은 기업성장과 혁신의 중요한 원동력으로 인식되고 있다. 기업가는 기회를 찾고 활용하는 사람들로서 다음과 같은 질문을 끝없이 던진다. 기회는 어디에 있는가? 어떻게 기회를 포착할 수 있는가? 어떤 자원이 필요한가? 자원을 어떻게 확보하고 통제할 수 있는가? 드러커_{Peter Drucker}는 기업가 정신을 개인적인 특성이나 성격이 아니라, 혁신을 체계적으로 추구하는 하나의 공약_{commitment}으로 보고 있다.[242]

창업기업은 창의력과 추진력이 겸비된 창업기업가에 의해 주도되고 있으며, 그 바탕에는 창의적 기업가정신이 깊이 뿌리내리고 있다. 프랑스의 경제학자 세이_{J. B. Say}는 창업기업가 정신의 본질을, "경제적 자원을 생산성이 낮은 영역으로부터 생산성과 이득이 높은 영역으로 이전시키는 사람"이라고 정의하였다. 즉 무에서 유의 가치를 창조하고 축적하는 행위라고 할 수 있고, 현재 주어진 자원의 제약에서 부를 창출할 수 있는 기회를 적절히 포착하는 과정이며, 이에는 창의력·팀워크 및 추진력 등이 요구된다.

창조경제_{creative economy}는 산업화시대, 정보화시대, 지식기반경제를 잇는 새로운 경제 패러다임이며, 창조경제의 핵심 키워드는 창의성, 혁신성,

---

242) 이승주. 『전략적 리더십』. 서울: SIGMA INSIGHT, 2005. p. 206.

소비자, 지식재산권 보호 및 활용이다. 1990년대 후반 영국 및 UN을 중심으로 발전되어오고 있으며, 각 국은 창조성 기반의 새로운 성장동력 및 일자리 창출을 위해 노력을 기울이고 있다.

'창조경제'를 통한 일자리 창출은 박근혜 정부의 주요 국정과제 중 하나다. 정부는 2013년 6월 5일 '창조경제 실현계획 – 창조경제 생태계 조성 방안'으로서 창조경제를 실현하기 위한 6대 전략, 24개 추진과제를 발표하였다.

박근혜정부의 창조경제 개념은 경제체질(추격형 → 선도형)과 경제운영방식(경제성장률 → 고용률 제고)을 전환하고, 지식기반 중심의 질적 성장(인적자본과 과학기술 등)을 통해 지속가능한 중장기 성장을 지향한다는 것이다.[243] '창조경제를 통한 국민행복과 희망의 새 시대 실현'이라는 비전을 바탕으로 한 창조경제의 3대 목표로 ①창조와 혁신을 통한 새로운 일자리와 시장 창출, ②세계와 함께하는 창조경제 글로벌 리더십 강화 ③ 창의성이 존중되고 마음껏 발현되는 사회구현 등을 제시했다. 세부전략으로는 다음과 같다.

- 전략1: 창의성이 정당하게 보상받고 창업이 쉽게 되는 생태계 조성.
- 전략2: 벤처·중소기업의 창조경제 주역화 및 글로벌 진출 강화.
- 전략3: 신 산업·신 시장 개척을 위한 성장동력 창출.
- 전략4: 꿈과 끼, 도전정신을 갖춘 글로벌 창의인재 양성.
- 전략5: 창조경제 기반이 되는 과학기술과 ICT 혁신역량 강화.
- 전략6: 국민과 정부가 함께하는 창조경제 문화 조성.

이것은 창업과 고용증대를 위한 기업가 정신에 초점이 맞추어져 있다. 그러나 하면 된다는 도전정신이 뒷받침되지 않고서는 창조경제가 지향하

---

243) 이준승, 「창조경제 개념과 주요국 정책 분석」, ≪ISSUE PAPER≫, 한국과학기술기획평가원, 2013.3.

는 실업문제의 해결과 지속적인 성장이란 쉽지 않다는 것이 공통적인 시각이다. 중소기업청은 대학생과 청소년들에게 창업의 꿈을 키워주기 위해 2013년 1,250차례에 걸쳐 기업가정신 특강을 하였다. 1인 창조기업 비즈니스센터도 12곳을 추가했다. 건양대는 2013년 '기업가 정신과 리더십'을 신입생 필수과목으로 지정했다. 미래창조과학부도 바로 이러한 배경하에 신설되었다. 박근혜 대통령은 2014년 1월 6일 신년 기자회견에서 전국 17개 광역시·도에 창조경제혁신센터를 설치하겠다고 선언하고 "좋은 아이디어를 가진 국민이면 누구나 멘토의 도움을 받아 창업도 할 수 있고, 기업도 경쟁력 강화에 도움을 받을 수 있는 시스템으로 정착시킬 것"이라며 창조경제혁신센터 설립목적을 설명했다.

한국사회가 제2의 벤처 붐을 기대하며 기업가 정신이 충만한 사회가 되려면 대기업 중심의 경제 생태계가 중소·중견기업과 상생하는 체제로 재편돼야 한다. 반 기업 정서도 없어져야 혁신경영이나 창업에 뛰어드는 젊은이들이 많아질 것이다.[244]

기업가 정신과 창조경제는 상호불가분의 관계에 있다. 기업가정신은 지속경영정신·사회적 책임·준법정신·창의성·정치적 스킬·도전정신·리더십 그리고 학습열의의 결합물이라 할 수 있고, 창조경제는 자원·기술·열정으로 만들어내는 새로운 경제적 가치이다. 그렇다면 이 둘은 어떻게 융합될 수 있는가?

이들의 융합을 위해서 요구되는 것이 창조적 리더십이며,[245] 그 수단으로 고려할 수 있는 것들은 '13가지 생각의 도구', '트리즈'TRIZ, '6시그마' 기법 등을 들 수 있다.[246]

---

244) 오승호. 《서울신문》, 2013.3.18.
245) 앞장에서 검토한 김광웅 교수의 창조적 리더십에서 제기한 필요성과 동일한 배경이다.
246) 정수연. 「기업가 정신과 창조경제」. 《피카소 정수연의 통섭과 융합》 블로그 http://blog.naver.com/PostList.nhn?blogId=art2016.

'13가지 생각의 도구'는 창조적으로 생각하기, 통섭通涉, 統攝, fusion, 디지로
그247)에 대한 실증적 고찰로서, 로버트 루트번스타인Robert S. Root-Bernstein과
미셸 루트번스타인Michele M. Root-Bernstein이 공동으로 저술한『생각의 탄생』
Sparks of Genius, 1999248)에서 제시한 창조적으로 생각하기 방법론이다. 그들은
'어떻게' 생각하는가에 대한 힌트를 찾기 위해 역사 속에서 가장 창조적인
사람들이 실재와 환상을 결합하기 위해 이용했던 생각도구들을 규명해내
었다. 그것은 관찰, 형상화, 추상화, 패턴 인식, 패턴 형성, 유추, 몸으로
생각하기, 감정이입, 차원적 사고, 모형 만들기, 놀이, 변형, 그리고 통합이
다. (그림2-4) 이들이 활용했던 창조적 사고의 13가지 도구들을 이용한다
면 누구나 창조성의 대가가 될 수 있다는 것이다. 상상력을 학습하고 자기
안의 천재성을 일깨우게 만들면, 미래의 예술가·과학자·인문학자·기
술자들이 창조적 사고를 활성화시켜 새로운 세계를 건설할 수 있다고 말하
고 있다.

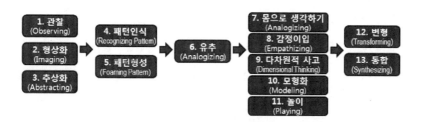

〈그림2-4〉 13가지 생각의 도구

---

247) 디지로그는 아날로그(analog)와 디지털(digital)의 융합을 의미한다. 디지로그는 아날로
그 사회에서 디지털로 가는 과도기, 혹은 디지털 기반과 아날로그 정서가 융합하는 첨
단기술을 의미하는 용어로서 디지털기술의 부작용과 단점을 보완하고 아날로그 감성을
불러일으켜 앞으로의 후기정보사회의 선두주자로 떠오르고 있다. 이어령. 『디지로그』.
서울: 생각의나무, 2006.
248) 미셸 루트번스타인, 로버트 루트번스타인. 『생각의 탄생』. 박종성 역. 서울: 에코의서재,
2007.

트리즈$_{TRIZ}$는 러시아의 겐리히 알츠슐러$_{Genrich\ Altshuller}$가 개발한 '창의적 문제해결을 위한 이론'이다. 러시아어 'teoriya resheniya izobretatelskih zadach'의 약자이며, 영어로 TIPS$_{theory\ of\ inventive\ problem\ solving}$라고도 불린다. 'TRIZ'를 통해서 주어진 문제에 대해 가장 이상적인 결과를 정의하고, 그 결과를 얻는 데 관건이 되는 모순을 극복시킬 최적의 해결안을 얻는다. 'TRIZ'는 200만 건 이상의 전 세계 특허를 분석해 창의적이라고 인정되는 특허들의 공통점을 추출해 정리한 것으로, 40가지 발명원리와 76가지 표준 해결책, 그리고 문제해결 프로세스인 '아리즈'$_{ARIZ}$ 등으로 구성돼있다.[249]

6시그마는 1980년대 초 모토로라의 일본 무선호출기 기업과의 품질격 차로 인한 위기감에 품질개선운동으로부터 시작한 품질경영을 말한다. '시그마'란 모집단의 표준편차를 나타내는 것으로 통계적 측정단위를 표현 하는 그리스 문자이다. 6시그마는 데이터 변동이나 퍼진 정도를 측정하는 데 이용된다. 경영에 있어서 시그마 수준이란 얼마나 일관되게 고객의 요 구사항을 충족시키는지에 대한 통계적 표현이다. 여기서 6시그마 수준이 란, 기업이 실현할 수 있는 무결점에 가까운 수준을 말하고 제품이나 서비 스를 하는 데 있어서 100만 개에 단 서너 개의 불량을 나타내는 것을 말한 다. 6시그마는 품질관련분야의 필수적 요소이며 최근에는 품질경영전략 을 넘어서 기업의 경영개선을 위한 경영혁신전략으로 활용되고 있다.

그렇다면 기업가정신과 리더십은 어떤 관계에 있는 것일까? 기업가의 리더로서의 조건은 ①기업가 나름대로의 캐릭터를 갖고 있어야 한다. ② 현재 하고 있는 일의 미래 비전을 보여줄 수 있어야 한다. ③그 비전의

---

249) 국내기업에서 'TRIZ'는 매우 활용도가 크다. POSCO는 트리즈 대학까지 신설해 전 직원 들에게 40~120시간 과정의 교육 프로그램을 운영하고 있다. 삼성은 삼성트리즈협회 (STA)를 운영하고 있고 현대기아자동차그룹은 해외 컨설팅업체와 함께 직원들의 트리 즈 교육을 하고 있으며, LG전자 또한 조직 내에 트리즈 전담부서가 있다. 하이닉스도 '트리즈의 습관화'라는 모토로 각 부서 내에 트리즈를 적용하고 있다.

실행능력이 있어야 한다. 이중 어느 하나라도 빠지면 그 기업가는 리더가 될 수 없다. 특히 캐릭터는 기업가정신과 관련된 것으로서, 나름대로 비전도 갖고 실행능력도 있다 하더라도 캐릭터가 없다면 리더라고 할 수 없다. 그렇다면 리더십 캐릭터는 무엇이고 어떻게 유지되는 것인가?

첫째, 자기에 대해서 잘 알고 있어야 한다. 이것은 일관성을 유지할 수 있는 기반이 된다. 자기에 대해 잘 알고 있다는 것은 기준에 의해 행동한다는 것, 즉 원칙이 있다는 것이다. 과거에 어떤 일을 어떤 말을 했는지 찾아보고 일관성을 유지하는 것이 아니라 무엇이든 원칙을 갖고 일을 진행하다보면 자연스럽게 일관성이 유지된다.

둘째, 콜린스James C. Collins가 『좋은 기업을 넘어 최고의 기업으로』Good to Great, 2001[250])에서 말하는 '레벨 5 리더'가 되어야 한다. 콜린스는 리더의 레벨을 다섯 가지로 분류한다.

- Level 1: 능력이 뛰어난 개개인과 지식, 기술, 좋은 작업 습관으로 생산적인 기여를 한다.
- Level 2: 합심하는 팀원 집단의 목표달성을 위해 개인의 능력들을 바치며, 구성된 집단에서 다른 사람들과 효율적으로 일한다.
- Level 3: 역량 있는 관리자는 이미 결정된 목표를 효율적으로 추구할 수 있는 방향으로 사람과 자원을 조직한다.
- Level 4: 유능한 리더는 저항할 수 없는 분명한 비전에 대한 책임의식을 촉구하고 그것을 정력적으로 추구하게 하며, 보다 높은 성취 기준을 자극한다.
- Level 5: 경영자 개인적인 겸양과 직업적 의지를 역설적으로 융합하여 지속적으로 큰 성과를 일구어낸다.

---

250) 짐 콜린스. 『좋은 기업을 넘어 위대한 기업으로』. 이무열 역. 서울: 김영사, 2011.

사업가적 의지와 인간적 겸손함이 결합된 리더십이 레벨 5 리더십이다. 그는 조직의 이익과 개인의 이익이 상충될 경우 개인의 이익을 버리고 조직의 이익을 따를 수 있는 리더이다.

셋째, 남을 먼저 믿어야 한다. 신뢰라는 것은 행동을 보고 스스로 판단하는 것이기에 믿으라고 해서 갖춰지는 것이 아니다. 먼저 남을 믿어야 한다.

넷째, 편협하지 않은 마음이다. 리더의 편애는 조직을 망가뜨린다.[251]

---

251) 안철수. 「기업가정신과 리더십」 특강, 2009.2.25. 데브멘토(www.devmento.co.kr)

사회차원

1. 주요가치

사회관계차원의 주요가치는 신뢰사회, 소통과 인간관계, 인적 네트워크와 사회관계망이다.

가. 신뢰사회

신뢰하는 사회의 출발은 가정이다. 사회자본의 최소 단위가 가정이라고 한다. 건강한 가정, 행복한 가정이 안전한 사회의 시작이고 사회자본이 튼튼한 사회이다. 신뢰나 도덕, 윤리 같은 가치들을 1차적으로 생성하고 유지시키는 기능이 가족에서 온다. 특정한 개인이 어떤 사람과 사귀느냐, 어떤 공동체에 속해있느냐를 통해서 1차적으로 사회화가 되고, 사회화 과정에서 그 사람이 믿고 따르는 가치를 심어주는 과정에서 가족이 가장 중요하다. 그래서 가족이 없는 분들, 독거노인, 다문화 가족, 고아원 등이 지역사회의 관심과 배려가 더욱 필요할 것이다.

사회자본이란 사회 구성원 상호 간의 이익의 조정, 협동을 촉진하는 규범, 신뢰 네트워크라고 말한다. 사회자본은 물리적 자본, 인적 자본과 함께 생산 활동을 증가시킨다. 공유된 행동규범을 만들어 사회질서를 만들고 모두가 안전하고 행복한 사회의 바탕이라고 한다. 사회자본을 높이려면 구성원의 참여와 투명하고 공정성을 보장하여 믿음을 높여야 한다.

국가 위기상황을 극복하고 국가경쟁력을 회복하기 위해서는 기업경영의 투명성을 강화하고, 대기업과 중소기업이 동반성장하는 신 성장기반을 마련하는 등 경제적 영역에서의 장기적인 처방과 함께 사회적 갈등을 해소하기 위한 다양한 노력도 병행되어야 한다. 실제로 삼성경제연구소는 한국사회 갈등지수를 10%로 낮추면 1인당 국내총생산$_{GDP}$의 1.8%~5.4%가 높아진다는 추산을 내놓으면서 사회적 갈등해소가 저성장 문제를 해결하는 활로가 될 수 있음을 제기하였다.[252] 빈부격차의 확대 속에서 갈등이 남북문제 · 노사문제 · 지역분쟁 등 모든 분야에서 중첩되어 나타나고 있고, 자신의 이익을 포기하지 않는 극단적인 대립이 더욱 첨예하게 확대되고 있다.

이러한 현실은 민족의 장래를 위해 서로 협력하고 신뢰하는 분위기를 만들어가는 것이 선결과제라는 것을 보여주고 있다. 또한 대기업 위주의 성장일변도 정책으로 난국을 해결해나가는 데 한계가 분명하듯이 일방적 복지 확대요구가 갖는 위험성도 경계하면서 중장기적 사회발전 전망에 대한 범국민적 합의도 시급히 도출해내야 한다. 국민적 단합과 합의도출을 위해서 무엇보다도 중요한 것은 국가 지도층 인사들이 총체적 비리의 악

---

252) 한국의 사회갈등 수준이 경제협력개발기구(OECD) 27개국 중 2번째로 심각하며 이로 인한 경제적 손실이 연간 최대 246조 원에 이른다는 연구결과가 나왔다. 전국경제인연합회가 2013년 10월 21일 서울 여의도 KT빌딩에서 한국사회 갈등의 현주소와 관리방안을 주제로 개최한 「제2차 국민대통합 심포지엄」에서 주제발표를 한 박준 삼성경제연구소 수석연구원은 "2010년 한국의 사회갈등 수준은 OECD 국가 중 종교분쟁을 겪고 있는 터키에 이어 두 번째로 심각하다"라고 밝혔다. 이는 OECD 27개국 중 4번째로 심각했던 2009년 연구결과보다도 더 악화된 것이다. 삼성경제연구소가 2010년 각국의 민주주의 지수, 정부효과성 지수, 지니계수 변수로 측정한 사회갈등지수는 한국은 0.72로 터키(1.27)를 제외하면 가장 높았다. 덴마크가 0.25로 가장 낮았고 독일 0.35, 영국 · 일본 0.41, 프랑스 0.43, 미국 0.47, 이탈리아 0.58 등이었다. ≪연합뉴스≫, 2010.10.26.

순환을 끊고, 위기 극복을 위한 헌신적인 노력과 솔선수범으로 무너진 국민적 신뢰관계를 회복하는 것! 그 속에 경제성장과 지속가능한 발전을 위한 토대가 마련될 것이다.

나. 소통, 인간관계

인간은 사람과 사람의 관계를 떠나서는 살 수 없는 존재이고 관계 relationship는 의사소통으로 형성되고 유지된다. 의사소통은 인간관계의 기본이고 윤활유이다. 즉, '인간관계'는 바로 의사소통communication이며 의사소통은 양호한 인간관계의 핵심key이다.

의사소통의 기능은 ①정보의 전달 교환의 기능: 의사소통은 의사결정에 사용될 수 있는 정보를 제공한다. ②통제 또는 영향력의 행사의 기능: 의사소통은 구성원의 임무, 권한 및 책임을 명확히 하는 통제의 기능을 담당한다. ③느낌과 감정의 표현을 위한 정서의 기능: 의사소통은 구성원의 사회적 욕구의 느낌과 만족의 표현을 용납한다. ④동기부여의 기능: 의사소통은 구성원으로 하여금 조직목적에 몰입하게 하여 동기부여를 증대시킨다.

우리에게 소통은 성공하는 인간관계의 핵심 포인트이다. 소통疏通이란 결국 막힘없이 잘 통하는 것이다. 즉 뜻이 서로 통하여 오해가 없는 것을 말한다. 소통이 되지 않으면 정치도, 사랑도, 풀뿌리민주주의도, 결국은 인생과 성공까지도 모두 놓치게 된다. 우리가 행복한 인간관계에 대해서 다시 한번 그 소통의 소중함을 느끼고 되새김질 할 수 있는 기본은 바로 소통이다.

의사소통과 인간관계를 잘 하려면, 우선 상대방을 인간으로서 존중하는 마음을 갖는 것이 필요하다. 상대방보다 내 생각을 먼저 앞세우기보다, 상대방의 입장에서 그 사람의 생각을 들어주는 것이 무엇보다 중요하다.

그러려면 인내심이 필요한데, 사람은 누구나 자기 본위로 생각하기 때문에, 자기보다 상대방의 입장을 들어준다는 것이 결코 쉽지 않은 일이기 때문이다. 사람들과의 대화를 통해서 관계형성을 할 때, 잘 들어주는 것만으로도 반 이상 성공했다고 볼 수 있다.

21세기를 살아가는 현대인들은 끊임없는 도전의 연속인 삶을 살고 있다. 따라갈 수 없을 정도의 빠른 속도로 업그레이드되는 최첨단 기술, 과속도의 경영 방침, 내일을 예측할 수 없는 경제상황 등 주변의 환경은 어지러울 정도로 급변하고 있다. 많은 사람들은 위기감을 느끼며 살아가고 있다. 역행할 수 없는 변화를 맞춰가느라 끝없는 도전과 높은 스트레스에 시달리고 있다.

주위 사람들과의 관계가 풍부하고 대인관계가 좋은 사람들은 삶의 만족이 높고, 이것이 장수의 비결이라는 연구가 종종 소개되고 있다. 기계가 아닌 사람들과의 관계를 통해 얻을 수 있는 정신건강의 혜택은 두말할 나위가 없다. 일정에 집어넣어서라도 업무를 완전하게 떠나 사람들과의 접촉을 늘려야만 한다. 건조하고 삭막할 수 있는 현대인의 인간관계가 다시 활기차고 건강한 인간관계로 되기를 바란다.

다. 사회관계망

인간관계는 사회생활의 거의 전부라고 해도 과언이 아니다. 그러나 우리가 그 본질에 대한 사유 없이 인간관계라는 틀에만 매달릴 때, 창조적인 인적 네트워크의 형성은 불가능해진다

성인 남녀 814명의 삶을 70여 년 간 추적 조사한 '하버드 대학교 성인 발달 연구'의 총책임자 조지 베일런트 교수는 "한 사람이 행복하고 건강하게 나이 들어가는 것을 결정짓는 것은 지적인 뛰어남이나 계급이 아니라 사회적 인간관계"라고 강조했다. 자녀를 키우고 직장생활을 할 때는 여러

가지 할 일이 많기 때문에 이웃과 친구의 중요성을 크게 느끼지 못한다. 한국의 중장년은 은퇴를 하면 갑자기 외로워진다. 직장에서 일 중심으로 형성한 공적인 인간관계가 약해지며 사적인 인간관계로 전환하게 된다. 직장 밖 사람이 생활에 만족을 주는 중요한 원천이 된다. 친한 친구와 이웃은 은퇴 후 자아 개념을 재정립하는 데 기준을 제공해주며, 가족 이외의 주요한 지지기반이 된다.

우리는 SNS를 통해 자신의 생각을 표현하고 정보 검색을 통해 궁금증이 해결되고, 인터넷 강의를 들으며 공부하고, 굳이 멀리 나가지 않아도 쇼핑을 할 수 있다. 더 나아가 사이버 공간을 통해 여행정보를 알아보고 세계의 다양한 소식을 접하며 다양한 문화를 간접적으로 경험할 수 있다. 이외에도 우리는 사이버 공간을 통해 수많은 사회문화적 혜택을 받고 있다. 그러나 이러한 혜택을 저해하는, 네티켓을 지키지 않는 소수의 행동들과 공개하고 싶지 않은 사람들이나 내가 모르는 사람들에게까지 보이는 심각한 개방성, 그리고 사생활침해, 개인정보 유출로 인한 피해 등이 있다.

소셜 네트워크 서비스social network service: SNS는 사용자 간의 자유로운 의사소통과 정보 공유, 그리고 인맥 확대 등을 통해 사회적 관계를 생성하고 강화시켜주는 온라인 플랫폼을 의미한다. SNS에서 가장 중요한 부분은 이 서비스를 통해 사회적 관계망을 생성, 유지, 강화, 확장시켜 나간다는 점이다. 이러한 관계망을 통해 정보가 공유되고 유통될 때 더욱 의미 있어질 수 있다.

오늘날 대부분의 SNS는 웹 기반의 서비스이며, 웹 이외에도 전자 우편이나 인스턴트 메신저를 통해 사용자들끼리 서로 연락할 수 있는 수단을 제공하고 있다. SNS는 소셜 미디어와 동일한 개념으로 오용되는 경우가 많으나, 범주 상 블로그·위키·UCC·마이크로 블로그 등과 함께 소셜 미디어의 한 유형으로서 보는 것이 타당하다.

최근 들어 스마트폰 이용자의 증가와 무선인터넷 서비스의 확장과 더불어 SNS의 이용자 또한 급증하고 있다. 대한민국 내 SNS 시장을 주도하고 있는 페이스북Facebook과 트위터Twitter 이용자 수는 이미 2011년에 1천만 명을 돌파했으며, 그 지속적인 증가 추세는 당분간 멈추지 않을 것으로 예상된다. SNS는 광범위하고 동시에 특정 성향의 집단으로 분류될 수 있는 서비스 이용자들을 데이터베이스에 의해 파악하고 관리할 수 있다는 점에서 마케팅 활용가치가 날로 부상하고 있다. 이 같은 장점을 통해 기업 입장에서는 저비용으로 표적집단에 효율적으로 도달할 수 있는 맞춤형 customized 마케팅을 집행할 수 있기 때문이다. SNS 업체 또한 SNS 페이지상의 광고 스페이스 판매와 소셜 게임이나 아이템 판매 등을 통해 강력한 수익 모델을 구축해나가고 있어 향후 SNS 시장은 계속 성장해나갈 것으로 전망된다. 한편, 대한민국에서는 우리말 다듬기에서 소셜 네트워크 서비스를 '누리소통망'이라는 용어로 지칭하였다.

온라인상에서 불특정 타인과 관계를 맺을 수 있는 서비스. 이용자들은 SNS를 통해 인맥을 새롭게 쌓거나, 기존 인맥과의 관계를 강화시킨다. SNS가 큰 인기를 끌면서 서비스와 형태도 다양해졌다. 휴대전화와 결합되면서 모바일 접속이 가능해졌고, 통화·회의·쇼핑 등 다양한 기능이 SNS에 부가되었다. SNS는 '도토리'로 대표되는 이머니e-money를 통해 수익모델의 가능성을 보여준다.

SNS는 서비스마다 독특한 기능과 특징을 가지고 있어 SNS의 특징을 포괄적으로 규정하기가 쉽지 않다. 그렇지만 SNS를 보는 학문적·사회적·산업적 관점들은 각기 SNS의 특정 측면에 주목하고 있고, 이런 관점들을 구분해보면 SNS의 특징을 정리해볼 수 있다. 트위터를 중심으로 SNS를 보는 관점은 다섯 가지로 요약될 수 있다.

첫째는 SNS를 마케팅 도구로 보는 관점이다. 일반 기업은 물론 전통적 미디어나 IT기업에서도 이런 기능적 활용을 강조한다.

둘째는 SNS를 컴퓨터 매개 커뮤니케이션으로 보는 관점으로 커뮤니케이션 연구의 전통에서 흔히 관찰할 수 있다. 이 관점은 SNS가 면대면 커뮤니케이션과 어떤 차별성과 유사성을 갖는가에 주목한다.

셋째는 SNS를 사회관계망으로 보는 관점으로, 사회학 내 사회관계망 분석social network analysis, SNA이라 불리는 영역의 관점이다. 이 관점은 네트워크 구조 자체와 구조적 특징을 보여주는 데 일차적 관심이 있다.

넷째는 SNS를 권력관계 또는 영향력이 드러나거나 행사되는 장으로 보는 관점으로 정치학, 정치 커뮤니케이션 연구 등의 관점이다. 이 관점은 파워 이용자의 속성과 특성에 주목하여 이를 밝히려고 한다.

마지막은 SNS를 컴퓨터 활용 연구대상으로 간주하는 관점이다. 이 관점은 대체로 컴퓨터 과학자들이 SNS라는 사회적 현상을 대상으로 연구하면서 갖게 된 관점으로 대규모 데이터를 컴퓨터로 처리하여 그 속에서 그 어떤 규칙성을 발견하려고 한다.

2. 주요 리더십

가. 인간중심 리더십

인간중심이라는 말은 인본주의라는 말과 동의어로 쓰인다. 인본주의란 인간의 가치를 주된 관심사로 삼는 사상이며 흔히 다음과 같이 세 가지로 개념으로 이루어져 있다. 첫째, 인간의 고통을 극소화하고 복지를 증진시키려는 모든 도덕적·사회적 운동을 통칭하는 것으로 이해된다. 둘째, 신이나 자연이 숭배의 대상이 아니라, 오직 인간성humanity만이 존귀尊貴하다고 믿는 실증주의적 인간성 숭배의 사상을 일컫는다. 셋째, 예수 그리스도 의 신성神性을 부인하고 그 인격성人格性만을 주장하는 신학사상을 일컫는 말로도 사용된다.253)

인본주의 상담이론의 대표적 학자는 칼 로저스Carl Rogers, 1902~1987이다. 그는 매슬로우와 함께 60년대 인본주의 심리학을 이끌었고, 70년대 행동 주의자인 스키너와 더불어 미국에서 가장 영향력이 큰 심리학자로 인정받 고 있다. 그의 심리학은 인본주의의 범위를 사회적으로 확장시키는 데 크 게 공헌하였다.

로저스는 인본주의 상담이론의 대표적 학자로서 인간중심적 접근법 person-centerd theraphy을 창안하였다. 이것은 인간의 성장과 변화에 대한 접근 법으로서 모든 인간은 정상이든 비정상이든 각자의 계속적인 성장에 궁극 적인 관심을 가지며, 자신의 자아개념과 기본적 태도를 변화시킬 수 있는 방대한 자원과 잠재능력을 가지고 있다고 보며, 모든 인간은 보다 완전한 발달을 위하여 자연적 경향성을 지니고 있고, 이것이 다른 동기의 원천이 되는 '실현경향성'이라고 보고 있다. 또한 인간은 끊임없이 성장해가는 존 재이며, 인간의 삶은 수동적이 아닌 능동적인 과정이라고 보고 있다.

따라서 인간중심의 인간관은 ①인간은 존중받을 권리가 있으며 ②인 간에 대한 깊은 신뢰로서 인간을 스스로 완전히 기능하는 존재로 본다. ③인간의 부정적 측면보다는 긍정적인 측면을 강조하고 ④상담을 위해 찾 아온 내담자를 능동적, 자율적인 존재로 인식하며 ⑤인간은 자아실현을 할 수 있는 잠재력을 가지고 있다고 본다.

로저스는 사람이 어떻게 행동하는가는 그가 세계를 어떻게 지각하느 냐에 달려 있다고 생각했다. 즉, 행동이란 개인이 세계를 지각하고 해석한 직접적인 사건의 결과로 발행하는 것이다. 이러한 접근에서는 특히 '자

---

253) 「교육학용어사전」. 네이버 지식백과, 1995.6.29.

기'self가 강조된다. 그래서 로저스의 이론을 흔히 '자기이론'self theory이라고 한다. 이러한 인간관은 셀프 리더십의 철학적 이론적 기초가 된다.

리더십이 지배와 다른 것은 그 기능의 수행을 피지도자의 자발성에 기대하는 점과, 집단의 성질에 따라 특성이 반드시 고정적이 아닌 데 있다. 지금 우리는 지식정보화사회에 살고 있다. 지식정보화사회란 지식정보가 주된 생산 요소이고, 모든 것이 인간 위주로 이루어지는 진정한 인본주의의 실현 가능성이 열린사회다.

미래학자들은 21세기 기업환경에서 조직보다는 개인 또는 인간이 중시될 것으로 본다. 정보와 지식에 바탕을 둔 21세기 기업경영은 더 이상 거대한 조직관리가 아니다. 중간관리자는 소멸된다. 그 자리에 개인이 들어선다. 개인은 종전과 같은 관리자가 아니라 조직에서 자기 사업을 하는 사업가entrepreneur이다. 기업조직은 지시와 명령의 관계로 이루어지는 것이 아니라 전문성을 갖춘 개인들의 네트워크로 이루어진다. 지위, 보상, 권위, 영향력에 따라 사람들의 순서가 매겨졌으나 앞으로는 이런 것들을 확보하기 위해 한 회사에서 경력사다리를 타는 사람은 없어진다. 개인의 충성심은 회사보다는 자기가 맡는 프로젝트에서 일어나게 된다.

기업 내 벤처도 더욱 인기를 끌 것으로 미래학자들은 전망한다. 로자베스 모스 캔터Rosabeth Moss Kanter 하버드 대학 교수는 "미래조직의 중심은 사람이 된다"라고 예측한다. 지식이 경영의 핵심자원이 됨에 따라 인적자본은 더욱 강조된다. 인적자본에 대한 재투자, 즉 재교육은 21세기 기업경영의 핵심과제가 된다. 미래학자들은 조직의 의무가 종전처럼 고용안정성을 제공하는 것이 아니라 고용가능성employability을 높이는 쪽으로 바뀔 것으로 내다본다. 고용가능성이 높은 사람을 계속 고용하려면 기업은 끊임없이 개인에게 제대로 된 보상을 해주어야 한다는 것이다.

이런 시대에 리더십은 더욱 중요한 과제가 될 것으로 보인다. 『성공하는 사람의 7가지 습관』으로 유명한 스티븐 코비는 "직원을 신뢰하는 인간 중심의 리더십이 성공의 핵심이 될 것"이라고 갈파한다. 정보와 지식이 날로 중요해지는 시대에 사람을 중심으로 조직을 재구축하는 전략이 21세기 기업경영이 핵심이 될 것이라는 게 미래를 예측하는 경영학자들의 대체적인 견해다.[254]

나. 원칙중심 리더십

원칙중심의 리더십은 세계적인 경영컨설턴트인 스티븐 코비Stephen R. Covey[255]에 의해서 정립되었다. 그는『성공하는 사람들의 7가지 습관』[256]과『원칙중심 리더십』[257]에서 각 분야에서 성공한 사람들의 사례와 연구를 통하여 습관의 중요성을 과학적, 논리적으로 설명하고 이를 통하여 '원칙중심 리더십'을 제시하였다.

'원칙중심 리더십'은 성공하는 사람들의 습관을 기초로 자신에 대한 신뢰성, 상대방에 대한 신뢰, 그리고 관리차원에서 임파워먼트impowerment, 조직차원에서 비전을 향한 몰입(일방향정렬alignment)을 통해 조직의 총체적 품질관리를 하는 리더십 모델이다.

1) 개인 및 대인관계의 효과성

원칙중심 리더십은 우리의 삶과 조직 및 사람들에 대한 리더십의 초점

254) http://www.seri.org/fr/fPdsV.html?fno=003882&menucode, 2014.1.20. 검색.
255) 스티븐 코비(Stephen R. Covey, 1932~2012)는 미국인으로, 코비 리더십 센터의 창립자이자 프랭클린 코비사의 공동 회장이다. 브리검영 대학에서 조직행동학과 경영관리학 교수, 부총장 등을 역임하였다. 그는 국제경영학회로부터 맥필리(McFeely) 상을 받았으며, 타임지로부터 '미국에서 가장 영향력 있는 25명' 가운데 한 사람으로 선정되기도 하였다. 2012년 7월 16일, 그는 같은 해 4월에 일어난 자전거 사고 합병증으로 숨졌다.
256) 스티븐 코비. 『성공하는 사람들의 7가지 습관』. 김원석 역. 서울: 김영사, 1996.
257) 스티븐 코비. 『원칙중심의 리더십』. 김경섭 역. 서울: 김영사, 2001.

을 '진북향'true north라 부르는 원칙에 맞추는 것이다. 여기서 원칙이란 공정성, 형평성, 정의, 성실, 정직, 신뢰 등으로서 이에 순응하며 살아가는 정도에 따라 우리의 생존과 안정은 결정된다.

원칙중심의 리더십과 삶의 4가지 요소, 즉 안정감·지침·지혜·역량은 리더십의 원천을 크게 계발시켜준다. 이들은 우리의 가치의식·자기정체성·정서·자존의식에 안정감을 주고 우리의 삶을 올바른 곳으로 인도해주며, 우리의 인생을 보는 슬기로운 시각을 주며, 우리가 가진 잠재력을 발휘하도록 해준다.

원칙중심의 리더십은 내면에서 시작되어 외부로 4가지 차원에서 실천으로 옮겨진다. 그것은 ①개인차원(나와 나 자신의 관계), ②대인관계 차원(나와 타인의 관계), ③관리차원(타인과 더불어 일을 완수하는데 필요한 책임감), ④조직차원(사람을 모으고, 교육시키고, 보수를 지급하고, 팀을 구성하고, 문제를 해결하고, 나아가 구조전략과 시스템을 한 방향으로 정렬시키는 차원)을 말한다.

개인 차원에서 중요한 것은 신뢰성이다. 신뢰성은 성품과 역량의 조합이다. 그리고 대인관계 차원에서 중요한 원칙은 상대방에 대한 신뢰이다. 신뢰는 두 사람사이에 '나도 이기고 상대도 이기는 승·승win win 이행합의'를 가능케 하는 '감정 은행계좌'이다.

인간에게만 부여되고 개발되는 능력은 일곱 가지로서 그것은 ①자아의식, ②상상력과 양심, ③의지 또는 의지력, ④풍요의 심리, ⑤용기와 배려, ⑥창의성, ⑦자기쇄신의 능력이다. 이 재능들은 모두 낮은 수준에서 높은 수준에 이르는 하나의 연속성 위에 위치한다. 이 능력은 성공하는 사람들의 7가지 습관과 관련된다.

최상의 사회 및 조직에는 언제나 자연법칙과 원칙이 지배한다. 따라서 최상에 있는 어떤 리더라도 그 원칙에 복종해야 한다. 오늘날과 같은 격변하는 세상에서 필요로 하는 것은 도덕과 원칙의 나침반이다. 우리는 지도 map를 나침반으로 대체하고 나침반을 이용하여 항해하는 법을 배워야 한다. 진정한 리더십은 고매한 인격으로부터 나오며, 또 일정한 힘의 수단과 원칙들을 행사함으로써 나오게 된다. 전통적 리더십 이론들은 위인론이나 특성론, 행동 양식론에 초점을 맞추고 있으나 이러한 이론들은 미래의 리더를 예측하거나 리더의 자질을 개발할 수 있도록 해주지 못한다.

2) 관리 및 조직차원의 개발

원칙중심의 네 가지 차원(개인차원, 대인관계차원, 관리차원, 조직차원) 중 관리차원에서의 중요한 원칙은 임파워먼트empowerment(권한위임)이며 그리고 조직차원에서 중요한 원칙은 '조직목표에 대한 몰입(한 방향 정렬alignment)'이다. 관리와 조직차원에서 리더는 '풍요의 심리'를 가져야 한다. 풍요의 심리란 여유와 너그러움으로써 "이 세상에는 내 꿈을 실현시켜줄 수 있을 만큼 충분한 천연자원과 인적자원이 있게 마련"이라는 사실과 "내가 성공한다고 해서 다른 사람이 실패해야 되는 것은 아니며, 다른 사람이 성공해도 그 때문에 나의 성공이 방해받는 것이 아니다"라는 사실을 굳게 믿는 것을 가리킨다. 풍요의 심리를 가진 리더는 win/win의 협상원칙과 경청한 다음에 이해시키라는 의사소통원칙을 따르게 된다. 원칙중심적이 되면 풍요의 심리를 더 많이 개발할 수 있으며, 권한과 이익과 인정을 더 많이 공유할 수 있게 되고 다른 사람들의 성공과 행복, 성취와 인정, 행운에 대해서도 더 많이 기뻐해줄 수 있다.

경영에는 네 가지 기본 경영패러다임이 있다. 과학적 관리, 인간관계, 인적자원, 원칙중심 패러다임으로서 앞의 세 가지 패러다임은 인간본성에 대한 잘못된 가정에 기초하고 있어 근본적으로 결함이 있으며 원칙중심 패러다임으로 전환이 요구된다. (표2-13)

〈표2-13〉 경영 패러다임

패러다임	욕구	비유	원칙
과학적 관리	신체적/경제적	위장	공평성
인간관계	사회적/감정적	마음	친절
인적자원	정신적	정신	재능의 활용과 개발
원칙중심	영적	영혼	가치(비전과 사명, 역할과 목표)

원칙중심 패러다임은 여덟 개의 요소1P7S로 구성되어 있다. 그것은 사람people, 자기자신self, 스타일style, 기술skill, 공유된 비전과 원칙shared vision and principles, 구조와 시스템structure and system이다. (그림2-5)

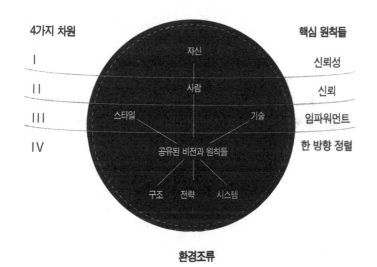

〈그림2-5〉 원칙중심의 리더십 패러다임 4가지 차원과 핵심원칙들

① 사람people: 원칙중심의 리더십은 조직의 구조와 경영스타일 그리고 시스템의 효율성에 기초를 두는 것이 아니라 사람의 효과성에 기초를 둔

다. 사람들이 최고의 가치를 가지고 있다고 보며, 사람은 대인관계 차원을 말하고 여기에 작용하는 핵심 원칙은 신뢰이다. 신뢰는 인간관계와 효과적인 조직 활동의 기초가 된다.

② 자기자신$_{self}$: 원칙중심 리더십의 개인적 차원을 말하며 신뢰성의 원칙을 말한다. 신뢰성이란 내면에서 시작하여 외부로 향하는 접근법의 핵심이며 성품과 역량이라는 두 가지 요소의 조합이다. 통상 신뢰성을 성품과 동일시하는데 여기에 역량이라는 요소가 포함되어야 한다. 역량이 부족한 성품은 신뢰성을 가질 수 없다.

③ 스타일$_{style}$: 임파워먼트의 경영 스타일은 더 많은 혁신과 이니셔티브, 헌신을 창조해내지만 동시에 예측불허의 행동을 초래하기도 한다. 따라서 관리자는 경영스타일이 주는 이점과 강력한 통제가 주는 예측가능성을 잘 가늠할 수 있어야 한다. 말로만 임파워먼트를 외치면서도 실제 행동으로는 통제만 한다면 냉소를 받게 될 것이다. 승·승 합의과정을 통해 진정으로 임파워먼트에 대한 대가를 치를 준비가 되어 있어야 한다.

④ 기술$_{skill}$: 팀구축, 위임, 의사소통, 협상, 자기관리 등의 기술은 업무 실적을 높이는 데 근본적인 것들이다. 다행히도 이런 기술들은 지속적인 교육과 훈련을 통해서 학습되고 강화될 수 있다.

⑤ 공유된 비전과 원칙$_{shared\ vision\ \&\ principles}$: 대부분의 조직들은 사람과 문화를 공유된 비전과 전략을 일치시키는 문제에 직면한다. 이러한 비전을 조성하는 가장 좋은 방법은 사명서를 작성하는 것이다. 사명서는 살아있는 헌법으로서 잠재력을 가지며 시간의 제한을 받지 않는 불변의 원칙들에 바탕을 두고 깊이 뿌리내린 가치들을 구체화한 것이다. 따라서 이것은 조직 내 모든 직급 모든 구성원들의 참여와 노력의 결과로 작성되어야 한다.

⑥ 구조와 시스템$_{structure\ and\ system}$: 기업의 구조와 시스템 이면에 존재하는 핵심적인 원칙은 조직의 전략이 환경의 조류에 흔들리지 않고 '한 방향

으로 정렬alignment'되어야 한다는 것이다. 조직사명서가 작성되었을 때 최고 경영자가 담당해야 할 가장 중요한 임무는 강력한 구조와 시스템hard s을 사명서에 구체화된 원칙들과 한 방향으로 정렬시키는 것이다. 과거의 통제 패러다임에 바탕을 둔 구조와 시스템이 잡아끄는 중력을 극복하고 이를 원칙에 바탕을 둔 비전으로 옮겨 놓는 일은 엄청난 결심과 헌신을 요구한다.

3) 원칙중심 리더십 패러다임의 특징

이러한 원칙중심의 리더십 패러다임은 다음과 같은 네 가지 특성을 보유한다. 첫째, 원칙중심의 패러다임은 전체론적이다. 조직구조와 관리 스타일, 개방체계, 환경의 변화 등 전체를 한꺼번에 다루며, 모든 것이 거기에 포함된다.

둘째, 원칙중심의 리더십 패러다임은 생태학적이다. 생태학적이라는 말은 모든 것들이 서로 밀접하게 연관되어 있다는 말이다. 모든 조직은 보다 큰 범위의 생물권 내부에 속하는 생태계이며, 따라서 자연의 일부로 보아야 한다. 자연은 어떤 구획을 갖지 않는다. 그 모든 것은 불가분이 전체이다.

셋째, 원칙중심의 리더십 패러다임은 발전적이다. 이 말은 우리가 어떤 일을 하려면 그에 필요한 다른 일들을 먼저 할 수 있어야 한다는 말이다. 성장과 진보는 연속적인 과정을 통해서 이루어진다. 기존의 전통 패러다임에서는 단계적 과정을 밟을 필요가 없다고 생각한다. 즉시적 처방과 도약이 가능하다고 보지만 여기서는 연속적이고 단계적인 과정으로 인식한다. 진정한 진보란 자신으로부터 시작하여 내면에서 외부로 향하여 나아가는 것을 가리킨다.

넷째, 원칙중심의 리더십 패러다임은 활동력 없는 무생물이나 식물,

동물에 기반을 두는 것이 아니라 '주도적인 사람'들을 바탕으로 한다. 인간은 의지적이며 선택할 수 있는 힘이 있다. 긍정적이고 조건적인 사랑 속에서 살고 있는 사람들은 그 내면에 개인적인 안정감과 풍요의 심리를 발전시킨다. 대부분의 경영 패러다임에서는 인적 자원을 소모적인 것으로 본다. 그러나 사람은 소모적인 것이 아니다. 사물들에 대해서는 효율성을 추구할 수 있지만 사람에게서는 효과성을 추구해야 한다.

스티븐 코비는 이것은 기반으로 하여 '총체적 품질' 패러다임을 제시한다. 총체적 품질이란 끊임없는 개선을 의미하며 개인적 직업발전, 대인관계, 관리의 효과성, 조직의 생산성 영역에서 끊임없이 개선을 해나가는 것을 말한다. 총체적 품질이란 리더십과 사람들에 대한 하나의 패러다임 즉 세상을 보는 방식이므로, 원칙중심의 리더십은 총체적 품질을 성공시키는 데 필수요소이다. 총체적 품질의 목적은 상품과 서비스의 지속적인 개선을 통해 그 가치를 늘리고, 이를 소비자 시장에 내놓아 구매자의 심판을 받음으로써 기업의 이해 당사자들에게 일거리와 이익을 제공하는 데 있다. 원칙중심의 리더십의 목적은 사람들과 조직을 임파워먼트 해주는 것이다. 따라서 원칙중심의 리더십은 총체적 품질보다 더 광범위하고 더 포괄적인 내용을 담고 있다. 원칙중심의 리더십이 총체적 품질의 이론과 방법론에 적용되면, 조직은 총체적 품질의 목표를 달성하게 된다. 원칙중심의 리더십이 조직 전반의 총체적 품질과 잘 통합될 때 성공은 보장될 수 있다.

3. 소셜 리더십(Social Leadership)

가. SNS 시대의 전개

바야흐로 소셜social의 시대가 열렸다. 인터넷 선으로 가늘게 이어졌던 지구는 '소셜'이라는 망(네트워크)을 통해 하나로 통합되었다. 이제 사회의 어떤 분야에서든 '소셜'을 찾을 수 있게 되었으며, '소셜'에 길들여지게 된 '소셜 세상'에서 살게 되었다. 전 세계인들은 이제 '소셜'의 힘을 무시할 수 없고, 특히 자기관리와 조직경영의 책임을 지고 있는 리더라면 더욱이 그러하다. 소셜 미디어 시대에 알맞은 리더는 소셜을 통해 공감하고 소통하는 리더이며, 이것이 바로 우리가 진정으로 바라는 '소셜 리더십'을 갖춘 '소셜 리더'이다. 이제는 '소셜 리더'가 세상을 지배하고 주도할 것이다. 개인의 자기관리와 조직의 경영에 대해 고민하고 있는 리더라면 소셜 리더십의 이해는 필수적이다.258)

국내 스마트폰 가입자가 2013년 현재 3500만 명을 넘어섰고259) 국제적으로 구글 플러스가 트위터와 같은 5억 명의 사용자를 가지고 있고, 구직 서비스인 링크드인은 총 2억 4천만 사용자와 전 세계 300만이 넘는 회사 페이지를 보유하고 있다.

우리사회는 이제 소유의 시대에서 접속의 시대로, 단절에서 네트워크 시대로 일대 혁명이 일어나고 있다.260) 웹3.0의 시대, 이제 소셜 리더십은 선택이 아닌 필수가 되었다.

이미 이것은 우리사회에 깊숙이 뿌리를 내리고 개인과 사회에 막대한 영향력을 행사하고 있다. 사회관계망서비스SNS는 이제 정치인 등 사회 저명인사뿐만이 아니고 일반인들도 자신들의 팔로어를 형성하고 소통의 시대를 열어가고 있다. SNS는 이제 중요한 다중 커뮤니케이션 수단으로서 단순한 의사교환이 아닌 정치·사회적 여론 형성과 집단의사표현을 할 수 있을 뿐 아니라 사회를 조직화하고 영향력을 행사하는 수단으로 발전하였다. 새로운 인간관계와 의사소통의 수단이 인터넷의 발달로 인하여 과거

258) 강요석. 『소셜 리더십』. 서울: 미다스북스, 2011. 서문 및 출판사 서평.
259) 정보통신산업진흥원. (http://www.nipa.kr/main.it)
260) 김광웅. 『창조! 리더십』. 서울: 생각의나무, 2009. pp. 49-53.

에는 상상할 수 없었던 신세계를 열어가고 있는 것이다. 인터넷은 이제 웹3.0 시대로 진입하였다. 웹3.0 시대는 우리에게 새로운 가능성을 넘어 인간세계의 혁신을 창조할 비전을 제시해주고 있다.

나. SNS의 개념

SNS_{social network service}란 1인 미디어, 1인 커뮤니티를 중심으로 하는 새로운 인적 네트워크 형성 서비스를 말한다. 인터넷으로 정보를 공유하고 의사소통을 도와주는 SNS는 사용자들이 서로서로 친구를 소개하고 대인관계를 넓히는 것을 목적으로 개설된 커뮤니티형 웹사이트이다. 다시 말해 SNS는 오프라인상의 사회적 관계 개념을 온라인 공간으로 가져와 개인의 일상 및 관심사를 공유 및 소통시켜 인맥구축 및 네트워크 형성을 지원하는 서비스라 말할 수 있다.261)

SNS 등장 초기에는 콘텐츠의 내용과 질보다는 개인과 개인을 이어주는 기능이 우선시 되었다. 이 당시부터 SNS는 기존의 오프라인에서의 인간관계를 강화하기 위한 새로운 네트워크를 구축하는 수단으로 각광을 받아왔다. 최근에는 SNS와 모바일 기술이 결합하여 서비스 기반을 확대하고 있을 뿐 아니라 SNS를 이용해 새로운 부가가치를 창출하기 위한 국내외 여러 업체들이 관심을 가지고 연구하고 있다.262)

보이드와 엘리슨_{Boyd & Ellison}은 SNS가 기본적으로 3가지 기능을 갖추어야 한다고 말하고 있다. 첫째, 공개적이거나 반공개적인 개인 프로파일 및 콘텐츠를 생산할 수 있어야 하고 둘째, 다른 이용자들과 특정관계를 맺어 네트워크를 만들 수 있어야 하며 셋째, 이렇게 구축된 네트워크를

---

261) 김대진. 「눈의 사용자 만족과 지속적 활용을 위한 영향요인에 관한 연구」. 중앙대학교 박사학위 논문, 2011. pp. 11-13.
262) 위의 논문.

활용해 텍스트나 이미지 등과 같은 정보를 서비스가 이루어지는 사이트 내에서 다른 사용자들과 공유하고 커뮤니케이션 할 수 있는 기능을 지원할 수 있어야 한다.[263)]

다. SNS의 활용

개인 차원에서 SNS는 이를 통하여 다양한 인간관계를 형성할 수 있는 수단이 되고, 폐쇄적 인간관계를 개방적이고 실시간 관계로 진화시킬 수 있다. 또한 SNS를 활용하여 전문가 집단에 신속하게 자문을 얻을 수 있어서 개인의 문제를 해결할 수 있는 정보획득의 좋은 수단이 된다.

공공 및 행정차원에서는 첫째, 국민과의 의사소통에 아주 유용한 수단으로 활용될 수 있다. SNS를 활용하여 국민들로부터 정책제언을 받고 이를 수렴하여 반영할 수 있고 국민의 참여와 공감을 이끌어낼 수 있다. 또한 정책자료를 트위터와 같은 매체를 통해 실시간으로 홍보할 수 있어 국민들의 알 권리를 증대시킬 수 있다. 또한 기상정보, 교통정보, 미세먼지 경보발령, 채용정보 등 생활정보를 실시간으로 제공함으로써 국민들의 생활편익을 제공할 수 있다.

2013년 6월 정부는 '3.0 비전 발표'를 하고 이것을 '국민 맞춤형 서비스'로 정의하였다. 이것의 핵심은 공급자 중심의 행정서비스를 국민중심의 서비스로 바꾸는 데 있으며, 특히 개인별 맞춤형 서비스로 생애주기별 행정 서비스를 제공한다는 것이다.[264)] 이는 웹3.0이 개방과 공유를 넘어 개인화된 맞춤 웹을 지향한다는 의미이다. 이렇듯 웹3.0 시대에는 인터넷

263) Boyd, Danah M. & Ellison, Nicole B. "Social network sites: Definition, history, and scholarship". *Journal of Computer-Mediated Communication* 13(1), 2008. pp. 210-230.
264) 안전행정부 보도자료, 2013.6.19.

환경의 고도화를 통해 유비쿼터스 환경이 구현될 전망이다. 여기서 중요한 점은 '상황인식'이 가능한 시대가 된다는 것이며 이것은 우리의 삶을 혁명적으로 변화시킬 것으로 전망된다.

이 같은 소셜 라이프 세상에는 인맥과 금맥이라는 '양대산맥'이 존재한다. 많은 사람들과 소통을 통해서 좋은 친구를 만들 수도 있고, 마케팅에 활용하여 경제적인 이득을 취할 수도 있다. 따라서 이 시대에 소셜 리더십은 가장 주목받는 화두로 대두되었고, 미래 리더를 지향하는 젊은 직장인들의 열망에 적합한 솔루션이 되었다.

라. 소셜 리더의 조건[265]

21세기 경영에서는 바로 소셜 리더가 사회를 주도할 것이며, 소셜 리더십을 효과적으로 발휘하는 개인과 조직이 성공할 것으로 전망된다. 그렇다면 소셜 리더십으로 나 자신을 혁신의 주인공으로 만드는 방법은 무엇인가?

소셜 리더는 소셜 환경을 이해하고 리더십을 효과적으로 발휘할 수 있어야 한다. 따라서 팔로어보다 앞서 생각하고 행동으로 모범을 보일 수 있어야 한다. 또한 사회의 변화, 트렌드를 감지하고 이에 대해 신속히 보조를 맞춰 나가는 도전과 열정의 정신이 요구된다. 따라서 차세대 리더는 웹3.0 시대에 대한 대비를 철저히 해야 한다. 이에 뒤처지면 리더의 대열에서 낙오할 수밖에 없다.

웹3.0에 기반을 둔 인맥관리와 사회관계망 형성 그리고 인터넷 상황 변화에 따른 지식획득 및 관리는 개인 발전 및 비전 실현에 필수 불가결한 요소이다. 현명한 리더는 사회 트렌드를 빨리 감지하고 그 변화의 중심에

---

265) 강요식, 「소셜 리더십 이제 선택이 아닌 필수」, 『월간 혁신리더』, 2011.6.

무엇이 있는가를 직시해야 한다. 구체적으로 살펴보자면 첫째, 소셜 마인드로 전환해야 한다. 소셜은 이미 대세이다. 소셜의 큰 줄기에 편승해 동행하는 것이 소통의 통로를 넓히는 길이다. 좌고우면하지 말고 소셜에 입성하는 것이 시간을 절약하는 길이다.

둘째, 소셜 라이프를 즐겨야 한다. 디지로그 시대의 온라인과 오프라인의 네트워크를 구축하고, 신뢰를 기반으로 한 네트워크를 기술적으로 마케팅 영역까지 확대할 수 있다.

셋째, 소셜 경쟁력을 갖춰야 한다. 트위터의 팔로어, 페이스북의 친구는 다다익선이다. 또한 자신만의 콘텐츠를 지속적으로 개발해야 한다. 자신의 경쟁력은 곧 조직의 경쟁력이 된다. 경영학 아버지 피터 드러커는 "경영의 궁극적인 목적은 모든 개인의 자기경영이다"라고 말한 바 있다.

기업 및 기관은 소셜 채널을 가동하기 전에 반드시 소셜 가이드라인을 설정해야 한다. 또한 소셜 전담기구와 인력을 배치하고 전사적인 차원에서 소셜을 접근하면 큰 무리 없이 소셜을 운영 관리할 수 있다. 소셜 미디어 시대와 미래사회의 변화와 혁신을 이끌어 갈 주인공은 소셜 환경을 제대로 이해하고, 조직을 혁신적으로 창조해야 한다. 소셜 미디어 시대, 당신이 무엇을 어떻게 준비하고 있는가에 따라 미래도 결정된다.

개인차원

1. 주요가치

개인차원의 주요가치는 자신에 대한 신뢰, 비전과 열정, 자기완성이다.

가. 자신에 대한 신뢰

성공한 리더들의 공통적인 특징 중 하나는 즉시 스스로를 믿는 사람들이라는 점이다. 이제까지의 경험과 성공을 바탕으로 리더들은 다른 누구, 무엇보다도 자신의 운명을 스스로 개척해야 할 것이라고 생각한다. 그들은 노력과 열성 그리고 목표에 집중하는 능력 덕분에 성공해왔다. 그들은 원대한 계획을 세우기도 하지만 세부적인 일들도 꼼꼼히 점검한다.

여러 연구결과 성공한 리더들은 자신감의 수준이 남들보다 높다고 한다. 효과적인 리더는 역경 속에서 내부 통제력이 더 강해진다는 것이다. 통제력이라는 단어는 종종 아주 잘못된 의미로 쓰이지만 내부적인 통제력이 강하다는 말의 참 의미는 자신의 생활과 주변상황을 잘 관리하여 결과적으로 일을 제대로 수행하고 성공한다는 것을 뜻한다. 그렇지만 훌륭한 리더라고 해서 다른 사람들에게 의존하지 않으면 된다는 것은 아니다. 오히려 그와는 반대이다. 자신뿐 아니라도 자신의 주변사람에 대해서 깊은 신뢰를 바탕으로 그 네트워크를 적절히 활용하면 되는 것도 리더의 개인적 능력 중 중요한 부분인 것이다.

나. 비전과 열정

개인이나 기업이나 비전은 중요한 위치를 차지하고 있다. 기업의 리더인 CEO의 비전 제시는 그 기업에 상당히 큰 영향을 미친다. 각 기업들은 1년의 사업계획을 세울 때 빠뜨리지 않고 하는 것이 해당 연도의 비전 제시이다. 그리고 그 비전 제시에 따라 연간 계획을 작성하고 그에 따라 조직을 움직이게 된다. 김영한은 『창조! 리더십』에서 비전 제시를 이야기 하고 있는데 비전은 사업의 집중력을 만들어내고 변화를 위한 에너지를 만들어낸다고 한다. 비전 제시에 뛰어난 지도자들은 사람을 미래에 대한 꿈으로 흥분시킬 줄 알며 비전이 성취될 미래의 모습에 대해 이야기와 비유를 섞어 전달할 줄도 안다고 한다. 비전이 없는 조직은 목표가 결여돼 침몰하기 쉽다고 한다.

기업의 비전은 해당 기업의 리더가 세우지만 개인의 비전은 누가 세워야 할까? 바로 본인이다. 자신이 자신을 가장 잘 알기 때문이다. 누구라도 자신에 대하여 평가할 수는 없다. 다만 학생이라면, 학업 사회인이라면 그가 소속된 조직의 상사가 근무성적으로 평가하는 것은 단지 객관적인 것이다. 객관이라는 것은 주관과 모두 같을 수는 없다. 자신의 모든 것을 상대방이 평가할 수는 없는 것이다. 그렇기에 자신의 꿈과 비전을 세워줄 수 있는 사람은 자신 외에는 없는 것이다. 다만 자신의 멘토가 있다면 그에게 멘토링이나 코칭을 받을 수는 있을 것이다. 비전 제시의 참고나 도움은 받을 수 있다는 것이다.

비전을 수립하려면 자신을 끝없이 변화시켜야 한다. 어떤 장애물도 모두 극복하고 나아갈 수 있는 역량을 키워야 한다. 끝없이 노력하고 변화하고 실력을 닦아야 한다는 것이다. 그 선상에서 자신의 비전이 설정될 수 있고 그 비전을 성취하기 위하여 나아갈 수 있다고 본다. 자신이 지금까지 해왔던 것을 스크린 해보고, 피드백을 해보고, 부족하거나 잘못된 것은 과감히 버리고 새로운 옷을 입혀야 한다. 부족한 것이 무엇인지 분석을 하고 파악을 하여 모자란 부분을 채워 넣어야 한다.

목표는 단기적, 장기적으로 세우고 그 목표를 이루기 위하여 잘게 쪼개서 하나하나 구체적인 목표를 이루어나갈 수 있지만 비전은 장기적인 시간을 두고 꾸준히 추구해나가야 한다. 자신의 구체적인 비전이 무엇인가를 바라볼 수 있는 능력을 먼저 갖추어야 할 것이다. 유성은은 비전을 창의성, 탁월성, 장기성, 신뢰성으로 설명하고 있다. '셀프비전 설정의 도움이 되는 조건과 방해가 되는 조건'을 보면 표2-14와 같다.[266]

〈표2-14〉 셀프비전 설정의 조건

도움이 되는 조건	방해가 되는 조건
① 새로운 미래를 개척하고자 하는 욕망과 의지 ② 탁월성 성취를 위한 도전의식 ③ 사물과 세상에 대한 폭넓은 안목 ④ 기회를 볼 줄 아는 통찰력 ⑤ 불굴의 용기 ⑥ 굳센 믿음 ⑦ 미래에 대한 밝은 희망 ⑧ 세상 사람들이 원하는 욕구에 부응하고자 하는 열망 ⑨ 자신이 현재 가지고 있는 건강, 젊음, 재물, 지식, 기술 ⑩ 배우자나 부모, 후원자들의 성원	① 자기연민, 무기력, 부정적인 사고, 열등감, 나이가 많다는 생각 ② 책임감 부족 ③ 고정관념, 극단적 보수주의, 현실에 안주, 자기위주의 발상 ④ 과거에 집착하는 것, 악습 ⑤ 실패에 대한 두려움 ⑥ 망설임, 우유부단함 ⑦ 잘못된 사회구조, 법규, 부적절한 환경 ⑧ 건강치 못함 ⑨ 너무 바빠서 미래를 생각할 여유가 없음 ⑩ 후원자가 없다고 생각함

자신의 비전 설정의 도움이 될 수 있는 것은 자신 주변의 멘토 역할을 할 수 있는 이의 조언 등 멘토링, 코칭도 유효하고 비전에 관한 책자나

---

266) 유성은. 『시간관리와 자아실현』. 서울: 중앙경제평론, 2007.

자료 혹은 비전에 대한 강의로 이루어진 커리큘럼에 참여하여 보는 것도 좋다. 코칭은 나 아닌 다른 이에게 받을 수도 있지만, 비전에 대하여 상당히 인정을 받은 전문가가 저술한 책도 도움이 될 수 있다. 꿈은 내가 바라는 막연한 것, 추상적인 것이라 했을 때 비전은 그 추상적인 것을 나 아닌 내가 속한, 사회와 다른 사람들에게 나 자신이 유용하여야 한다. 그러므로 그것은 상대적인 개념도 포함이 되어야 한다. 내가 가진 목표를 이루었는데 그것이 사회적으로나 타인에게 아무런 도움도 주지 못하고 인정도 받지 못한다면 그것은 비전이라고 할 수 없을 것이다. 비전은 자신만의 꿈이 아닌 이 사회에서 속한 이들과 공유할 수 있는 것을 포함하여야 한다.

인생을 살아가는 데 있어 가장 소중한 것은 열정이다. 성공하고 싶다는 강한 열정을 가질 때 지혜와 마음자세, 접근방법 등이 눈앞에 펼쳐진다. 열정이 목표와 결의를 바꾼다. 성공과 실패는 열정을 가졌느냐 그렇지 않느냐에 달려있다.

열정은 사람을 꿈꾸게 한다. 계획을 세우게 만들고 그 계획을 이루어 내게 도와준다. 열정 없이는 아무리 위대한 비전, 거대한 꿈도 이루어낼 수 없다. 영혼의 불꽃처럼 안에서 타오르는 에너지, 그 무한대의 힘이 열정이다. 열정의 가장 무서운 적(敵)은 태만과 자포자기이다. 그 누구도 크게 되고자 하는 열정 없이는 성공해서 위대해질 수 없다.

비전과 열정은 성장의 엔진이며, 삶의 에너지이다. 열정은 기적을 만들며 삶을 업그레이드 하는 원동력이다. 열정은 비전에 대한 절실함이 있을 때 에너지를 발산한다. 가슴에 진정으로 원하는 절실함이 있을 때 나를 둘러 싼 단단한 껍질을 부수고 나올 수 있다. 비전을 가졌는데 열정이 생기지 않는다면 그 비전은 나의 비전이 아닐 가능성이 크다. 비전 뒤에는 반드시 열정이 함께한다. 열정이 있어야 비전을 이룰 수 있기 때문이다.

다. 자기완성

1) 자기완성의 개념과 방법

한 개인의 성장단계는 다음과 같이 세 단계로 구분할 수 있다. 첫째, 자기발견. 둘째, 자기도전. 셋째, 자기완성이다. 자기발견은 앞서 살펴본 자기자신에 대한 신뢰성 차원이며, 자기도전은 비전과 열정에 관계된다. 자기완성은 이것들의 실현이라 할 수 있다.

사전적으로 자기완성이란 자기의 인격을 완전한 것으로 만드는 일을 말한다.[267] 철학의 목적은 자기자신을 바로 아는 것이다. 사는 것이 중요한 것이 아니라 바로 사는 것이 중요하다. 바로 산다는 것은 나와 세상과의 조화된 삶이다.

자기완성은 수많은 성현들의 철학적 주제였고 수많은 방법론들이 제시되었다. 대표적인 예로 공자孔子는 개인 인격의 완성과 이상적인 사회의 실현을 강조하면서 인 · 의 · 예 · 지 4덕을 강조하였다. 사람이 마땅히 갖추어야 할 네 가지의 성품, 어질고仁, 의롭고義, 예의 바르고禮, 지혜로움智을 이른다. 공자가 생각한 이상적인 인격은 내면적인 덕성과 그 덕성을 이상적으로 표현하는 교양을 함께 갖추는 것이었다. 이에 해당하는 논어의 표현은 '문질빈빈'文質彬彬[268]이다. 풀어서 말하면 '소박한 꾸밈과 교양, 그리고 인간적인 바탕이 아름답게 조화를 이룸'이라 할 수 있다.

따라서 내면적 덕성과 외적인 교양을 조화롭게 갖추어야 한다. 내외의 조화를 이룩하고 사회적인 관계 속에서 올바른 개인으로 설 수 있어야 이상적인 인격이라 할 수 있으며, 그것이 공자가 제시한 이상적인 인격인

---

267) 브리태니커 백과사전.
268) 『논어』「옹야」편에서 공자는 이렇게 말한다. "질(본바탕)이 문(꾸밈새)을 압도해버리면 촌스러워지고(거칠어지고), 문(꾸밈새)이 질(본바탕)을 압도해버리면 추해 보인다. 꾸밈새와 본바탕이 유기적으로 결합한 다음에야(문질빈빈), 참으로 모범적인 인물이라고 할 것이다."

군자이다. 공자가 말하는 정의로운 사회는 통치자의 덕과 개인과 국민의
도덕성이 호응하여 조화를 이룬 사회다.

조직생활에서 사람은 스스로 완전하고 모든 일에 굳건하면서 창의력
을 발휘해나가야 한다. 스스로 변화를 실천할 줄도 알면서 조직을 바꿀
수도 있는 능력을 갖추어야 한다. 위기를 기회로 바꿀 수 있어야 한다.
이러한 인간이 자기완성된 인간상이며 조화로운 인간상이라 할 수 있다.

2) 스티븐 코비의 자기완성 모델

『성공하는 사람들의 7가지 습관』[269]은 개인의 개체적 의존성에서 독
립성 그리고 상호의존성으로 발전해 가는 과정을 개인의 차원과 대인관계
차원으로 나누어 각각 세 가지씩의 표준적인 습관을 도출해 내고 이를
재충전하는 마지막 심신단련의 습관을 거쳐 자신을 성공한 사람으로 완성
해나가는 모델이다.

『성공하는 사람들의 7가지 습관』은 얄팍한 처세술로는 성공할 수 없으
며, 철학과 원칙이 있어야 성공 할 수 있음을 강조하고 이의 실천방법을
제시하고 있다. 성공하는 사람들의 7가지 습관은 다음과 같다.

- 습관 1: 내 안에서부터 시작하는 자기 주도적 인생관을 가진다.
- 습관 2: 자기 주도적 삶의 자세를 통해 목표와 결과를 예측하며 일
  을 추진하는 습관을 가진다.
- 습관 3: 목표에 가깝고 중요하며, 실천 가능한 순서로 우선순위를

---

269) 스티븐 코비의『성공하는 사람들의 7가지 습관』32개 언어로 번역되어 70개국에서 2500
만 부, 한국에서만 110만 부 이상 판매되었다. 10년 동안 전미 베스트셀러 최상위를
기록하였고, 포춘지 선정 500대 초일류 기업 대부분이 그의 책으로 전 사원을 교육시키
고 있다. 우리나라에서 1994년 초판 발행이후 2003년 9월 22일 현재 444쇄를 발행했고
판매부수가 110만 부에 이른다. 전 세계 판매부수 중에서 10%가 한국에서 소화되었다
고 할 정도로 우리나라에서 큰 호응을 받고 있다.

정하고 그 순서대로 일하고 살아간다.

- 습관 4: 상생 모델을 만들어 상호관계를 구축한다.
- 습관 5: 모든 소통에서 먼저 듣고(이해하고) 말한다(이해시킨다).
- 습관 6: 이를 통해 나와 상대의 관계를 +α가 있는 시너지 관계로 변환시킨다.
- 습관 7: 이 모든 것을 끊임없이 쇄신하며 나아간다.

이들 일곱 가지 습관들은 상호관련이 있으며, 이들의 연관성은 다음 그림과 같다.270) (그림2-6)

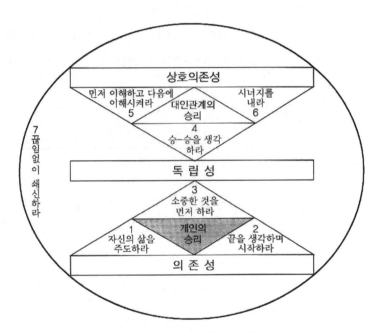

〈그림2-6〉 성공하는 사람들의 7가지 습관

---

270) 스티븐 코비, 앞의 책, pp. 71-72.

그림에서 보듯이 우선 자기완성을 위해서는 제시한 일곱 가지 습관 중에서 습관 1, 2, 3을 길들여야 한다. 즉 습관 1, 2, 3은 의존적 단계에서 독립적 단계로 발전시켜 준다. 이 같은 습관들은 성품 성숙의 본질이 되는 '개인적 승리'라는 것이다. 개인적 승리인 자신에 대한 리더십은 '대인관계의 승리'를 이끈다. 우리가 씨를 뿌리기 전에는 추수할 수 없는 것과 마찬가지로 이 과정을 거꾸로 할 수 없다고 코비는 주장한다. 이것은 "내면에서 시작하여 외부로 향하는 것"으로 바탕이 된다고 할 수 있다. 다음으로 사람들이 각기 진실로 독립적이 된다면, 효과적인 상호의존성의 기초를 마련한 것이 된다. 그러고나면 팀워크, 협동, 커뮤니케이션 등과 같은 습관 4, 5, 6이 다루는 '대인관계의 승리'를 효과적으로 달성할 수 있는 '인성' 人性의 기초를 이루게 된다.

그러나 습관 4, 5, 6을 형성하기 이전에 반드시 습관 1, 2, 3이 완벽해야 한다는 것을 의미하지 않는다. 물론 순서를 따르는 것은 자신의 인격적 성장을 좀 더 효과적으로 관리하는데 도움을 준다. 또한 1, 2, 3을 완벽하게 갖출 때까지 대인관계를 갖지 말라는 이야기도 아니다. 현대사회에서 우리 인간은 상호의존의 세계에서 살기 때문에 인간사회와 무수히 많은 관계를 맺으며 살아야 한다. 그러나 세상의 각종 긴박한 문제들 때문에 고쳐야 될 성품 혹은 습관들이 쉽게 나타나지 않을 수도 있다. 따라서 성품이 대인관계에 미치는 강력한 영향력을 이해하는 것이야 말로 자연의 성장법칙을 따르면서 좋은 성품을 위한 습관을 단계적으로 습득하는 데 도움을 줄 것이다.

마지막 습관 7은 재충전의 습관이다. 다시 말하면 이것은 우리 인생의 네 가지 기본적인 차원에 대한 규칙적이고 균형 잡힌 쇄신을 하는 것이다. 습관 7은 모든 습관들을 포함하고 있다. 이것은 지속적인 자기 개선을 위한 습관으로 나선형의 상향적 성장을 가능케 하는 데 한 단계 더 높은 차원으로 이행할 수 있는 원동력이 된다.

코비는 이 책 발간 후 15년 지나서 여덟 번째의 습관으로 '내면화'를 추가하였다. 변화하는 사회에서 훌륭한 습관의 획득과 반복은 한 순간에 이루어질 수 없으며, 생활환경과 사회적 · 경제적 환경에 따라 항상 변화 가능하며 인간 스스로의 성취와도 깊은 관계가 있다. 코비는 이렇듯 급변하는 시대적 상황에 적응 할 수 있는 습관의 '내면화'가 중요하다고 생각한 것이다. 즉 습관(7가지)을 이행함에 있어 새로운 실체로 8번째 습관 "내면의 소리를 찾고 다른 사람들도 찾도록 고무하라"는 것이다.

코비가 "내면의 소리(비전, 규율, 열정, 양심)를 찾아내고 행하라"고 주장하는 것은 바로 급변하는 사회에서 그리고 다가올 "지혜의 시대"에서 습관을 길들이는 토대라고 할 수 있을 것이다. 그래서 코비는 8번째 습관의 제시에 앞서 7가지 습관의 패러다임을 표2-15와 같이 제시하고 있다.

〈표2-15〉 7가지 습관에 담긴 원칙과 패러다임

습 관	원 칙	패러다임
주도적이 되어라	책임감, 주도성	자기결정
목표를 갖고 행동하라	비전, 가치	집중하기 두 번의 창조
소중한 것부터 먼저 하라	성실성, 실천	우선순위, 행동
상호이익을 추구하라	win-win, 상호존중	풍요
먼저 경청한 다음 이해시켜라	상호이해	배려, 용기
시너지를 활용하라	창조적 협력	차이점을 소중히 여기기
심신을 단련하라	쇄신	전인적 인간

이에 대한 비판으로는 코비의 책은 과학적인 방법을 따르는 엄밀한 책이라기보다는 도덕과 가치에 기초한 일종의 잠언과 같은 형태에 가깝

다는 것이다. 과학적인 방법이라면 저 일곱 가지의 명제를 도출하기 위한 사전 조사와 논리, 통계에 근거한 증명이 요구되며, 굳이 저 여덟 가지가 아니더라도 가능한 여러 가지의 대응 명제가 존재한다. 그렇기 때문에 우리는 『성공하는 사람들의 7가지 습관』을 경전이나 반드시 지켜야 할 그 무언가로 볼 필요는 없으며, 이런 일곱 가지 습관을 지키는 것도 성공이라는 가치에 도달하는 한 방법일 수 있다고 이해하는 것이 필요하다.

2. 주요 리더십: 셀프 리더십[271)]

리더십은 크게 대외 리더십과 셀프 리더십으로 양분되는데, 대외 리더십은 전통적인 리더십을 말하는 것이고, 셀프 리더십은 개인 스스로 자신의 생각과 행동을 변화시켜서 자신에게 영향력을 발휘하도록 하는 리더십을 말한다. 이것은 1980년대 조직환경의 급격한 변화와 개인의 가치관 변화로 인하여 전통적 리더십에 의해 조직목표를 달성할 수 없다는 인식이 고조되면서 1986년 만즈Manz가 최초로 제안했고, 이후 1987년 만즈와 심스 Manz & Sims가 처음으로 실증적 연구를 하기 시작하였다. 개인과 조직의 효과성 등에서 인정받고 있는 분야이다.

가. 셀프 리더십의 개념과 정의

셀프 리더십은 자신이 정말로 하고 싶어 하는 일을 하는 데에 있어서 자발적으로 기꺼이 투입할 수 있도록 하는 것이다. 즉, 스스로 자신을 이끌어 자신의 참된 리더가 되는 것을 현실적으로 실현시키는 것을 말한다.

---

271) 강정애 외. 『리더십론』. 서울: 시그마프레스, 2010. pp. 239-252. 참조.

다른 사람들을 보다 효과적으로 리드해나가기 위해서는 자신을 먼저 리드할 줄 알아야 한다. 자신의 유일한 리더는 자기 자신밖에 없으며, 자기 자신이 자신의 중요한 리더인 것이다. 또한 중요한 것은 우리 주변에 있는 여타의 리더와 같이 우리 자신 또한 훌륭한 리더가 될 수도 있고, 그저 그런 리더가 될 수도 있다. 결국 자신에게 적용시키기 위한 아이디어 선택은 자신에게 달려있는 것이다.

이처럼 셀프 리더십은 '스스로에게 영향을 미치는 과정'이다. 즉 우리가 우리자신에게 영향을 미치는 지속적인 과정이 바로 셀프 리더십이다. 셀프 리더십의 개념은 자기통제self-control 개념에 근간을 두고 있으며, 커와 저미어Kerr & Jemier의 리더십 대체개념 이후에 자기관리를 바탕으로 하여 자기 자신이 스스로를 이끌어나가는 리더십의 개념이다. 사람들은 자신을 리드할 수 있는 능력을 가지고 있다. 셀프 리더십은 참여와 권한위임empowerment을 넘어서는 개념이고, 자기관리self management를 포함하는 개념이기도 하다. 셀프 리더십은 셀프 매니지먼트self management를 포함하는 개념이며, 자신을 변화시키고 기준을 평가할 수 있게 한다. 또한 조직이 무엇을 해야 하고 왜 해야 하며 또 그것을 어떻게 해야 할 것인지를 알 수 있게 해준다(Pearce & Manz, 2001). 셀프 리더십은 "스스로 자기 자신에게 영향을 미치기 위해, 즉 자기 영향력을 행사하기 위해 사용되는 행위 및 인지전략을 통틀어 일컫는다"(Manz & Slims, 1989). 즉, 사람들로 하여금 높은 성과를 올리도록 이끌어주는 자율적인 힘을 셀프 리더십이라고 한다.

나. 셀프 리더십 이론

1) 셀프 리더십

셀프 리더십은 3가지 가정으로부터 출발한다. 첫째, 셀프 리더십은 누구나 발휘가 가능하나 누구나 효과적인 셀프 리더는 아니다. 둘째, 셀프 리더십은 특정 소수에게 한정된 것이 아니며 학습될 수 있다. 셋째, 리더와 구성원에게 똑같이 적용된다.

셀프 리더십의 이론적 근거는 심리학의 두 영역인 사회적 인지이론social cognitive theory과 내적동기이론intrinsic motivation theory을 근거로 연구되기 시작했다. 두 영역의 관점은 개인행동에 대한 통찰력을 준다는 측면에서 셀프 리더를 설명하는 주요 근거가 된다.272)

사회적 인지이론은 개인의 행동 특성과 변화가 주변환경에 영향을 주고 영향을 받는다고 본다. 개인은 자신을 관리하고 통제할 수 있는 능력과 중요한 직무에 직면할 때 발휘하는 능력에 중요성을 부여하며, 개인이 대리적이고 상징적인 메커니즘 즉, 타인을 관찰하고 상상력을 사용하여 학습할 수 있는 능력을 통해 직무나 사건을 경험하고 배울 수 있다고 본다. 밴듀라Bandura는 개인, 행동, 환경의 상호결정주의reciprocal determinism를 제시하였다. 이는 이 세 요소들이 상호간에 서로 영향을 준다는 것이다.

내적동기이론은 개인이 좋아하는 활동을 하거나 직무를 수행하면, 즐거움이라는 내재적 보상을 받는다는 이론이다. 내재적 동기란 어떠한 내재적 목적이나 보상이 주어지지 않는 경우에도 특정한 활동을 하려는 동기이다. 개인으로 하여금 즐거워하는 행동을 하게 만드는 동기는 외재적 보상이나 자기보상으로부터 비롯되는 것이 아니라 자연발생적인 것이다. 즉 직무나 활동 속에 동기부여 요소가 들어있다. 내재적 보상을 작동시키는 행동은 유능감, 자기통제감, 목적감 같은 것들이다.

전통적인 리더십과 셀프 리더십의 차이는 외부 통제와 내부의 자율이다. 전통적인 관리기능은 외부의 통제에 의해서, 셀프 리더십은 내부의

---

272) Manz, C. C. & Neck, C. P. *Mastering self-leadership: Empowering yourself for personal excellence*, Upper Saddle River, N.J.: Prentice Hall, 1999.

자율에 의해서 어떠한 목표·강화·보상·계획 등이 발생한다. 셀프 리더십은 인간의 근본적인 자기통제 시스템을 자극하여 스스로 동기유발하게 하는 자유의지의 실현을 경영에 도입한 결과이다. 전통적 관리 기능에서 셀프 리더십으로의 변화는 인간에 대한 기본인식의 근본적인 변화이다. (표2-16)

<표2-16> 전통적 관리기능과 셀프 리더십의 차이

구분	전통적 관리기능	셀프 리더십
관찰	외부관찰	자기관찰
목표	주어진 목표	자기 목표 설정
강화	직무수행에 대한 외적강화	셀프 리더십 행동에 대한 자기강화와 외적강화
보상	외적보상에 의한 열의	자연적 보상에 근거한 열의
비판	외부 비판	자기비판
문제해결	외부에 의한 문제해결	자신이 문제해결
직무할당	외부에 의한 직무할당	자신이 직무할당
과업계획	외부에 의한 과업계획	자신이 직무계획
관점	부정적 관점	긍정적 관점
비전	조직의 비전에 의존	구성원이 함께 창조한 비전에 헌신

자료: Manz, C. C. & Sims, H. P. *Super-leadership: Leading other to lead themselves*, New York: Berkly Books, 1990. p. 60. 수정인용.

2) 슈퍼 리더십(super leadership)

슈퍼 리더십이란 셀프 리더십에 대한 새로운 개념의 리더십이다. 슈퍼 리더십은 구성원 스스로 자신을 리드해갈 수 있도록 도움을 주는 리더십의 개념으로 셀프 리더십의 관점에서 접근한다. 1989년 만즈와 심스 Manz & Sims에 의해 처음 알려진 슈퍼 리더십은 전통적 리더십 이론과 비교해서 21세기 현재 조직들이 처한 상황에서 구성원의 능력과 노력을 이끌어낼 수 있는 리더십이라 할 수 있다. 여기서 슈퍼의 의미는 리더 자신뿐만이 아니라 구성원의 잠재능력과 최선의 노력을 이끌어내는 것을 말하고, 슈퍼 리더란 구성원의 능력을 이끌어내도록 도움을 주는 사람을 말한다.[273]

(1) 슈퍼 리더와 전통적 리더와의 행동 차이

전통적 리더와 슈퍼 리더의 차이는 표2-17과 같다.

〈표2-17〉 전통적 리더와 슈퍼 리더의 행동 차이

전통적 리더	슈퍼 리더
목표 강조	자기강화에 대한 격려
팀 감독, 정보제공, 해결방안 제시	자기관찰 및 평가, 자지목표 설정, 예행연습에 대한 격려
영향력 행사, 대화 거부	자기비판에 대한 격려

자료: Manz, C. C., & Sims, H. P., *Super-leadership: Leading other to lead themselves*, New York: BerrettKoehler Publishers, 1989, p. 89. 수정인용.

(2) 슈퍼 리더십의 하위요인

슈퍼 리더십의 핵심은 철학, 개념이 아니라 행동과 실천에 있으며 구성원의 셀프 리더십을 개발하는 데 있다.[274] 슈퍼 리더십의 하위요인은 구성원의 내면에 셀프 리더십 시스템을 발현시키는 데 필수적이다. 이를 통해 구성원의 열의와 동기, 성과향상과 혁신성 증가 등의 효과가 발생한다. 이러한 하위요인에는 모델링, 목표설정, 격려와 지도, 보상과 질책 등이 있다.

- 모델링: 자신이 스스로를 리드하는 모범을 보인다. 리더의 역할 모

---

273) Manz, C. C. & Sims, H. P. "Superleadership: Beyond the myth of herotic leadership." *Organizational Dynamics* 19(4), 1991.

274) ibid.

델은 효과적으로 구성원들에게 전달된다.

- 목표설정: 구성원 스스로 자신의 목표를 설정하도록 격려한다. 조직의 할당된 목표로부터 구성원 개인의 자기목표 설정으로의 이행이 필수적이다.

- 격려와 지도: 구성원의 독창성과 자율적인 지지를 격려하고 협력을 증진시킨다.

- 보상과 질책: 구성원이 독창성을 발휘하거나 셀프 리더십 전략을 효율적으로 이행할 때 적절한 보상을 해주어야 한다.

그 밖에도 슈퍼 리더는 전체적인 셀프 리더십 시스템 구축을 위하여 다음과 같은 요소들도 신중히 고려해야 한다. 적절한 물적 지원, 기술적 체계, 셀프 리더십 기술, 재량권 등이다. 구성원이 유능한 셀프 리더가 될 수 있도록 도와주는 리더가 바로 많은 구성원들의 힘을 결집시켜 시너지를 창출하는 슈퍼 리더가 될 수 있는 것이다.

(3) 셀프 리더십 육성 단계

슈퍼 리더가 구성원에게 셀프 리더십을 육성하는 단계는 7단계로 이루어진다.

- 제1단계 - 셀프 리더 되기: 리더 자신이 셀프 리더십을 실천한다. 직무자체에서 내재적 보상을 받을 수 있도록 직무를 재구성하고, 자아개념을 긍정적이고 건설적인 방향으로 변화시켜야 한다.

- 제2단계 - 셀프 리더십 모델링: 셀프 리더의 모습을 구성원들에게 보여줄 수 있도록 모델링 기법을 계획적이고 생산적으로 활용해야 한다.

- 제3단계 - 자기목표설정 독려: 구성원들에게 자기목표를 설정하는 방법을 교육한다. 또한 구성원이 설정한 자기목표를 달성할 수 있도록 후원하고 독려한다.

- 제4단계-긍정적 사고유형 창조: 구성원들에게 자신의 능력과 잠재력을 발휘할 수 있다는 믿음을 주어 긍정적 사고유형으로 변화시킨다.
- 제5단계-보상과 건설적 비판: 셀프 리더십 개발의 가장 강력한 전략이 보상과 질책이다. 보상이 효과를 거두기 위해서는 적절하고 신속해야 하며 양과 크기도 적절해야 한다.
- 제6단계-자율통제 팀워크 활성화: 자율 개념을 확산시키고, 자율팀을 운영해갈 수 있도록 권한위임을 한다.
- 제7단계-셀프 리더십 조직문화 촉진: 조직 전체에 셀프 리더십 가치를 인식 및 확산시키고 총체적이고 긍정적인 조직문화를 형성 유지한다.

다. 셀프 리더십 실천 전략

1) 셀프 리더십 전략

셀프 리더십의 전략으로 사회적 인지이론에 근거를 두고 효과적인 행동에 초점을 맞춘 행동중심전략behavior focused strategy과 내적인 동기이론에 근거를 두고 효과적인 사고와 태도에 초점을 맞춘 인지중심전략cognitive focused strategy이 있다.275)

(1) 행동중심전략

셀프 리더가 되려면 자기관리전략을 통해 스스로 자기 행동을 통제하고 조정해야 한다. 이 과정에서 개인은 주변의 환경을 자신에게 유리한 조건으로 변화시키고, 자신을 직접 통제할 수 있는 방법을 실천한다. 이를 통해 자신의 행동과 원인을 관찰함으로써 자신을 효과적으로 관리하는 데

---

275) Manz, C. C. & Sims, H. P. "Super-leadership: Beyond the myth of heroic leadership." *Organizational Dynamics* 19(4), 1991.

필요한 정보를 얻을 수 있게 된다.

구체적인 행동중심전략은 자기목표설정self-goal setting, 단서관리management of cue, 예행연습reheasal, 자기관찰self-obserbation, 자기보상self-reward, 자기비판self-punishment의 여섯 가지다. 구체적인 내용은 표2-18과 같다.

〈표2-18〉 셀프 리더십의 행동중심전략

행 동	내 용
자기목표 설정	자기 스스로 목표를 설정하고, 우선순위를 정한 후 스스로에게 실행을 지시하는 행동(목표는 도전적·달성 가능한 목표, 구체적 설정)
단서관리	바람직하다고 생각하는 개인적 행동을 촉발할 수 있도록 근무환경에서 확보하는 단서들을 적극 활용하는 행동
예행연습	실제 직무수행 전에 신체적, 정신적 예행연습(역할연기 등)을 함으로써 성공률과 효과성을 높이는 행동
자기관찰	자신이 변화하기로 계획한 특정한 행동을 구체적으로 관찰하고 그 행동에 대해 정보를 수집하는 행동
자기보상	바람직하고 효과적인 직무수행 후 스스로에게 내적보상을 함으로써 차후행동을 선택하는 데 중요한 영향을 미치는 행동
자기비판	바람직하지 못한 행동에 대해 자신에게 비판과 교정을 함으로써 실수의 반복과 습관적 실패에 빠지지 않도록 하는 행동

자료: Manz, C. C., & Sims, H. P., *Super-leadership: Leading other to lead themselves*, New York: BerrettKoehler Publishers, 1989, pp. 13-26 수정인용.

(2) 인지중심전략

셀프 리더십은 주로 행동중심전략에 초점을 맞추어 연구되어왔으나 정보의 인식과 처리하는 방식이 셀프 리더십에 상당히 영향을 준다는 사실이 밝혀짐에 따라 인지중심전략까지 연구대상에 포함되었다. 셀프 리더십의 인지중심전략은 자연적 보상에 관한 것과 건설적 사고유형을 발전시키는 것이다. (표2-19)

〈표2-19〉 셀프 리더십의 인지중심전략

인 지	내 용
자연적 보상	● 행동의 동기는 외재적인 보상이나 자기보상으로부터 비롯되는 것이 아니라 자연발생적인 것 ● 직무를 하게 만드는 잠재적 동기는 직무 자체에 내재된 자연적 보상(유능하다는 느낌, 자신이 일인자라는 느낌 등) ● 자신의 직무가 가치를 창출한다는 느낌을 진지하게 추구할 때 자연적 보상은 더욱 증가
건설적 사고 유형	● 개인의 사고는 셀프 리더십의 핵심 ● 건설적 사고 패턴과 습관방식 확립 ● 어려운 상황을 장애물로 여기기보다는 기회요인으로 보는 긍정적 사고 유형을 의미(자기 자신에 대한 믿음, 자기와의 대화, 리더에 의한 체험)

자료: Manz, C. C. & Sims, H. P. *Super-leadership: Leading other to lead themselves.* New York: BerrettKoehler Publishers, 1989. p. 13-26. 수정인용.

(3) 자연적 보상(natural rewards)

자연적 보상은 일 자체에서 얻는 보람 등과 같은 가치를 추구하는 것으로서 자신의 과업 중에서 자연적 보상을 가져다주는 것을 발견하고 나아가 그 일로부터 내적인 보상을 받는 방법으로, 자신이 즐기는 작업 상황을 선택하거나 만드는 것이다. 과업 상황에서 물리적 환경은 과업수행 과정을 변화시킴으로써 가능한데, 과업수행의 개선은 내적 동기 유발을 강화하는 활동을 구축함으로써 얻어진다.

특히 유능하다는 느낌sense of competence, 자기를 통제한다는 느낌sense of self-control, 목적의식sense of purpose을 계발하는 과업은 내적으로 동기 유발되고 일 자체를 즐기도록 만든다. 또한 업무의 부정적인 측면뿐만이 아니라 긍정적인 측면에 대해서도 초점을 맞추는 것을 통해 부정적인 반응을 줄일 수 있다.

(4) 건설적 사고 유형(constructive thought patterns)

개인적 사고는 셀프 리더십의 핵심이다. 건설적 사고 유형은 어려운 상황을 장애물이 아닌 기회요인으로 보는 긍정적 사고를 의미한다. 즉 장애요인에 집착하기보다는 기회요인을 찾음으로써 건설적으로 사고하도록 관리하는 것이다. 신념과 가정_{belief and assumption}, 정신적 이미지_{mental imagery}, 자신과의 긍정적 대화_{positive self-talk}를 통해 건설적이고 효과적인 습관이나 유형을 확립한다.[276] 성과에 결정적인 영향을 주는 것은 문제에 대응하는 자신의 정신자세에 있다.

2) 구성원의 셀프 리더십 개발을 위한 전략

구성원의 셀프 리더십 개발을 위한 전략은 구조적전략_{structual strategy}, 과정 전략_{process strategy}, 대인관계 전략_{interpersonal strategy} 세 가지 범주로 나누어 볼 수 있다.

(1) 구조적 전략

조직의 구조를 셀프 리더십 개발에 용이하도록 변화시키는 방법을 말한다. 셀프 리더십 향상을 위해서는 전통적 문화의 정도를 줄이고, 권한위임을 촉진하며, 슈퍼 리더 유형 중심의 조직편성을 위해 조직의 구조를 다시 짜는 방법들이 필요하다. 이러한 구조적 전략의 사례로는 자율관리팀 만들기, 제품 및 품질관리팀 만들기, 조직구조의 계층을 제거하기, 감독보다는 촉진자 또는 조정자를 선임하기, 임원의 기능을 축소 또는 제거하기 등이 있다.

(2) 과정 전략

셀프 리더십은 조직의 과정을 변화시킴으로써 실행될 수 있다. 첫째, 슈퍼 리더는 각 구성원이 전문화된 부분보다는 전체적인 직무에 관여할

---

276) Manz, C. C. & Neck, C. P. *Mastering Super-leadership: Empowering yourself for personal excellence* 3rd ed. Upper Saddle River. NJ: Prentice Hall, 2004.

수 있도록 직무를 재구성해주어야 한다. 둘째, 슈퍼 리더십 실행에 필요한 과정 전략적 조치들을 취한다. 이러한 과정적 조치들은 ①권한위임(가능하면 최하위 단위에 결정권 부여) ②관리자에 의해 주도되는 것이 아닌, 집단의 구성원이 주도하는 회의를 매주 개최 ③명령계통을 통하지 않고 조직의 핵심을 맡고 있는 해당자에게 직접 보고 및 전달 ④개인적 기술이나 능력 계발을 위한 종합적 훈련, 특히 셀프 리더십 교육기회 제공 ⑤부분적인 직무가 아닌 전체적인 직무 책임을 구성원이 맡는 리엔지니어링 등이다.

(3) 대인관계 전략

셀프 리더십 실행에 가장 중요한 수단인 대인관계 전략은 구성원과 매일의 상호작용 속에서 말하고 행동하는 방법을 바꾸는 것이다.

제3부

국가영도 리더십(Statecraft)

개요

일반적으로 리더십이란 영향력을 말하며 조직차원, 인적자원차원, 그리고 관리차원으로 그 영역이 구분된다. 조직차원은 기본적인 조직 성원과 지도자 간의 상호 교호작용을 통한 영향력 행사를 말하며, 공적·개인적·일반적인 조직이 그 예이다. 인적자원차원에서는 순수 인간관계차원에서 이루어지는 일반적인 리더십과 법과 제도로 보장되는 군 리더십이 대표적인 예이다. 관리차원은 조직경영 및 관리차원의 조직목표 달성을 위한 권력과 영향력 관계로서, 기업경영 차원에서 CEO의 예를 들 수 있다.[277]

정치적 리더십은 일반적인 리더십과 또 구분된다. 정치란 정치사회를 구성하는 성원에게 공통되는 여러 가지 문제들을 해결하기 위한 과정으로서, 적절한 정책을 입안하여 결정하는 일이 정치의 중심적 기능이다. 따라서 정치지도자의 과제는 정치사회가 놓여 있는 현재의 상황을 분석하고 추구해야 할 목표 가치를 식별하여 문제를 해결할 수 있는 대안을 일반대중에게 뚜렷이 제시할 수 있어야 한다. 이에 따라 정치적 리더에게 요구되는 리더십 역량이 식별될 수 있다.

최근 대통령에게 요구되는 리더십statecraft[278]은 무엇인가 하는 데 국민적 관심이 고조되고 있다. 대통령에게 요구되는 것은 일반적인 리더십 역량과는 다르다는 것이 공통적인 인식이다. 일반조직 또는 CEO에게 요구되는 역량과는 다르다.

---

277) 함성득. 「CEO 리더십과 정치적 리더십의 차이」, 『철학과 현실』 통권 제78호, 2008.
278) 'statecraft'를 일부 번역가들은 '통치술'이라고 번역하고 있으나 적절치 않다. 왜냐하면 '통치술'이란 과거 '입헌군주제' 시절이나 독재자들이 사용했던 강압적 철권통치를 의미하는 부정적 의미가 내재되어 있고 현대 자유민주주의 정체하에서 이루어지는 최상위 리더십 및 리더십 스킬 개념과 거리가 있기 때문이다. 따라서 본고에서는 '국가영도 리더십' 또는 'statecraft'라고 원어를 그대로 사용하기로 한다.

이렇듯 대통령에게 요구되는 statecraft는 CEO등 일반적인 리더십과 정치적 리더십과는 차원이 다르다. 물론 대통령이 정치적 충원과정을 통하여 선출되기는 하지만 일반 정치적 리더와는 구분되는 특별한 영역의 역량이 별도로 요구되며 이를 구분해야 할 필요가 있다.[279]

우선 국가란 일반적인 조직개념으로 볼 수 없다. 국가란 영토·국민·주권을 기반으로 하는 정치공동체로서 역사성, 정통성 그리고 집합적 특성을 가지고 있으며 공공성을 핵심가치로 하고 있다. 이러한 국가통치역량은 국가가 독점하고 있는 물리력의 유지와 행사를 원만하게 관리하면서 여러 종류의 크고 작은 국가행위자$_{agent}$들을 유지·감독하는 일을 시작으로, 각종 제도들을 유지 발전시키고 외적 환경을 관리하는 것이라 할 수 있으며, 특히 근대 국민국가에 이르러서는 이에 더하여 주권자를 이루는 구성원들의 인간적 품성과 시민적 덕성을 관리하고 또 이들을 형성하는 제諸 세력들의 힘의 분포를 관리하면서 일반의지를 도출해내는 과제를 안고 있다.

따라서 국가통치역량은 다음과 같은 역량을 요구하고 있다. 첫째, 총체적-거시적 관점과 시각, 둘째, 구체적이고 현실적인 측면, 특히 상황적 맥락의 중시, 셋째, 국정운영에 있어 직면하게 되는 상황들의 딜레마적 성격과 이에 따른 결단과 선택, 시공간상의 환경중시 및 개방성이다. 이를 한마디로 요약하자면 국가를 유지 발전시켜나가는 데 필요한 실천지實踐智로서, 제도가 갖는 특성과 더불어 외부 환경적 요인이라는 제약 속에서 딜레마적 선택에 따르는 유·불리를 저울질하여 총체적으로 '상대적으로 덜 나쁜 것'을 받아들이는 것을 핵심내용으로 하고 있다.

대통령의 책무와 관련해서는 헌법 제66조에 국가의 독립, 영토의 보전, 국가의 계속성, 조국의 평화적 통일 등의 의무와, 헌법 제74조에서는 국군

---

279) 앞의 글.

통수권을 규정하는 등, 국가안보와 한반도의 평화적 통일에 관한 막중한 책임을 명시하고 있다. 한반도에서 안보가 지켜지지 않을 경우 한반도의 평화도 민족의 통일도 기대할 수 없다. 우리는 선거에 의해 교체되는 정권과 지도자의 성향에 따라 한국의 안보상황도 예측할 수 없는 상황으로 변할 수 있다는 사실을 경험하였다. 특히 대북관계, 이념갈등, 북한 핵과 무력도발 관리 등에서 지도자에 따라 상황이 바뀌고 있다. 국가 최고결정권자의 가치관, 신념체계, 경륜, 개성뿐만이 아니라 국가에 대한 인식과 판단이 국가안보에 관련된 중요한 결정을 내리는 데 크게 영향을 미친다.

본장에서는 이러한 statecraft의 개념과 필요성 그리고 구조와 전략을 살펴보고 우리 한국적 실정에서 요구되는 구체적인 statecraft로서 국가관리 및 공공 리더십, 정치적 리더십, 안보통일 리더십을 살펴보고 조화통일 statecraft 모형을 검토해보기로 한다.

제1장

국가영도 리더십 개관

대통령 리더십 연구방법

1. 법적 · 제도적 접근방법

국가를 영도하는 핵심적 위치에 있는 대통령의 공식적인 지위와 역할에 대해 연구하는 가장 고전적인 방법이 법적 접근방법과 제도적 접근방법이다. 특히 헌법 · 법률 · 조약 · 법적선례와 같은 성문법과 불문법 등을 살펴 대통령의 공식적 권력 분석에 초점을 두는 것이 법적 접근방법이라면, 국가조직으로서 대통령부(부)와 참모조직, 정부조직과의 관계 등에 초점을 두는 것이 제도적 접근방법 또는 조직적 · 구조적 접근방법이다.

법적접근 방법은 법에 구체적으로 명시된 대통령의 권한과 역할, 국가조약 등을 연구함으로써 대통령에 대해 객관적이고 규범적인 연구에 도움이 되지만, 오늘날 복잡한 대통령의 활동영역과 초헌법적 통치행위를 연구하기에는 한계가 있다. 이에 비하면 제도적 · 조직적 · 구조적 접근방법은 법적접근방법보다 한 걸음 더 나아가 대통령직의 구조와 조직기능, 역할, 과정 등 국정운영시스템 전반에 대해 광범위 하고 체계적으로 연구할 수 있다. 그러나 대통령을 둘러싸고 복잡하게 전개되는 권력 핵심부의 역학관계를 파악하기에는 역시 한계가 있다. 대부분의 헌법학자들은 법적 접근방법을, 행정학자나 정책학자들은 대체로 제도적 접근방식을 선호하고 있다.[280]

2. 정치권력적 접근방법

정치권력적 접근 방법political power approacha은 조직과 제도보다 권력내부에 있는 주요 인물들의 상호작용, 즉 사람들의 정치적 역학관계에 대한 관점을 우선시하는 접근방식이다. 자연히 정치공학적이고 흥미진진한 측면이 많을 수밖에 없다. 정치권력적 접근방법은 대통령이 참모들을 어떻게 관리하며, 정당 등 다양한 이해관계 집단에 대해서는 어떻게 상대하는지를 비교적 정치적 관점에서 바라본다. 대통령은 국가의 최고 책임자이자 소속 정당의 대표로서 국정을 원활하게 유지 · 관리하고, 나아가 정권을 재창출하기 위해 고도의 정치력을 발휘하게 되므로 이에 대한 연구가 없이는 대통령을 제대로 이해할 수 없다. 이러한 접근방법은 대통령 주변에서 벌어지는 온갖 정치적 역학관계와 역동적인 국정현장을 실증적으로 고찰할 수 있다는 장점이 있지만, 지나치게 음모론적이고 정치적으로 해석하는 비판을 감수해야 할 뿐만 아니라 대통령 개인의 성격이나 권력 이외의 변수를 평가절하 할 수 있다. 대표적인 학자들은 노이슈타트Neustadt, 1960, 사이먼Simon, 1953, 달Dahl1967, 롱Wrong, 1980, 에드워즈 3세Edwards III, 1980, 라이트 Light, 1982, 그린슈타인Greenstein, 1982, 피프너Pfiffner, 1996 등이 있다.[281]

3. 심리학적 접근방법

대통의 성격과 자질, 능력 등 개인적 특성에 초점을 맞추어 연구하는 접근법이다. 심리학적 접근방법은 대통령의 집무태도나 열정과 같은 개인적 성향을 중시한다는 점에서 개인적 접근방법이라고 할 수 있으며, 일반

---

280) 박진. 『대통령 리더십 총론』. 서울: 법문사, 2007. p. 21. 참조.
281) 박진. 앞의 책. p. 22.

적인 지도자 접근방법 차원에서 볼 때 자질론 또는 특성론에 속한다. 심리학적 접근방법은 대통령 개인의 특징뿐만이 아니라 대통령과 참모들 간의 객관적 현실과 지적능력, 개인적인 이해관계에도 주목한다. 이러한 접근방법은 자칫 복잡한 상황적 측면을 소홀히 하거나 과도하게 개인적 성향에 집중하여 환원주의reductionism에 빠질 위험이 있고 무의식적 동기 및 성격과 행동 간의 인과관계를 입증하기 어려운 맹점이 있다. 대표적인 학자로는 라스웰Lasswell, 1973, 바버Barber, 1972, 카츠Katz, 1973, 조지George, 1974, 매코이Maccoy, 1976, 블룸Blum, 1980, 넬슨Nelson, 1988, 하그로브Hargrove, 1993 등이 있다.

우리나라의 경우 전통적인 연구방법인 법적·제도적 차원의 연구는 많았지만 심리학적 접근방법에 의한 연구는 여러 가지 물적, 인적 제약 때문에 체계적으로 이루어지지 못했다.282)

4. 스테이트크래프트(Statecraft) 접근방법

국가영도 리더십statecraft은 흔히 통치술統治術, kingcraft로 알려져 있으나 statecraft는 이와는 다른 차원이다. 통치술은 절대군주나 독재자들이 강압적 일방적으로 행사했던 권력사용 기술을 의미하고 statecraft는 민주국가의 대통령이 국정목표 달성을 위한 국정철학과 국정목표의 규범적 실천을 의미한다. 따라서 스테이트크래프트 연구는 앞선 연구방법 전 차원의 적용이 요구된다. 국가영도를 위한 목적과 수단을 망라하는 법적·제도적

---

282) 역대 대통령은 재임 중의 공식·비공식 활동을 부지런히 기록하지만 퇴임 때 폐기처분하거나 개인적으로 소장하고 있기 때문에 기록물이 거의 남아있지 않다. 5공화국 때부터 통치사료비서실을 별도로 두어 대통령의 언행과 일정 등을 기록하였으나 기록정리 미흡과 보관 소홀 등으로 자료가 거의 없다. 박진, 앞의 책, pp. 22-23. 참여정부에서 이를 정비하여 국가기록원을 체계화 하였으나 2013년 남북정상회담 녹취록 유출사건 논란에서 보듯 문제점이 많다.

측면, 그리고 정치적 권력을 규범적으로 활용하는 측면, 그리고 심리적 차원의 개인의 특성과 자질이 한데 어울려 현대적 국가이성(국가이익)과 정의를 구현하는 정의$_{正義}$의 실천적 측면의 리더십을 말한다. 이것은 아리스토텔레스가 말하는 실천적 지혜(프로네시아$_{pronesia}$)를 말하는 것으로서 현대적 개념의 분별지$_{分別智, prudence}$를 의미한다. 이와 같이 철학적·규범적 측면으로서 statecraft에 대한 연구는 전무한 실정이다.[283]

현대 정치담론에서 statecraft를 전혀 찾아볼 수 없는 것은 아니지만 그에 대한 분석이나 리더십과의 관련성에 대한 고찰이 제대로 이루어진 적은 거의 없다. 심지어는 statecraft의 기본적인 의미도 명확하게 정립되어 있지 않다.[284] 오늘날 statecraft란 용어는 대개 외교적 수완이나 넓은 의미에서 외교정책을 수행을 가리킬 때 쓰인다.[285] statecraft는 정치적 복잡성과 상호관련을 맺고 있으며 그 관계는 각 이슈들의 세부사항을 단순히 통합한 것 이상의 특별한 논리의 지배를 받는다. 그 이슈들에 각각의 명확성을 부여하는 문법이자 그것들을 연계시키는 논리와 법칙, 이것이 바로 포괄적이고 타당한 의미의 statecraft이다.[286]

이 같은 접근을 한 대표적인 학자는 로드$_{Carnes Lord, 2005}$이며, 앤더슨$_{Charls W. Anderson, 1977}$, 그레이$_{Collins S. Gray, 1990}$, 볼드윈$_{David A. Baldwin, 1985}$ 등이 statecraft의 전략적 접근을 하고 있다.

국내에서는 유일하게 윤여준이 2011의 저서『대통령의 자격』에서 이 같은 접근을 통해 한국대통령의 statecraft를 분석한바 있다.

---

283) 카네스 로드.『통치의 기술』. 이수경 역. 서울: 21세기북스, 2008. p. 48.
284) 카네스 로드. 앞의 책.
285) 이에 대한 반대의견은 Charles W. Anderson. *Statecraft: An Introduction to political Choice and Judgement.* New York: John Wiley, 1977. 참조.
286) 카네스 로드. 앞의 책.

국가영도 리더십의 개념과 특징

1. 국가영도 리더십의 개념과 필요성

대통령에게 요구되는 리더십은 일반적인 리더십과는 다르다. 미 해군
대학원 교수이자 미 정부의 고위관리를 지낸 카네스 로드는 다음과 같이
정의한다.

> statecraft는 적대적인 요인들이 산재한 상황에 대처하는 기술이다. 그러
> 한 적대적인 상황에서는 어떤 행동이나 조치가 취해지면 예측 불가능한 방
> 식으로 반응이 생겨나고, 우연과 불확실성의 법칙이 힘을 발휘한다. 또한
> statecraft는 전략과 마찬가지로 목적달성에 가장 적절한 수단을 활용하는 기
> 술이다. 전략이 전쟁의 목적을 달성하기 위하여 전투를 이용하는 기술이라
> 면 statecraft는 정치가가 국가목표를 달성하기 위하여 전쟁과 여타 수단을
> 이용하는 기술이라고 할 수 있다.[287]

국가영도 리더십은 국가가 추구하는 목표와 그 실현에 필요한 수단,
이 두 가지 모두와 관련된다. 리더십의 발휘는 '비전'을 명확하게 수립하는
것이 관건이지만, 국가영도 리더십은 그 비전을 실제로 실현하는 방법에

---

[287] Carnes Lord. *The Modern Prince: What Leaders Need to Know Now*. Yale University
Press, 2003; 이수경 역. 『통치의 기술』. 서울: 21세기북스, 2008. p. 49.

관한 것이다. 효과적인 국가영도 리더십을 발휘하려면 정치가는 자신이 활용할 수 있는 다양한 현실적인 도구들을 정확히 파악하고 그 도구들을 변화하는 상황에 맞춰 효율적이고 현명하게 사용하는 능력을 갖춰야 한다.[288]

오늘날 정치적 리더십은 비즈니스 분야에서와 마찬가지로 자신의 '비전'을 국가라는 조직에 불어넣고, 그 비전 실현에 수반되는 '변화'를 주도하는 열정적이고 강력한 힘을 발휘하는 리더십이 요구된다. 정치학자인 번스Burns는 루즈벨트 대통령의 리더십을 연구하고 '변혁적 리더십'을 진정한 리더십이라고 주장한 이래 현대 리더십 이론의 핵심이 되었다. 변혁적 리더십이란 리더와 하급자 간의 거래적 리더십이 아닌 새로운 개념으로서 조직과 체계의 혁신, 나아가 역사의 과정의 혁신을 촉진하는 리더십을 말한다.[289]

그러나 이러한 접근방식의 중요한 문제점은 역사적 상황을 고려하지 않고 있다는 점이다. 리더십에 대한 요구는 시대에 따라 변한다. 변혁적 리더십의 문제점으로 지적되고 있는 것 중의 하나는 엘리트 중심 이론이고, 또 하나는 영웅적 리더십 편견에 사로잡혀 있다는 것이다.[290] 루즈벨트와 레이건이 해결해야 했던 과제들은 트루먼이나 아이젠하워가 해결해야 했던 과제와 확연히 달랐다. 특히 20세기 가장 위대한 정치가로 꼽히는 처칠은 개혁가라기보다는 보수주의자에 가까웠다. 이러한 이유로 변혁적

---

288) 전략으로서의 'statecraft'에 관해서는 Colins S. Gray. *War, Peace and Victory: Strategy and Statecraft for the New Century*. New York: Simon and Schuster, 1990. 참조. David A. 볼드윈이 [*Economic Statecraft*. Princeton: Princeton University Press, 1985]에서 제시한 statecraft는 정치학에서 차지하는 범위를 주장한 것은 평가할 만하지만, 그는 statecraft를 지나치게 기술적·도구적 의미로만 한정했다. 목표와 수단의 지속적인 조정은 statecraft와 전략 모두의 핵심과제이다. 카네스 로드. 앞의 책. p. 320. 각주 재인용.

289) Burns, J. M. *Leadership*. New York: Harper and Row, 1978. chapter 1-2.

290) Yukl, G. A. "An evaluation of conceptual weakness in transformational and charismatic leadership theories." *Leadership Quarterly* 10(2), 1999. pp. 285-305.

리더십 이론만으로 대통령의 리더십을 평가하기에는 무리가 있다.

윤여준은 스테이트크래프트를 '국가를 다스리는 실천지_{prudence}'로서 특히 '근대 국민국가'_{nation state}라는 특수유형의 정치공동체를 창설 · 유지 · 발전시키는 과정에서 요구되는 '집단적 결정'과 그 '실행'을 관리 · 감독하는 실천적 능력이라고 말한다. 말하자면, "헌법적 기본원리를 포함한 국가제도의 관리, 국민적 일체감 형성과 통합의 유지, 대내외 각종 현안에 대응할 수 있는 올바른 정책의 수립과 시행, 그리고 여러 정치세력과 인물 관리 등 국가라는 법인체_{agent}의 행위자로서 요구되는 각종 능력"[291]이라고 말할 수 있다.

따라서 대통령에게 요구되는 리더십_{statecraft}은 별도로 요구된다. 카네스 로드_{Carnes Lord}는 다음과 같이 그 필요성에 대하여 말하고 있다.[292]

첫째, 국가영도 리더십은 상징적 차원에서 필요하다. 월터 배젓_{Walter Bagehot}이 『영국헌정론』_{The English Constitution, 1867}[293]에서 주장한 바와 같이 모든 정체政體의 통치제도 안에는 국가적 정체성을 유지하고 국민의 충성심과 애국심을 고취하는 '위엄' 있는 요소와 실제적인 통치를 수행하는 '실질적이고 능률적인' 요소가 공존한다.

오늘날 민주국가의 통치자들이 수행하는 상징적인 역할은 정치적으로 매우 중요하다. 그들은 비록 개인이지만 국가의 존귀성과 위엄, 국민적 통합을 상징적으로 나타내는 존재이다. 통치자는 국가의 주도적 문화에 긍정적, 또는 부정적 영향을 미칠 수 있다.

둘째, 국가영도 리더십은 국가 의사결정의 핵심 축으로서 중요하다. 어느 사회에서든 강력한 이익 주체들 간의 분쟁이나 갈등을 중재하고 부족한 자원을 적절히 분배하는 메커니즘이 필요하다. 국가지도자는 공명정

---

291) 윤여준. 앞의 책.
292) Carnes Lord. ibd.
293) Walter Bagehot. 『영국헌정』. 이태숙, 김종원 역. 서울: 지식을만드는지식, 2012. 참조.

대하고 현명한 결단을 통해 권위와 신망을 얻게 되며, 또 이러한 권위와 신망은 정적들을 제압하고 평화를 유지하는 데 도움이 된다. 선진국에서는 이러한 메커니즘을 실현하는 지도자의 역할이 그의 행정권력 및 사법적 영역의 권한행사에 정당성을 부여한다.

셋째, 국가영도 리더십은 국가위기시에 절대적으로 필요한 리더십이다. 리더십에는 민주적 방식의 설득도 있지만 명령과 통솔력 또한 중요한 역할을 한다. 이는 민주주의뿐만이 아닌 다른 체제에서도 마찬가지이다. 전쟁시에는 사실상 강력한 지도자 1인의 지휘력과 통솔력이 커다란 역할을 한다. 전시 대통령은 군사력 동원에 대한 책임을 지며 국가위기나 비상시에도 통치력이 요구되며, 이는 평시 발휘되는 리더십과는 확연히 다르다.

넷째, 국가영도 리더십은 일반적인 리더십 이론과 실천의 개념을 모두 포괄하고 있다.

2. 국가영도 리더십의 특징

국가를 운영하는 통치술과 통치학 혹은 치국경륜의 의미를 갖는 이 개념은 단순한 기예技藝나 이론적 지식만은 아니다. 집단의 명운과 흥망성쇠를 책임지어야 할 사람이 갖추어야 할 특수한 통치능력으로서 이로정연理路整然한 지식이라기보다는 역사 · 전통 · 문화와 같은 여러 경로의 비합리적 출처를 갖고 있는 관습과 규범, 세계에 관한 다양하고 상호 모순적이기까지 한 경험적 지식이다. 그런 점에서 일종의 암묵지暗默知, tacit knowledgy라고 할 수 있다. 또 그것은 고대로부터 통치자의 덕목으로 간주되어온 이론과 실천의 합일을 특징으로 하는 실천지實踐智, prudence라고도 할 수 있다.

일반적 의미의 statecraft란 국가가 독점하고 있는 물리력의 유지와 행사를 원만하게 관리하면서 여러 종류의 크고 작은 국가행위자들을 육성·감독하는 일을 시작으로, 각종 제도들을 유지·발전시키고 외적 환경을 관리하는 것이라 할 수 있다. 나아가 근대국가의 statecraft란 여기에 더하여 주권자를 이루는 구성원들의 인간품성과 시민적 덕성을 관리하고 또 이들이 형성하는 제諸세력들의 힘의 분포를 관리하면서 일반의지를 도출해내는 과제를 안고 있는 것이다.

이러한 statecraft의 특징은 다음과 같다.294) 이것들은 클라우제비츠가 말하는 '천재의 역할'로서 모순과 이중성을 극복하는 분별지의 균형을 의미한다.

첫째, 국가란 특정목표를 위한 도구가 아니라 각기 목표를 추구하는 개인과 집단을 위한 필수불가결의 터전을 제공한다는 점에서 총체적·거시적 관점을 핵심으로 한다고 볼 수 있다. 특정 목표가 아니라 여러 목표들 간의 균형, 나아가 현재와 미래 목표 간의 균형을 중시한다.

둘째, 국가영도 리더십은 구체적이고 현실적인 측면, 특히 상황적 맥락을 중시한다. 국가의 운영이란 특정이론을 적용해보는 것일 수 없다. 이론은 고도의 추상성을 갖고 있는 것이기 때문에 그것이 현실에서 제대로 작동되려면 구체적이고 비논리적인 상황에 대한 성찰을 통해 걸러져야만 한다.

셋째, 국가영도 리더십은 국정운영에서 직면하게 되는 각종 선택을 기본적으로 딜레마적인 것으로 인식한다는 특징을 갖고 있다. 현실, 특히 정치세계는 모든 것이 양면성, 나아가 다면성을 갖고 있을 뿐 아니라 비합리적이고 상극적인 요소들로 가득 차있으며 변화무쌍하게 물질과 물질들이 상호작용하는 물극반전物極反轉이 일어나는 세계인 것이다. 따라서

---

294) 윤여준. 『대통령의 자격』. 서울: 메디치, 2011.

statecraft란 국정운영상의 결정이 갖고 있는 이러한 양면성 혹은 다면성을 충분히 고려하되, 무엇보다 선택의 위험을 무릅쓰고 적시에 과감한 결정을 내려 이에 대한 책임을 지는 것을 요체로 한다.

넷째, 국가영도 리더십은 시공간상의 환경을 중시한다. 모든 문명과 국가는 상호교류 속에서 발전해왔다. 국제환경을 외면한 자족적 폐쇄주의로는 살아남기 어렵다는 것은 가깝게는 공산권의 몰락과 북한이 처한 상황이 웅변해주고 있다.

결국 국가영도 리더십이란 국가를 유지 발전시켜 나가는 데 필요한 실천지로서, 제도가 갖는 특성과 더불어 외부 환경적 요인이라는 제약에서 딜레마적 선택에 따른 유·불리를 저울질하여 총체적으로 '상대적으로 덜 나쁜 것'을 받아들이는 것을 핵심내용으로 하고 있다.

따라서 국가영도 리더십은 구체적으로 헌법적 기본원리를 포함한 국가제도의 관리, 국민적 일체감 형성 및 통합의 유지, 대내외 각종 현안에 대응할 수 있는 올바른 정책의 수립 및 실행, 그리고 여러 정치세력 및 인물관리 등 '국가라는 법인체의 행위자로서 요구되는 각종 능력'이라고도 설명할 수 있으며 국가의 흥망성쇠에는 여러 가지 요인이 작용하지만 궁극적으로는 이 같은 제반요인들을 관리하고 통제하면서 중요한 결정을 내리며, 나아가 결정과정 자체를 관리하는 정치지도자, 특히 우리의 경우 최고정치지도자인 대통령의 statecraft, 즉 국가를 운영하는 자질과 능력이 관건이다. 그런 점에서 그동안 대한민국이 성공한 부분은 물론 오늘날 대한민국이 겪고 있는 적지 않은 혼란과 갈등, 그리고 정체와 답보에는 역대 대통령들의 statecraft가 결정적인 영향을 미쳤으며, 앞으로 나라의 운명 나아가 민족의 운명 역시 바로 여기에 달려 있다고 할 수 있다.

국가영도 리더십의 구조와 전략

1. 국가영도 리더십의 구조

가. 목적

　　statecraft는 전략과 마찬가지로 목적과 수단에 관계된 것이다. 대부분의 정치리더들은 추구해야 할 목적과 그것의 실현을 위한 수단과 방법을 찾기 위해 골몰한다. 마키아벨리의 말처럼 모든 국가는 좋은 군대와 훌륭한 법률이 반드시 필요하다. 어느 시대, 어느 국가를 막론하고 정치가의 첫 번째 고려사항은 '외부의 적으로부터 국가를 보호하는 일'과 '국내의 사회적 안녕과 정의를 수호하는 일'이 첫 번째이다. 즉, statecraft가 첫 번째 달성해야 하는 목표는 '안보'와 '질서'로 요약된다. 두 번째로는 경제적 안정과 발전이다. 안보나 질서와 마찬가지로 '경제적 번영'은 statecraft의 핵심목표 중의 하나이다. 그러나 이 두 가지 목표만이 statecraft 목표의 전부는 아니다. 이에 더하여 문화, 역사적 경험, 국내정치 상황, 지도자 자신의 구상·창의력 등의 요소들이 복합적으로 작용하여 추가적인 목표, 바꾸어 말하면 국가가 추구하는 '임무와 사명'이 생겨나기도 한다. 이러한 임무는 앞의 세 가지 목표를 지지·보강하거나 그것들과의 관계(특히 안보) 속에서 정당성을 띠게 된다. 때로는 그것에 반하는 경우도 있다. 이 같은 임무는 국가나 지배 엘리트의 역사적 포부나 염원 또는 대망을 나타낼 수도 있고, 특별한 초국가적 대의를 추구하는 것으로 나타날 수도 있다. 이때 첫 번째 것을 국가적 임무, 두 번째 것을 초국가적 임무라고 칭할 수 있다[295].

이러한 문제들은 statecraft에서 국위나 명예 같은 무형적 요소들과 관계가 있다. 국가의 명예는 다른 요소들 못지않은 더 강력한 요인이 되기도 한다. 오늘날에는 새로운 국가적 임무와 초국가적 임무들이 대두되고 있고 statecraft의 의미를 재정의하고 있다. 민주화, 인권 수호 및 박애주의, 군비축소, 환경문제, 테러리즘 등이 세계적인 관심의 초점으로 부각되었다. 이는 각국 간의 대립과 경쟁이 아닌 공조와 협력을 전제로 하는 사안들이다. 오늘날 주목해야 할 또 하나의 주체는 국제연합$_{UN}$이다. UN은 약소국의 야심차고 능력 있는 지도자들이 세계무대에서 국가위상을 제고시키는 장을 제공하고 있다. UN 사무총장과 안전보장이사회 회원국들이 세계무대에서 갖는 역할과 중요성은 매우 크다. 일본이 이를 위해 노력하는 것을 보면 쉽게 이해할 수 있다.

나. 수단

statecraft에서 가장 어렵고 많은 노력과 자원을 요하는 것은 수단, 즉 방법론적 영역이다. 리더가 활용할 수 있는 통치의 도구들은 선진국에서 이미 확보되어 있는 것 같지만 결코 그렇지 않다. 그것들을 활용하는 과정에는 수많은 난관이 산적해있다. 그 가운데는 행정권력의 행사에 영향을 미치는 정치적·법적 제약들이 수 없이 존재한다. 통치자는 통치도구의 조작자이자 관리자인 다양한 엘리트들을 효율적으로 다룰 줄 알아야 한다.

---

295) Carnes Lord, *The Modern Prince: What Leaders Need to Know Now*, Yale University Press, 2003; 이수경 역, 『통치의 기술』, 서울: 21세기북스, 2008, pp. 157-165.

이에는 두 가지 장애물이 존재하는데, 첫 번째는 가시적인 것으로 '제도'이다. 제도는 고유의 자체적인 운영원리와 규칙을 갖고 있어서 외부적 권한주체와 충돌하거나 불협화음을 낸다. 사법 시스템과 군대 등이 좋은 예이다. 두 번째는 비가시적인 것으로서, 그러한 제도들이 존재하는 개념적 배경이다. 제도 자체 내의 문화, 사회 전반에 끼치는 지적 영향 그리고 국가 전체의 문화 등이 혼재되어 배경을 형성하고 마찰로 작용한다. 예를 들어 한국의 보수주의 및 육군 중심 문화를 들 수 있다. 통치자는 이러한 문제들에 대하여 정확하고 현실적인 이해력을 지녀야 한다. 그렇지 못할 경우 통치도구들이 통치자의 의도나 방향을 효과적으로 지지하지 못할 뿐 아니라 통치자의 존재 자체를 위협할 수도 있다.

따라서 이러한 장애물들을 효과적으로 극복 및 대처하기 위해서는 풍부한 정치적 기지의 발휘와 재빠른 판단력, 그리고 적잖은 영향력을 이미 가지고 있는 다른 견해들을 열린 마음으로 수용할 줄 아는 겸손한 태도가 필요하다. 중요한 것은 statecraft는 이러한 요소들을 머리로 이해하고 습득하는 것이 아니다. 그보다는 각각의 요소들을 현명하고 분별력 있게 활용할 줄 아는 능력, 바꾸어 말해 사용가능한 수단들을 목표에 맞게 적용시켜 활용할 줄 아는 능력이 필요하다. 이것을 한마디로 말해 앞에서 말한 실천적 지혜實踐智, prudence라 할 수 있다.

실천지(實踐智, Prudence) 어원

실천지의 어원은 프로네시스(phronesis)로부터 유래하였다. 이것은 "필요한 결정을 내리고 시기적절하게 행동하는 실용적 지혜"를 말한다.(practical wisdom) 프로네시스의 개념은 아리스토텔레스에서 유래한다. 그는 자신의 저서 『니코마코스 윤리학』에서 지식을 세 가지 유형 즉, 에피스테메스(episteme)와 테크네(techne), 프로네시스로 구분했다.

• 에피스테메스: 보편적인 진리로 시공간으로부터 독립적인 보편 적응성에 초점을 맞춘, 맥락 의존하지 않는 형식적(객관적) 지식이다.

- 테크네: 테크닉, 테크놀로지, 예술 등에 해당하는 말이다. 테크네는 창조 능력에 필요한 노하우나 실질적인 기술을 의미한다. 도구적 합리성에 근거하면, 테크네는 맥락 의존적인 실용적(암묵적) 지식이다.
- 프로네시스: 지적인 미덕이다. 신중, 윤리, 실용적 지혜 또는 실용적 이성 등으로 번역되는 프로네시스는 일반적으로 "특정 상황에서 공익을 위해 최선의 행동을 선택하고 실행하는 능력"으로 이해된다. 프로네시스는 맥락적인 상황을 고려하고, 세부 사항에 역점을 두며, 필요한 경우 목표를 수정하기도 한다. 다시 말해 프로네시스는 실질적인 경험에서 얻은 양질의 암묵적 지식이다. 프로네시스는 신중한 판단으로 인도하고, 각각의 상황에 적절한 행동을 취하게 하며, 가치와 윤리에 의해 인도된다. 프로네시스는 훌륭한 장인의 덕목인 자신의 기술을 완벽하게 하려는 노력을 통해 얻을 수 있다. 일반적으로 프로네시스는 도덕적이고 사교적이며 실용적인 지식이다. 정치 분야에서 처음으로 프로네시스의 개념이 발전한 이유도 여기에 있다. 정치는 협상과 조정을 통해 미래를 창조하는 가능성의 예술이다. 정치에서 프로네시스는 특정 목표에 대한 보편적인 합의를 의미한다. 아울러 각각의 맥락에서 공유되는 판단과 개인의 신념으로 미래를 향해 행동하는 능력이다.

  프로네시스 개념을 자동차에 비유하면 쉽게 이해할 수 있다. 테크네가 자동차를 잘 만들 수 있는 지식이라면, 프로네시스는 무엇이 '좋은 자동차'이고(가치판단), 그런 차를 어떻게 만들 수 있는지(가치판단에 따른 실현)에 대한 자각이다. 기업은 테크네만으로 생존할 수 없는데, 그 이유는 기업이 자동차를 얼마나 잘 만들었든지 간에 그것이 사용자 입장에서 '좋은 차'가 아니라면, 자동차를 만드는 데 들이는 기업의 노력은 무의미하기 때문이다. 간단히 말해서 기업에서의 프로네시스는 특정 시공간에서 대다수의 고객들이 '좋은'으로 판단하는 것을 이해하고 그에 따른 결실을 맺는 능력이다. 프로네시스는 "왜 알아야 하는가"(과학적 이론), "어떻게 알아야 하는가"(실용적 이론), "무엇을 알아야 하는가?"(실현할 목표) 등을 종합적으로 다루는 개념이다. 에피테메스와는 달리 프로네시스는 특정 맥락의 실행에 역점을 둔다. 노나카 아쿠지로, 『창조적 루틴』(Managing Flow). 서울: 북스넛, 2010. pp. 93-96. 참조.

카네스 로드Carnes Lord는 통치의 도구로서 행정·법·교육과 문화·경제·외교·군사력·정보활동·커뮤니케이션의 여덟 가지를 들고 지도자들이 이 핵심도구에 대해 가지고 있는 생각과 그것을 활용하는 방식, 그들이 직면하는 어려움, 그 과정에서 흔히 저지르는 실수와 오류 등을 논하고 특히 여러 엘리트들이 이를 오용할 가능성에 대해서 논하고 있다.[296]

---

296) 카네스 로드. 앞의 책. pp. 170-268. 참조.

2. 국가영도 리더십의 전략[297]

가. 국가대전략(grand strategy)의 수립

다양한 통치수단들의 의미를 파악하고 그 중요성을 인식하는 것은 정치지도자의 중요한 임무이지만 그것의 실천문제가 더 중요하다. 즉 이러한 수단들을 적절히 조화시켜 효율적으로 운용할 수 있어야 한다. 이를 위해서는 국가대전략의 수립이 요구된다.

국가대전략이란 국가차원의 전략으로서 기본적으로 국가의 생존과 번영 발전을 위한 전략을 말하고 이를 토대로 정치·경제·사회·문화 등 각 차원별로 국가전략이 수립된다. 콜린스John M. Collins는 "전·평시를 막론하고 국가목표와 국가이익을 달성하기 위하여 한 국가의 모든 힘을 규합해내는 것으로써 이러한 맥락 속에는 하나의 포괄적인 정치 전략이 들어있는데 이것은 대내외 문제, 경제전략 및 군사전략과 관련을 맺고 있으며, 각 구성요소는 국가안보에 대해 즉각적 또는 간접적으로 영향을 준다"라고 정의하고 있다.[298]

국제관계는 전략적 상호작용(협력)을 통해서 유지된다. 무력충돌의 상황에서도 일정부분은 적국과 협력적 요소가 존재한다. 따라서 승리에는 철저히 경쟁적 관계만 있는 것이 아니라 자신의 가치 시스템에 비추어 보았을 때, 이익을 얻었다면 그것이 바로 승리이다. 이는 교섭, 상호타협, 서로에게 해를 끼치는 행위의 자제를 통해서 가능하다.[299]

따라서 국가대전략 수립에 있어서 중요한 것은 첫째, 목표 또는 바라는 결과를 명확히 아는 것이다. 둘째, 적국과 적국이 제기하는 위협에 대

---

297) 앞의 책. pp. 269-319. 참조.

298) Collins, J. M. *Grand Strategy: Principles and Practices*. Maryland: Naval Institute Press, Annapolis, 1973. 참조.

299) Thomas Schelling. *The Strategy of Conflict*. New York: Oxford University Press, 1960.

해 현실적인 평가를 내리는 것이다. 셋째, 자신의 강점과 약점을 정확히 파악하고 적국이 그것을 이용할 가능성과 그 방법을 파악하는 것이다. 넷째, 실천 가능한 수단으로 목표달성이 가능하도록 정책을 수립하는 것이다. 다섯째, 수단들을 균형 있게 조절하고 필요시 정책 방향에 맞도록 수정하는 것이다.

나. 위기관리

국가차원에서 위기는 체제위협 위기뿐만이 아니고 국가 간에 발생하는 여러 가지 위기로, 정부 최고위 참모들을 긴장시킨다. 핵무기와 대량살상무기, 그리고 테러의 위협, 재래식 무기에 의한 도발 등이 직접적인 위협이고 그 외에도 영토에 대한 갈등, 역사와 문화에 대한 침해 등 끊임없는 위기가 발생한다. 특히 남북 군사적 대치 상황에 있는 한국의 경우 위기가 끊임없이 발생하고 있어 전통적 개념의 위기관리 능력이 필요하다. 이를 위해서는 일련의 통치도구들의 능숙한 사용, 체계적인 정보수집 및 분석, 가능한 선택 및 대안의 면밀한 검토, 신속하고 시의적절한 의사결정 등이 요구된다.

다. 의사결정

민주국가에서 최고 행정권자가 내리는 의사결정 범위는 어디까지이며, 어떠한 특성을 지니는가? 또 지도자의 의사결정과 입법부 또는 여론과의 관계는 어떠한가? 중요한 결정을 내릴 때 대통령은 자신의 지식이나 직감을 어느 정도까지 의지해야 하는가?

많은 논란이 있지만 결론적인 교훈은 정치지도자 자신의 분별력 있는 판단력을 대신할 만한 것은 없다는 것이다. 그러한 분별력에는 statecraft

에 대한 실질적인 이해와 훌륭한 도덕성이 겸비되어야 한다. 정치지도자가 모든 것을 알 수 없고 또 그럴 필요도 없다. 하지만 그에 적절한 지적 기반이 미흡하면 특정 정책 이슈에 대해 아무리 뛰어난 조언이 있다하더라도 그 진가를 인정하지 못하고 사장시켜버리거나 잘못된 방향으로 오용할 수 있다. 아울러 대통령은 판단력을 저해하고 도덕성을 타락시키는 권력의 습성에 굴복해서는 안 된다. 효과적이고 현명한 결정을 하고자 하는 정치지도자는 아랫사람의 말에 귀를 기울여야 하고 동시에 정치 동료들과의 진지한 토의에도 적극적으로 임해야 한다.

라. 정치환경 조성

아무리 독재국가라 하더라도 지도자가 단순히 명령과 지휘권만으로 통치를 할 수는 없다. 더구나 정치지도자의 권한이 헌법에 의해 제한되어 있으며 끊임없이 정치적 도전을 받는 오늘날 민주국가에서는 리더십이란 매우 중요한 간접지배 기술이다. 따라서 민주국가 지도자는 정책목표 달성을 용이하게 하기 위해 정치 환경을 유리하게 조성해나가야 한다.

오늘날 민주국가에 있어서 여론은 정치생명 그 자체라 할 수 있다. 정치지도자들은 대부분 여론에 반응하는 것보다 여론을 자신에게 유리하게 형성하려 노력한다. 여론은 불확정성과 변동성을 가지고 있어 리더십을 발휘하기에 아주 적합한 수단이다.

정치가가 정치환경을 조성하는 데 사용하는 리더십 스타일이나 전략은 대략 세 가지로 구분할 수 있다. 교섭활동과 오피니언 리더십 그리고 배후 리더십이다.300) 교섭활동은 다양한 이해관계의 충돌을 조정하고 정

---

300) 배후 리더십은 정치적 술수나 속임수의 범주에 포함시켜야 한다는 주장도 있다. 이와 관련한 문헌은 William Riker, *The Art of Political Manipulation*, New Haven: Yale University Press, 1986; *The Strategy of Rhetoric: Campaigning for the American*

권을 획득 유지하기 위하여 정치적 제휴를 하는 것을 말한다. 주로 입법 영역에서 나타나는 리더십이다. 오피니언 리더십은 국민과의 직접적인 관계를 중시하는 것으로써, 매스미디어를 통한 국민 설득 및 대화로 여론을 형성하고 지지를 획득하는 리더십이다. '변혁적' 대통령, 즉 정책이나 제도에 혁명적인 변화를 추구하는 지도자들이 많이 사용하는 리더십이다.

배후 리더십은 주의 깊고 신중한 스타일의 리더십으로서, 표면에 나타나지 않고 배후에서 조용하게 은밀히 정책목표를 달성해나가는 리더십을 말한다. 그러나 이것은 자칫하면 교활한 권모술수로 타락할 가능성이 있는 위험을 내재하고 있다.

이 세 가지 방법은 상호 배타적인 것이 아니며 정치가는 상황에 따라 각 방법의 채택 여부를 결정하게 된다. 지난 20세기 동안 미국 대통령들이 주로 선호한 전략은 오피니언 리더십이었으며, 다른 서방국가의 지도자들 역시 이를 택하는 경우가 증가하고 있다.

마. 변화하는 환경에 적응

정치가는 자신이 처한 특수한 상황의 한계와 가능성을 제대로 인식하는 것이 무엇보다도 중요하다. 한 나라의 안보 상황은 대치, 위기, 전쟁 가운데 어느 하나라고 할 수 있다. 대치는 2개 이상의 국가가 장기적으로 전략적 대립을 하고 있는 상태를 말하며, 간헐적인 소규모 폭력이나 군사적 위협이 존재하는 냉담한 대치상태가 이에 해당한다. 위기나 대규모 전쟁은 일반적으로 그 같은 대치상태를 기반으로 촉발된다. 평화 시기는 안보 상황이 안정적이고 견고할 때이다. 이들 전략적 환경은 지도자에게 도전을 안겨준다. 안정적 평화시기에는 군비관련 제도 및 군사력을 유지하

Constitution. New Haven: Yale University Press, 1996. 참조. 카네스 로드. 앞의 책. p. 334. 후주 재인용.

고, 고립주의적 정서를 저지하며, 자족과 부정부패로 흐르는 경향을 막을 수 있는 지도자가 필요하다. 장기적인 대치시기에 정치지도자는 외면적인 평화나 정상상태, 투쟁이 진행되고 있는 현실, 그리고 장기적 안목으로 여론을 움직일 필요성 사이에서 조화를 꾀해야 한다. 또 위기 시에는 갑작스럽게 단축된 의사결정 사이클을 관리하고 국내의 정치적·군사적 압력을 조절·관리하는 동시에 적국에 대한 강경책이나 회유책을 주장하는 목소리들을 균형 있게 조절하며, 군사도발적인 태도를 지양하되 전쟁으로 이어질 가능성에 대비해야 한다. 마지막으로 전쟁 시에는 평화 시와는 다른 강력한 통솔력과 리더십이 요구된다. 국가와 정치체제는 탄생-강화-발전-쇠퇴-몰락의 단계를 거친다. 각 단계마다 지도자에게 요구되는 리더십 요건은 다를 수밖에 없다.

대통령은 '정치적 시대'라는 자기장 내에 있는 인물이다. 성공한 대통령들은 모두 정치환경에서 조직상의 문제점이 있던 시기에 대대적인 변화의 임무를 맡고 대통령직에 올라, 헌법적 질서의 테두리 안에서 시대가 요구하는 새로운 정치체제를 확립한 변혁적 리더이자 국가 부흥을 주도한 리더였다.301)

바. statecraft 발전방향

링컨이 말한바와 같이 지도자에게는 확립된 정체를 수호하는 일이 국가를 세우는 일보다 훨씬 어려운 과제이다. 우리는 모두 민주주의라는 정체가, 나아가 자유민주주의적 질서가 영속하리라는 것을 의심하지 않는

---

301) '정치적 시대'란 현대국가의 복잡한 정치적 환경을 말하는 것으로서 스코브로네크 (Skowroneck)이 미국 대통령의 리더십 연구에서 사용한 용어이다. Stephen Skowroneck. *The Politics Presidents Make: Leadership from John Adams to George Bush.* Cambridge: Harvard University Press, 1993. 참조.

다. 그러나 그것은 반드시 그렇지는 않다는 것을 알아야 한다. 그것은 자유민주국가가 불운한 운명과 인간 본성의 악함으로부터 완전히 자유롭다고 할 수 없기 때문이다. 북한이 핵을 개발하고 전쟁 위협을 서슴지 않는 것을 보면 자명한 일이다. 민주국가의 지도자는 안보문제를 과소평가해서는 안 된다. 안보문제는 과거나 현재, 그리고 미래에 있어서도 가장 중요하고 시급한 국가의 과제로 존재한다. 따라서 국가지도자는 국가안보와 관련된 통치수단들을 현명하게 사용하고 이를 비난하거나 부정하는 사람들에게 과단성 있게 대응해야 한다. 아이러니컬하게도 안보에 대한 심각한 도전은 외부로부터가 아니라 오히려 내부로부터 온다는 사실을 명심해야 한다.

따라서 민주국가의 지도자에게 요구되는 리더십의 방향은 조력자이기도 하고 때로는 경쟁자이기도 한 행정권력을 좀 더 자제하여 선별적으로 사용하여야 한다. 정부 내 엘리트들을 잘 관리해야 한다. 행정관료집단의 병리적 현상의 개선과 변화를 추구해야 하며, 국가안보와 관련된 제도적 상황 관리 및 장기적인 안보전략 개발에 특별한 관심을 가져야 하며, 법적 제도와 헌정질서가 제대로 기능할 수 있도록 힘써야 한다.

지도자가 이러한 전략적 역할을 잘하는 것이 중요하다. 이것이 바로 statecraft의 핵심이라 할 수 있다.

제4절

한국적 국가영도 리더십 모델

1. 역대 대통령에 대한 평가

한국적 국가영도 리더십 모델 정립을 위해서는 우리나라의 역대 대통령이 어떻게 평가되고 있는가 하는 것을 살펴보는 것도 중요하다. 양승함은 그 기준으로 개성, 국정철학, 국가통치전략, 정책수행 능력의 네 가지를 들어 이승만, 박정희 김대중 대통령을 비교평가하고 있다.[302] 이들은 국가발전의 중요한 영역인 국가건설, 경제발전, 민주주의 각 분야에서 나름대로의 독특한 리더십을 가지고 기여했으며 공통적으로 권위주의적 리더십을 발휘했는데 세부적으로, 이승만 대통령은 해방 후 국내외적으로 혼란하고 불안정한 상황하에서 제한적 권위주의와 카리스마적 리더십으로 자유민주주의와 시장경제에 기반한 국가를 건설하였다. 박정희 대통령의 산업화와 근대화의 업적은 오늘날의 경제적 번영의 기초를 쌓고 국가발전의 원동력을 제공했으며 이 과정에서 지배적 권위주의와 패권적 권력 추구로 강력한 리더십을 발휘하였다. 김대중 대통령은 민주주의를 공고히

---

302) 양승함 편. 「한국의 국가관리 철학과 비전의 비교 검토: 이승만, 박정희, 김대중 대통령을 중심으로」, 『한국 국가관리와 대통령 리더십 형성과 철학 I』. 서울: 연세대학교국가관리연구원, 2010. pp. 19-21.

하고 제도적으로 정착시켰으며 권위적 민주주의라는 이중성과 함께 합리적 리더십을 발휘하였다고 평가하고 있다.303)

윤여준은 statecraft 관점에서 비판적으로 역대 대통령을 분석평가하고 있다.304) 우선 이승만 대통령은 statecraft의 가장 중요한 부분의 하나인 지인지감知人知鑑(인재를 알아보는 능력)과 용인술에서 치명적 결함을 보여주었다. 그는 창업에는 성공했으나 수성에는 실패한 지도자였으며, 향후 한국정치의 질곡이 된 독재의 기원이 되었다.

장면정권은 전체적인 statecraft측면에서 국민의 지지를 잃었을 뿐 아니라 군부관리에도 실패해 쿠데타를 자초했다는 점에서 '실패한 정권'이라는 혹평을 면하기 어렵다.

박정희 대통령의 statecraft는 경제건설, 국가재건, 자주성 확보 등으로 현실적이었다. 가장 돋보이는 부분은 현장주의이었으며, 결정적으로 유신체제는 statecraft의 차원을 일탈한 것이었다.

전두환 신군부의 등장은 유신체제의 '질 나쁜 모조품'으로 평가할 수 있으며, 국가안보와 경제발전을 강조할 뿐, 경제·사회적 발전을 정치에 수용한다는 인식자체마저 결여하고 있었다.

노태우 대통령은 민주화된 환경하에서 '민주화의 가교'정권으로서의 statecraft를 발휘할 수 있었지만 소극적이고 스타일리스트적 리더십으로 한계를 보여주었다. 다만 북방정책을 비롯한 대북관계 개선에 일정한 성과를 거두었다.

김영삼 대통령은 민주화를 선도한다는 자각과, 자신이 이룩한 공적에 대한 과신으로 국민을 계몽하려 했다. 군 사조직인 하나회 해체로 군의 정치개입을 차단한 것과 금융실명제의 실시는 평가받을만한 업적이다. 하

---

303) 양승함. 위의 책. p. 43-44.
304) 윤여준. 『대통령의 자격』. 서울: 메디치, 2011.

지만 여론에 민감한 '과시형 리더십', 비선을 중시한 '인치형人治型 리더십'의 문제를 노정하였다.

김대중 대통령은 뜻이 크고 야심적이지만 여러 분야에 걸쳐 연마한 전문적인 식견을 바탕으로 완벽을 추구하는 '대지소심형'大志小心型의 지도자였다. 외환위기를 극복한 리더십과 전향적인 대북정책은 비록 한계가 있었지만 평가할 만하다. 결정적인 문제는 주변관리에 실패해 도덕적으로 치명적인 상처를 입으면서 방대한 국정과제가 용두사미 격으로 실종되었다.

노무현 대통령은 사회적 약자에게 패자에 대한 정당한 몫을 찾아주려는 국가사회의 절실한 의제를 제시하였으나 대통령직에 대한 명확한 인식 결여, '주류세력 교체론'과 '편 가르기' 등 statecraft상의 균형감각을 상실한 조치로 끊임없이 국가운영과정에 갈등을 확산, 첨예화시켰다.

이명박 대통령은 국민적 요구를 정확히 파악하는 데서부터 문제점을 드러내 국민적 저항을 초래했고, 목표를 달성하는 데 생산성과 효율성만을 중시하고 민주적 절차와 과정을 무시해 공공성 확보에 실패했다. 특히 인사에 있어서 공공성 문제가 두드러졌는데 한마디로 statecraft의 기본기를 결여하고 있다고 할 수 있다. 또한 CEO 혹은 행정가형 리더로서, 포괄적 목적을 지향하는 국가의 총체적 성격을 무시 혹은 경시한 채 오로지 특정목표를 달성하기 위한 생산성과 효율성만 중시하였다. 특히 '하면 된다'는 개발시대·권위주의 시대의 신념을 토대로 국정을 돌파해내는 수직적·독주형 리더십을 보여주었다.

윤여준은 대통령에 당선될 수 있는 능력과 국가를 운영할 수 있는 능력은 별개라고 이야기하고 있다. 역대 한국의 대통령들은 출신을 떠나 대권을 차지하기 위한 야망을 키웠을지는 몰라도 국가를 운영하는 리더로서의 자격은 제대로 갖추지 못한 경우가 많았다고 말하고 있다. 즉 대통령이 되기 위해서는 노력하지만 막상 집권한 뒤에는 어떻게 국가를 운영할 것인가에 대한 준비는 되어있지 않다는 것이다. 대통령 당선보다 더 중요한 것은 당선 이후 국가를 제대로 운영할 수 있는 statecraft를 갖추는 것이라고 주장한다.

한국의 흥망성쇠에는 여러 가지 요인이 작용하지만 궁극적으로는 제반 요인들을 관리하고 통제하면서 중요한 결정을 내리며, 나아가 결정과정 자체를 관리하는 정치지도자, 즉 최고 정치지도자인 대통령의 국가를 운영하는 자질과 능력 즉 statecraft가 관건이라고 말하고 있다.

2. 한국적 Statecraft 요구 역량

지금까지 검토해 온 바와 같이 일반적으로 논의되는 리더십 이론으로 우리가 당면해있는 지난한 과제, 국가발전과 북한 핵문제 해결, 그리고 통일을 이끌어갈 지도자에게 요구되는 역량의 식별은 부족한 면이 있다. 우리는 짧은 60여 년의 역사를 통하여 군사독재 지도자, 민주화 정치지도자, 그리고 CEO 출신의 지도자들을 경험하여 보았고 이들 지도자들의 장단점을 확인할 수 있었다. 따라서 현시점은 우리에게 주어진 당대적 사명과 정의를 실현할 수 있는 진정한 국가영도 리더십이 요구되고 있다 할 수 있다. 윤여준은 미래 대통령에게 요구되는 역량을 다음과 같이 들고 있다.[305]

첫째, 인간에 대한 깊은 이해: 인간에 대한 믿음과 이를 바탕으로 자아의 완성과 사회의 발전을 위해 노력하려는 자기철학의 정립이다. 무엇보다도 인간의 유한성에 대한 철저한 자각과 겸허한 태도가 요구된다. 인간

---

305) 윤여준. 『대통령의 자격』. 서울: 메디치, 2011. pp. 25-35.

의 불완전성에 대한 자각을 바탕으로, 특히 인간 이성의 영역을 넘어서는 것에 대한 경외심과 더불어 타인과 사회에 대한 겸손한 자세가 요청된다. 대통령으로서 자질과 능력 보유 여부를 판단할 수 있는 기준은 다음과 같다. ①언어구사 능력 ②언어의 일관성 여부 ③언행의 일치 ④금도襟度의 준수 여부이다.

둘째, 건전한 사회관: 사회에 대한 이해, 혹은 사회관 내지 시민관도 중요한 요소이다. 올바른 사회관을 식별하기 위해서 몇 가지 유념할 사항이 있다.

① 가부장적, 남성중심, 전체를 위해 부분적 희생을 강요하는 유기체적, 전통적 사회관과 가치관은 이제 통하지 않으며 디지털 정보화시대를 맞이하여 급격한 문화변동에 따른 시행착오와 부작용을 해소할 수 있어야 한다.

② 인간의 사회적·공동체적 성격을 무시하거나 경시하는 경향은 오늘날의 시대정신과 맞지 않는다. 경제적 효율성이나 법치주의만 앞세우며 약자에 대한 배려를 소홀히 하는 정치세력은 민주주의에 역행한다는 강력한 비판을 받게 된다.

③ 사회영역과 국가영역의 구분이 중요하다. 사회는 연대성과 공동체를 생명으로 하지만 자율성 위에서 확보되어야 한다. 그렇지 않고 국가의 공권력, 즉 강제력을 통해서 공동체성이나 연대성을 제고시키려 해서는 안 된다.

셋째, 균형 잡힌 국가관: 균형 잡힌 국가관이야말로 statecraft의 핵심요소라 할 수 있다. 무엇보다도 '헌법적 가치'가 존중되어야 한다. 최근 교과서 기술상 민주주의가 적합한가 아니면 자유민주주의가 적합한가를 놓고 논쟁이 전개된 끝에 '자유민주주의적 기본질서'라는 데 대체적으로 합의가 이루어지긴 했지만 그것이 무엇인가에 관해서는 여전히 상반된 시각이 존재하고 있다. 우리의 헌법적, 제도적 가치를 특정 이념의 입장에서 접근하는 것은 바람직하지 않다.

넷째, 건전한 통일관이 요구된다. 우리의 경우, 국가관에서 짚고 넘어가지 않을 수 없는 특수한 과제, 즉 대북정책 혹은 민족문제가 자리하고 있다. 여기서는 무엇보다도 국가와 민족에 대한 기본입장이 중요하다. 민족통일은 우리가 지향하는 가치이지만, 우리의 현실은 국가를 뛰어 넘을 수 없다는 데 대한 철저한 자각이 필요하다. 또한 북한 동포와 북한 당국을 엄격히 구분해야 한다.

다섯째, 고도의 식견(암묵지): 국정운영의 전문성은 특정분야의 기술자적 전문성을 가리키는 것이 아니라 한 분야에 정통해지는 과정에서 획득한 국가사회에 대한 총체적인 이해와 그 운영능력을 의미한다. 그것은 이론가적·관찰자적 지식이 아니라, 인간사회의 본질과 조직체의 운영원리에 대한 경험과 추체험306)에 의해 체득된 일종의 암묵지를 지칭하는 것이다. 정책결정 과정에 있어 문제에 대한 정통한 이해와 올바른 정책방향을 결정할 수 있는 고도의 식견이 필요하다. 가장 대표적인 것이 경제와 안보분야 문제이다.

여섯째, 조직의 관리능력과 경력 및 도덕성:

① 조직의 관리능력: 전문성과 더불어 중요한 자질이 사람과 조직의 관리능력이다. 두 가지에 유의할 필요가 있다. 하나는 조직의 크기에 관련된 것으로서 많은 부하를 거느리는 장수와 그러한 소수의 장수를 다스리는 군주에게 요구되는 자질은 다르다. 개인이 직접 관리할 수 없는 규모의 조직은 시스템 관리가 필요하다. 두 번째는 조직의 질 및 성격의 차이이다. 공권력은 강제력을 동반한다. 따라서 일반적인 리더십과 공공 리더십

---

306) 추체험이란 "역사적 행위자의 사고를 증거에 입각하여 행위자의 입장에서 다시 생각함으로써 역사적 행위를 재구성하고 인식하는 활동"을 의미한다. 최근 교육 현장에서 수업원리로 '추체험'에 의한 역사 이해과정이 포함되어 있다.

은 다르며 차이가 존재한다. 국가의 공공성을 충분히 이해하지 못하고 일반적인 관리능력으로 이를 감당할 수 있다고 믿는 지도자를 국정의 책임자로 선출하는 것은 위험한 선택이 될 수 있다.

② 경력과 도덕성: 흔히 비전이 중요하다고 하지만 지도자의 비전이라는 것은 어떤 정책 프로그램을 발표하거나 책자를 내놓는 것이 전부가 아니다. 그보다는 지도자의 경력을 포함한 전 생애를 통해 구현된 가치체계가 비전이라 할 수 있다. 비도덕적 수단으로 지도자가 되면 국가운영에서도 부도덕한 짓을 일삼고 각종 물의를 야기하며 국민정서와 기풍을 타락시킨다.

statecraft를 구성하는 핵심 요소는 시대적 과제를 인식하고 그에 대한 비전을 제시하는 것, 그리고 그 비전을 구현하기 위한 정책능력을 갖추는 것이다. 새로운 제도를 창출하거나 변경하는 것, 인재를 등용하는 것, 그리고 우리 현실에서 분단을 관리하는 것이 이에 해당한다. 이를 위한 해박한 이론적 지식과 경험을 통한 실천적 지식을 겸비하는 것이 바람직할 것이다. 지금까지 대통령들은 이러한 statecraft가 부족했기 때문에 성공하지 못했다. 심지어 statecraft의 기초적 소양마저 부족한 경우도 많았다. 즉 국가가 무엇이며, 민주주의가 무엇인지 잘 모른다는 것이다. 한국사회에 있어서 statecraft의 구축은 우선적으로 공공성의 회복부터 시작해야 한다.

윤여준이 제시한 이러한 statecraft의 덕목은 미래 통일한국의 지도자를 선출하는 데 적용해야 할 기준이라고 할 수 있다. 이러한 덕목 중에서 인간에 대한 깊은 이해나, 건전한 사회관, 조직의 관리능력, 경제에 관한 식견 등은 일반 정치지도자 역량에 속하는 것들이며 건전한 국가관, 통일관, 안보관 등은 안보·통일에 관련된 역량이라 할 수 있다.

3. 한국적 국가영도 리더십 모델

이상에서 우리는 우리의 미래사회를 이끌어갈 지도자가 갖추어야 할 여러 가지 차원의 리더십을 살펴보았다. 리더십이란 여러 가지 차원이 존재하고 각 분야별, 직종별, 직급별로 요구되는 역량이 각기 다르다. 더 나아가 국가를 대표하여 역사를 이루어나가야 할 통치자에게 요구되는 역량은 또 다르다. 더욱이 우리가 당면해있는 전쟁상태를 종결하고 평화 상태를 창출하며 남북통일을 이룩해야 하는 지난한 과제를 감당해내야 하는 한국 대통령의 과제는 막중하기만 하다.

이러한 과제를 수행해야 하는 대통령에게 요구되는 역량은 일반 지도자의 역량과는 다른 특수한 역량이 요구되는 것은 자명하다. 공공 리더십은 강제력을 수반하기 때문에 일반 리더십과는 구분된다. 또한 사익을 추구하는 것이 아니기 때문에 일반 기업 CEO와의 리더십과도 구분된다. 또한 정치적 리더십은 이러한 것들과 구별된다. 정의성과 공공성이 요구되며 더 나아가 안보통일 리더에게는 고도의 통치행위가 요구되는 실천지로서 분별지의 균형이 요구된다.

클라우제비츠는 전쟁의 이중성을 극복하고 삼위일체의 조화를 이룰 수 있는 분별지의 균형 모델로서 천재를 상정하고 있는데 그것은 나폴레옹을 염두에 둔 것이었다. 극한의 상황에서 긴박하고 절실한 순간에 분별지의 균형을 이루는 리더십을 실천할 수 있는 천재의 역할이 필요하다.

이러한 역할의 롤 모델 사례는 반공주의자 닉슨의 중국방문을 통한 핑퐁 외교로, 죽의 장막을 개방시킨 혁신적 역사인식 사례와 3차 세계대전, 핵전쟁의 기로에서 평화적인 해결을 한 케네디의 쿠바 미사일 위기극복 사례 등을 들 수 있으며, 우리나라의 예로는 세종대왕과 이순신 장군을 들 수 있다.

이상과 같은 검토를 기초로 조화통일 미래를 이끌어갈 리더에게 요구되는 국가영도 리더십 모델은 표3-1과 같다.

〈표3-1〉 한국적 국가영도 리더십 모델

미래 통일한국 지도자	조화안보통일 리더	
	• 국가관리/공공 리더십 역량 • 정치적 리더십 역량 • 안보/통일 리더십 역량	
정치 · 안보 지도자	**정치적 리더**	**안보 · 통일 리더**
	• 공공성(정의성)과 도덕성 • 올바른 역사관과 사명감 • 비전과 통찰력 • 이슈 창출 능력 • 커뮤니케이션 능력과 조직력 • 건강과 폭넓은 식견 • 책임감과 국민에 대한 진솔한 애정	• 건전한 전쟁철학과 평화관 • 건전한 국가관/통일관 • 정의의 실현의지 • 노블레스 오블리주 • 분별지의 균형 및 실천
공공지도자	**공공 리더**	
	• 그린green 리더십 역량 • 창조creative 리더십 역량 • 융합fusion 리더십 역량 • '완성된' 리더십　　　('THE' Leadership)	
지도자 교육/훈련 시스템		

국가관리 / 공공 리더십 역량

제1절

국가관리 리더십 역량

    대통령은 행정의 수반이다. 미래국가건설의 비전과 국정철학을 제시하여 국민들에게 희망을 주고, 이를 실현해나갈 수 있도록 행정체계를 갖추고, 변화와 혁신을 통하여 국가체계를 공고히 다져나가야 한다.

    대통령의 성공적인 국정수행은 과거처럼 단순히 결과 중심의 높은 경제성장률 달성에만 달린 것이 아니다. 오히려 좀 더 미묘하고 복잡한 차원의 문제들, 즉 경제와 사회 운영에서 제한된 정부의 역할의 이해, 사회이익집단들 간의 갈등을 해소할 수 있는 능력, 그리고 정책의 성공적 집행을 위해 각 사회 이익 집단들 간의 효과적인 정치적 연합 및 제휴를 이끌어낼 수 있는 조정능력에 달려 있게 되는 것이다.

    이러한 디지털 시대에서는 좋은 결과라 하더라도 나쁜 수단과 절차를 통해서는 합리화되지 못하는 '과정 또는 절차 중심'의 사회로 옮겨가고 있다. 따라서 정책의 최종 결과에 상관없이 정책의 결정과 집행 과정이 투명하게 공개되어 국민이 그 과정을 민주적으로 충분히 이해했으면 결과에 관계없이 대통령의 업적은 인정될 것이다. 나아가 국민이 정책을 이해하고 자발적으로 참여, 협조하면 좋은 정책결과가 이룩될 것이다. 이는 결과보다 절차의 중요성에 기초한 다원화, 분권화를 강조하는 사회구조의 변화와 맞물려 대통령 통치 리더십의 변화가 요구된다.

그러므로 앞으로 대통령은 첫째, 정책결과에 집착하기보다는 과정 또는 절차를 중시하는 '투명한 국정'에 치중하여 과정 또는 절차의 개방화와 의사결정과정의 민주화에 노력하여야 한다. 즉 투명한 국정을 국민들에게 보여주어 자발적인 참여와 협력을 이끌어내는 역할을 주도적으로 담당하여야 한다. 둘째, 명령자가 아닌 조정자로서의 역할이 필요하다.

지금까지 우리 대통령들은 결과에 집착하여 기존 관료제를 기반으로 권위에 의존한 '명령자'의 역할에 익숙하였다. 그러나 획일화되고 경직된 관료구조로는 빠른 정보 전달, 투명한 행정, 권력의 분산을 강조하는 다원화되어가는 사회구조를 따라가지 못한다. 즉 권위에 기초한 명령자로서 대통령은 다양한 권력 또는 이익집단의 활성화로 인한 이익간의 갈등을 해결하기가 어렵다.

한국의 대통령직은 지금까지 '실패한 대통령'을 배출한 '좌절의 자리'였다. 불행한 일이지만 앞으로도 그런 비극이 반복될 가능성은 높다. 그렇다면 대통령직을 '성공한 대통령'을 배출할 '희망의 자리'로 만들 수는 없는 것일까?

한국의 대통령에게 절실히 요청되는 것은 '입법적 리더십'이다. 아무리 정치적 상황이 어려워도 국회, 특히 야당의 양보와 협력을 받아 정책을 입안하고 추진해야 한다. 국정 운영의 중심도 대통령 '개인'에서 국정운영팀이라는 '조직'으로 옮겨가야 한다. 탁월한 자질을 갖춘 개인이 독주하고 각광을 받던 '나훈아와 조용필의 시대'는 가고, 조직이 조화를 이뤄 멋진 무대를 연출하는 '소녀시대와 슈퍼주니어의 시대'가 왔다.[307]

따라서 대통령은 사회적 화합을 조성하고 정책을 조율하는 '약해보이지만 급격한 변화에 강한' 새로운 역할이 요구된다. 이러한 조정자로서

---

307) 함성득. 「공감능력을 갖춘 대통령이 나와야 한다」 특별 강연, 2012.11.8. 07:00~09:00 롯데호텔(소공동) 2층 에메랄드룸.

새로운 대통령의 역할은 우리 민주화의 성숙에 기여하면서 우리의 새로운 도약을 약속할 것이다.

공공 리더십 역량

1. 공공 리더십의 정의와 내용

핫지킨슨은 공공 리더십을 상위차원과 하위차원 두 분야로 나누고 있다. 상위차원은 메타 가치적 차원을 말하고 하위차원은 실무차원의 국가 관리와 행정차원을 말한다.[308] 여기서는 상위차원의 기반가치(메타 가치) 차원의 공공 리더십을 다루기로 한다. 기반가치란 국가, 사회의 존재이유로서 사회적으로 합의된 가치를 말한다. 행정 및 조직생활에서 메타 가치는 능률과 효과성이다. 메타 가치는 개인적, 집단적 가체체계에 부지불식간 강력한 구조적 영향력을 미치는 특별한 가치이다.[309]

statecraft 차원의 공공 리더십이란 기반가치를 창조하고, 유지하고 발전시켜 나가는 것을 말한다. 한국의 기반가치로는 앞에서 살펴본 바와 같이 국가정체성, 국가이념, 생존과 안전보장, 전통 · 문화와 윤리를 제시한 바 있다(개관 및 제3부 논의 참조). 우리나라의 문제는 이러한 기반가치들이 확고히 정립되어 있지 않다는 것이다. 한국사회가 '리더십의 위기'라고 하는 이유가 바로 이러한 가치관의 혼란과 방향정립이 안 되어 있기 때문

---

308) 핫지킨슨. 『리더십 철학』. 안성호 역. 서울: 대영문화사, 1990. p. 4.
309) 앞의 책. p. 61.

이다.

윤리와 도덕은 근대화 과정에서 전통적 윤리, 도덕관이 무너지고 서구의 합리주의와 실용주의가 도입되고 산업화와 민주화 과정을 거치면서 편의적 개인주의와 기회주의, 황금만능주의로 대체되었다. 그리하여 공직은 타락과 부패의 온상이 되었다. 국가정체성national identity 또한 심각한 수준으로 한韓민족의 근원과 영토의 변천에 대한 역사가 제대로 정립되지 않고, 일제의 국권침탈 이후 일본이 날조한 역사를 국사로 인식하여 오늘에 이르렀으며, 식민사관과 민족사관으로 나뉘어 혼선을 거듭하고 있다. 국호國號인 '대한민국'의 뜻을 정확히 아는 국민들이 별로 없을 정도이다. 전통과 문화는 기독교적 서구 문화에 경도되어 빛을 잃고, 최근에는 다문화사회 진입 및 최첨단 물질과학문명의 발전에 따라 침식이 가속화되고 있다. 이념ideology문제는 현재 대한민국의 건국이념인 '자유민주주의와 시장경제체제'에 대한 논란으로 몸살을 앓고 있다. 이렇듯 우리의 기반가치(메타 가치)는 불안정 상태에 있고 물 위에 떠 있는 부유浮游상태에 있다 할 수 있다.

국가정책의 형성단계는 3단계로 이루어진다. 국가라는 조직의 가치들은 가치명료화의 철학적 과정을 통하여 최고의 행정수준으로 표명된다. 이 최고의 행정수준은 아이디어idea 수준이다. 이 첫 번째 단계에서 생성된 아이디어는 지속적인 의사소통이 가능하도록 문서화된 모종의 계획으로 전환된다. 그 다음 이것은 정치적 설득의 과정으로 전환된다. 이 과정은 권력·자원통제·정치의 영역이다. 이로써 우리는 아이디어 수준에서 사람people의 수준으로 옮겨간다. 여기서는 계획을 중심으로 권력과 지지를 모으기 위한 제휴와 설득으로 이루어진다. 이 세 가지 단계 즉, 철학·기획·정치의 단계는 바로 정책형성을 일컫는다.310)

상위차원의 공공 리더십은 바로 이러한 국가의 기반가치를 공고히 하

---

310) 앞의 책. pp. 42-43.

고 유지·발전시켜 나가는 것이 핵심이다. 리더십의 신비는 사실의 세계(현실세계)를 가치의 세계(가치창조성)로 극복함으로써 협동적 노력을 통한 성취를 이루고 새로운 가능성의 세계를 열게 된다.311)

또한 상위차원의 공공 리더십은 그 책임이 대통령과 정부행정고위직만 해당되는 것이 아니다. 소위 각계각층의 사회지도급 인사들은 모두 공공 리더에 속한다. 모두가 국가의 기반가치를 유지 발전시키는 데 진력해야 하며 책임을 나누어 가져야 한다. 공공리더가 공공의 적이 되어서는 안 된다.

김광웅은 『창조! 리더십』에서 '장관론'을 언급하며 미래 공공 리더십의 요건으로 다섯 가지를 들고 있다.312)

첫째, 장관으로서 리더십을 갖추려면 우선 미래를 볼 줄 알아야 한다. 흔히 '비전'이라고 표현하는데 보통 내용은 기대만큼 충분치 못하다. 특히 대통령이나 장관은 앞으로 국가가 어떤 방향으로 가야 할 것이며, 국제적인 추이는 어떻게 변하고 있는지를 숙지하고 있어야 한다.

둘째, 장관은 창조적 상상력을 갖추어야 한다. 그래야 미래를 보고 미래에 추구할 가치가 아름다운지를 가릴 수 있다. 창조적 상상력을 갖추려면 감정적으로 성숙해야 하며 나무보다는 숲 전체를 볼 줄 알아야 한다. 나아가 전뇌적 사고(감성과 이성)를 하는 지도자여야 한다.

셋째, 실용적이고 전략적인 사고와 실천을 할 줄 알아야 한다. 이상은 좋은데 국민이 무언가를 손에 담지 못하면 크게 실망한다. 국민이 원하는 것은 고담준론이 아니라 실체다. 따라서 절차와 과정이 합리적이면서 동시에 합목적적으로 목표를 추구하되 결과가 바람직하지 못하면 그 리더십은 있으나마나이다.

---

311) 앞의 책. p. 48.
312) 김광웅. 앞의 책. pp. 275-276.

넷째, 혼자서 하는 리더가 아니라 '같이 하는 리더'여야 한다. 미래의 리더십을 '공유의 리더십'이라 하는 이유이기도 하다. 항상 1인자만 존재하는 것이 아니라 2인자가 늘 곁에 있어 1인자가 빛나는 것이다.

다섯째, 미래의 리더십이 팀 리더십이라고 하는 점에서 대통령과 장관을 보좌하는 팀이 견실해야 한다. 보좌관, 자문관도 좋지만 그리고 비서실장도 좋지만 미국처럼 부장관, 차관, 차관보 등을 많이 두어 장관의 업무를 경감시키고 공동책임을 지는 방향으로 가는 것이 바람직하다.

2. 공공 리더십 발전방향

최근 한국사회에서 공공부문의 혁신이 핵심과제로 떠오르고 있다. 그동안 사회발전을 선도하여온 공공부문이 이제 국가발전의 발목을 붙잡고 있는 것이다. 정치, 행정, 공기업, 재벌이라는 공공부문의 조직이 방만하게 경영되어 사회비용이 하루가 멀다할 수 없을 정도로 증가하고 있다. 우리나라 공공부문 부채는 2012년 말 기준 821조 원으로 집계되었다.[313] 공공부문의 부채가 발생한 근본 원인은 무엇보다도 무사안일과 부정부패에 있다.

따라서 한국 공공 리더십의 과제는 정치적으로는 국민을 위한 정치, 행정적으로는 책임행정과 혁신, 공기업은 자율과 도덕성, 재벌은 상생과 사회적 책임에 대한 각성이 요구된다. 정치인들의 새로운 정치라는 애매

---

313) 기획재정부는 2014년 2월 14일 사상처음으로 중앙정부, 지방정부, 비금융공기업을 아우르는 공공부분 총부채(2012년 말 기준)를 산출해 공식 발표하였다. 이에 따르면 일반정부(중앙정부+지방정부) 부채 504조 6000억 원, 비금융공기업 부채 389조 2000억 원이며 두 주체 간 내부거래 72조 7000억 원을 뺀 821조 1000억 원이 공공부문 부채이다. 《세계일보》, 2014.2.14.

한 구호, 대통령이 제시한 창조경제라는 개념도 이해 못하는 경제부처, 경영의 책임이라는 단어도 이해 못하는 공기업의 경영, 소유와 경영의 분리라는 자본주의의 대원칙을 무시하는 재벌구조를 조속히 혁신하여야 한다. 바로 이러한 것들이 공공부문 statecraft의 핵심이라 할 수 있다.

서울대 리더십 센터는 2009년 10월 정치인, 관료, 기업인, 지식인, 비정부기구NGO 활동가 등 5개 그룹 30명을 대상으로 '공공 리더십 지수'public leadership index: LPI를 활용한 연구 결과를 발표했다. 공공 리더십 지수란 리더십 센터가 자체개발한 리더십 평가방법으로 상황맥락지능, 정책수립능력, 집행력, 미래지향성 등 모두 120여개 항목의 설문을 통해 공직적합성을 분석하는 일종의 리더십 계량화 모형이다.

리더십 센터의 연구결과는 두 가지 측면에서 일반적인 통념과 사뭇 달랐다. 우선 대학교수, 변호사, 회계사, 언론인으로 구성된 지식인 그룹의 '리더십 지수'가 가장 낮게 나타난 점을 들 수 있다. 지식인 그룹의 리더십 지수는 942점 만점에 310.70으로 5개 그룹 가운데 최하위를 기록했다. 교수와 변호사, 언론인들이 공공 부문의 리더로 다수 발탁되는 현실에서 다소 의외의 결과다.

더욱 놀라운 것은 조사대상 5개 그룹 모두 리더십 지수가 형편없다는 사실이다. 가장 높은 점수를 받은 전ㆍ현직 장차관으로 구성된 관료 그룹의 지수가 고작 384.30으로 40.7%에 지나지 않았다. 시민단체 대표(382.25점), 기업 최고경영자(371.29점), 정치인(319.99점) 등 우리나라를 이끌어가고 있는 지도층의 리더십 점수라고 하기에는 너무 보잘 것이 없었다. 일반의 기대치와는 거리가 먼 낙제수준이다.

왜 그럴까. 리더십 센터 상임고문인 김광웅 교수는 그 이유를 한국사회의 리더십 교육과 훈련의 부재에서 찾았다. 김 교수는 "우리나라 리더들 대부분은 리더십 교육과 훈련을 제대로 받지 않은 채 높은 자리에 올라 중요한 정책을 결정한다"라는 것이다. 대통령이 그렇고 장관들, 공공 부문 기관장들 또한 거의 그렇다. 기업의 최고경영자들도 비슷하다.

김광웅 교수는 2012년 초 발간한 그의 저서에서 리더십의 기본은 정의正義이며 정의는 제도만으로 해결할 수 없다고 말하면서 공공 리더십 차원에서 아름답고 큰 리더로서 그린 리더십, 융합 리더십, 창조 리더십, 여유로운 '완성된' 리더십'THE' leadership을 제시하고 있다.[314]

그린 리더십에서 가장 주목해야 할 것은 생명체에 대한 인식으로서 리더라면 생명의 세계에 대한 지식과 인식이 있어야 하며 '생명의 정치'를 해야 한다고 강조한다.

디지털 시대의 리더십은 융합이며 21세기 양자 패러다임 시대에는 인간을 조직으로만 묶을 수 없다. 융합적 사고는 환원주의로부터의 탈피에서 시작되며 융합적 사고의 6가지 조건으로는 ①전체주의holism적 사고 ②이분법의 극복 ③이성을 넘어선 감성의 중요성 인식 ④관계(상호성)의 내면화 ⑤신비神秘의 인정 ⑥디지그노designo를 들고 있다.

창조 리더십은 이익이나 이해를 넘어 나를 버리는 아름다운 창조를 지향하는 것이다. 21세기는 종합적 지식이 필요한 두뇌사회(뇌본사회腦本社會)이고 창조사회이다. 따라서 리더십 역시 창조적이어야 한다.

'완성된' 리더십'THE' leadership은 최고의 리더십을 의미하는 용어로서 김 교수는 '아름다운 리더십'을 제시한다. 아름다운 리더를 양성하기 위해서는 "넓게, 깊게, 길게, 크게, 다르게, 바르게" 보고 실천할 수 있는 여유롭고 의식하며 비울 줄 아는, 가치를 넘고, 인간을 넘어서는 진정한 오센틱authentic 리더십을 말한다.

---

314) 서양에서는 오로지 유일하고 최고인 것을 'THE'로 표현한다. 'THE 레스토랑'이라고 하면 최고의 레스토랑을 의미하며 THE Open하면 영국 최고 골프 챔피언십을 말한다. '완성된 리더십'이란 용어는 저자가 작명한 것이다. 김광웅. 『서울대 리더십』. 서울; 21세기북스, 2011. pp. 285-308.

정치적 리더십 역량

정치지도자들의 임무와 과제

 한 나라의 정치지도자로서 가져야 할 임무인식은 ①정치사회가 현재 놓여 있는 상황은 어떠한가? ②추구해야 할 목표 가치는 어떤 것이 되어야 하는가? ③현재 수행해야 할 과제는 대체 무엇인가? 하는 것일 것이다. 마찬가지로 전쟁지도자로서 가져야 할 임무인식은 ①국가가 현재 놓여있는 위협 및 위험 상황은 어떠한가? ②전쟁을 하게 되면 추구해야 할 목표 가치는 어떤 것이 되어야 하는가? ③현재 수행해야 할 과제는 무엇인가? (전략 및 대안모색)일 것이다.

 나라의 운명을 뒤바꾼 역사적 순간 뒤에는 항상 대통령의 결단이 있었다. 대통령 리더십의 첫째 항목은 결단력이다. 한 나라와 그 국민들을 이끄는 대통령이 역사적 순간에 어떠한 결정을 내리느냐에 따라 나라의 운명이 크게 뒤바뀔 수도 있다. 그만큼 대통령의 결단력은 절체절명으로 중요하며, 대통령에게 요구되는 리더십과 자격요건 중 가장 중요한 부분이다.315)

 일본에 원자폭탄 투하를 명령한 미국 대통령 해리 트루먼은 "모든 책임은 내가 진다"the buck stops here라고 말했다. 또 조지 W. 부시 미국 대통령은 눌변이었지만 "미국이라는 국가 체제에서는 내가 이 나라의 결정권자

---

315) 닉 레곤. 『대통령의 결단』. 함규진 역. 서울: 미래의창, 2012.

이다. 모든 이의 목소리를 듣고, 모든 이의 의견을 읽고, 그 후에 결정은 내가 한다."라고 말했다. 미국 대통령이 내린 중대한 28가지 결정 중에는 노예해방선언, 루이지애나 매입, 노인 의료보험제 실시, 국립공원 지정, 제대군인 원호법, 파나마 운하 건설, 원자폭탄 투하 명령, 닉슨의 중국 방문, 필리핀 점령, 쿠바 미사일 위기 해결, 피그스 만 침공 실패, 전국을 가로지르는 고속도로 건설 등이 포함돼 있다.316) 대통령의 결정 중에는 오판으로 정당의 몰락을 초래한 것도 있고, 편법을 통해 실행한 것도 있으며, 극심한 반대에 부딪쳤지만 신념과 용기로 밀고 나갔던 결정도 있다. 정당에 대한 충성심 때문에 내린 결정도 있었지만 대부분의 결정은 더 나은 국가, 더 공평한 세계를 만들겠다는 고귀한 이상을 지향하고 있다.

미국 대통령 트루먼은 "대통령직 수행 중 가장 힘들었던 결정은 무엇이냐?"는 질문에 "한국전쟁 참전 결정이었다."라고 답했다. 질문자들은 한국전쟁 참여가 아니라 원자폭탄 투하 결정이 더 어려울 것이라고 생각했다. 그러나 트루먼은 "사실 원자폭탄 투하는 그리 대단한 결정은 아니었습니다. 그것은 단순히 '정의'라는 무기고에 들어 있던 또 하나의 강력한 무기였을 뿐입니다. 원자폭탄 투하를 통해 전쟁을 마무리했고, 엄청나게 많은 사람들의 목숨을 구할 수 있었습니다. 그 결정은 그저 순수한 군사적 결정이었습니다."라고 답했다.

트루먼은 1950년 6월 27일 북한군이 서울을 점령한 뒤 연설문을 발표했다. "그들의 남한에 대한 공격은 공산주의 세력이 한 자주국가를 파괴시킨 행위임을 명백하게 보여주고 있습니다." 트루먼은 자신이 한 행동이 옳은 것이었다고 믿어 의심치 않았다. 그는 일기장에 이렇게 적었다. "그 순간에 대해 평가할 수 있는 것은 여론이나 대중의 의견이 아니다. 그것은

---

316) 토머스 J. 크라우프웰, 에드윈 키에스터. 『모든 것은 내가 책임진다』. 엄자현 역. 서울: 이오북스, 2011.

옳고 그름의 정의관에 따른 리더십이 판단하는 것이다. 불굴의 용기와 정직, 옳은 일에 대한 신념이 있는 자가 역사에 한 획을 그을 것이다."317)라고 말하며 정치지도자의 역사적 과제를 한마디로 일갈하고 있다.

우리의 현실은 세계 그 어느 나라의 경우와 비교할 수 없는 특별한 상황에 처해있으며 그 과제는 실로 막중하다. 전 세계를 상대로 한 북한의 핵 위협을 해소하고 통일을 이룩해야 하는 역사적 과업을 안고 있다. 국내적으로는 정치·경제·사회적으로 양극화를 극복해야 하고, 군사적으로 북한의 핵무장에 대한 억제력을 확보해야 하며, 국제적으로는 G2시대의 도래에 따른 국가대전략을 수립해야 하고 일본의 우경화에 따른 대비책을 강구해야 한다.

국가번영을 저해하는 요소들로는 세대 간의 가치관 충돌, 높은 사회갈등비용, 공직자의 도덕적 해이, 중산층 몰락, 국민들의 무관심과 개인주의 등이 있으며 저출산 고령화 문제와 함께 경제발전을 저해하고 있다.

국가 안전보장의 확보, 지속적인 경제발전 방안 강구, 그리고 사회통합과 통일, 이 네 가지 문제가 한국의 정치·안보 리더들에게 주어진 숙제라 할 수 있다.

---

317) 앞의 책. p. 400.

정치적 리더십 역량

1. 정치적 리더에게 요구되는 역량

    정치적 리더에게 요구되는 역량, 즉 리더십 컨피던시[318]는 무엇인가? 정치적 리더에 대한 자질이 무엇인가 하는 것은 역사상 오랜 연구의 과제 중의 하나였다. 제왕학帝王學이나 현대의 대통령학大統領學은 물론 현대 리더십 연구의 뿌리는 모두 훌륭한 왕과 장군의 자질연구로부터 시작되었다. 플라톤은 이데아와 현실세계에 대한 앎을 가진, 최고의 지혜를 가진 철인왕哲人王을 상정하였고, 마키아벨리는 교활함과 힘을 가진 사람을, 사회주의 정치학자로서 '과두제의 철칙'으로 유명한 로버트 미헬스Robert Michels 는 웅변·열정·지력·체력·도덕성 등을 역량으로 들었다. 또한 정치학의 종합적 연구를 주창한 미국의 정치학자 메리엄Merriam은 고도의 사회적 감수성, 친근성, 단체교섭 능력, 표현능력, 정책·전략 및 이데올로기 창안능력, 고도의 용기 등을 들었다. 독일의 사회학자이자 정치학자로서 "프로테스탄트 윤리"에 대한 테제로 유명한 막스 베버Max Weber 는 정열·책임감·

---

318) 리더십 컨피던시(leadership confidency) 이론은 현대 리더십 이론으로서 역량을 의미한다. 컨피던시 이론은 직무별로 요구되는 직무역량 연구로부터 출발했고 그 결과 그것이 바로 리더십 역량이라는 것이 밝혀진 이후 리더십 역량으로 개념화되었다.

판단력을 들었고, 미국의 민주주의 운동가 로버트 다알_{Robet Alan Dahl}은 윤리적 능력과 기술적 및 수단적 능력을 들었다.

동양에서 제왕학의 교재 중에서 가장 유명하고 대표적인 것이 『정관정요』_{貞觀政要}이다. 이는 '정관_{貞觀}의 치_治'라는 중국역사상 최고의 태평성대를 이끌었다고 평가받고 있는 당태종_{唐太宗} 이세민_{李世民}의 통치철학을 오긍_{吳兢}이 정리한 것이다. 이것은 지난 1천년 이상 제왕학의 대표작으로 간주되어 왔으며, 고려와 조선시대 중반까지 경연_{經筵}319)의 중요한 텍스트로 받아들여졌다. 나아가 오늘의 민주정치 시대에도 정치지도자의 덕목으로 요청되는 내용들을 대부분 포함하고 있다. 이 책의 뛰어난 관점은 태평성대냐 난세냐 하는 것은 운수소관이 아니라 철저히 인간, 특히 군주가 하기 나름이라고 보고 있으며 국운의 번창은 군주의 덕행에 달려있다고 보는 데 있다. 정관정요는 창업과 수성_{守成}을 구분하고 있으며, 대도_{大道}를 강조하고 있다. 제왕학의 기본은 용인술이다. 그리고 법과 제도의 공정한 운용, 백성의 윤리적 덕목 진작과 풍속의 교정, 화이질서_{華夷秩序}(중국을 중심으로 주변국들을 오랑캐로 보는 천하관)의 대외관계(안보)를 공통적인 특징으로 하고 있다.320)

우리나라에서는 조선 후기에 성리학이 조선왕조의 공식적인 국가 이데올로기가 되었고 국정운영, 나아가 사회생활 전체의 기본원리이자 지침으로 작용하는 등 크나큰 영향을 미쳤다. 성리학의 국정운영과 구체적인 방법론은 전통적 제왕학과 적지 않은 차이가 있는데 그 특징은 다음과 같다.321)

첫째, 천지의 원리인 이_理와 기_氣로 만물을 설명하는 등 인간과 우주의

---

319) 고려와 조선 시대, 임금의 학문 수양을 위해 신하들이 임금에게 유교의 경서와 역사를 가르치는 일을 이르던 말 또는 그런 자리를 이르던 말이다.
320) 윤여준. 앞의 책. pp. 59-71.
321) 윤여준. 앞의 책. p. 73.

본성에 관한 심오한 형이상학을 토대로 전개되는 고도의 사변철학思辨哲學이다.

둘째, 치국의 요체로서 '수신제가치국'修身齊家治國 중에서도 특히 자기를 다스린 연후에 남을 다스린다는 '수기치인지도'修己治人之道를 강조한다. 수기란 인간 속에 내재하는 하늘의 원리를 발현시키기 위해 마음을 닦고居敬 이치를 탐구하는窮理 것으로, 이를 통해서만 올바른 통치자聖人가 될 수 있다는 것이다. 그리고 이러한 성인은 다른 사람들을 깨우쳐 덕을 갖추도록 하여明明德於天下 새로운 백성新民으로 거듭나게 만들어야 한다는 것이다. 그리고 이를 위한 구체적인 방법론으로 격물格物, 치지致知, 성의誠意, 정심正心을 중심으로 공부하는 강학講學, 그리고 구체적인 방향과 계획을 세우는 정계定計, 끝으로 어진仁이를 임명하여 맡기는 임현任賢을 핵심과제로 제시하였다.

셋째, 원래 하늘은 이러한 확고한 원리를 인간세계에 전해주어繼天立極 공자孔子와 맹자孟子에게서 완성을 보았으나 이후 그것이 전해지는 데道統之傳에는 단절이 있었다는 것이다. 『정관정요』 같은 전통적인 제왕학에서는 그러한 원리는 천명天命을 받은 황제에 의해서 밝혀지고 실현될 수 있다고 보았던 반면, 주자朱子의 성리학은 그러한 입장을 패도覇道로 보았다.322) 즉

---

322) 왕도와 패도의 개념으로 정치를 설명한 것은 맹자(孟子)에서 비롯되는데, 그는 "힘으로 인(仁)을 가장하는 것을 패라 하고, 덕(德)으로 인을 행하는 것을 왕이라 한다"라고 했다. 맹자의 이러한 설명은 고대의 제왕들이 덕에 의한 정치를 실현한 데 반해 후대의 제후들이 힘으로 신하와 백성들을 통치하는 것을 비판하는 것이었다. 맹자는 패도를 행한 대표적인 제후로 제(齊)의 환공(桓公), 진(晉)의 문공(文公), 송(宋)의 양공(襄公), 진(秦)의 목공(穆公), 초(楚)의 장공(莊公)을 들었는데, 이들을 춘추5패(春秋五覇)라 한다. 맹자의 왕도사상을 계승한 유교정치이념에서 패도는 항상 부정적인 정치를 가리키는 개념으로 사용되었으며, 주로 법적 강제를 통한 통치, 부국강병을 목표로 하는 정치가 패도로 비난받았다. 그러나 법가의 경우에는 오히려 실정법에 의해 국가를 통치할 것을 주장하여 법률·형벌을 중시하고 부국강병을 제창했다. 법가의 사상은 진(秦)나라의 정치이념으로 채택되기도 했으나 한대(漢代)에 유교가 국교화 됨으로써 표면적으로는 사라졌다. 그러나 법가의 사상은 유교국가의 현실 정치 속에서 명맥을 유지하면서 유교정치이념에도 영향을 미쳤다. 흔히 공리주의(功利主義)라고 일컬어지는 송 대의

시간과 공간상의 보편적인 원리로서 하늘이 명령한 인성人性이 존재하며, 그것을 찾아내고 닦는 수기修己야말로 진정한 왕도王道라고 본 것이다. 특히 이러한 수기통치학修己統治學은 황제 한 사람의 몫이 아니라 황제를 중심으로 하되 당시 대두되고 있던 사대부 층의 몫이라고 보면서, 국가운영에서 지배층 특히 관료집단의 역할을 중시하였다.

미국의 예를 살펴보면 그린슈타인Greenstein은 프랭클린 루즈벨트부터 클린턴에 이르기까지 대통령의 리더십 스타일을 5가지로 분석평가 하였다. 요약하면 첫째, 정치적 소통: 대중과의 의사소통 능력. 둘째, 조직적 능력: 내부 업무를 수행하고 동료를 규합하며 행동을 효과적으로 조직화하는 능력. 셋째, 정치적 기술: 정권의 순조로운 운영능력. 넷째, 비전: 정치의 비전에 얼마나 부응했는가 하는 정도. 다섯째, 인지 스타일: 쏟아지는 정보와 조언처리 능력이 그것이다.[323] 그리고 여기에 추가했으면 하는 몇 가지 지수로 감성지능과 창조력, 실행력, 윤리성을 더했다. 감성지능은 자제력, 자기훈련 및 공감적 능력으로 자신의 열정을 다른 사람에게 전달하고 그를 끌어들이는 능력이다. 창조력은 조직의 창의성을 조성하는 능력이며, 실행력은 설정한 비전이나 행동을 실천하는 능력을 말한다. 마지막으로 윤리성은 공공 리더로서의 윤리성과 도덕성이다.

2. 정치적 리더의 자질

정치적 리더의 자질문제는 단지 개인의 자질이나 능력으로만 파악될 것이 아니라, 집단의 기능이나 상황과 관련시켜 생각되어야 한다. 정치가

이구(李覯)·왕안석(王安石)·진량(陳亮)·섭적(葉適) 등의 사상은 유교정치이념뿐만 아니라 법가의 사상도 적극적으로 채택했다. (다음 백과사전)

323) 프레드 그린슈타인. 『위대한 대통령은 무엇이 다른가』. 김기휘 역. 서울: 위스덤하우스, 2000.

들에게 요구되는 가장 우선적인 것은 도덕성이다. 현대 리더십 분야의 권위자인 미국정치학자 제임스 번즈는James M. Burns는 일찍이 정치지도자들의 도덕성 여부를 판단하는 세 가지 차원들, 즉 목적가치end-value, 행동양식가치modal-values, 그리고 자유로운 의사토론free discussion을 제시함으로써 정치에서 도덕의 문제를 사적私的차원과 함께 공적公的·정책적政策的차원에서도 분석평가 할 수 있게 하였다. 즉, 앞서 소개한 세 가지는 번즈가 강조해 마지않는 '도덕적 리더십'moral leadership의 세 가지 조건들, 혹은 정치지도자들의 도덕성 여부를 판단하는 조건들인바 이를 풀어 소개하면 다음과 같다.324) 첫째, 정치지도자가 자유·정의·평등 혹은 민주주의 같은 "목적가치"들을 추구하고 있는가? 둘째, 정치지도자는 정직·책임감·성실함·공정함·공약의 준수·준법 등과 같은 '행동양식 가치'들을 실천하고 있는가? 셋째, 정치지도자는 자유로운 의사소통을 통한 상호비판과 평가를 가능하게 하고 있는가? 하는 것이다.

이 점에 있어서 한국학중앙연구소 정윤재 교수는 우리의 정치와 정치인들에 대한 평가가 여전히 부정적이고 냉소적인 이유에 대하여 우리나라 정치인들은 대체로 '목적가치'end-values에 경도된 나머지 '행동양식가치'modal values의 실천에 소홀했기 때문이라고 지적하고 있다. 시기마다 정치인들은 반공 건국, 조국 근대화, 그리고 정치 민주화라는 목표 달성에 집착한 나머지 각자의 행동을 제대로 다스리는 데는 소홀했다. 즉, 성실·준법·정직·공평·약속 지킴·일관됨 등과 같은 주요한 행동양식 가치들을 실천하는 노력이 부족했다. 그래서 대부분의 정치인은 부정·비리·불법에서 자유롭지 못했고 국민들의 신망을 얻는 데 실패했다고 평가하였다. 이외에도 정치지도자의 리더십의 질, 시민교육의 부재 등을 들고 있다.325) 따라서 한국 대통령에게 요구되는 자질로 ①분명한 이념과 노선으

---

324) Burns, J. M. *Leadership*. New York: Harper & Low, 2006. pp. 295-298.

로 국가경영의 비전을 제시할 수 있는 사람 ②여러 행동양식가치들이 몸에 배어있을 뿐 아니라 '말 잘하는 사람' ③그간 여러 고질적인 문제를 해결하기 위하여 노력해온 사람을 들고 있다.[326]

최평길 교수는 2007년의 저술『대통령학』에서 대통령과 리더십을 다루면서 일반적인 리더십의 요소로서 ①비전 제시와 목표의 명확화 ②위기관리와 문제해결 능력 ③조직원과의 인간관계 발전 역량 ④정치협상과 조정력 ⑤자신감, 결단력, 긍정적·낙관적 사고 ⑥전문지식과 강인한 체력 ⑦도덕성을 들고 이 일곱 가지 덕목과 대통령의 국정수행을 연계시켜 능력과 자질, 업적, 개혁과 참신성을 추가하여 대통령의 리더십 덕목으로 열 가지를 들고 있다.[327]

『대통령 리더십 총론』을 저술한 대통령리더십연구소 소장인 박진은 바람직한 대통령의 리더십 방향으로는 21세기 리더십에서 반드시 지향해야 할 요소로 비전vision 리더십, 변화change 리더십, 화합harmony의 리더십 3가지를 들고 있다.[328]

또, 서울대 리더십 센터 김광웅 교수는 대통령 리더십 평가문제를 다루면서 여러 예를 들고 있는데, 미 CNN은 ①대중설득 ②위기관리 리더십 ③경제 관리능력 ④윤리적 권위 ⑤국제적 관계 ⑥행정능력 ⑦의회와의 관계 ⑧비전과 의제설정 ⑨만민을 위한 평등한 정의 추구 ⑩시의에 맞는 성과를 기준으로 역대 대통령을 평가 하였고 '그린슈타인'Greenstein은 ①정치적 소통: 의사소통 능력 ②조직적 능력 ③정치적 기술 ④비전 ⑤인지스타일: 쏟아지는 정보와 조언 처리 능력 ⑥감성지능 ⑦창조력 ⑧실행력 ⑨윤리성과 도덕성을 들었으며[329], 그리고 미국의 비영리 케이블 TV의 공

325) 「정치의 質은 정치인의 질에서 나온다」. ≪동아일보≫, 2006.07.13.
326) 정윤재. 『정치 리더십과 한국의 민주주의』. 서울: 나남출판, 2003. pp. 557-563.
327) 최평길. 『대통령학』. 서울: 박영사, 2007. pp. 33-36.
328) 최진. 『대통령 리더십 총론』. 서울: 법문사, 2007. pp. 679-680.

중통신망인 C-Span이 발표한 대통령 평가기준으로는 ①대중설득 ②위기 대처 ③경제 관리 ④도덕적 권위 ⑤국제관계 ⑥관리기술 ⑦의회와의 관계 ⑧비전 제시 ⑨공정성 추구 ⑩임기 내의 업적 등을 들었다.[330] 이 같은 평가기준은 바로 대통령에게 요구되는 역량이라 할 수 있다. 통상 직위나 직책이 요구하는 역량을 '컨피던시'confidency라고 하고 그것은 현대 리더십 이론에서 리더십 역량으로 개념화되었다.

이상과 같은 검토를 기초로 정치적 리더에게 요구되는 자질(역량, 컨 피던시)을 종합해보면 일반적인 리더로서의 역량, 정치지도자로서 가져야 할 역량, 그리고 고도의 통치행위를 할 수 있는 실천지實踐智 차원의 역량으 로 나누어볼 수 있으며 일반적인 정치지도자로서 요구되는 능력은 다음과 같이 요약, 정리될 수 있다.

① 공정성(정의성)과 도덕성
② 올바른 역사관과 사명감
③ 비전과 통찰력
④ 커뮤니케이션 능력
⑤ 이슈 창출[331] 및 조직관리 능력
⑥ 건강과 폭넓은 식견
⑦ 책임감과 국민에 대한 진솔한 애정 등이다.

---

329) 프레드 그린슈타인. 『위대한 대통령은 무엇이 다른가』. 김기휘 역. 서울: 프리덤하우스, 2000.
330) 2009년 C-Span의 대통령 평가는 1.링컨, 2.워싱턴, 3.프랭클린 루스벨트, 4.시어도어 루스벨트, 5.트루먼, 6.케네디, 7.제퍼슨, 8.아이젠하워, 9.윌슨, 10.레이건의 순이다. 김 광웅. 『창조! 리더십』. 서울: 생각의나무, 2009. pp. 209-213.
331) 이슈 창출 능력이란 백기복 교수가 『이슈 리더십』에서 제시한 개념으로서, 리더는 이슈 를 창출하고 이를 관리함으로써 조직목표달성 및 효과성을 제고한다는 개념이다.

제4장

안보통일 리더십 역량

제1절

안보통일 리더십의 필요성

1. 국가안보의 개념과 대통령의 책무

국가안전보장은 국가의 생존과 국가이익의 안전한 확보와 보존을 말한다. 생존과 국가이익을 수호하는 것은 국가의 최우선적 책무이며 따라서 안보 리더십은 대통령 리더십의 핵심이라 할 수 있다. 이를 위하여 헌법은 대통령에게 국가보위의 책임(66조 및 69조)과 국군통수권(74조)을 부여하고 있다.

현대적 국가안보 개념이 확장되면서 절대안보 개념이 상호안보, 공동안보, 포괄적 안보로 확대되었다. 포괄적 안보란 정치·군사적 위협은 물론이고 경제, 환경, 에너지, 사회 등 모든 분야에서 야기되는 위협에 대처하는 종합적인 개념이다. 따라서 모든 국가는 상호 협력과 공동대처를 위한 노력을 하고 있다.

2. 한국의 안보현실

한국은 세계 유일의 미해결된 분단국가로서 첨예한 군사대결을 해왔으며, 최근에는 북한의 핵개발로 핵전쟁 위험에 노출되었다. 일본은 우경화로 치달으며 역사를 왜곡하고 영토갈등을 조성함으로써 한국, 중국과의 관계가 악화되고 있다. 전문가들은 구한말의 안보상황과 같다고 말하고 있다.

지난 60여 년 간 북한의 최우선적 국가목표는 대한민국의 파괴를 통한 적화통일이어서, 한국의 심장부인 서울에 핵무기를 투하할 수 있고 방사포를 발사하며 즉각 전쟁에 돌입할 수 있고, 분단된 민족이기 때문에 적대세력이 쉽게 침투할 수 있는 약점도 있다. 또한 한국은 강대국들의 중간에 위치하여 강대국들의 경쟁적 침탈대상이 되었던 지정학적 취약성을 가지고 있다.

북한이 3차 핵실험을 하고 2013년 광란의 핵전쟁 공포분위기를 조성하면서 국제사회는 망연자실하였다. 그동안 통일에 대한 접근은 북한에 대한 경제, 군사적으로 압도적 우위에 있는 역량을 기반으로 비교적 여유있는 접근을 해왔던 게 사실이다. 그러나 이제는 상황이 근본적으로 달라졌다. 북한 핵이 기정사실화되었기 때문이다.332)

이에 따라 우리에게 시급히 요구되는 것은 이에 대한 대비이다. 북한 핵무장을 무력화시키고 억제할 수 있는 기본적인 안보역량의 우선적인 구비가 국가전략 및 정책의 우선순위에 있어 그 무엇보다도 우선적으로 요구된다.

따라서 한국적 상황에서는 그 어느 나라보다 안보 리더십이 중요하다 할 수 있다. 그럼에도 역설적으로 민주화 이후 한국 대통령의 안보 리더십은 국민들의 초점의 대상이 되지 못하고 통일 논의에 밀려 후순위로 밀려났던 것이 사실이다.

그러나 통일 노력은 북한의 핵개발로 인해 새로운 차원으로 진입하게

---

332) 하정열 외. 『신뢰, 안보 그리고 통일』. 서울: 오래, 2014. pp. 11-12.

되었다. 통일지상주의의 환상이 무너진 것이다. 이제는 안보를 바탕으로 하지 않으면 의미가 없다. 패러다임이 바뀐 것이다. 신뢰를 바탕으로 한 단계적 접근이 아니고는 안전을 보장할 수 없게 된 것이다.

3. 안보통일 리더십 평가요소

따라서 한국 대통령은 안보 리더십이 절실히 요구되면 이를 바탕으로 통일을 추진해나갈 수 있는 통일 리더십이 겸비되어야 한다. 한국 대통령의 안보 리더십을 평가하는 요소로 김충남은 다음과 같이 제안하고 있다.[333)]

첫째, 국가안보의 최고 지도자로서 필요한 자질을 가지고 있는가.

둘째, 남북한이 첨예한 체제경쟁을 벌이고 있는 현실에서 대통령이 어떤 국가관과 역사관을 가지고 있는가.

셋째, 안보정세에 대한 상황판단으로서 한국이 대외적으로 어떤 위협에 처해 있으며, 우리의 대처능력이 적절한가에 대한 판단능력.

넷째, 국가안보 전략 및 정책의 우선순위를 설정할 수 있는 능력.

다섯째, 안보정책의 결정 및 집행능력.

여섯째, 한국의 안보여건을 고려할 때, 안보외교가 중요하며 따라서 동맹외교(한미동맹)를 효과적으로 관리 할 수 있는 능력을 들 수 있다.

그렇다면 이러한 막중한 임무를 수행해야 하는 대통령에게 요구되는 역량은 무엇이며 대통령을 꿈꾸는 정치지도자 및 정치가들에게 요구되는 역량과 어떤 차이가 있는가? 있다면 그것은 무엇인가?

---

333) 김충남, 「한국 역대 대통령의 안보 리더십 평가」, 『한국군사』, 2012 겨울호, pp. 51~52.

제2절

조화 안보통일 지도자 역량

이상의 검토를 기초로 안보·통일 리더에게 요구되는 통치역량을 정리해보면 전쟁철학과 평화에 대한 고도의 식견을 바탕으로 건전한 국가관과 안보·통일철학, 정의의 실현의지, 도덕성과 노블레스 오블리주, 분별지의 균형 및 실천 역량 등을 들 수 있다. 구체적으로 살펴보자.

1. 건전한 국가관과 안보·통일철학

가. 국가관

국가관이야말로 statecraft의 핵심요소라 할 수 있다. 국가는 합법적 폭력을 독점하는 등 강제력을 가지고 있으며 따라서 공공성을 생명으로 하고 있다. 건전하게 균형 잡힌 국가관이 중요한 이유는 특정 시대 특정한 사람들이 갖고 있는 인간과 사회에 대한 이해와 가치관이 공적영역으로 승화되고, 나아가 강제력을 동반하여 현실에 시행되는 기재이기 때문이다. 이런 점에서 우리가 기준으로 삼아야 할 균형 잡힌 건강한 국가관이란 무엇보다도 '헌법적 가치'가 존중되는 국가관이어야 한다.

최근 교과서 기술상 '민주주의'가 적합한가 아니면 '자유민주주의'가

적합한가를 놓고 논쟁이 전개된 끝에 '자유민주주의적 기본질서'라는 데 대체적으로 합의가 이루어지긴 했지만 그것이 무엇인가에 관해서는 여전히 상반된 시각이 존재하고 있다. 오늘날 우리가 수호·발전시키려는 '자유민주주의적 기본질서'란 서구의 경우 주로 자유주의와 그것의 외연이 확장된 자유민주주의의 실현과정에서 획득되었다는 역사적 사실을 부인할 수 없다. 나아가 오늘날 자유민주주의 이념은 그러한 가치를 현실적으로 가장 잘 그리고 대표적으로 합리화하고 있는 사상체계로서 사회민주주의까지를 포괄하는 것인 만큼 애써 이를 부정하려는 것은 오늘의 국제적 상식에서 벗어난 태도라 할 수 있다.

우리 헌정사에서 이와 같은 자유민주주의가 독재를 옹호했기 때문에 배척되어야 한다는 주장은 사실관계에 있어서 잘못된 것이다. 실제로는 이와 반대로 독재가 스스로를 자유민주주의라고 강변해왔다는 것이 사실에 가깝다고 할 수 있다. 결국 헌법적 가치가 자유민주주의적 기본질서라는 점, 그리고 이를 이끌어 온 주류이념으로서의 자유민주주의를 애써 부인하려는 것은 본말本末이 전도된 사고방식이라 하지 않을 수 없다. 우리의 헌법적, 제도적 가치를 특정 이념의 입장에서 접근하는 것은 바람직하지 않다.

국가운영에서 이념의 중요성은 결코 경시될 수 없다. 그것이 없다면 방대한 영역에 걸친 다양한 정책의 전반적인 일관성과 통일성을 확보하기 어렵다. 그렇지만 세심한 주의가 필요하다. 국가운영에서 이념적·추상적·일반론적 잣대를 기계적으로 적용한다면 올바른 정책을 수립하기가 어렵게 된다. 물론 극단적인 이념체계는 배척되어야 마땅하다. 중요한 것은 이념적 정체성이 아니라 다양한 이념적 연원을 갖는 정책들을 현실 속에서 어떻게 배열하느냐 하는 것이다. 여기서 요구되는 기준은 '국민생활'을 염두에 둔 '균형과 합리'라고 할 수 있다. 당대적으로는 복지와 생산성 간에, 통시적 차원에서는 특히 연금체계, 그리고 교육투자에서 고도의 균형이 확보되어야 한다. 이러한 시공간적 균형과 합리성이 무시될 때, 이른바 포퓰리즘이 대두될 수 있다.

나. 안보, 외교관

안보는 국가의 기본이라는 점을 집권자는 명심해야 한다. 안보에 공짜는 없으며 또한 여기에서는 어떠한 시행착오도 용납될 수 없다. 만반의 태세를 갖추고 만일의 사태에는 확실하게 국민의 생명과 재산을 보호해낼 수 있어야 한다. 안보 리더에게 있어 가장 우선적이고 중요한 일은 국가를 수호하고자 하는 국민적 의지를 북돋고 결집시키는 일이다. 모든 국민들이 나와 나의 가족이 행복하게 살 수 있는 나라, 나의 꿈을 펼칠 수 있는 나라, 그리하여 지킬 가치가 있는 나라라는 의식을 가질 수 있도록 하는 것이 기본이다. 두 번째로는 국가가 나의 생명과 재산을 지켜줄 수 있는 의지와 능력을 가졌다는 것을 보여주는 것이 중요하다. 그래야 국민들이 정부를 신뢰하고 의지를 결집할 수 있는 것이다. 셋째로, 정부가 정권차원이 아니라 국가차원에서 초당적이고 합리적으로 안보정책을 수립하고 또한 전문성과 중립성을 바탕으로 군을 통솔한다는 것을 보여줄 수 있어야 한다.

국가안보와 직결된 외교안보 분야의 능력도 매우 중요하다. 여기서 중요한 것은 민주적 통제력이 강하게 작동되는 국내정치와 무정부상태 속의 권력정치power politics, 즉 '레알 폴리틱스'real politics가 아직도 기본적인 특성을 이루고 있는 국제정치의 개념과 현실을 이상과 혼동하지 않아야 한다. 따라서 앞으로 국가 최고지도자가 되려고 하면 앞장에서 검토한 현실주의적 전쟁관과 평화관에 기초한 안보전략가로서의 식견이 요구된다.

특히 북한의 계속되는 핵위협을 극복하며 통일을 지향하고 다자안보

체제 구축 등 동북아 평화체제 구축을 위해서는 확고한 외교관이 정립되어야 하는데 그것은 확실한 우방국의 확보 유지와 더불어 모든 관련국들과의 원만한 관계유지가 중요하다. 새로운 우방을 위해서 기존의 우방과의 관계를 소원하게 하는 일은 없어야 한다. 더욱이 정권교체에 따라 대외정책이 일관성을 잃고 표류함으로써 모든 우방을 잃는 우매함을 범해서는 안 된다. 중국과의 관계를 긴밀히 하는 것도 중요하지만 미국과의 관계가 손상을 받아서는 안 될 것이다. 역으로 그간 소원해졌던 미국과의 관계를 개선시키는 일도 시급하지만, 그렇다고 중국과의 관계에 손상을 주는 방식으로 추진되어서는 곤란하다. 특히 장기적으로 한미동맹과 한중관계가 충돌하는 사태가 발생하지 않도록 용의주도하고 세련된 외교를 전개해나가야 한다. 여기에서 핵심적인 요소가 북한이며, 대북정책과 북한 관리의 중요성을 절감하지 않을 수 없다.

다. 통일관

올해로 분단 66년째를 맞고 있고 분단고통 해소를 위해 통일을 염원하고 있지만 빠른 시일 내에 통일을 기대하기란 어려운 현실이다. 각종 여론조사를 보면 우리 국민은 통일과정에서 불안정한 정세가 조성되거나 경제적으로 어려운 상황에 직면하지 않을까에 대한 우려가 크다. 그래서 통일기금조성 논의가 이루어지고 있다. 급변사태 등 갑작스런 흡수통일시 우리국민이 지게 될 짐이 너무 무거울 것이라는 것은 명약관화明若觀火하다. 또한 우리나라가 처한 여러 사회 경제적 여건을 고려할 때, 통일은 우리에게 새로운 도약의 발판을 마련할 수 있다. 박근혜 대통령은 연두기자회견에서 '통일은 대박이다'라고 말하면서 한반도 신뢰프로세스를 강조하였다. 정부는 남북한이 교류와 협력을 통해 신뢰를 쌓고, 협의와 합의를 통해 점진적이고 평화적으로 통일을 이루어 나가고자 한다.

통일을 향한 여정에 있어서 짚고 넘어가야할 것이 있다. 대북정책에 있어 민족끼리의 문제이다. 여기에서는 무엇보다 국가와 민족에 대한 기본입장이 중요하다. 민족통일은 우리가 지향하는 가치이지만, 우리의 현실은 국가를 뛰어넘을 수 없다는 데에 대한 철저한 자각이 필요하다. 민족은 국가를 넘어설 수 없다. 민족주의 이데올로기는 이미 낡은 이념으로써 국제화시대 다문화시대에서 그 의미는 상당부문 퇴색된 지 오래다. 따라서 '우리민족끼리'라는 용어는 선뜻 받아들이기 어렵게 되었다. 두 번째로는 북한 동포와 북한 당국을 엄격히 구분하는 자세가 필요하다. 북한 동포에 대해서는 깊은 애정을 갖고 있어야 하며 특히 인류보편의 가치관에 입각하여 그들의 어려운 처지를 개선해주기 위한 휴머니즘이 필요하다. 그러나 북한 체제에 대해서는 이를 수용하거나 인정할 수 없다는 비판적 입장을 확실히 견지해야 한다. 다만 북한 당국에 대해서는 그들이 우리의 공식적인 상대이니만큼 특히 정부 당국자는 법도에 맞추어 그들을 대하는 자세가 필요하다.[334]

2. 정의의 실현 의지

2010~11년 마이클 샌델의 저술『정의란 무엇인가』가 120만 부가 넘게 팔리면서 모두들 깜짝 놀랐다. 그만큼 한국인들이 정의에 목말라하고 있었던 것이다. 한국사회에 있어서 당대적當代的・시공적時空的으로 요구되는 정의란 무엇인가? 분석가들은 그것을 사회적・경제적・이념적 차원에서의 불균형을 제시하고 있다. 즉 사회 내부의 부패(특히 정치인을 비롯한 지도층), 중산층의 몰락으로 인한 빈부격차의 심화, 북한 핵문제 등 북한

---

334) 윤여준. 앞의 책. pp. 151-152.

의 위협, 통일문제와 관련한 남남 갈등 등이다.

대통령은 균형감각이 있고 공공철학과 사회정의 실현의지가 있어야 하며 국민들과 공유할 수 있는 가치를 추구해야 한다. 한국에서는 정치이념, 지역, 그리고 세대에 따라 각자의 정의가 존재한다. 저마다 정의를 주장하며 서로를 공격하고 등을 돌리는 분열된 현실이다. 우리사회를 이끌어갈 '보편적 정의'는 무엇인가? 일반적 정의로부터 사회적 정의 그리고 정치적 정의로 나아갈 수 있어야 한다. 철학자 아리스토텔레스가 주장한 3가지 정의를 가지고 이 시대 우리나라의 시사점을 살펴보면,

첫째, 평균적 정의: 모든 사람은 법 앞에 평등해야 한다. 부유하거나 또는 가난하거나, 피부색이 황색이거나 검은 색이거나, 지위가 높거나 낮거나, 얼굴이 잘생겼거나 아니면 못생겼거나 법은 만인 앞에 평등해야 한다. 재벌이라고 해서 범죄를 저질러도 처벌이 약하거나, 대통령이나 고위 관직에 있으면 처벌을 받지 않거나, 자녀가 군대에 가지 않거나 이러한 일은 정의롭지 못하다고 할 수 있다.

둘째, 일반적 정의: 준법정신과 도덕 윤리를 잘 지켜야 한다. 이는 개인의 사회적 의무로서 노약자를 보호하고 교통법규 같은 것을 잘 지키며 주위사람에게 모범이 되는가 하는 것으로서 우리가 수시로 접하고 처리하게 되는 수많은 일상생활에서의 정의로움을 말한다.

셋째, 배분적 정의: 각자 개인의 능력이나 사회에 공헌, 기여한 정도에 따라서 다른 대우를 받아야 한다. 과연 우리나라는 정의로운 국가이며 정의로운 사회로 평가 할 수 있는가? 점수로 환산하면 한국인의 73.8%는 '한국사회는 불공정하다'고 평가하고 있는 반면, 미국인은 62.3%가 '미국사회는 공정하다'는 인식을 가지고 있다.

능력을 가진 사람은 자신의 능력을 최대한 발휘할 수 있고 가난하거나 능력이 부족한 사람은 가장 많은 혜택을 받아야 정의로운 사회이며 사회

적 약자에 대한 배려가 전제된 다음, 나머지를 가지고 각자의 능력이나 업적에 따른 차등분배가 이루어져야 정의로운 사회이다. 정의로운 국가는 정의로운 사회가 성립되면 자연스럽게 이루어질 것이며, 이는 기득권자가 먼저 솔선수범하여 정의를 실현할 때 비로소 정의로운 사회가 구현될 수 있다.335)

　윤여준은 정의실현을 위해 87년 체제의 극복과 올바른 변화를 강조한다. 그는 변화의 시기는 이미 도래하였다고 선언하면서 오늘의 과제는 바로 어디에서 변화의 동력을 찾아 어떤 방향을 향해, 어떤 방법으로 변화할 것인가에 있으며, 변화가 중요하지만 더욱 중요한 것은 '올바른 변화'라고 강조하고 있다. 선진국으로 도약하는 데는 창조적이고 주체적인 사고와 발상, 그리고 국민들의 의식과 체질상의 변화 없이는 불가능하다고 말하면서 민주화 이후 20년간 이어온 정체와 답보의 시대를 마무리하고 시대 변화에 걸맞은 국가 건설을 위한 새로운 출발의 계기를 만들어야 한다고 말하고 있다.336)

3. 도덕성과 노블레스 오블리주

　'노블레스 오블리주'noblesse oblige란 "귀한 신분에는 책임이 따른다"라는 뜻의 프랑스어다. 명예noblesse만큼 그 의무oblige를 다해야 한다는 뜻으로 사회지도층의 도덕적 의무를 말하고 있다. "높은 신분에 따르는 사회지도층의 정신적, 윤리적, 도덕적 의무와 리더십"에 깊은 의미를 두고 있는 것이다. 따라서 사회지도층의 책임의식, 즉 사회적인 지위가 있는 사람들은

---

335) 표창원. 「한국사회에서 정의란 무엇인가」, 해양대학교 특강. 2013.11.6.
336) 윤여준. 『대통령의 자격』(서울: 메디치, 2011), pp. 525-526.

그만큼 사회에 대한 의무를 다해야 한다는 뜻이기도 하다.

노블레스 오블리주의 미덕은 중세와 근대사회에서 조직을 이끄는 리더십의 표본으로 간주하여 왔다. '아리스토크라시'aristocracy는, 귀족제의 역사가 긴 유럽사회에서 귀족층이 전장에 나가 목숨을 바쳐 공동체의 안전을 지키고 그에 대한 대가로 농노들에게 세금과 복종을 요구한 데서 유래하였다. 로마와 카르타고가 벌인 포에니 전쟁(B.C. 3~2세기에 걸쳐 일어난 로마와 카르타고의 3차례 전쟁. 포에니는 페니키아 인의 후손인 카르타고 인을 가리킨다)에서 당시 귀족들은 전쟁비용을 대고, 평민보다 먼저 전쟁터에 나가 목숨을 바치는 것을 영광으로 여겼다.

영국의 명문 고등학교 이튼칼리지 출신자 2천여 명이 제1차, 제2차 세계대전 때 참전해 전사했고, 한국전쟁 당시 미군장성의 아들 중 142명이 참전, 35명이 목숨을 잃거나 부상을 당했다. 또한 중국의 마오쩌둥毛澤東은 한국전쟁에 참전한 아들의 전사 소식을 듣고도 시신 수습을 포기하도록 지시했다. 포클랜드 전쟁(1982년 4~6월, 아르헨티나와 영국이 포클랜드 제도와 주변 속령들의 영유권을 주장하기 위해 벌인 단기간의 전쟁)이 발발했을 때, 영국의 엘리자베스 여왕의 차남 앤드루 왕자는 공군 조종사로 자원 참전해 목숨을 걸고 싸움으로써, 국민의 신뢰를 얻어 전쟁을 승리로 이끈 큰 원동력이 되었던 것이다.

그렇다면 과연 우리나라 정치인들은 '노블레스 오블리주'를 실현할 만큼 사회지도층으로서의 리더십이 존재하고 있을까? 국가의 위기가 닥쳤을 때 제일 먼저 그들은 무엇부터 하려 할까? 사회지도층인 정치인들의 극심한 도덕적 해이가 사회통합을 가로막고 있는 가장 큰 원인이 되고 있다는 것을 알고는 있을까? 2013년 5월 7일 박근혜 대통령의 미국 국빈방문 기간에 발생했던 청와대 대변인의 성추행 사건은 전 국민을 경악하게 했으며 국제사회에서 국격을 떨어트린 사상 유례없는 사건으로 기록되었다.

사회지도층이 '명예(노블레스)'만큼 '의무(오블리주)'를 다했을 때 그 사회가 발전한다. 노블레스(높은 신분을 가진 자)들은 그렇지 못한 사람들보다 오블리주(사회적 의무)를 모범적으로 수행해야 할 필요가 있으며 국민도 그것을 간절히 바라고 있다. 그러나 우리사회의 정치인들은 특권을 당연한 듯 누리는 데 익숙하지만, 역할을 하는 데는 거의 무지상태라고 해도 과언이 아니다.

특권을 누리는 데는 앞장서면서도, 올바른 역할에는 좀처럼 나서지도 책임을 지려 하지도 않는 모럴 해저드moral hazard: 도덕적 해이의 만연은 이제 위험수위를 넘고 있다. 그 대표적인 것이 병역의무의 회피이다. 이 나라 안보문제를 책임지고 있는 고위직들 중 많은 사람들이 본인 자신은 물론 자식들의 병역회피사례가 그렇게 많은 것은 무엇을 의미하는가? 안보문제에 대한 전문성이 없다는 것이다. 미국 대통령은 "모든 것의 책임은 내가 진다"라는 자세로 중대한 결정을 했던 반면 우리나라 대통령은 "전쟁이 일어나지 않도록 잘 알아서 하시오"라고 책임을 장관에게 미루었다. 장관은 또 합참의장에게, 의장은 사령관에게 사령관은 현장 지휘관에게 책임이 전가되고 최 일선의 병사는 방아쇠 한 번 제대로 당길 수 없는 허수아비가 되어 "쏠까요? 말까요?"라고 상관에게 묻는 비정상적인 군이 되었던 것이다.

전쟁의 결심은 대통령이 하는 것이다. 군에는 어떤 경우에서라도 싸워서 이겨야 한다고 단호하게 명령하고 그렇지 못할 경우 책임을 물어야 한다. 그래야 강군이 되며, 전투에서의 승리로 억제력을 확보하게 되며, 이 힘을 가지고 적과 협상하여 전쟁으로 확대되지 않도록 할 수 있는 것이다. 그것은 대통령의 책임이다. 그런 결심을 할 수 있는 전문성이 있어야 한다.337) 따라서 사회지도층이라 할 수 있는 정치인들과 안보지도자들

---

337) 2013년 4월 1일 박근혜 대통령은 국방부 초도 업무보고 자리에서 "대한민국에 대해

에게 있어 노블레스 오블리주는 무엇보다 우선해야 할 덕목이라 할 수 있다.

4. 분별지의 균형 및 실천

분별지는 분별적 지혜를 말하는 것으로, 실천적 지혜를 말한다. 그것은 조화와 균형 그리고 실천력으로 구성된다. 안보통일 리더가 가져야 할 핵심능력으로써 분별지는 과거와 현재, 그리고 미래를 분별할 수 있어야 하며, 이상과 현실의 조화 그리고 안전하고 평화로운 통일을 이루어낼 수 있는 실천력이 있어야 한다.

이를 위해서는 고도의 식견과 조직의 관리능력 그리고 경력과 도덕성 등이 요구된다.

어떤 도발이 발생한다면 일체 정치적 고려를 하지 말고 강력 대응하라"라고 지시하였다. 참으로 만시지탄한 감이 없지 않은 대통령의 군에 대한 확실한 임무 부여이다.

제4부

셀프 리더십 계발

대학생과 신입사원을 위한 라이프 플래닝

셀프 리더십 계발 필요성

21세기를 살아가는 사람에게 변화란 선택의 문제가 아닌 생존의 문제다. 조직생활에서는 더욱 그렇다. 다만 그 변화는 타인에 의한 것이 아닌 자발적인 인식과 그에 적절한 실천이 뒤따르는 변화이어야 한다. 그것은 급변하는 사회 환경 속에서 살아남을 수 있는 생존전략이다. 그렇다면 어떻게 생존전략을 짤 것인가? 자신의 생존전략을 짜기 위해서는 자기 스스로를 분석해보아야 한다. 자신의 변화를 가져오는 것은 주변의 조건이나 환경보다는 자신의 의지나 노력에 의해 좌우되기 때문이다. 아무리 환경이 열악하다 하더라도 그것을 극복하고 발전하려는 스스로의 노력이 있다면 충분히 가능한 일이다. 자기 스스로 자기자신을 리더로 발전시켜 나가는 것을 셀프 리더십이라 한다. 특히 미래에 대한 원대한 꿈을 가지고 학업에 열중하고 있는 대학생들에게는 인생의 성공을 위한 비전의 설계와 역량 개발을 위한 구체적 실천계획 및 자기관리계획이 절실히 필요하다. 이러한 셀프 리더십의 효과 및 역량개발 방향은 무엇인가?

첫째, 유능한 개인의 완성을 통한 국가경쟁력의 강화이다. 자기 주도적인 창조적 리더십을 가진 셀프 리더의 양성은 곧 미래국가의 경쟁력 강화로 귀결된다. 셀프 리더는 끊임없는 자기관찰과 목표설정을 통해 철저하게 자기를 관리하고 개선해나간다. 성공적인 글로벌 셀프 리더들은,

① 구체적인 목표와 계획을 가지고 있어야 한다. 실천가능한 목표의 설정과 계획을 수립하고 부단한 실천노력이 뒤따라야 한다.

② 자신의 환경을 스스로 통제할 줄 알아야 한다. 자신이 설정한 비전과 목표를 실현해나가는 데는 수많은 난관과 어려움에 봉착하게 된다. 이러한 환경을 통제하고 극복해나가는 과정 자체가 리더로서 역량을 키워가는 과정이며, 신념과 확신을 형성시킨다.

③ 끈기가 있어야 한다. 중간에 포기하지 않고 끊임없이 매진하는 근성도 셀프 리더의 빼놓을 수 없는 자질이다. 자신의 한계를 극복하고, 자신의 잠재능력을 신장시킬 수 있는 사람이 바로 자기자신임을 스스로 깨닫게 하고 지기 주도적인 창조적 리더십을 발휘할 수 있어야 한다.

둘째, 솔선수범 및 교육훈련이다. 리더는 스스로 자기 역량을 개발하여 구성원들에게 솔선수범으로 모범을 보여야 한다. 효과적인 셀프 리더십은 선천적 재능이 아니라 학습을 통해 이루어지는 것이므로 도전적이며 열정적인 인재를 양성하기 위하여 다양한 자기계발 교육프로그램을 개발하고 운영될 수 있도록 하여야 한다.

셋째, 비전의 수립과 사명선언문의 작성이다. 교육훈련과정에서 구성원 개개인이 비전을 수립하고 사명선언서를 작성하도록 한다. 자기 비전이 없는 사람은 쉽게 포기하는 경향이 있다. 하지만 올바른 인생의 목표를 가지고 있다면, 시간·에너지·자원들을 사명에 집중하여 효과적으로 사용할 수 있게 된다. 성공은 대개 하나의 일에 집중하여 그 일을 잘 해냈을 때 얻어지는 결과물이다.

대부분의 사람들은 자신이 누구인지 잘 파악하고 있고, 왜 이 일을 하고 있는가를 분명하게 이해하고 있는 리더를 따른다. 인생의 사명을 분명하게 확립하게 될 때, 자기 스스로를 통제하고 스스로 통제하는 셀프 리더가 되었을 때 많은 사람들이 함께 그 길을 가려 할 것이다.

넷째 슈퍼 리더의 육성이다. 셀프 리더는 자신을 신뢰하는 만큼이나 타인을 존중하며, 독단적인 개인의 이익을 추구하기보다 팀과의 조화를 통해 시너지 효과를 창출한다. 따라서 셀프 리더들은 자신의 리더십을 슈퍼 리더십으로 쉽게 확장할 수 있다.

슈퍼 리더십은 다른 사람들이 체계적이고 효과적인 셀프 리더십을 개발하고 수행하도록 돕는 과정이다. 스스로를 리드하는 것에 멈추지 않고 다른 사람들도 셀프 리더가 되도록 돕는 슈퍼 리더십을 기르는 것이야말로 셀프 리더십의 완성이라고 할 수 있을 것이다.

제2절

셀프 리더의 멘털 모델

멘털 모델mental model이란 개인의 가치체계value system를 말하는 것으로서 개인적 차원의 가치체계를 상위차원의 가치체계들과의 구분을 위하여 사용한 용어이다.

셀프 리더의 멘털 모델은 마음속 깊은 곳에 자리 잡은 세상에 대한 가정, 가치, 태도, 신념의 총합을 말한다. 이것은 교육훈련, 양육방식, 타인, 삶에서 받아온 보상과 처벌 등의 영향을 통해 오랜 시간에 걸쳐 형성되어 실제로 잘 자각하지 못하는 상태로 우리 안에 존재한다. 따라서 셀프 리더의 멘털 모델은 우리가 세상을 바라보는 인식 및 세계관이라 할 수 있다.

모든 리더가 가진, 경영과 사람에 대한 가정은 이 멘털 모델의 일부이다. 똑같은 상황에서 구성원에 대한 신뢰 혹은 불신의 태도를 보이는 것, 이 모두는 멘털 모델의 결과이다. 이것은 자신에게 내재된 암묵적 가정이기 때문에 경우에 따라 현실에 대한 부정확한 예측을 할 수 있고, 그 결과 자신을 위험에 빠트릴 수 있다. 만일 멘털 모델이 가진 결함과 모순을 발견할 수 있다면 우리는 보다 바람직한 방식으로 자신의 멘털 모델을 새롭게 수정할 수 있다.

경험에 대한 자각과 통찰, 의미 있는 재해석은 새로운 멘털 모델을 수립하는 데 도움을 준다. 훌륭한 리더가 된다는 것은 세상과 트렌드를 반영한 새로운 멘털 모델을 형성하고 모색하는 과정이라 할 수 있다. 자신을 어떻게 평가하고 바라볼 것인지, 조직에 대하여 어떤 기대를 가질 것인지, 무엇을 어떻게 구현하고자 하는지에 대하여 명료한 미래상을 창출하는 일은 바로 이러한 노력의 일환이다. 훌륭한 리더들은 끝없는 노력을 통해 자신의 삶의 좌표로서 이 멘털 모델을 명료히 하고 추구해온 사람들이다.

그렇다면 리더를 꿈꾸는 젊은이들은 어떻게 이러한 멘털 모델을 구축할 수 있을까? 그것은 다음과 같은 질문에 답하는 것이다. 나는 진정 누구인가? 내가 이 삶에서 꿈꾸는 것은 무엇인가? 나의 삶의 목적은 무엇인가? 자신의 감정, 욕망, 가치에 대한 진지한 탐구는 훌륭한 리더가 되기 위한 첫 번째 질문이다. 인생의 좌표로서 개인의 멘털 모델은 다음과 같은 요소로 구성된다.

- 삶의 목적/사명mission:

나는 누구를 위해 왜 존재하는가? 하는 물음으로부터 시작한다. 목적/사명의 발견은 리더로서 내가 무엇을 위해, 왜 존재하는지를 정의함으로써, 자신의 정체성을 명확히 하는 일이다. 예수에게 사명은 '죄 많은 인류에 대한 구원'이었으며, 넬슨 만델라에게는 '아파르트헤이트의 종식'이었다. 간디에게는 '불평등 속에서 억압받는 인도의 독립', 마더 테레사에게는 '죽어가는 사람들과 함께하는 것', 김구 선생에게는 일제치하의 '민족의 진정한 자주독립', 그리고 유일한 선생에게는 '조국의 동포에게 도움을 주는 것'이었다.

- 가치value:

모든 것을 잃는다 해도 절대 포기하지 않을 삶의 원칙과 기준은 무엇인가? 가치는 삶의 사명을 구현하기 위해 일관되게 지키고자 하는 일종의 행동규범을 뜻한다. 이것은 해야 할 것과 하지 말아야 할 것을 판단하는 기준이며, 진실로 믿고 따라야 할 삶의 원칙이다. 리더의 가치는 그 자신이 누구인가를 말하며, 무엇을 지향하는지, 무엇을 일관되게 지켜나가는지를 설명할 뿐 아니라 리더로 하여금 목적과 사명에 따라 일관되게 삶을 살도록 방향을 제시한다. 참된 리더가 악조건 속에서 높은 도덕성을 견지하고, 정치적 사안들 속에서 원칙을 지켜가며, 지속적으로 진실한 행동을 성취하는 이유는 바로 이 때문이다

● 비전vision:

내가 진심으로 꿈꾸고 열망하는 미래는 무엇인가? 비전은 자신이 되고자, 성취하고자 하는 열망으로 중대한 변화와 진전을 보장하는 미래의 모습이다. 목적과 사명이 숭고한 삶을 살겠다는 신성한 약속이라면, 비전은 자신의 원시적 욕구를 담은 세속적 열망이다. 목적이 결코 변하지 않는 삶의 좌표 역할을 한다면, 비전은 환경에 따라 자신을 창조적으로 성장시켜가기 위한 미래의 거점이다.

삶의 진정한 행복은 사명과 비전의 균형을 통해 창조적 긴장감을 유지하는 일이다. 가치 있으며 열망으로 꿈틀대는 삶, 목적하는 바에 대한 지속적인 헌신과 창조적인 적응을 가능하게 하는 삶, 목적하는 바에 대한 지속적인 헌신과 창조적인 적응을 가능하게 하는 삶, 그것이 사명과 비전의 균형이 주는 삶의 역동성이다.

비전의 마력은 학습과 성장의 원동력이 되고, 무한한 잠재력을 발휘할 수 있는 보물창고라는 것이다. 눈에 보이는 듯한 미래에 대한 상상은 자기예시self fulfillment prophecy가 되어 끊임없이 발전하게 만드는 동력을 제공한다.

● 미션(임무):

자신이 맡고 있는 구체적인 업무, 자신의 비전을 달성할 수 있게 해주는 당면한 과업을 말한다. 미션은 비전의 달성을 도와주며 비전에 대한 자신의 특별한 기여를 의미한다. 환경이 극적으로 변화할 경우를 제외하

고는 그것은 항상 한결같다.

- 전략:

비전과 미션을 달성하기 위해 취하는 접근 방식이다. 전략은 자원의 배분 및 다른 중요한 결정을 내리는 기준이 된다. 전략은 행동지향적이지만 그것 자체를 특정한 활동이라 정의할 수는 없으며 이것이 변화하는 때는 오직 전술 혹은 목표가 비효율적이라는 사실이 증명된 경우나 환경이 엄청나게 바뀌었을 때뿐이다.

- 목표:

전략과 관련된 핵심적인 이정표를 제공하는 측정 가능한 결과이다. 목표 중 일부는 전략의 수단이 될 수도 있고 한 가지 이상의 전략을 위해 사용되기도 하지만, 각각의 전략은 3~5가지의 목표를 갖고 있다. 이런 목표는 선택한 전술들이 비효과적이라는 사실이 입증될 경우에만 바뀐다.

- 전술:

각각의 목표를 달성하기 위한 특정한 활동이다. 일부 전술은 더 큰 중요성을 가질 수도 있고 한 가지 이상의 전략을 위해 사용되기도 하지만, 각각의 목표는 3~5가지의 전술을 갖고 있다. 전술은 목표, 전략, 미션을 완수하지 못할 경우 즉각적으로 대체될 수 있다.

명료하고 구체적인 멘털 모델(사명, 가치, 비전, 미션, 전략, 목표, 전술)은 항상 리더의 일상을 비추고 즉흥적 타협안을 넘어 더 높은 이상에 다다르도록 자극한다. 멘털 모델에 대한 통찰과 정립이 없이 훌륭한 리더로의 도약은 없다.

제3절

셀프 리더의 자기혁신전략

1. 자기혁신의 필요성

리더십 함양을 위한 구체적인 실천전략으로서 그 핵심은 자기혁신이다. 미래학자 피터 드러커는 "이제 혁신하는 자만이 살아남을 수 있다"라 말하고 있다.[338] 디지털 혁명의 새로운 사회에서 개인의 사회적 지위와 역할이 바뀌는 것은 당연한 것이며 그것은 사회의 합법적 권력의 강요로 나타난다는 것이다. 그리하여 새로운 사회질서가 생성이 되며 이를 위한 개개인의 자기 혁신은 선택사항이 아니라 필연적인 자기생존의 의무라는 것이다.

2. 자기혁신전략

가. 자기관찰(자기평가)

내가 현재 누구이고, 앞으로 무엇이 될지 스스로 선택할 수 있도록 끊임없는 질문을 해보는 것이 필요하다. 또한 자기의 성격을 알고 장단점에

---

338) 피터 드러커. 『이노베이터의 조건』. 이재규 역. 서울: 청림출판, 2001.

따른 보완 노력을 해야 한다.

나. 장기 비전과 목표 설정

체계적이고 사려 깊으며 의도적으로 설정한 목표만이 우리의 행동에 직접적이고 긍정적인 영향을 줄 수 있다. 자기가 만든 목표는 장기간의 목표와 단기적인 목표를 함께 제시할 필요가 있다. 단기적인 목표가 최대한의 효과를 얻기 위해서는 반드시 장기적인 목표와 일치해야 한다. 우리는 목적을 달성하기 위한 목표를 설정하기 전에 우리가 원하는 것이 무엇인지 철저한 자기분석을 해보아야 한다. 목표가 구체적이고 도전적일 때 더욱 효과적으로 자신의 행동을 관리할 수 있다. 성공적인 셀프 리더들은 구체적인 목표가 없이는 절대로 여행하지 않는다. 구체적인 목표가 없다면, 어디에도 도달하지 못한다. 당신 인생과 얻고자 하는 것에 대해 생각할 시간을 가지고 목표를 설정하라.

다. 자기보상

자신을 성취로 이끄는 가장 강력한 방법 중의 하나가 바로 자기보상이다. 우리는 바람직한 행동에 대해 스스로 긍정적인 보상(물질적, 정신적)을 함으로써 다음에 이어지는 행동에 영향을 주게 된다.

라. 긍정적 사고와 셀프 토크(self talk)

긍정적 사고는 자신에게 이익이 되는 행동을 하게 되는 것처럼, 당신의 삶을 좋은 방향으로 개선할 수 있도록 도와준다. 셀프 토크는 자기충만적 예언이다. 왜냐하면 보통 매일매일 자신에게 말하는 것이 현실로 나타나기 마련이니까 부정적인 셀프 토크는 당신의 목적달성과 자신에 대한

호의를 방해한다.

마. 네트워킹과 팀 시너지 만들기

우리는 우리가 매일 하는 많은 일들이 우리가 혼자 하는 일이 아님을 알고 있다. 많은 목적을 성취하기 위해서는 다른 사람들과 함께 일을 해야 한다. 학교에서든 직장에서든 독립된 개인이 아니라 대부분 팀으로 함께 일해야 한다. 팀 작업환경은 전체 작업장의 40~50%를 차지하고 있다. 팀 성공의 핵심은 바로 시너지의 창조이다. 시너지란 팀 구성원이 개인적으로 행동할 수 있는 것보다, 함께 함으로써 더 많은 것을 성취할 수 있다. 팀이란 용어가 together everyone, achieve more란 뜻과 잘 비교된다.

3. 자기계발을 위한 셀프 역량 모델

가. 역량(compedence)의 정의

하버드 대학의 사회심리학자 맥클랜드David McClelland 교수는 개인의 역량competency 측정을 통해서 리더십을 개발하는 방안을 연구하였다. 그는 역량을 '어떤 일을 성공적으로 또 지속적으로 해내는 데 반드시 필요한 개인의 성격, 능력, 그리고 잠재력'으로 정의하고 있다.

나. 핵심역량(core competency)

개인이 리더로서 개발해야 할 역량 중에서 좀 더 중심부에 있는 핵심 역량은 무엇인가? 개인의 성과 및 과업수행 가능성을 예측케 하는 컴피던시를 구성하는 각 요소들에 대해서 살펴보자. (표4-1)

<표4-1> 셀프 리더십 역량(confidency) 모델

역 량	요구되는 능력
커뮤니케이션	대화기법, 적극적 경청, 인적네트워크 구축, 설득력
자신감	자신의 능력에 대한 신념, 업무 추진력
목표달성 지향성	높은 목표설정, 목표를 이루는 능력
글로벌리제이션	다문화(cross culture) 역량, 외국어 구사력, 예의, 에티켓, 국제 매너, 글로벌 리더십, 리모트 매니지먼트
추진력	책임감, 지도 및 지시력, 융통성, 비전/전략, 팀워크
창조력	독창성, 정보에 대한 관심, 정보수집, 정보전달능력
분석적 사고력	시간관리, 조직화, 인간관계 분석, 중요도 분석
변화관리력	상황변화 인식, 유연성, 고객에 대한 대응, 고객 코칭, 고객 카운슬링
조직 로열티	미시/거시적 시각, 복잡성 조절, 다양성 허용, 조직 비전과 가치 공유, 목표 달성을 위한 몰입
프로의식	기술적/기능적 전문성, 의사결정 및 판단, 적극적 학습자, 분석적 사고력

① 커뮤니케이션communication 능력: 상대화 효과적으로 대화하고 경청하는 역량.

② 정보지향성information seeking: 정보에 대해 깊은 관심을 가지며 이를 수집하는 역량.

③ 분석적 사고analytical thinking: 대상을 세분화하고 인간관계와 중요도를 분석하는 역량.

④ 개념적 사고conceptual thinking: 대상을 패턴이나 모델을 통하여 이해하는 역량.

⑤ 프로 의식professionalism: 자신의 전문지식과 전문성을 확대하는 역량.

⑥ 달성 지향성achievement orientation: 높은 목표나 어려운 과제에 도전하고 이를 달성하는 역량.

⑦ 변화관리력flexibility: 상황 변화를 인식하고 유연하게 대처하는 역량.

⑧ 조직감각력_{organizational awareness}: 팀의 조직문화나 정치역학을 파악하고 활용하는 역량.

⑨ 자신감_{courage}: 자신의 능력을 믿고 신념을 가지고 업무를 추진하는 역량.

⑩ 자주행동력_{initiating action}: 과업 수행을 위해 팀 멤버들을 이끌어가는 역량.

⑪ 대인영향력_{impact & influence}: 상대방을 설득하기 위해 효과적으로 행동하는 역량.

⑫ 파트너십 구축력_{partnership building}: 팀원들과 팀 빌딩을 통해서 신뢰하는 관계를 구축하는 역량.

⑬ 대인관계 구축력_{relationship building}: 팀원들과 인간적이고 우호적인 관계를 구축하는 역량.

셀프 리더십 계발계획 수립

자기진단

1. 자기진단의 필요성

리더십이 21세기 경쟁력의 핵심 사안으로 등장하면서 이와 관련한 컨설팅을 요구하는 개인 및 기업이 크게 늘었다. 특히 팀 또는 부서장급 이상의 중간관리자 계층에서 리더십 수용의사가 크게 늘고 있는 추세다. 이들 리더십 관련 컨설팅의 주된 목적은 본인이 갖고 있는 역량의 장·단점을 파악해 이를 시대흐름에 맞는 리더십 역량으로 재구성하는 것이다. 본인바로알기가 먼저 진행되는 것이다.

현대 기업경영의 핵심은 조직의 인재역량을 얼마나 최대한 극대화시키는가에 있다고 해도 과언이 아니다. 그만큼 구성원의 역량강화는 아무리 강조해도 지나치지 않는다. 리더십은 구성원의 역량 중 맨 윗부분을 차지하는 매우 중요한 요건이 되었다. 따라서 이에 대한 명확한 개념 정립과 이를 바탕으로 한 개인적 역량의 계발이 전사적으로 이루어질 필요가 있다.

그러나 리더십은 팀 자체의 역량강화에 앞서 개인적 역량 계발이 우선시되어야 하므로 평소 본인의 리더십 및 대인관계 점수를 알아두었다가, 이를 개선해나가려는 노력을 하는 것이 좋다.

학생들은 학교에 있는 진로지도 센터에서 성격검사를 비롯한 직업적 성검사 등 여러 가지 검사를 할 수 있다. 또한 리더십 전문기관에서도 실시하고 있는데 현재 한국리더십센터를 비롯하여, 많은 인재계발 연구원 등에서 자체적인 교육 프로그램을 적용하고 있다. 대다수의 경우 컨설팅이나 교육위주로 진행하며, 특정 개인 1인을 대상으로 하기보다는 팀이나 여러 명의 상사 및 동료직원과 함께 참여하기를 권하고 있다. 이는 리더십이 조직생활의 여러 상황에서 접목되는 경우가 일상생활보다 많고 실제사례를 들어 교육하기에 좋기 때문이다.

이들 교육은 대부분 리더의 자기지각 및 타인지각의 진단을 통해 자신의 리더십 스타일을 개선하는 데 목적을 두고 있고 실습과 피드백, 사례연구, 상호 교환적인 학습기법 등을 활용하여 직면하게 되는 제반 문제를 해결하도록 하고 있다. 대개의 경우는 상황에 따른 행동측면과 조직측면, 프로젝트 측면 등으로 나누어 변화관리 및 리더능력 계발에 초점을 맞추고 있어 팀 또는 부서 단위로 참가하는 것이 효과적이다.

정규교육 또는 컨설팅 과정을 제외하고 스스로 개인평가를 할 수 있는 곳들도 많이 있고 개인 사이트들도 있다. 셀프 리더십 개발계획을 수립하기 위해서는 우선 자기진단을 위한 정확한 검사가 필수적이다.

2. 성격진단 도구

성격이란 사람의 태도와 감정 및 행동에 영향을 미치는 욕구 등이 한데 결합된 것이다. 따라서 자신의 성격을 파악하는 것은 자기 자신을 분석하고 리더십의 방향을 결정하는 데 아주 중요한 요소이다. 성격을 파악할 수 있는 진단도구들이 여러 가지 있는데 그 가운데는 MBTI, SDS, CEI와 같이 직업선택과 관련된 정보를 제공하는 평가도구들도 있다. 여기서는 대표적인 성격검사로서 MBTI와 에니어그램에 대해 살펴보기로 한다.

가. MBTI

1) 개요

MBTI_{Myers-Briggs type indicator}는 리더십 훈련과 팀 구축을 위하여 조직에서 널리 사용되는 성격 테스트중의 하나이다. 이것은 팀과 작업집단이 의사결정에 개별접근법을 이해하고 활용할 수 있는 것을 도와줄 수 있다. 의사결정과 팀 구축에 도움을 줌으로써 MBTI는 대단한 성공을 하였다. MBTI는 자기 자신뿐만 아니라 타인을 이해하는 데 많은 도움이 된다. 기업에서는 효율적인 의사소통이나 조직 내 갈등해결 등 다양한 방면에서 사용될 수 있다. 실제로 각 기업의 목적에 맞추어 MBTI의 개념과 지식을 활용한 프로그램이 다양하게 설계, 적용되고 있다. 대표적인 예로 MBTI를 활용한 팀 빌딩 프로그램을 들 수 있다. 현재 대다수 기업의 조직은 팀 단위의 업무 구조를 갖추고 있는데, 부서단위의 업무구조에서 팀 단위로 전환한 가장 중요한 이유 중 하나는 보다 효율적인 업무처리를 위해서이다.

효율적인 팀이 구성되기 위해서는 우선 팀 구성원 각자의 여러 가지 능력을 고려하게 된다. 이러한 능력을 적절하게 발휘하기 위해서는 각자가 가지고 있는 특성을 팀 구성원들이 서로 이해할 수 있어야 한다. 또한 팀 리더의 특성도 적절히 고려하여 팀이 갖게 되는 강점과 약점을 인지해야 비로소 팀으로서의 시너지 효과를 발휘할 수 있다. 따라서 MBTI를 활용한 팀 빌딩 프로그램은 MBTI를 통해 팀 구성원들의 성격유형정보 및 강점과 약점을 파악하고, 더불어 팀의 강점과 약점을 파악하여 강점기능은 최대한 활용하고 약점기능은 보완할 수 있도록 구성된다.

2) MBTI의 역사

칼 융C. G. Jung의 심리유형론을 근거로 하여 심리 상담사였던 캐서린 쿡 브리그스Katharine Cook Briggs와 이사벨 브리그스 마이어스Isabel Briggs Myers가 개발한 자기보고식 성격유형지표로서 MBTI는 융의 심리유형론을 기초로 하여 개발되었다. MBTI form A, B, C, D, E를 거쳐 1962년 Form F가 미국 ETSeducational testing service에 의해 출판되었고, 1975년 form G를 개발하여 미국 CPP에서 출판하였으며 현재 Form K와 Form M 등이 개발되어 오늘에 이르고 있다.

한국에서는 1988~1990년 심혜숙, 김정택에 의해 미국 CPP와 MBTI의 한국판 표준화 법적계약을 맺고 1990년 6월에 한국에 도입되어 MBTI 사용자를 위한 초급, 보수, 중급, 어린이 및 청소년, 적용프로그램, 일반강사 교육과정을 개발하여 운영 중이다.

3) MBTI의 척도

MBTI 척도는 각 사람들의 프로파일을 제공하기 위하여 조합을 이룬 4개의 양 축에 따라 분류한다. 첫 두 개의 주요한 척도는 정보수집과 정보해석과 관련이 있는 감각/직관sensing/intuition: S/N 그리고 사고/감정thinking/feeling: T/F들이다. 다른 두 개는 지각/판단perception/judgement: P/J 그리고 외향성/내향성extrovert/introvert이다. (그림4-1)

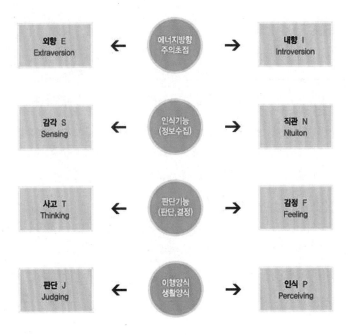

〈그림4-1〉 MBTI 척도

    MBTI 분석에 따라 이를 활용하면 리더에게 많은 시사점을 제공해줄 수 있다. 팔로어들을 이해하고 리더십을 발휘하는 데 좋은 참고사항을 제공할 수 있다. NF 리더는 ST 리더보다 대인관계에 대해 훈련의 필요성을 갖지 않는 경향이 있다. 그러나 N/F의 사실과 행태 그리고 문제를 논리적으로 풀어가는 흥미가 결핍되어 있다면 ST가 지배적인 이사회를 설득할 때 주요한 장애가 될 수 있다. 그러한 상황에서 NF 성향 리더들이 문제를 논리적으로 풀어가도록 훈련하는 것이 필요하다.

    4가지 척도를 조합하여 만들어진 16가지 성격유형 그림4-2와 같다.

ISTJ	ISFJ	INFJ	INTJ
내향/감각/사고/판단형	내향/감각/감정/판단형	내향/직관/감정/판단형	내향/직관/사고/판단형
ISTP	ISFP	INFP	INTP
내향/감각/사고/인식형	내향/감각/감정/판단형	내향/직관/감정/인식형	내향/직관/사고/인식형
ESTP	ESFP	ENFP	ENTP
외향/감각/사고/인식형	외향/감각/감정/인식형	외향/직관/감정/인식형	외향/직관/사고/인식형
ESTJ	ESFJ	FNFJ	ENTJ
외향/감각/감정/판단형	외향/감각/감정/판단형	외향/직관/감정/판단형	외향/직관/사고/판단형

〈그림4-2〉 MBTI 16가지 성격유형

나. 에니어그램

1) 개요

에니어그램enneagram은 사람을 9가지 성격으로 분류하는 성격유형지표이자 인간이해의 틀이다. 희랍어에서 9를 뜻하는 'ennear'와 점, 선, 도형을 뜻하는 'grammos'의 합성어로, 원래 '9개의 점이 있는 도형'이라는 의미이다. 대한민국에서는 2001년에 표준화를 거친 한국형 에니어그램 성격유형검사KEPTI가 정식으로 출판되었다.

에니어그램 시스템은 피타고라스와 신플라톤학파(기원전 100년경)를 거쳐 그리스와 러시아의 동방정교회(서기 500년경), 이슬람교의 수피즘(14~15세기)으로 구전이 이어졌다. 입으로만 전해 내려오던 에니어그램 시스템을 서구에 처음으로 소개한 것은 러시아의 신비주의자 구르지예프Gurdjieff이다. 그는 수피즘의 단체인 나크쉬밴디스Naqshbandis를 통해 에니어그램 시스템을 소개받아 자신이 연구한 것을 1915년에서 1916년 사이에 파리에서 공개하였다. 이후 볼리비아의 이카조Ichazo가 1960년대에 칠레 아리카 연구소에서 에니어그램 시스템을 기반으로 9가지의 유형을 개발했고, 1970년대에 나란조Naranjo에 의해 미국 기독교계에서 급속도로 확산되었다.

그후 에니어그램의 신비주의적, 종교중심적인 접근법에서 벗어나기 위해 1975년 리소Riso와 허드슨Hudson이 구르지예프와 이카조의 에니어그램을 재정리하여 성격심리학적인 접근을 시도하였다. 오늘날 우리가 흔히 접하는 에니어그램은 리소와 허드슨이 재정리한 것이다.

대한민국에 에니어그램이 소개된 것은 1984년에 박인재가 번역한 구르지예프의 저서 『위대한 만남』Meeting with Remarkable Men이 최초이다. 그 후 대한민국 천주교를 중심으로 폐쇄적인 교육이 이루어지다가 1998년에 한국에니어그램학회가 창설되고 에니어그램을 대중에게 알렸다. 2001년에 표준화된 한국형 에니어그램 성격유형검사가 출판되었다.

에니어그램은 사회심리학의 진단도구인 DiSC(사회적 행동유형)339) 또는 MBTI보다 훨씬 더 심도 있게 인간의 내면세계, 즉 성격을 탐색하는 도구로 알려져 있다. DiSC는 인간의 행동을 중심으로 인간을 이해하려는 도구이고, MBTI는 인간의 성격을, TAtransactional analysis(교류분석)의 에고그램egogram340)은 자아상태를 기반으로 인간을 이해하려는 도구이다. 반면에

---

339) 1928년 미국 콜롬비아 대학 심리학교수인 윌리엄 모스톤 마르스톤(William Mouston Marston) 박사는 독자적인 행동유형모델을 만들어 설명하고 있다. Marston 박사에 의하면 인간은 환경을 어떻게 인식하고 또한 그 환경 속에서 자기 개인의 힘을 어떻게 인식하느냐에 따라 4가지 형태로 행동을 하게 된다고 한다. 이러한 인식을 축으로 한 인간의 행동을 Marston 박사는 각각 주도형, 사교형, 안정형, 신중형, 즉 DiSC 행동유형으로 부르고 있다. DiSC는 인간의 행동유형(성격)을 구성하는 핵심 4개요소인 dominance, influence, steadiness, conscientiousness의 약자이다.

340) 에고그램(egogram)은 미국의 심리학자 J. M. 듀세이가 고안한 성격분석 표지법이다. 듀세이는 복잡한 사람의 성격을 5가지 영역으로 구분하여 쉽게 분석할 수 있도록 표준화하였다. 그 기초는 미국의 정신분석학자 에릭 반이 개발한 교류분석법(TA)을 바탕으로 하고 있는데 TA는 5가지 마음 중 어느 부분이 자신에게 영향을 끼치는지에 따라 사고방식이나 행동이 달라진다고 규정하고 있다. 5가지 마음은 비판적인 마음(CP), 용서하는 마음(NP), 부모의 마음(A), 자유로운 어린이의 마음(FC), 순응하는 마음(AC)이

에니어그램은 인간의 내면 깊숙이 자리한 근본 동기, 욕망, 두려움에 기반을 두고 있다.

2) 에니어그램의 성격유형론

에니어그램은 9가지 기본성격유형으로 구성되지만 에니어그램을 보는 시각에 따라 각 유형은 다양한 그룹으로 분류되며, 이 분류에 의하면 총 486가지의 세부적인 성격유형이 나타난다. 에니어그램의 아홉 가지 성격유형은 다음과 같다.341)

● 1번 유형: 개혁가 원칙적이고 이상적인 유형. 윤리적이고 양심적이며 옳고 그름을 따지기를 좋아한다. 상황을 개선시키기 위해 노력하며 실수를 두려워하는 교사이며 개혁주의자. 잘 조직되어 있고 정돈되어 있으며 성격이 까다롭다. 높은 수준의 윤리나 도덕규범을 유지하려고 노력하기 때문에 쉽게 비판적이 되고 완벽주의자가 된다. 전형적인 문제점은 분노를 억제해야 하는 것이다. 건강한 1번 유형은 최상의 상태일 때 현명하고 분별력이 있으며 현실적이고 고상하고 도덕적이다.

● 2번 유형: 돕고자 하는 사람들을 잘 보살피고 대인관계를 잘 유지하는 유형. 2번 유형의 사람들은 다른 사람들과 감정적인 교류를 잘하고 진지하며 마음이 따뜻한 사람들이다. 이들은 상냥하고 너그러우며 자기를 희생할 줄 안다. 그러나 감상적이 되기 쉽고 아첨을 잘하며 사람들의 기분을 맞추려고 노력한다. 다른 사람이 필요로 하는 사람이 되기 위해서 남들을 위해 뭔가를 한다. 2번 유형의 전형적인 문제는 자신의 필요를 잘 인식하지 못하고 자신을 잘 돌볼 줄 모른다는 점이다. 최상의 상태일 때 이타적이고 자기 자신과 다른 사람들에게 무조건적인 사랑을 가진다.

다. 이 다섯 가지 마음의 비율이 개인의 성격을 결정한다고 한다.
341) 돈 리처드 리소, 러스 허드슨. 『에니어그램의 지혜』. 주혜명 역. 서울: 한문화, 2000.

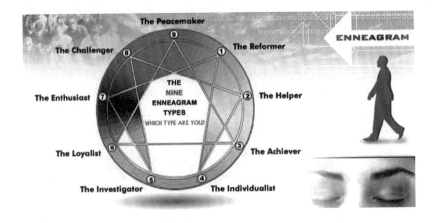

● 3번 유형: 성취하는 사람으로 상황에 잘 적응하고 성공지향적인 유형. 3번 유형의 사람들은 자신감이 있고 매력적이다. 이들은 야망이 있고 유능하며 에너지가 넘친다. 사회적 지위와 개인의 성취를 중요시한다. 또한 다른 사람이 자신을 어떻게 생각하는가를 중시한다. 3번 유형의 전형적인 문제는 일중독에 빠져드는 것과 지나친 경쟁의식이다. 이들이 최상의 상태일 때 자신을 잘 받아들이고 반듯하며 다른 사람들을 고무시키는 역할 모델이 된다.

● 4번 유형: 개인주의이자 낭만적이고 내향적인 유형. 4번 유형의 사람들은 자신에 대한 생각이 많고 민감하며, 신중하고 조용하다. 자신을 드러내는 데 있어 감정적으로 정직하며 개인적이다. 그러나 우울하고 자의식이 지나치게 강할 수 있다. 상처받기 쉽고 민감한 감정을 가졌기 때문에 다른 사람에게 쉽게 자신을 드러내려고 하지 않는다. 또한 거만하고 평범한 삶의 방식을 따르려고 하지 않는다. 4번 유형의 전형적인 문제는 방종과 자기연민이다. 이들이 최상의 상태일 때 영감이 뛰어나고 창조적이며 자신을 새롭게 만들 수 있고 자신의 경험을 바꿀 수 있다.

● 5번 유형: 탐구자이자 강렬하고 지적인 유형. 5번 유형의 사람들은

기민하고 통찰력이 있으며 호기심이 많다. 이들은 복잡한 아이디어와 기술을 개발하는 데 집중하는 능력이 있다. 독창적이고 독립적이어서 자신의 생각과 상상의 구조물에 빠져들 수 있다. 다른 사람과 떨어져 있고 싶어 하며 긴장이 많고 강렬하다. 5번 유형의 전형적인 문제는 고립, 괴팍함, 허무주의이다. 최상의 상태일 때는 시대를 앞서 세상을 완전히 다른 시야에서 보는 선구자적 역할을 한다.

- 6번 유형: 충실한 사람. 안전을 추구하는 유형. 이 유형의 사람들은 신뢰할 수 있고 근면하며 책임감이 강하다. 그러나 자신을 방어하려는 것 때문에 종잡을 수 없으며 불안이 많다. 조심성이 많고 우유부단하다. 하지만 이 유형의 어떤 사람들은 당돌하고 반항적이기도 하다. 6번 유형의 전형적인 문제는 의심이다. 이 유형의 건강한 사람들은 최상의 상태일 때 내면이 안정되어 있고 자신감이 있으며 독립적이어서 힘없는 사람들을 용기 있게 도와준다.

- 7번 유형: 열정적인 사람. 바쁘고 생산적인 유형. 변덕스럽고 긍정적이며 즉흥적이다. 놀기를 좋아하고 유쾌하고 실질적이다. 또한 부산스럽고 산만하며 절도가 없다. 이들은 끊임없이 새롭고 흥미로운 경험을 추구하기 때문에 쉴 새 없이 움직여서 에너지를 소진시킨다. 7번 유형의 전형적인 문제는 피상적이며 충동적이라는 것이며 건강한 7번 유형이 최상의 상태일 때 가치 있는 목표에서 자신의 노력을 집중시키고 쾌활하며 성취동기가 높다.

- 8번 유형: 도전하는 사람. 성격이 강하며 사람들을 지배하는 유형. 8번 유형의 사람들은 자신감이 있고 성격이 강하며 자기주장을 잘 한다. 자신을 보호할 줄 알고 임기응변에 강하며 결단력이 있다. 또한 거만하며 사람들 앞에 잘 나선다. 8번 유형의 사람들은 스스로가 자신의 환경을 통

제해야 한다고 느끼기 때문에 도전적이고 위협적이 될 수 있다. 이들의 전형적인 문제는 자신을 남들과 가까워지도록 허용하지 않는다는 점이다. 이들이 최상의 상태일 때 타인의 삶을 개선시키는 데 자신의 힘을 사용하며 영웅적이고 도량이 넓어서 역사적으로 위대한 업적을 남기기도 한다.

● 9번 유형: 평화주의자. 느긋하고 잘 나서지 않는 유형. 남들을 잘 수용하며 남들에게 신뢰를 주는 안정적인 성격이다. 원만하고 친절하며 느긋해서 남을 잘 돕는다. 또한 평화를 유지하기 위해서 다른 사람들과 잘 지낸다. 모든 상황에서 갈등을 일으키지 않기를 원하기 때문에 남들에게 잘 순응하며 문제가 있으면 축소시키려고 한다. 9번 유형의 전형적인 문제는 수동적이고 고집스럽다는 점이다. 건강한 9번 유형이 최상의 상태일 때는 어려움에 쉽게 굴하지 않고 모든 것을 포용하며 사람들을 화합시키고 갈등을 치유하는 힘이 있다.

진저 레피드 보그다Ginger Lapid-Bogda는 에니어그램을 이용하여 리더십 7가지 핵심역량을 개발하는 구체적인 방법을 제시하였다.342) 레피드 보그다는 세계적인 회사 지넨테크Genentech와 함께 리더십 개발 프로그램을 에니어그램 시스템과 통합하여 리더십 유형을 도출해냈다. 사람의 성격을 9가지 유형으로 나누어 왜 사람마다 생각하고 느끼고 행동하는 방식이 다른지를 규명하고 개인에게 적합한 리더십 유형을 구별하였다. 그리고 에니어그램의 9가지 성격유형별로 각각 어떻게 리더십을 개발할 수 있는지 그 방법을 제시하였다 특히 그는 7가지 핵심 리더십 역량을 도출하고 각각의 유형별로 어떤 리더십 패러다임을 갖고 있는지 규명하였다. 7가지 핵심 역량은 다음과 같다. ①탁월한 성과를 창출하라. ②자기완성을 추구하라.

---

342) Ginger Lapid-Bogda. *What Type of Leader Are You*; 김환영 역. 『리더십, 성격이 결정한다』. 서울: 비즈니스북스, 2008; 이소희 역. 『캐릭터코칭 & 리더십: 에니어그램에 길을 묻다』. 서울: 북허브, 2011.

③비즈니스를 파악하라: 전략적으로 사고하고 행동하라. ④뛰어난 커뮤니케이터가 되어라. ⑤높은 성과를 달성하는 팀을 이끌어라. ⑥최상의 결정을 내려라. ⑦변화를 주도하라.

3) 에니어그램과 MBTI의 비교

에니어그램과 MBTI는 다음과 같은 차이점이 있다.[343]

① MBTI의 유래는 1920년대에 융Jung이 발표한 심리유형론이고, 에니어그램의 유래는 기원전 2500년경부터의 확실하지 않은 기원이다. 출발은 에니어그램이 훨씬 더 빠르지만 정식 출판은 MBTI가 1941년, 에니어그램이 1984년으로 MBTI가 43년 빠르다.

② MBTI에서는 각 유형의 개성을 살린 개별화된 인간을 이상적인 인간상로 보고 있고, 에니어그램에서는 내면세계에서 모든 유형을 통합시킨 초월적 인간을 이상적인 인간상으로 보고 있다.

③ MBTI는 이분법으로 성격을 분류하고, 에니어그램은 삼분법으로 성격을 분류한다.

④ MBTI의 기본유형의 갯수는 16개, 에니어그램의 기본유형의 갯수는 9개이다.

⑤ MBTI의 성격유형은 독립적이고 불연속적이다. 반면 에니어그램의 성격유형은 연결되어 있고 연속적이다.

⑥ MBTI는 행동 자체에, 에니어그램은 행동의 동기에 초점을 맞춘다.

⑦ MBTI는 강점과 선호 경향을 강조하고, 에니어그램은 약점과 내면의 집착을 강조한다.

⑧ MBTI는에서는 인간의 성격성향은 환경에 따라 변한다고 보고 있고, 에니어그램에서는 완성된 성격은 결코 변하지 않는다고 보고 있다.

---

343) 위키백과.

셀프 리더십 계발계획 수립 방법

1. 자기성찰

가. 나에 대한 이해와 각오

1) 존재확인

'질문의 힘'은 오늘날 현대인이 가져야 하는 대단히 중요한 스킬이다. 그러나 대부분의 학생들은 이러한 고민과 사색을 한 번도 하지 않고 그냥 현실에 쫓기어 4년을 허비하고 졸업하는 학생들이 대부분이다. 자기 자신에 대해서 구체적으로 고민해보며 자신의 존재를 확인해보는 것이 첫 번째 단계이다.

- 나는 누구인가?
- 나는 어디서 왔는가?
- 나는 어디로 가는가?

내 자신과 존재에 대한 성찰은 내가 어떤 존재가 되어야 하는가를 그려보기 위한 기본적인 과업이다. 리더십은 이처럼 '나의 깊은 자아'를 탐색하는 데서부터 시작한다. 그래서 진정한 셀프 리더십은 '자기변화'이고 '나부터, 지금부터, 그리고 여기부터' 시작해야 하는 출발점을 제공한다.

자기성찰을 위한 분석은 개인으로, 조직원으로서 내가 지금까지 가진

(소유한)것은 무엇인가? 내가 앞으로 반드시 갖고 싶은 것은 무엇인가? 진지하게 생각해보고, 나의 인생과 존재에 있어서는 개인과 조직에 있어서 나는 어떤 존재인가? 나는 어떤 존재가 되어야 하는가? 하는 것을 숙고해보아야 한다.

자기성찰을 위한 심층 분석

		무엇을	언제
내가 지금까지 가진(소유한) 것은?	개인		
	조직인		
내가 앞으로 반드시 갖고 싶은 것은?	개인		
	조직인		

나의 인생과 존재

나는 어떤 존재인가?	개인		
	조직인		
나는 어떤 존재가 되어야 하는가?	개인		
	조직인		

2) 미래에 대한 설계

사람들은 미래를 준비하기 어렵다고 한다. 그러나 만일 우리가 현재보다 나은 미래, 현재와 대동소이한 미래, 현재보다 못한 미래에 대한 준비를 동시에 준비할 수 있다면, 향후에 나타날 미래를 겁먹지 않고 맞이할수 있을 것이다. 따라서 실제 닥쳐올 미래를 ①개인으로서 ②가족의 일원으로서 ③팀 및 조직원의 일원으로서 ④지역사회 및 커뮤니티의 일원으로서 ⑤국가 및 지구촌의 일원으로서 준비해나갈 필요가 있다. 이러한 접근방법을 시나리오 플래닝scenario planning이라 한다.

2. 가치, 사명, 비전의 인식

셀프 리더십 개발을 시나리오 플래닝과 연결시켜 비전과 가치, 사명을 도출해보자.

가. 사명

- 제1단계: 내가 알고 있는 '행복해 보이는 사람'이 있다면 그들의 이름과 내가 생각하는 이 사람들의 행복한 이유를 기록한다. (3명)
- 제2단계: 내가 더 이상 생활을 위해서 일하지 않아도 좋을 만큼 여유가 있고, 또 내가 원하는 것을 모두 할 수 있다고 가정하자. 이때 내가 하고 싶은 일은 무엇인가? (3가지)
- 제3단계: 내가 이 일들을 하고 싶어 하는 이유는 무엇인가? (3가지)
- 제4단계: 내가 가장 큰 행복과 만족을 느끼는 순간들은 어느 때인가? (3가지)
- 제5단계: 내가 가장 부러워하는 사람들은 어떤 사람들인가? (3가지)
- 소결론: 나의 사명 정리

나. 가치

- 제6단계: 내가 현재 하고 있는 일중에서 가장 가치 있는 일은? (3가지)
- 제7단계: 나의 개인생활에서 가장 가치 있는 일은? (3가지)
- 제8단계: 내가 하는 일(할 수 있는 일도 포함) 중에서 다른 사람들에게 가장 큰 가치를 만들어주는 일들은? (3가지)
- 제9단계: 내가 나의 인생에서 '진정으로 또 반드시 해야 한다'고 때때로 느끼는 일들은? (3가지)
- 소결론: 나의 가치 정리

다. 비전

- 제10단계: 나의 '개인 비전'에 진정으로 포함시키고 싶은 요소들은?

① 나는 무엇을 갖고 싶은가? (단기, 중기, 장기)

② 나는 어떤 일들을 하고 싶은가? (단기, 중기, 장기)

③ 나는 어떤 사람이 되고 싶은가? (단기, 중기, 장기)

- 소결론: 나의 비전 정리

3. 목표설정(이슈, 욕구, 과제별)

- 제11단계: 내가 제10단계에서 기록한 내용을 반드시 달성하기 위해서 어떤 스킬, 지식, 그리고 전략이 필요한가?

- 제12단계: 내가 '되고 싶은 사람'이 되기 위해서

① 지금 당장 시작해야 하는 것은 무엇인가?

(변화와 혁신, 나 자신의 내면에서 시작해서 나부터 변하는 것)

② 지금 당장 그만두어야 할 것은 무엇인가?

(금주, 금연 등 불필요하거나 바람직하지 않은 것)

③ 앞으로도 계속해야 할 것은 무엇인가?

(자기 개발, 자기학습, 미래에 대한 투자 등)

4. 전략 개발: 강약점 분석 및 승리전략

가. SWOT 분석

기업의 마케팅전략 기법인 SWOT 기법을 활용하면 자신의 강약점 분

석 및 승리전략을 수립하는 데 유용하다. 내부 환경을 분석하여 강점과 약점을 발견하고, 외부환경을 분석하여 기회와 위협 요인을 찾아낼 수 있다. 이를 토대로 강점은 발전시키고 약점은 줄이며, 기회는 활용하고 위협은 억제함으로써 성공전략을 수립할 수 있다.

경영전략 기법중의 하나인 SWOT 분석은 이러한 진단할 때 유용하게 사용할 수 있는 툴이다. SWOT가 의미하는 것은 강점strengths과 약점weaknesses, 기회opportunities와 위협threats 요소들을 말한다.[344] SW는 내적분석을 위해 사용되며, OT는 외적분석을 위해 사용된다. 대개 매트릭스를 이용해서 이 4가지를 진단하게 된다. 이를 토대로 직장에서, 사회에서 무엇을 보완하고 준비해나가야 하는지 확신할 수 있고, 또한 경쟁자에 비해 어떠한 장점을 가지고 있는지 진단함으로써 자신감을 가지고 직장생활, 사회생활을 시작할 수 있다.

이 같은 SWOT 분석은 취업전략을 세우는 데 활용할 수도 있다. 즉 자기 자신을 SWOT 분석을 이용해 진단함으로써 자신의 장점과 약점을 파악하고 위협과 기회 요인을 발굴할 수 있는 것이다. 이렇게 SWOT 분석을 통해 정리된 자료를 보면 한눈에 한 인물의 현재 상황과 미래의 비전에 대한 진단이 가능하다.

자기 자신에 대한 분석 또한 이와 마찬가지이다. 사각형을 그리고 그 사각형 안에 십자가를 그린 후에 4개의 모서리에 S, W, O, T를 기입한다. 그리고 자기 자신의 S(강점), 약점(W) 그리고 주변 환경이 자신에게 어떠한 O(기회)와 T(위협) 요인이 있는지를 정리해 넣자. 이렇게 매트릭스에 정리해 넣은 SWOT 분석표를 보면 현재 취업시장에서 고군분투하고 있는 자신의 현재 위치와 장단점을 파악할 수 있다. 물론 이미 취업에 성공해 직장에 다니고 있는 회사원에게도 이러한 SWOT 분석은 자기 자신의 경쟁

---

344) 일부 학자들은 TOWS 분석이라고 부르기도 한다.

력을 진단하는 데 유용한 툴이 된다. 회사에서의 자신의 현재 위치와 앞으로의 비전 등을 파악하는 데 유용하다.

SWOT 분석은 분석에서 그쳐서는 아무 의미가 없다. SWOT 분석의 목적은 문제해결을 위한 전략수립에 있다. 분석을 통해 진단을 한 이후에는 그에 맞는 전략을 수립해야 한다. SWOT 분석으로 자신에 대한 분석을 완료한 후에는 취업 아니 자기 경쟁력을 확보할 수 있는 방안에 대한 전략을 수립해보자. 약점을 어떻게 보완하고 강점을 강조할 수 있는지, 그리고 주변 여건과 환경을 어떻게 활용하고 극복할 것인지에 대해 생각해봐야 한다. 이렇게 철저한 준비와 전략만이 취업시장에서 자신의 몸값을 극대화하고 경쟁에서 살아남을 수 있는 방법이다.

1) 자신을 대상으로 한 SWOT 분석(취업목표)

나 자신 스스로의 강점$_{strength}$과 약점$_{weakness}$ 그리고 환경으로부터의 기회$_{opportunity}$와 위협$_{threat}$을 분석하는 것으로 취업에 대해 알아보는 것을 목표로 한다.

2) 구체적 SWOT 분석

① 내부분석: 내부강점$_{strength}$과 약점$_{weakness}$의 분석

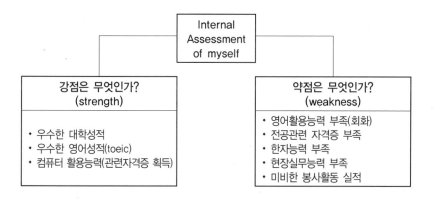

② 환경분석: 외부기회opportunity와 위협threat 분석

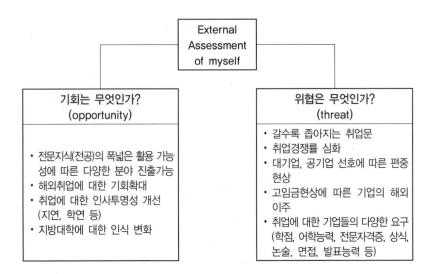

SWOT 분석을 통해 나의 취업목표에 대하여 구체적인 내부강점과 약점 그리고 외부환경에 대한 기회와 위협을 알 수 있고, 강점과 기회는 더욱 부각시켜 살리고 약점과 위협은 보완시켜 취업에 대한 목표를 이루어간다.

3) 셀프 리더십 컴피던시 분석(승리전략)

앞에서 살펴본 리더십 컴피던시 모델을 이용하여 나의 핵심역량 개발계획을 수립해보자. 표의 컴피던시 모델 중에서 본인이 필요하다고 생각하며 구체화할 수 있는 방법과 수단들을 선정한 후에 그것을 어떻게 실천할 수 있는지 계획을 수립하고 단계별로 구체적인 일정을 수립해본다.

컴피던시 모델

컴피던시	요구되는 능력	행동방안
커뮤니케이션	대화기법, 적극적 경청, 인적네트워크 구축, 설득력	
자신감	자신의 능력에 대한 신념, 업무 추진력	
목표달성 지향성	높은 목표설정, 목표를 이루는 능력	
글로벌리제이션	다문화(cross culture) 역량, 외국어 구사력, 예의, 에티켓, 국제매너, 글로벌 리더십, 리모트 메니지먼트	
추진력	책임감, 지도 및 지시력, 융통성, 비전/전략, 팀워크	
창조력	독창성, 정보에 대한 관심, 정보수집, 정보전달능력	
분석적 사고력	시간관리, 조직화, 인간관계 분석, 중요도 분석	
변화관리력	상황변화 인식, 유연성, 고객에 대한 대응, 고객 코칭, 고객 카운슬링	
조직 로열티	미시/거시적 시각, 복잡성 조절, 다양성 허용, 조직 비전과 가치 공유, 목표달성을 위한 몰입	
프로의식	기술적/기능적 전문성, 의사결정 및 판단, 적극적 학습자, 분석적 사고력	

5. 시스템 구축

가. 인맥관리

인생을 살아가는 데 있어서 인맥은 총알이라고 할 수 있다. 얼마나 많은 총알을 가지고 있느냐에 따라서 전쟁에서 이기고 지는 것이 결판날 수 있기 때문이다.

효과적인 인맥관리를 위해서는 가장 먼저 가족 친지들을 우선으로 두고 다음은 등잔 밑을 밝혀야 한다. 동창, 동향지인, 동호인 등 멀리 있는 인맥만 뒤지지 말고, 일단 주변 가까이에 있는 사람들부터 탄탄하게 챙기면서 정기적으로 관리를 하는 것이 중요하다. 작은 모임이나 정기적인 만

남을 만들어, 여러 사람들과 함께 만나면서 인맥관리를 해두게 되면 나중에 큰 힘을 발휘할 수가 있다.

인맥관리방법에서 중요한 것은 '기념일'이다. 기념일은 가장 다가가기 좋은 명분을 제공한다. 그리고 각종 경조사에 참석해주게 되면 상대방은 나를, 배려하고 잘 기억해주는 사람으로 받아들일 가능성이 높다. 특히 경사보다 어려운 일을 당했을 때 옆에 있어주게 되면 상대방은 나에게 더욱 더 고마움을 느끼게 된다.

마지막으로 나만의 강점을 어필하는 것도 중요하다. 내가 한 분야에서 전문성을 보일 수 있는 부분을 집중조명하고 상대방에게 자세히 어필할 수 있다면 더 효율적일 수 있다. 따라서 명함은 필수적이다. 받은 명함을 주기적으로 관리하고 주소록을 업데이트 하며 만남을 이어가는 것이 중요하다.

인맥관리 10계명345)

① 먼저 인간이 되라. 유유상종이라는 말이 있듯, 나부터 좋은 인간이 돼야 좋은 사람을 만날 수 있다.
② 적을 만들지 마라. 열 명의 친구가 한명의 적을 당하지 못하는 법이다
③ 자신의 스승부터 찾아라. 멘토를 만들면 인생의 50%는 성공한 것이다.
④ 생명의 은인처럼 만나라. 항상 감사하고, 항상 보답해라.
⑤ 첫사랑보다 강력한 인상을 남겨라. 확실한 이미지로 다른 사람에게 나를 알려라
⑥ 헤어질 때 다시 만나고 싶은 사람이 되라. 함께 있으면 즐겁고, 유익한 사람이 되라. 안되면 웃기는 사람이라도 되라.
⑦ 하루에 3번 참고, 3번 웃고, 3번 칭찬해라. 참을 인(忍)자 세 번이면 살인을 면하고, 미소는 가장 아름다운 이미지 메이킹이며, 칭찬은 고래도 춤추게 한다.
⑧ 내 일처럼 기뻐하고, 내 일처럼 슬퍼하라. 경조사에 빠지지 말고 얼굴 도장 찍어라
⑨ give & give & forget. 주고, 주고 그리고 잊어라. 받을 것 생각하고 주면 정 떨어진다.
⑩ 한번 인맥은 영원한 인맥으로 만나라. 잘 나간다고 가까이 하고, 어렵다고 멀리하지 마라.

---

345) 양광모. 『인간관계의 맥을 짚어라』. 서울: 청년시대, 2007.

나. 재무관리

개인 재무설계는 세대별, 연령별로 그 내용을 달리하는 게 바람직하다. 우리의 인생을 세대별로 나눠보면 각 연령대에 따라 처할 수 있는 재무적 위험이나 재무적 목표가 다르다. 20대의 재무목표 혹은 재무적 위험은 취업과 결혼이고, 30대는 주택마련과 자녀교육이 될 것이다. 또 40~50대는 목돈 굴리기나 창업이 될 것이고, 60대는 행복한 노후다. 물론 전 연령대에서 공통적으로 준비해야 할 사항은 있다.

첫 번째는 위험설계다. 저축과 투자 같은 재무목표는 예측을 통해서 실현이 가능한 부분이지만 질병이나 사고, 사망과 같은 위험은 언제 어느 때 어느 정도의 위험으로 다가올지 아무도 예측할 수 없기 때문에 최소한의 보험을 통한 위험설계가 필요하다.

두 번째는 노후설계다. 수입이 발생하기 시작하는 시점부터 조금씩 전 연령에 걸쳐 준비해야 하는 인생 최대의 숙제다.

재테크는 목표를 정하고 꾸준히 노력해야만 원하는 목적을 달성할 수 있다. 하지만 대부분의 모든 사람들은 목표를 수정하거나 매년 똑같은 목표를 세우고 번복하기를 반복하고 있다. 그럼 자신이 목표로 세운 재무계획을 지키기 위한 원칙에는 어떠한 것이 있는지 알아보도록 하자.

① 현재의 재무 상태와 자산포트폴리오 점검하기
② 자신의 성향 파악하기
③ 실현 가능한 목표 세우고 노력하기
④ 지출 통제하기
⑤ 통장에 이름표 붙이기
⑥ 비상예비자금 준비하기
⑦ 목표 수익률과 손실률 정하기

⑧ 좋은 재무전문가 만나기

⑨ 세계 경제상황 살펴보기

⑩ 자기계발하기

다. 사회관계망, 웹3.0 관리

오늘날 페이스북Facebook과 트위터Twitter로 대표되는 사회관계망서비스 social network service: SNS는 우리사회에서 선택이 아닌 필수가 되었다. 따라서 SNS 활용전략을 수립하고 이를 관리할 수 있는 시스템을 구축하여야 한다. 페이스북, 트위터, 카카오톡 그리고 카페, 블로그 등 여러 SNS 수단을 통하여 소셜 네트워크를 구축하고 사회관계망을 확충해나갈 수 있도록 계획을 수립한다.

6. 성과 분석 및 피드백

가. 성과분석 및 확인

이상과 같이 작성된 자기계발 계획은 1년 내지 2년 단위로 주기적으로 계획조정 및 모듈링이 필요하다. 계획을 전반적으로 분석, 검토하고 계획 단계별로 성과를 면밀히 분석하여 성과가 있었던 부분은 새로운 방향과 목표를 재설정하고 성과가 미진한 부분은 관련요소를 면밀히 분석하여 조정, 보완토록 한다. 또한 환경변화를 반영하여 이에 적합한 대책을 강구한다.

나. 피드백

리더십 전 과정을 피드백하며 강화한다. 성과와 명성을 공유하고 확산하며, 사회적 네트워크를 확대해나간다. 그리고 비전과 목표를 재설정한다.

7. 핵심능력 강화계획(단기 특별훈련)

성과분석 및 피드백 과정에서 발견된 문제점 및 부족한 사항을 보완하기 위하여 특별대책을 세운다. 은사, 선배, 전문가를 통해 멘토링, 코칭을 하여 자문과 조언을 받고 필요시 전문기관 수강을 통해 단기간 내에 문제로 대두된 사항을 해결할 수 있도록 한다.

8. 사명선언서(Mission Statement) 작성

사명선언서를 작성한다. 사명선언서는 자신의 핵심가치체계를 간결하게 요약하며, 암송 및 구호에 적합하도록 선언적으로 작성한다. 통상 5~10개 정도의 실천사항을 명시하고 마음속에 새기며 다짐하고 일기장, 책상 앞이나 집안 거실, 사무실 책상 앞 등 잘 보이는 곳에 붙여 놓고 항상 보면서 자신을 가다듬는다.

참고문헌

국내문헌

강요석. 『소셜 리더십』. 서울: 미다스북스, 2011.

강원석. 『한국의 대통령 리더십과 국가발전: 바람직한 대통령 리더십 모델』. 서울: 인간사랑, 2007.

강정애 외. 『리더십론』. 서울: 시그마프레스, 2010.

강진석. 『전략의 철학』. 서울: 평단, 2005.

_____. 『클라우제비츠와 한반도 평화와 전쟁』. 서울: 동인, 2013.

_____. 『한국의 안보전략과 국방개혁』. 서울: 평단, 2005.

강현희. 「상하의 리더십 특성이 하부의 내재적 모티베이션에 미치는 영향에 관한 연구」. 서울대학교 대학원 석사학위 논문, 1995.

국가안전보장회의(NSC). 「평화보장과 국가안보」. 국가안전보장회의 사무처, 2004.

김광웅. 『서울대 리더십』. 서울; 21세기북스, 2011.

_____. 『창조! 리더십』. 서울: 생각의나무, 2009.

김대진. 「눈의 사용자 만족과 지속적 활용을 위한 영향요인에 관한 연구」. 중앙대학교 박사학위 논문, 2011.

김상일 편. 『한류와 한사상』. 서울: 모시는사람들, 2009.

김선주. 『홍산문화』. 서울: 상생출판, 2011.

김원중 역. 『한비자』. 서울: 글항아리, 2013.

김인수. 『시대정신과 대통령 리더십』. 서울: 신원문화사, 2003.

김재득. 『리더십』. 대영문화사, 2012.

김충남. 「한국 역대 대통령의 안보 리더십 평가」. 『한국군사』, 2012 겨울호.

김형효. 『민본주의를 넘어서』. 서울: 청계, 2000.

_____. 『동서 철학에 대한 주체적 기록』. 서울: 고려원, 1985.

김호섭 외. 『새 조직행동론』. 서울: 대영문화사, 1999.

김호정. 「공공조직의 윤리적 리더십」. 『한국조직학학회보』 제10권 제2호, 2013.

노나카 아쿠지로. 『창조적 루틴: Managing Flow』. 서울: 북스넛, 2010.

노현곤. 「가치체계 개념과 기업문화 혁신」. 『KB daily 지식비타민』 13-22. KB금
　　융지주연구소(http://www.youngkbblog.com/510), 2013.

다니엘 그로스 외. 『미국을 만든 비즈니스 영웅 20』. 서울: 세종서적, 1997.

더글라스 호프슈타터. 『이런 이게 바로 나야 I』. 서울: 사이언스북스, 2012.

데스 디어러브, 스티븐 쿠머. 『신경제의 주역 50인에게 배운다』. 서울: 이비즈니
　　스, 2001.

데이비드 코돈. 『리더십의 철학』. 제정관 역. 서울: 철학과현실사, 2006.

로버트 루트번 스타인. 『생각의 탄생』. 박종성 역. 서울: 에코의서재, 2008.

맥신 돌턴 외. 『글로벌 리더십』. 차동욱 외 역. 서울: 위즈덤아카데미, 2004.

민병원. 「세계화 시대의 국가 변환: 네트워크국가의 등장에 대한 이론적 고찰」.
　　『국가전략』 제12권 제3호, 2006.

민병학 편저. 『한국정치사상사』. 대전: 대경, 2005.

박공서 외. 『社會變化와 倫理』. 서울: 법문사, 1990.

박기동. 『조직행동론』. 서울: 박영사, 2001.

박재우. 「공공부문의 노사관계에 관한 연구」. 강원대학교 박사학위 논문, 1992.

버크 헤지스. 『You, Inc.』. 서울: 삼성경제연구소, 2002.

배기찬. 『코리아 다시 생존의 기로에 서다』. 서울: 위즈덤하우스, 2005.

배은경. 『셀프 리더십의 긍정적 힘』. 가림출판사, 2011.

배정훈. 『대통령학』. 서울: 형설출판사, 2007.

백기복. 『이슈 리더십』. 서울: 창민사, 2001.

_____. 『리더십 리뷰: 이론과 실제』. 서울: 창민사, 2005.

_____, 정동일. 「한국에서의 리더십 연구 흐름」. 『리더십 연구』 창간호, 대한리
　　더십학회, 2010.

_____, 김정훈. 「리더십개발 연구: 현황과 과제」. 『대한경영학회지』 제26권 제7
　　호(통권 105호), 2013.

백낙청. 『2013년 체제 만들기』. 서울: 창작과비평, 2012.

백영훈. 『조국 근대화의 언덕에서: 나라를 위한 생애의 회고』. 서울: 마음과생각,

2014.

버트 나누스. 『비전 리더십』. 박종백, 이상욱 역. 서울: 황금부엉이, 1994.

번스, 제임스 멕그리거. 『역사를 바꾸는 리더십』. 조중빈 역. 서울: 지식의날개, 2008.

서병인, 정동섭. 『현대조직행동』. 서울: 삼영사, 2000.

서성교. 『한국형 리더십을 말한다』. 서울: 원앤원북스, 2011.

손은일. 『산업경영의 이해』. 서울: 학문사, 2001.

새뮤얼 D. 라마. 『셀프 리더십』. 황을호 역. 서울: 생명의말씀사, 2003.

수잔 크루마스키, 토마스 쿠르마스키. 『가치중심의 리더십』. 서울: 학지사, 2000.

스티븐 코비. 『성공하는 사람들의 7가지 습관』. 김원석 역. 서울: 김영사, 1996.

_____. 『원칙중심의리더십』. 김경섭 역. 서울: 김영사, 2001.

신구범 외. 『조직관리론』. 형설출판사, 2003.

신완선. 『컬러 리더십』. 서울: 더난출판, 2002.

애드윈 홀랜더. 『포용적 리더십』. 박재현 외 역. 서울: 오래, 2012.

양광모. 『인간관계의 맥을 짚어라』. 서울: 청년시대, 2007.

양승태. 「국가정체성 문제와 한국의 정당」. 『한국정치학회보』 45(4), 2011.

양승함 편. 『한국의 국가 관리와 대통령 리더십 철학Ⅰ』. 서울: 연세대학교국가관리연구원, 2010.

양창삼. 『리더십과 기업경영』. 서울: 경문사, 2003.

월터 배젓. 『영국헌정』. 이태숙, 김종원 역. 서울: 지식을만드는지식, 2012.

유동식. 『풍류도와 한국의 종교사상』. 서울: 연세대출판부, 1999.

유성은. 『시간관리와 자아실현』. 서울: 중앙경제평론, 2007.

윤여준. 『대통령의 자격』. 서울: 메디치, 2011.

윤영수, 채승병. 『복잡계 개론』. 서울: 삼성경제연구소, 2005.

윤종록. 『조직행동』. 서울: 민영사, 1997.

이강옥. 『21C 리더십의 새로운 패러다임』. 서울: 무역경영사, 2001.

이각범 외. 『21세기 한미관계의 재정립』. 서울: 한국경제연구원, 2009.

이광수. 『리더십과 조직발전』. 부산대학교출판부, 2000.

이기종. 「통일과정의 정치적 리더십」. 『한국정치학회보』 제30집 제3호, 1996.

이나모리 가즈오. 『CEO to CEO』. 서울: 한국경제신문, 2003.

이상호. 『조직과 리더십』. 서울: 북넷, 2010.

이순창 엮음. 『디지털 시대의 리더쉽 모델과 자기훈련』. 서울: 창, 2002.

이윤재. 『전략적 윤리경영의 발견』. 삼성경제연구소, 2013.

이종수 외. 『새 행정학』. 서울: 대영문화사, 2011.

이해익. 『한국 CEO의 조건』. 서울: 청림출판사, 2003.

임붕영. 『셀프 리더십론』. 백산출판사, 2006.

임우순, 소영일 공저. 『경영관리론』. 서울: 박영사, 1997.

임의영. 「행정이념의 제 문제」. 『행정이념과 실용행정』. 한국행정연구원, 2009.

임창희. 『조직행동』. 서울: 학현사, 1999.

정우일, 박선경, 양승범. 『리더와 리더십』. 서울: 박영사, 2010.

정윤재. 『정치 리더십과 한국의 민주주의』. 서울, 나남출판, 2003.

제임스 맥그리거 번스. 『역사를 바꾸는 리더십』. 조중빈 역. 서울: 지식의날개, 2006.

제프리 E. 가튼. 『CEO 마인드』. 서울: 중앙M&B, 2001.

조 루비노. 『네트워커의 리더십』. 김영석 역. 서울: 용안미디어, 2002.

조민 외. 『통일비전 개발, KINU 통일 대계연구 2010-02』. 통일연구원, 2011.

진저 보그다. 『리더십, 성격이 결정한다』. 김환영 역. 서울: 비즈니스북스, 2008.

최병순. 『군 리더십: 이론과 사례를 중심으로』. 서울: 북코리아, 2010.

최익용. 『대한민국 리더십을 말한다』. 서울: 이상BIZ, 2010.

최 진. 『대통령 리더십 총론』. 서울: 법문사, 2007.

최진묵 공저. 『하상주단대공정: 중국 고대문명 연구의 허와 실』. 서울: 동북아역사재단, 2008.

최창현. 『복잡계로 본 조직관리』. 서울: 삼성경제연구소, 2005.

최평길. 『대통령학』. 서울: 박영사, 2007.

카네스 로드. 『통치의 기술』. 이수경 역. 서울: 21세기북스, 2008.

크리스토퍼 핫지킨슨. 『리더십 철학』. 안성호 역. 서울: 대영문화사, 1992.

_____. 『리더십의 철학』. 주삼환, 명재창 역. 서울: 한국학술정보, 2006.

폴 라이트. 『대통령학: 국정아젠다 성공에서 실패까지』. 차재훈 역. 서울: 한울아카데미, 2009.

프레드 그린슈타인. 『위대한 대통령은 무엇이 다른가』. 김기휘 역. 서울: 위스덤하우스, 2000.

프리드먼, 토머스. 『렉서스와 올리브나무』. 21세기북스, 2010.

피터 노도우스. 『리더십: 이론과 실제』. 김남현 역. 서울: 경문사, 2011.

피터 드러커. 『이노베이터의 조건』. 이재규 역. 서울: 청림출판, 2001.

피터 S. 코헨. 『벨류리더십』. 서울: 이콘, 2007.

하버드 비즈니스 프레스. 『리더십의 기술』. 이상욱 역. 서울: 한스미디어, 2008.

하워드 가드너. 『통찰과 포용』. 송기동 역. 서울: 팍스넷, 2008.

하정렬. 『대한민국 안보전략론』. 서울: 황금알, 2012.

한국여성개발원. 『기업 내 남녀 관리자의 리더십 비교연구』. 서울: 한국여성개발
　　원, 2000.

함성득. 「CEO 리더십과 정치적 리더십의 차이」. 『철학과 현실』 통권 제78호,
　　2008.

_____. 『한국의 대통령 리더십과 국가발전』. 한국정치학회관훈클럽(편), 2005.

허　욱. 『핵심가치』. 서울: 이콘, 2013.

신문·잡지, 기타

강요식. 「소셜 리더십 이제 선택이 아닌 필수」. 월간 『혁신리더』, 2011.6.

김대중. 「일류(一流)국가와 일등국가」. 《조선일보》, 2007.6.17.

동아광장. 「정치의 質은 정치인의 질에서 나온다」. 《동아일보》, 2006. 07.13.

배명복. 「위기의 상황에서 최고의 배는 리더십이다」. 《중앙일보》, 2012.9.29.

백　순. 「미국의 안보와 국가가치」. www.younwooforum.com, 2012.10.24. 검색.

손　열. 「소프트파워를 다시 생각한다: 조지프 나이와의 대담」. 미래전략 연구원,
　　2006.10.9.

안철수. 「국회 보건복지 상임위원회 인사말」. 《이데일리 뉴스》, 2013.6.17.

이규행. 국정브리핑, 2004.12.21.

이상이. "지금 보편적 복지가 중요한 이유". 복지국가소사이어티. http://bbs1.
　　agora.media.daum.net/gaia/do/debate/read?bbsId=D115&articleId=2176382
　　검색일. 2013.12.20.

_____. 「지금 보편적 복지가 중요한 이유」. 복지국가소사이어티. http://bbs1. agora.media.daum.net/gaia/do/debate/read?bbsId=D115&articleId=2176382, 2013.12.20. 검색.

이춘근, 「종말의 여로를 다시 시작한 북한」. http://blog.naver.com/PostView.nhn ?blogId=choonkunlee&logNo=90090183549 2014.1.20. 검색.

임채욱, 유동렬. 「용어혼란전술」. 국가중흥회, 2013.4.25. 검색.

장달중. 「윤리체계로 사회적 갈등 극복」. ≪시사저널≫, 1990.7.1.

정천구, "세계화의 도전과 한국 정치리더십의 과제". SDU 리더십 아카데미 특강, 2012.10.14.

차동욱. 「전략적 리더십」. 『SERI 보고서』. 삼성경제연구소(SERI.org). http:// www.seri.org/fr/fPdsV.html?fno=003882&menucode, 2014.1.25. 검색.

하정열, 「조국은 매력 갖는 일류국가가 되어야 한다!: 튼튼한 안보를 바탕으로 통일을 이루자!」. ≪Break News≫, 2014.1.26.

함성득, "공감능력을 갖춘 대통령이 나와야 한다," 특별 강연, 2012년 11월 8일, 롯데호텔.

국외문헌

Avolio, B. J., Gardner, W. L., Walumbwa, F. O., Luhans, F. & May, D. R. "Unlocking the Mask: A look at The Process by Which Authentic Leaders Impact Fllower Attitudes and Behaviors". *The Leadership Quarterly* 15, 2004.

Avolio, B. J., Luhans, F., & Walumba, F. O. "Authentic Leadership: Theory Building for Veritable Sustained Performance". Working Paper: *Gallup Leadership Institute*. Unlversity of Nebraska-Lincoln, 2004.

Avolio, B. J., Waldman, D. J. & Einstein, W. O. "Transformational Leadership in a management game simulation". *Group and Organizational Studies* 13, 1988,

Bandura, A. "Self-efficacy: toward a unifying theory of behavioral change". *Psycholgical Reveiw* Vol. 84, 1997.

Bass, B. M. *Leadership and Performance Beyond Expectation.* New York: Free Press, 1985.

_____. "Leadership: Good, Better, Best". *Organizational Dynamics* Vol. 13, 1985.

_____. "From transactional leadership to transformational leadership: leaning to share the vision". *Organizational Dynamics* Vol. 18, 1990.

_____. *Stogdill's Handbook of Leadership* 1st(ed). London: The ree Press, Colier Mcmilan Publisher, 1990.

Bennis & Nanus, B. Leaders. *The Strategies for taking charge.* New York: Harper & Low, 1990.

Bluedorn, A.C. "A Taxonomy of Turnover". *Academy of Management Review* Vol. 3, 1978.

Bolman, L. G. & Deal, T. E. *Reforming Organization* 3rd ed. Jossey-Bass Pub, 2003.

Boyd, Danah M. and Ellison, Nicole B. "Social network sites: Definition, history, and scholarship". *Journal of Computer-Mediated Communication* 13(1), 2008.

Burns, J. M. *Leadership*, New York: Haper & Row, 1978

_____. *Leadership.* New York: Harper & Low, 2006.

Bycio, P., R.D. Hackett, J.S. Allen. "Further Assessments of Bass's". *Conceptualization of Transac,* 1995.

Carnes Lord. *The Modern Prince: What Leaders Need to Know Now,* Yale University Press, 2003.

Donald Nuechterlein. *America Recommitted/United States National Interests in a Restructured World.* Lexington: University Press of Kenturky, 1991.

Eisenbeiss, S. A. "Re-thinking etical Leadership: An interdiciplinary integrative approach". *The Leadership Quarterly* Vol. 23(5), 2012.

French, J. R. P. & Raven, B. "The Bases of Power". in D. Cartwright(ed.). *Studies in Social Power.* Ann Arbor. MI: University of Michigan Press, 1959.

George, B. *Authentic Leadership: Rediscovering the Secrets to CreatingLasting*

Value. San Fransisco: Jossey-Bass, 2003.

Heres, E. & Lasthuizen, K. "What's the Defference? Ethical leadership in public, hybrid and private sector organization". *Journal of Change Management* 12(4), 2012.

Hodgkinson, Christoper. *Towardan Philosophy of Adminstration.* Oxford: Basil Blackwell, 1978.

Kast, F. E. & Rosenzweig, J.E. *Organization and Management: A System and Contingency Approach* 3rd ed. Mcgrow-Hill, 1979.

Kotter, John P. *A force for change: How Leadership Differs From Management.* New York: Free Press, 1990.

Manz, C. C. & Neck, C. P. *Mastering Super-leadership: Empowering yourself for personal excellence* 3rd ed. Upper Saddle River, NJ: Prentice Hall, 2004.

Manz, C. C. & Sims, H. P. "Super-leadership: Beyond the myth of heroic leadership". *Organizational Dynamics* 19(4), 1991.

Manz, C. C. & Sims, H. P. *Super-leadership: Leading other to lead themselves.* New York: Berkly Books, 1990.

Morgan, G. *Images of Organizations* 2nd ed. Sage Pub, 1997.

Nothous, Peter G. *Leadership: Theory and Practice, SAGE Publications*, 2010.

Parsons, T. *The Social System.* New York: Free Press, 1951.

Robbins, S. P. *Organization Theory* 3rd ed. NJ.: Prentice Hall, 2001.

Roethlisberger, F. J. & Dickson, W. J. *Management and the Worker.* MA: Harvard Uni. Press, 2005.

Scott, William G. & Hart, David K. *Organizational America.* Boston: Houhton Miflin, 1972.

Shamir, B. & Eliam, G. "What's Your Story? A Life-Stories Approach to Authentic Leadership Development". *The Leadership Quarterly* 16, 2005.

Shein, E. "Comming to A New Awarness of Organization Culture". *Sloan Management Review* (Winter), 1984.

Stephen Skowroneck. *The Politics Presidents Make: Leadership from John Adams to George Bush.* Cambridge: Harvard University Press, 1993.

Sung Deuk Hahm & Chris Plein. *After Development.* WAshington, DC: Georgetown University Press, 1997.

Terry, R. W. *Authentic Leadership: Courage in Action.* San Francisco: Jossey-Bass, 1993.

Thomas Schelling. *The Strategy of Conflict.* New York: Oxford University Press, 1960.

Trevino, L. K. "Ethcal Decision Making in Organization: A Person Situation Inctionist Model". *Academy of Management Review* 11(3), 1986.

William Riker. *The Art of Political Manipulation*, New Haven: Yale University Press, 1986.

_____. *The Strategy of Rhetoric: Campaigning for the American Constitution*, New Haven: Yale University Press. 1996.

Yukl, G. A. "An evaluation of conceptual weakness in transformational and charismatic leadership theories". *Leadership Quarterly* 10(2), 1999.

찾아보기

| 저자 강진석(姜塡錫. Kang, Jin-Suk)

서울과학기술대학교 교수
한국안보통일연구원 국방연구소장
조화안보통일리더십 연구소 대표
공군협회 「항공우주력 연구」 연구위원 겸 편집장
공군사관학교 졸업(1977)
국방대학원 안전보장 대학원 졸업(1985)
충남대 대학원 졸업, 정치학박사
NATO School, CTBTO OSI Course(2007)
KAIST KCEO과정(2008)
예) 공군대령(전투기조종사)
전) 공군대학 교수 겸 정책전략처장(AWC)
전) UN 제1위원회(안보군축) 한국대표단

주요저술 『전쟁과 정치』. 한원, 1989.
         『전략의 철학』. 평단, 1996.
         『한국의 안보전략과 국방개혁』. 평단, 2005.
         『현대전쟁의 논리와 철학』. 동인, 2012.
         『클라우제비츠와 한반도 평화와 전쟁』. 동인, 2013.
         『군사사상론』(공저). 플랫미디어, 2014.
         『신뢰, 안보 그리고 통일』(공저). 오래, 2014.
         「국가대전략 수립을 위한 안보통일철학 연구」. 『항공우주력연구』. 공군발전협회, 2013.12.

21세기 통일한국 지도자 육성을 위한
리더십 철학 과제와 실천방법론 서설

초판1쇄 발행일 2014년 2월 28일

지은이 강진석
발행인 이성모
발행처 도서출판 동인
주 소   서울특별시 종로구 혜화로3길 5 아남주상복합아파트 301동 118호
등 록   제1-1599호
TEL   (02) 765-7145 / FAX (02) 765-7165
E-mail dongin60@chol.com
ISBN   978-89-5506-559-6
정가   20,000원

※ 잘못 만들어진 책은 바꿔 드립니다.